Liberté

프랑스
혁명사
10부작

10

반동의 시대

공포정의
끝인가,
출구인가

Liberté — 프랑스 혁명사 10부작 제10권

반동의 시대 — 공포정의 끝인가, 출구인가

2019년 10월 31일 초판 1쇄 발행

지은이 | 주명철
펴낸곳 | 여문책
펴낸이 | 소은주
등록 | 제406-251002014000042호
주소 | (10911) 경기도 파주시 운정역길 116-3, 101-401호
전화 | (070) 8808-0750
팩스 | (031) 946-0750
전자우편 | yeomoonchaek@gmail.com
페이스북 | www.facebook.com/yeomoonchaek

ⓒ 주명철, 2019

ISBN 979-11-956511-0-8 (세트)
       979-11-87700-33-3 (04920)

이 도서의 국립중앙도서관 출판시도서목록(cip)은 e-CIP 홈페이지(http://www.nl.go.kr/ecip)에서
이용하실 수 있습니다(CIP 제어번호: 2019040300).

• '리베르테Liberté'는 '자유'라는 뜻으로 혁명이 일어난 1789년을 프랑스인들이
  '자유의 원년'이라고 부른 데서 따온 시리즈명입니다.
• 여문책은 잘 익은 가을벼처럼 속이 알찬 책을 만듭니다.

Liberté
프랑스
혁명사
10부작 **10**

주명철 지음

반동의 시대
공포정의
끝인가,
출구인가

여문책

　　　　　　　　　　　　　　10부작의 제1권을 시작할 때 마치 출발
선에 선 마라톤 선수의 심정이라고 했던 기억이 새로운데 벌써 마지막 권
을 세상에 내놓는다. 다행히 완주했다는 안도감이 들지만, 열 권 안에 방대
한 이야기를 담겠다는 욕심이 지나쳤음을 인정해야 하는 마음도 무겁다. 최
근에 문 대통령이 "역사에 지름길은 있어도 생략은 없다"고 한 말을 조금 비
틀어서, 이 10부작에서 나는 너무 많은 사실을 생략했다고 고백한다. 어차피
열 권 안에 구체제부터 테르미도르 반동까지 다루겠다고 예고해놓고, 각 권
에 일정한 시간과 사건을 배치해나가는 권리가 내게 있으니 독자를 위하는
마음보다 내가 알고 싶고 알리고 싶은 사건을 중심으로 내용을 채웠음도 어
쩔 수 없는 한계다. 또한 '프랑스 혁명사 10부작'이라는 거창한 이름을 붙이
고도 '찾아보기'를 생략한 이유를 해명할 때가 되었다. 『조선왕조실록』을 디
지털화했을 때, '코끼리'를 검색해서 그 낱말을 포함하는 사료를 모두 얻을
수 있다고 좋아하던 시절이 생각난다. 그러나 우리가 그렇게 얻은 단편적 사
료만 가지고 역사적 맥락을 온전히 파악할 수 있을까? 검색하기 쉬운 자료에
쉽게 접근하는 장점을 높이 사지만, 거기에만 의존해서는 전후 사정을 절대
알 수 없다. 종이책의 '찾아보기'는 디지털화하기 전의 검색엔진이다. 검색어
위주로 내용을 찾아내는 장점을 모르지 않지만, 나는 독자가 이 책을 처음부
터 끝까지 차근차근 읽어주기 바라는 마음으로 불친절한 길을 택했다.

이 책에서는 1793년에 제1공화국 헌법을 제정하고 국민의 승인을 받아 반포한 뒤부터 1794년 7월 말 로베스피에르가 몰락할 때까지의 역사를 다룬다. 먼저 1부에서는 연방주의가 전국을 휩쓸 때 파리 코뮌이 어떻게 국민공회를 압박해서 혁명을 급진화시키는지, 가난한 사람들의 분노를 대변하는 '앙라제'의 활동과 국론을 분열시킨다는 이유로 여성의 정치참여를 금지하는 사연을 살펴본 뒤, 구국위원회가 전방 군부대나 연방주의가 휩쓴 지역에 파견한 의원들이 국난을 극복하기 위해 어떻게 활동했는지 살폈다. 특히 리옹·툴롱·방데에서 반군에 대한 잔인한 진압과 토벌 행위는 혁명과 폭력의 관계, 인간 본성에 대한 근본적인 질문과 닿아 있다. 인간은 원래 폭력적이고 악한 존재인가? 쌍방이 서로의 존재를 부정하고, 자기의 자유를 위해 상대를 절멸시켜야 하는 시대, 과연 이긴 자의 권리는 무엇이든 할 수 있는 권력인가? 그들은 패배자를 몰살해도 좋은가? 그렇게 죽은 사람들은 모두 죽어야 할, 마땅히 죽어야 할 죄인이었던가? 그리고 살육이 최선이며 유일한 대책이었나? 살아남은 자들은 애국자가 되고, 숨진 사람은 역적인가? 우리의 역사에도 비슷한 사건이 많기 때문에 이런 관점을 가지고 읽는다면, 비록 사관이 다른 독자라 할지라도 오늘날 제도적으로 집단광기를 막을 장치가 많은 시대에 태어난 것이 다행이라는 데 공감할 것이다. 민주화를 갈망하는 사람들을 탄압하던 비민주적 세력도 세상이 바뀐 덕에 마음대로 가짜 뉴스를 퍼뜨리고서도 아무 탈 없는 세상이 살 만하지 않은가! 민주주의를 얼마나 어렵게 수립했으며, 그것을 바람직하게 가꾸고 지키기란 얼마나 어려운가?

2부에서는 프랑스공화국이 대내외 갈등을 극복하고 평화체제를 맞이할 때까지 헌법을 적용하지 않고, 혁명정부를 꾸려나가면서 국력을 한군데로 집중시키려고 노력하는 모습을 살펴보았다. 특히 1794년에 접어들면서 혁명정부는 적대국가의 공작과 그에 호응한 세력을 물리치면서 국난을 극복하려고 노력했다. 그래서 영국군과 하노버군을 포로로 남기는 대신 섬멸한다는 각오를 다지고, 망명자들의 재산을 접수해 애국자와 가족을 보살피는 데 쓰고, 반역자를 모두 파리에 설치한 혁명법원에서 재판하는 한편 재판절차를 간소화해서 반혁명세력의 간담을 서늘하게 만들었다. 로베스피에르는 공포정에도 원칙이 있음을 강조했다. 그는 덕을 갖춘 정의를 실현해야 한다고 강조하면서, 일부 파견의원들의 권력남용과 구국위원회와 안보위원회가 임명한 특임집행관들의 만행을 고발하면서 공포정에서 탈피하려는 의도를 드러냈다. 그러나 그에게 적폐세력이라고 공격받은 의원들은 반격을 벼르면서 틈을 엿보았다. 마침내 그들의 반격이 성공해 테르미도르 9일(7월 27일)에 로베스피에르를 체포하고 신속하게 처형한 뒤, 공포정의 출구를 찾기 시작했다. 독자는 로베스피에르를 둘러싸고 벌어지는 사건에서 21세기의 우리나라 현실과 유사한 점을 곳곳에서 볼 수 있을 것이다.

10부작을 발표하는 5년 동안 우리는 세계에서 유례없는 방식으로 촛불혁명을 일으켰고 성공했다. 1년에 두 권씩 발표하는 동안, 묘하게도 프랑스혁명기의 상황과 우리의 정치적 현실이 겹쳤다. 우리는 다행히 평화적으로 정권을 교체했시만, 아직도 진정한 의미의 자주·독립을 성취하기 위해 적폐를 청산하면서 그에 따른 갈등을 겪는다. 남북 간 군사적 긴장을 완화시키고, 북미 간에도 아슬아슬하지만 대화를 이어나가고 있다. 최근에는 일본이 경제적인 힘을 앞세우면서 우리 정부를 곤경에 빠뜨렸다. 그러나 우리 정부는 촛불의 힘으로 탄생한 진정한 민주정부이기 때문에 국민의 힘을 믿고 당당하게 외교전을 펼치면서 대응한다. 이 과정에서 우리나라의 보수를 자칭하는 세력의 정체가 낱낱이 드러나는 중이다. 제1야당의 원내대표나 일부 국회의원이 '우리 일본', '우리 일본 정부'라고 말하는 것을 보면 그들의 본심('혼네')을 알 수 있다. 그들이 남북 간 긴장완화를 환영하지 않고 입버릇처럼 안보를 외치는 것을 보면서 나는 그들의 사고방식이 냉전시대에 머물러 있다고 안타까워했지만, 실은 그들이 일본 극우 전쟁광의 사고방식으로 살고 있음을 알고 나서 입을 다물 수 없다. 프랑스 혁명기에 애국자들이 입에 달고 살던 '외국인의 음모'를 오늘날 이 땅에서 보게 되다니. 이 마지막 권을 쓰면서 나는 1794년의 프랑스와 2019년의 대한민국에서 뜻밖에 유사한 점을 많이 발견했다. 그러나 우리의 미래는 밝다고 확신한다. 보수를 자처하는 사람들이 '우리'라고 할 때의 의미를 스스로 분명히 밝혔으니, 진정한 평화세력인 '촛불세력'의 상대가 분명해졌기 때문이다. 그들의 저항 때문에 당장 바로잡기는 어렵지만, 적폐가 모든 권력기관에 깊이 뿌리내리고 있다는 사실을 밝힐 수 있게 되어 다행이다. 정치적으로 깨어 있는 시민들이 연계해서 적폐를 없애고 그 시절로 되돌아가지 않도록 노력하여 '촛불혁명'을 완성해야 한다.

　일본을 '우리'라고 생각하는 사람들이여, 일본이 우리나라를 근대화시켜줘서 고맙다고? 산업화와 근대화를 혼동하지 말라. 산업화와 함께 인간의 존엄성을 인정하는 민주주의의 발전을 동반해야 진정한 근대화가 아닌가? 일본은 민주주의 국가인가, 아니면 군국주의 국가인가? 일본 정부는 어떻게든 헌법을 개정해서 전쟁할 수 있는 나라를 만들겠다는 목표를 추구한다. 친일파가 고마워하는 산업화에 대해서도 한마디 하자. 산업화도 일본이 우리를 위해 해준 것이기 이전에 그 자신을 위해 한 것이었다. 군국주의자의 산업화는 세계의 자유가 발전하지 못하게 얼마나 큰 해악을 끼쳤던가? 사무라이 시대의 조총보다 더 큰 해악이었다. 다행히 민주화한 독일은 군국주의자 나치가 저지른 만행을 부끄러워하고 속죄했다. 그러나 일본은 아직도 군국주의자가 전범기를 숭배하고 전 세계에 그 깃발을 날리는 날을 꿈꾼다. 한마디로 그들은 100년 전으로 돌아가고 싶어서 안달인 것처럼 보인다.

물론 일본에도 정의와 도덕을 알고, 이웃과 잘 지내고 싶어하는 정상인이 군국주의자보다 많다. 그러나 그들은 정치적으로 힘을 모으지 못해서 군국주의자들의 장기집권을 막지 못한다. 그것은 일본만 아니라 세계의 평화까지 위협하는 문제다. 특히 일본이 방사능에 오염되었음을 전 세계가 다 알고 있음에도 정작 일본 정부는 그 사실을 은폐하면서 평화제전인 올림픽을 안전하게 거행하겠다고 대대적으로 홍보한다. 방사능 오염수를 태평양에 방출하려는 계획도 틈만 나면 실행하려 한다. 과거 731부대의 '마루타' 생체실험을 자국민도 모자라 세계인에게 재현하려는 것인가? 일본은 왜 이럴까? 진정한 의미의 근대화를 하다 말았기 때문이다. 합리화와 민주화를 이루지 못했기 때문에 실권자들이 야스쿠니 신사참배를 강행하며 군국주의를 부활시키려고 국민을 호도한다. 일본의 언론도 정보를 제대로 생산하지 못하며, 심지어 이웃 나라의 보수 매체들을 인용한다. 가짜 뉴스의 진위를 파악할 능력을 잃고 역사적 과오를 반성하지 않는 사람들에게 평화공존과 인권을 말할 자격이 있을까?

일본의 극우 전쟁광과 국내의 추종자들이여, 대한민국의 주권을 모욕하는 일을 그치라. 민주주의의 혜택을 누리면서도 남의 인권과 자유를 인정하지 못하는 수준의 군국주의에서 벗어나려면 '촛불혁명'에서 배우라. 그것이 진정한 근대화다. 3·1민주혁명과 대한민국 임시정부 수립 100주년을 맞는 해에 10부작을 무사히 끝마치고, 일본의 근대화를 축원할 수 있게 되어 기쁘다. 일본이 '촛불혁명'을 배워 민주주의를 실현하여 미완의 근대화를 완성하는 날, 나는 더욱 기뻐할 것이다.

그러나 지금은 일본을 걱정할 처지가 아니다. 우리나라가 1793년 9월 17일의 프랑스 혁명기에 머물러 있지 않은가 하는 '합리적 의심'이 들기 때문이다. '반혁명혐의자법'은 일종의 관심법이지만, 그것도 '합리적 의심'에서 출발한다. 법무장관 후보를 검증하는 과정에서 '합리적 의심'을 하는 것은 가능하다. 그러나 후보자가 스스로 물러날 만한 결정적인 증거를 내놓지도 못한 채 의혹만 부풀리는 집단광기 같은 현상이 나타났다. 최초의 '합리적 의심'은 또 다른 의심을 낳고 꼬리를 물면서 처음의 의도와 전혀 다른 지점까지 갔다. 그동안 사회적 갈등이 고조되었다. 기자들은 제대로 취재를 해서 독자의 의심을 풀어줘야 하지만 계속 부풀리기만 했다. 결국 신임 검찰총장까지 나서서 기자들이 의심하는 모든 곳을 전격 압수수색하는 전무후무한 일이 벌어졌다. 대한민국에서 검찰이 이처럼 신속하게 증거를 확보한 적이 있었던가? 그리고 증거가 나올 때까지 두 달 이상 대대적인 압수수색을 벌인 적이 있었던가? 지금까지 거물급 정치인의 혐의를 입증할 만한 증언이나 증거가 나와도 거의 움직이지 않던 검찰이었기 때문에 놀랍다는 것이다. 그들은 우리에게 개혁을 바라지 않는 세력이라는 확신을 갖게 만들었다. '합리적 의심'이라는 말이 보호막이 되는가? 아무 말이나 마구 내던지고도 입증하지 못하는 사람에게 먼저 증거를 내놓으라고 하고, 그것이 중상모략인지 아닌지 먼저 조사하는 것이 순서가 아닌가? 이것이 '합리적 의심'이라고 생각한다. 기자를 뽑는 기준은 무엇인가? 이렇게 신속하게 움직이는 검사들은 과거 자신의 억울함을 호소하면서 한 여배우가 자살했을 때, 또는 세월호 참사가 일어났을 때도 재직했을까? '합리적 의심'이 잇따라 꼬리를 문다.

우리는 앞으로 '촛불혁명'을 완수하는 과정에서 '합리적 의심'의 진의를 깨달아야 한다. 1784년에 칸트는 계몽주의의 요체를 "감히 알려고 한다"라고 정의했다. '감히 알려고 한다'면 '합리적 의심'을 해야 한다. 그다음에는 권위나 권력의 눈치를 보지 않고, 오직 진실을 밝히려는 의지를 가지고 행동해야 한다. 공정하게 행동함으로써 '편먹기'를 한다는 '합리적 혐의'를 받지 말아야 한다. 나는 이번의 법무장관 후보에 대한, 아니 그 부인과 특히 딸에 대한 '합리적 의심'을 이성의 이름으로 인정할 수 없다. 나는 21세기의 집단 광기에 몹시 두려웠다. 그러나 단 한 가지만 바란다. 광풍에 가까운 검증이 '갑질'의 문화적 뿌리를 단칼에 끊어버리는 첫걸음이 되어, 촛불을 들었던 시민들의 바람대로 신상필벌의 문화를 정착시키기를. 그리하여 프랑스 파리의 좌우명이 "파도에 흔들려도 가라앉지 않는다Fluctuat nec mergitur"이듯이 우리의 '촛불혁명'도 모든 역경을 이겨내고, 정의로운 세상을 현실화해주기를 바란다. 희망을 현실화해주기를 바란다. 일본보다 훨씬 민주화하고 근대화한 우리나라가 더욱 발전하는 길이 거기에 있다.

공포정의 제도화와
혁명정부

제 1 부

국민공회는 1793년 6월 하순에 헌법을 제정하고 나서 7월 초부터 실시한 전국 기초의회의 지지투표를 거쳐 8월 10일에 반포했다. 그 과정을 들여다보면, 파리에서 7월 초에 투표를 실시했고, 브르타뉴 지방의 피니스테르 도의 샤톨랭Châteaulin에서는 이듬해에 가서야 투표를 실시했다. 전국의 유권자 700만 명 가운데 3분의 2 이상이 투표에 참여하지 않았고, 찬성이 170만여 명에 반대가 1만 2,000명이었으니, 오늘날의 셈법으로는 민주주의 실험의 첫 단계부터 문제가 있었음을 알 수 있다. 그러나 민주주의는 셈법만 중요하지 않다. 다수가 반드시 정의롭다고 보기 어렵고, 자발적인 동의와 참여의 결과여야 도덕적으로 승복할 수 있기 때문이다. 우리의 현대사에서 유신헌법, 체육관의 대통령 선거를 부끄럽게 생각해야 하는 까닭이다. 국민공회는 제1공화국 헌법을 반포한 뒤에 입법의원들을 뽑고 물러나야 했지만, 국내외의 급박한 위기 상황을 수습하지 못한 상태에서 그대로 물러나기도 어려웠다. 프랑스 혁명을 수행하는 사람들은 민주공화국의 기틀을 마련했지만, 다양한 문화적 배경을 가진 일반인은 시민으로서 행동하는 방법을 체화하지 못했기 때문에 내란까지 일어났고, 또 유럽 열강도 프랑스의 새 체제를 인정하지 않았다. 이러한 상황에서 생쥐스트는 10월 10일에 "공화국이 처한 현실 때문에 헌정체제를 확립할 수 없습니다"라고 개탄했고, 의원들은 곧바로 "프랑스의 임시정부는 평화 시까지 혁명정부"임을 선포했다. 오늘날의 우리와 달리 혁명을 연착륙시키기 어려운 현실에서 그들은 국내외의 수많은 반대를 물리쳐야 했다. 이제부터 혁명을 연장한다고 선언하기 전후의 사정부터 하나씩 살펴보기로 하자.

1
파리 코뮌과
혁명의 급진화

9월 1일 일요일에 자코뱅협회에서 보르도 포도주상 출신인 데피외François Desfieux는 마리 앙투아네트와 브리소 일파의 재판이 너무 더디다고 지적하고, "단 하나의 혁명법원이 피고인 1,600명을 재판하기란 어려운데 피고인의 수는 더욱 늘어나고 있습니다"라고 말했다. 그는 신속한 재판으로 반혁명의 뿌리를 뽑자고 주장했다. 회원들은 지롱드파 반역자들을 재판하는 문제로 설전을 벌였다. 우아즈의 의원인 쿠페Jacques-Nicolas Coupé는 자신이 국민공회에 제출할 곡식의 최고가격제 시행과 수출금지법안을 소개했다. 그는 생필품을 구할 수 없게 만드는 온갖 수단에 대해 설명했다. 투기꾼들이 낭트·르아브르·루앙에서 곡식을 독점한 뒤 적국에 빼돌린다. 프랑스의 생필품으로 폭군들의 노예들과 침략군을 먹이는 대신 프랑스인에게 썩은 밀가루를 공급한다. 엥의 주교이며 의원인 루아예Jean-Baptiste Royer는 전국에 혁명군을 창설해서 연방주의·왕정주의·광신의 싹을 잘라야한다고 역설했다. 국민공회가 공포정을 실시하기로 의결한 이상 혁명군이 그 정책을 실시하는 데 크게 이바지할 것이라면서, 지금처럼 적절한 시기가 없으니, 빨리 3만 명의 혁명군을 창설하고 혁명법원과 단두대를 동반시켜 지나는 곳마다 역적과 음모자들을 심판하자고 제안했다.

이튿날(2일)에 에베르는 파리의 전체 인민이 국민공회로 달려가 지롱드파를 조속히 재판해서 처단하는 법을 통과시키라고 권유하자고 말했다. 또한 그는 저녁회의의 마지막에 자신이 제안한 내용을 담은 청원서를 작성해서 회원들의 승인을 받았다. 그들은 3일에 국민공회로 몰려가 청원서를 제출하기로 의결하고 헤어졌다. 그러나 막상 3일에는 자코뱅협회가 회의를 하지도 않았고, 국민공회에 단체로 몰려가지도 않았다.

9월 4일에 자코뱅협회에서는 회원들이 여러 극장에서 공연하는 연극에 대해 고발했다. 특히 리세 극장Théâtre du Lycée de Arts에서 공연한 〈아델 드 사시 또는 몽스니 공략Adèle de Sacy ou le Siège du Montcenis〉이라는 3막의 무언극이 암암리에 마리 앙투아네트와 아들, 그리고 루이 16세의 두 동생을 옹호하는 내용이라고 분개하면서 극장 문을 닫아야 한다고 주장했다. 르노댕 Léopold Renaudin은 귀족주의자들이 자코뱅협회의 방청객 속에 뒤섞여서 여론에 영향을 끼치고 있다고 고발했다. 그들은 자코뱅협회에 갈 때 그들만의 곁말로 "사촌 자크네 집에 간다"고 말한다. 자코뱅협회를 16세기에 앙리 3세를 살해한 자크 클레망Jacques Clément의 협회라고 부른다는 뜻이다.

그들은 자코뱅 회원들이 극장을 고발하던 날에 협회의 입구에서 로베스피에르에 대해 험담을 늘어놓았다. 회원들은 그 귀족주의자들이 매점매석가로 민중을 더욱 불행하게 만들고 있으며, 틈만 나면 국민공회 의원들과 파리 시장을 공격하니까, 20명을 파리 코뮌의 집으로 보내 그 실상을 알리자고 논의했다. 그러는 사이 파리 코뮌 검찰관인 쇼메트가 코뮌의 집에 민중이 들이닥쳐 시장 파슈Jean-Nicolas Pache를 위협했다고 알렸다. 그들 중에는 영국 왕 조지 3세의 아들인 요크 공Prince Frederick, Duke of York and Albany을 왕으로 모시자고 떠드는 사람도 있었다. 당시 영국은 남부의 군항인 툴롱을 공격하는 한편, 서북부의 브르타뉴 지방에서도 연방군의 내란을 지원했다. 9월 초에는 요크 공의 조카를 피니스테르 도에서 붙잡았다.

파리 코뮌평의회는 오후 1시부터 회의를 시작하다가 노동자들이 몰려온다는 소식을 들었다. 국민방위군 총사령관 앙리오가 질서를 유지하기 위해 대기했다. 코뮌의 집 광장에 사람들이 모여 책상을 한가운데 놓고 비상회의를 시작했다. 노동자들은 아시냐 지폐의 가치가 폭락하고 빵값이 치솟고 돈을 주고도 사기 어려운 현실에 대한 불만을 해소하지 못한 채 계속 참기만 했던 빈곤층이었다. 최고가격제를 법으로 정했지만, 농민들이 법을 준수하지 않았고 생산량에 비해 공급량이 부족했기 때문에 가장 가난한 사람들이 늘 허덕이게 마련이었다.

참다못한 노동자들이 행동에 나섰다. 그들은 청원서를 작성해서 참석자들에게 서명을 받은 뒤 대표단을 뽑아 시정부에 제출했다. 대표는 지난 두 달 동안 곧 좋아지리라는 희망을 품고 조용히 고통을 견뎠지만 오히려 날마다 더 큰 고통을 겪었다고 말했다. 그는 낮에 일하고 밤에 쉬어야 하는 노동자가 새벽부터 아침 한나절을 빵을 구하기 위해 희생해야 하는 일이 없도록 해달라고 간청했다. 시장 파슈와 노동자들이 함께 대책을 마련하기 시작했다. 노동자들은 질문을 잇따라 퍼부었다. 파리에서 빵이 나가지 못하도록 막지 않는 이유가 무엇인가? 시장은 반출금지 명령을 내렸다고 대답했다. 노동자들은 누가, 왜 명령대로 집행하지 않느냐고 물었다. 시장은 시정부가 모든 구에서 할 수 있는 일이라고는 단지 명령을 집행하게 하는 일이며, 여러분이야말로 구의 구성원이라고 대답했다. 노동자들은 이렇게 따졌다.

과연 파리에 생필품이 충분히 있습니까? 있다면 시장에 내놓으시고, 없다면 그 이유를 설명하시오. 인민이 들고일어났습니다. 혁명을 일으킨 상퀼로트는 여러분에게 팔다리 노릇을 하고 시간과 생명을 제공했습니다.

노동자들이 계속 회의실에 몰려들었다. 그들은 사방에서 빵을 달라고 외쳤다. 사태가 걷잡을 수 없이 커지자 쇼메트가 자코뱅협회로 달려가 소식을 전했고, 협회는 대표단을 파견했다. 쇼메트는 국민공회에도 그 사실을 알렸다. 그사이 파리 코뮌의 집에 있는 대회의실·연회실·관람석·복도까지 발 디딜 틈이 없을 정도로 사람들이 꽉 들어찼다. 시장과 대표들은 끊임없이 같은 질문과 답변을 주고받았다. 국민공회에 갔던 쇼메트가 돌아왔을 때, 파리 시 정부가 기초적인 생필품의 최고가격제를 실시한다는 명령을 낭독하고 있었다. 그러나 시위대는 "우리는 약속이나 받자고 오지 않았소. 빵을 달란 말이오, 즉시!"라고 외쳤다. 쇼메트가 책상 위에 올라서니 모두가 입을 다물고 그를 보았다.

나도 역시 가난하게 살았습니다. 그래서 가난이 무엇인지 잘 압니다. 지금 부자가 빈자를 상대로 전쟁을 벌이고 있습니다. 그들은 우리를 짓밟아 죽이겠다고 벼릅니다. 부자들에게 경고합시다. 우리가 그들을 짓밟아 주겠노라고. 우리에겐 힘이 있습니다! 그들이야말로 불쌍한 자들입니다. 그들은 우리가 노력해서 얻은 과실을 삼켰습니다. 그들은 우리가 옷을 사야 할 돈을 먹었습니다. 그들은 우리의 땀을 마셨습니다. 그것도 모자라는 듯이 그들은 우리의 피로 목욕을 하려고 합니다! 나는 이렇게 요구합니다. 첫째, 내일 필요한 빵을 공급할 만큼의 밀가루를 도매시장에 내놓으라. 둘째, 국민공회는 당장 혁명군을 농촌으로 출동시켜 밀을 징발하고, 군인을 확실히 징집하고, 상품을 원활히 유통하고, 부자들의 이기주의적 책동을 막고 법의 심판을 받게 하라.

검찰관보 에베르가 쇼메트의 뒤를 이었다. 그는 내일 당장 국민공회로 몰려가 1792년 8월 10일, 9월 2일에 했던 것처럼 국민공회를 포위하고, 인민을 구할 수 있는 적절한 방안을 시행하도록 명령할 때까지 해산하지 말자고 했다. 또한 국민공회가 명령을 내리는 즉시 혁명군을 출동시켜 강력히 집행하게 하며, 혁명군이 가는 곳마다 반드시 단두대를 가지고 다니라고 제안했다. 시위대는 만장일치로 그 제안을 받아들였다. 당장 할 수 있는 일을 하되, 국민공회에 몰려가기 위해서 이튿날(9월 5일) 오전 11시에 모이기로 했다.

파리 코뮌평의회는 회의를 열고 생필품 공급문제를 논의하기 시작했다. 그들은 옛날에 생필품 문제를 담당했던 행정관들에게 상퀼로트 세 명을 붙여주고 이들에게 일당 5리브르씩 지급하기로 의결했다. 그때 자코뱅협회의 대표단이 파리 코뮌에 도착했다. 루아레의 부르동Louis-Jean-Joseph-Léonard Bourdon*이 자코뱅협회, 파리 코뮌과 차례로 현 상황에 대한 정보와 의견을 공유하고 가난에 대처하려고 왔노라고 설명했다. 부르동은 몽타뉴파 의원들이 국민공회에서 힘을 합쳐 방금 시장과 인민들이 합의한 내용을 5일에 논의해서 통과시키겠다고 장담했다. 파리 코뮌평의회는 아침 5시에 빵집을 열고, 시민들은 4시 반부터 줄을 설 수 있으며, 빵값은 5리브르로 표시하라고 의결했다. 밖에서 기다리던 시민들은 이 소식을 듣고 만족해서 해산했다.

각 구의 대표들이 모였다. 시테 구의 대표는 파리 근교에서 곡식을 내놓지 않겠다는 농부 두 명을 체포했다는 소식을 전했다. 콩트라 소시알 구는 단순히 빵집 앞에서 사람들이 모이는 일을 금지하자고 요구했다. 어떤 구는 파

---

* 우아즈의 부르동François-Louis Bourdon 의원과 구별해서 레오나르 부르동이라고 불렀다.

슈와 애국자들을 죽이겠다고 말한 사람들이 있다고 고발했다. 퐁뇌프 구에서 파견한 베르나르는 귀족주의자들이 질서를 무너뜨리고 험악한 말을 일삼는다는 사실을 알아냈다고 보고했다. 여러 구 대표들은 시정부가 미흡한 조치를 내렸다고 반발했지만, 귀족주의자들을 잡아들이라고 명령했다는 데 수긍하면서 더는 문제 삼지 않고 조용히 넘겼다. 그 시각, 자코뱅협회의 연단에서는 로베스피에르가 인민을 그릇된 길로 이끄는 적들에 대해 경고했다. 국민공회·민중협회·48개 구와 파리 주민이 힘을 합쳐 적들이 헌법기관을 음해하지 못하게 막고, 조국의 불행을 끝까지 파악해서 그 치유책을 강구하며, 각자가 주위에서 음모자와 역적의 동태를 파악해 그들의 음모를 사전에 차단하려고 노력하자고 강조했다.

9월 5일 목요일에 파리 시장 파슈는 대표단을 이끌고 국민공회에 나갔다. 그는 파리에 생필품이 부족하지 않지만 6주 전부터 생필품 부족을 걱정하는 사람들이 매일 밤 빵집 앞에 모인다고 보고했다. 그는 곡식이 날마다 도착하는 모습을 보여주고, 생필품에 대한 법을 확실히 집행해야 질서를 회복할 수 있다고 말했다. 그 걱정은 부자들이 곡식을 틀어쥐고 내놓지 않기 때문에 생겼다. 이러한 현상은 웬만한 대도시에서 똑같이 나타난다. 검찰관인 쇼메트가 삶에 찌든 민중이 서명한 청원서를 읽었다. 민중은 오랫동안 불확실하고 요동치는 삶에 지친 나머지 이제부터라도 안정을 갈구했다. 유럽의 폭군들과 국내의 적들이 프랑스 인민을 굶겨 죽이려고 음모를 꾸미고, 빵 한 조각에 그들의 자유와 주권을 포기하라고 강요하지만, 인민은 꿈쩍도 하지 않을 것이다. 이 같은 결기에 찬 선언을 들은 국민공회의 모든 의원과 방청객은 한목소리로 "옳소!"를 거듭 외쳤다.

봉건시대의 잔재 위에서 태어난 새로운 체제의 수혜자들이 옛날 영주보다 탐욕스럽고 거만하다. 그들은 모든 재산을 소유하고, 대중의 가난을 이용해서 이익을 취한다.

청원서의 내용은 다음과 같이 이어졌다. 국민공회는 현명한 법을 제정했고 행복을 약속했지만, 그 법을 제대로 집행하지 않았다. 집행을 강제할 힘이 없기 때문이다. 그 힘을 가진 기관을 즉시 만들지 않으면 법은 사문화할 것이다. 1789년부터 국가가 버린 자식들이 국가의 자식들을 향해 벌이는 추악한 싸움을 끝내야 한다.

몽타뉴파 여러분, 역사상 영원히 이름을 떨치시오. 프랑스인들의 시나이 산이 되시오. 인민의 정의와 의지를 담은 영원한 법을 전광석화처럼 반포하시오!

쇼메트는 몽타뉴파가 단순한 산이 아니라 모세가 십계명을 받은 시나이 산이 되어달라는 청원서를 다 읽은 뒤에 다음과 같이 덧붙였다. 전날 노동자들이 코뮌의 집에 몰려온 뒤, 파리 코뮌평의회는 혁명의 원인이 된 인민의 기근을 어떻게 해결할까 고심하면서 파리 주변의 지도를 보다가 부자들의 사치스러운 정원과 공원이 차지하는 땅이 쓸모없이 놀고 있다는 사실을 깨달았고, 이제부터라도 그 땅을 경작지로 바꿔야 한다고 생각했다. 쇼메트는 국민공회에서 이 점을 검토하고, 튈르리 궁에 딸린 넓은 정원뿐만 아니라 왕실에 속했던 영지를 활용할 방안을 세워달라고 부탁했다. 또한 그는 혁명군을 조직하라고 촉구했다. 그 뒤를 이어 코트도르의 바지르는 파리 코뮌평의회에 조속히 모든 구의 혁명위원회를 쇄신하고 즉시 모든 반혁명혐의자를 체포하라고 촉구했다. 국민공회는 바지르의 안을 의결 처리했다. 당통은 파리의 구민들이 매주 일요일과 목요일에 모여 질서를 회복하고 유지하는 일을 하도록 하며, 거기에 참석하는 모든 시민에게 40수씩 보상하며, 전쟁장관에게 1억 리브르를 마련해주어 무기를 제조하는 데 쓰도록 하자고 발의해서 통과시켰다.

그날(9월 5일)부터 의장직을 수행한 비요바렌은 청원자들에게 혁명을 수행한 주체가 인민이며, 특히 청원자들에게 조국을 구할 수 있는 조치를 즉시 집행할 권한이 있음을 확인하는 한편, 혁명군을 창설해달라는 염원을 크게 환영한다고 화답했다. 혁명군을 창설해달라는 청원은 5월 29일 수요일에 마르셰les Marchés(예전의 레알) 구 대표가 처음 했다. 그리고 5월 31일에 48개 구 대표단이 국민공회에서 지롱드파 지도자들을 숙청하라고 압박하면서 다시 한번 요구했고, 6월 1일 파리 중앙혁명위원회가 2만 명으로 파리혁명군을 조직하기로 의결했다. 이제 9월 5일 구국위원회가 명령을 받고 즉시 준비한 파리혁명군 조직법안을 보고해서 통과시켰다. 9일에 파드칼레의 카르노Lazare-Nicolas-Marguerite Carnot는 구국위원회에서 5일의 조치를 보충하기 위해 마련한 파리혁명군의 조직법안 10개조를 보고해서 통과시켰다.

1조. 파리 48개 구의 혁명위원회는 각 구 시민 가운데 혁명군에서 복무할 25~40세의 남성 명단을 작성해 날마다 시청과 국민방위군 총사령관에게 제출한다.
2조. 파리 도평의회의 6인과 파리 코뮌평의회 6인으로 위원회를 구성한다. 이 위원회의 위원 12인은 명단의 시민들을 혁명군에 편입할 것인지 검토한다.

3조. 파리 국민방위군 포병부대는 봉급을 받을 것이며, 그들의 절반을 혁명군에 편성하고, 나머지 절반을 소속 구에서 계속 복무하게 한다.

4조. 파리 도는 자기가 편성할 6개 중대의 병력을 계속 징집해 혁명군에 편입시킨다.

5조. 혁명군은 6개 대대로 편성하며, 각 대대의 병력은 1,000명이다.

6조. 장교와 부사관들은 지원병들이 지명한다.

7조. 대대본부의 장교들은 최고행정회의가 지명하고 구국위원회가 승인한다.

8조. 대대장은 한 명이며, 부재 시 최고참 대위가 그 업무를 대행한다.

9조. 총참모부는 사단장, 소장 두 명, 준장 세 명으로 구성하며, 명칭은 특별참모부 état-major particulier des bataillons라 한다.

10조. 혁명군이 존재하는 한, 매년 간부·장교·부사관을 새로 뽑으며, 이들은 재임할 수 있다.

국민공회는 3조에서 정한 포병을 은근히 두려워했다. 5월 31일과 6월 2일에 파리의 국민방위군 총사령관 앙리오는 대포로 국민공회를 위협하지 않았던가! 포병부대를 인정하지 않으려는 국민공회의 의지를 파리 코뮌이 꺾었다고 볼 수 있다. 구국위원회는 민중의 도움을 절실히 바라면서도 그들이 입법기관을 겁박해서 혼란을 일으킬까봐 은근히 겁을 먹었다. 국민의 합의로 권력을 잡은 몽타뉴파가 일사불란하게 정국을 주도해야 할 텐데, 그 합의에 동참하지 않거나 합의를 깨고 부정하는 연방주의자들이 지방을 휩쓰는 상황에서 파리의 한가운데 있는 국민공회로서는 파리가 입술 같은 존재였다. 그럼에도 파리에서도 파리 코뮌이나 기초의회의 지도자들 가운데 정국에 영향을 끼치는 세력이 존재했다. 정치 지도자들은 그들의 간섭이 필요하면서도 성가셨다. 전국의 연방주의자 반란뿐만 아니라 파리의 반정부세력들 때문에 혁명을 급진화하지 않을 수 없었고, 그렇게 9월 이후에 공포정이 국민공회의 의사일정표에 나타나게 되었다. 그러나 가난을 어떻게 구할 것이며, 국내 연방주의자들의 반란과 대외전쟁을 어떻게 막을 것인가? 구국위원회와 국민공회 그리고 혁명법원이 타협을 하지 않고 혁명을 완수해야 평화가 올 것이라고 굳게 믿고 비상조치를 강구하면 할수록 자유를 지키기 위해 자유를 억압하는 비상시국이 지속될 것이었다.

2
앙라제

앙라제enragés는 혁명에 많은 것을 기대했으나 고통만 분담할 뿐 더 나아진 것이 없는 현실에 몹시 분노한 사람들이었다. 특히 혁명의 중심지 파리와 지방의 대도시 리옹에서 그들은 마라를 추종하고, 자신들의 눈높이에 맞춰 귀족주의자들의 목을 쳐야 한다고 외쳤다. 그들은 몽타뉴파의 정책도 점점 불신했다. 그들은 모든 권위를 부정하는 아나키스트의 성격을 띠었다. 그렇다고 해서 그들을 무정부주의자로 부르기란 어렵고, 차라리 그들 중심의 세계를 만들자는 뜻으로 민중주권주의자로 부를 수 있겠다. 그들은 생활고에 시달렸기 때문에 부자들을 미워했다. 농민들은 구체제의 여러 가지 악습에서 벗어났지만, 그들에 비해 얻은 것이 없는 도시 노동자들이 조직적인 운동을 벌였다.

앙라제는 역설적으로 부자들의 사치 덕에 먹고살았지만, 사치품 생산이 줄어들면서 일거리를 얻지 못해 생활고에 시달렸다. 파리의 생탕투안 문밖의 가구제조업이나 리옹의 비단공장에서 일하던 노동자들이 몹시 화가 났다. 아시냐 지폐의 가치가 절반 이상 떨어지고, 빵과 비누의 값이 마구 뛰는 동시에 돈을 주고도 구하기 어렵게 되었기 때문이다. 대외전쟁에 동원되는 것도 서러운데, 구두가 없어서 나막신을 신고 가야 한다면 얼마나 비참했을까? 이 세상이 불공평한 이유는 위기마저 불공평하다는 데 있다. 물질적으로 거의 잃을 것이 없는 사람들은 마지막 남은 몸을 바쳐야 하는데, 부자들은 군납과 투기로 더욱 돈을 벌었으니. 노동자들은 1791년 6월 14일의 르샤플리에법으로 파업권과 단결권을 빼앗겼지만, 혁명의 위기가 악화되자 분노를 표출했고, 정치무대에 발을 들여 수동시민의 딱지를 떼었다.

그들은 거주지의 구민회의에 참석해서 목소리를 냈다. 그들은 1793년 2월에 48개 구의 이름으로 국민공회에 최고가격제를 실시하라고 청원했다. 그러나 국민공회는 경제적 자유를 앞세워 반대했고, 파리 출신인 로베스피에르·당통·마라·비요바렌·콜로 데르부아·다비드는 국민공회가 식량문제에만 매달릴 수 없으니, 모든 사람이 고통을 견디고 힘을 합쳐 국난을 극복하자고 가난한 사람들을 달랬다. 그 뒤에도 의원들은 가난한 사람들의 집단행동에 귀를 기울이지 않았다. 파리 민중은 국민공회에서 지롱드파 지도자들을 숙청하는 일에 큰 힘을 보탰지만, 몽타뉴파의 지도자들은 민중이 바라는 대로 행동하지 않았다. 민중은 자신들을 대변해줄 사람들이 필요했고, 이른바 '성난 사람들'(앙라제)을 대변인으로 알고 따랐다.

8월 하순에 툴롱이 영국에 넘어갔다는 소식이 퍼지자, 9월 2일에 국민공회에서 바레르는 가짜 소식이라고 일축했다. 그러나 민심은 흉흉해졌다. 자코뱅협회에서 에베르는 모든 공직에서 귀족을 쫓아내자고 제안하는 동시에,

이튿날 아침 9시에 국민공회로 가자고 제안했다. 그때 방청객들도 함께 가달라고 부탁했다. 4일에 로베스피에르는 자코뱅협회에서 툴롱이 영국인의 손에 들어갔음이 거의 분명하다고 확인했다. 그는 반혁명분자들이 생필품을 핑계로 민중을 동원해서 파리 코뮌과 국민공회에 저항하도록 부추긴다고 말했다. 그날 낮부터 파리 코뮌의 집 광장에 모인 노동자들은 반혁명혐의자들의 선동을 받았다는 뜻이다. 자코뱅협회 의장인 루아레의 부르동과 데피외가 노동자들에게 다음 날(5일) 오전에 자코뱅협회에서 국민공회로 함께 출발하기로 합의하고 왔노라고 보고했다. 9월 4일과 5일에 파리 코뮌과 국민공회에서 가난한 사람들의 집단행동과 그 결과는 앞 장에서 살핀 대로다.

앙라제는 6월 하순에 제정한 제1공화국 헌법에 반대했다. 물론 그들은 왕당파·지롱드파와 다른 이유에서 반대했다. 방데의 왕당파·가톨릭 반란군은 6월 25일에 성명서를 내고 루이 17세를 '프랑스와 나바르의 왕'이라는 전통적인 호칭으로 부르면서, 그의 이름으로 명예의 깃발을 들고 무정부의 깃발을 쳐부수자고 선동했다. 그들은 공화국이 불신자의 무정부주의자라고 비난하고, 인류애 넘치는 왕당파가 야만의 공화주의자를 물리쳐야 한다고 주장했다. 그들의 주장과 달리 앙라제의 성명서는 자크 루와 르클레르의 청원이었다. 6월 25일에 파리와 인근의 코뮌들에 사는 주민들이 파리 시장을 앞세우고 국민공회에서 새 헌법을 축하할 때, 두 사람은 청원서를 제출했다. 파리 주민 대표와 인근 코뮌의 연사들이 차례로 연설을 하고 나서, 회의장을 한바퀴 행진하려고 준비할 때, 파리 코뮌평의회에서 가난한 민중을 대변했던 자크 루는 증언대에서 그라빌리에 구·본누벨 구·코르들리에 협회가 작성한 청원서를 제출하는 임무를 띠고 왔노라고 말한 뒤 연설을 시작했다.

"의원 여러분, 인민의 명령을 받은 여러분은 오래전부터 인민을 더는 불행하지 않게 해주겠다고 약속했습니다. 그러나 그동안 무엇을 했습니까? 여러분은 헌법을 기초했으며, 이제 인민의 승인을 받고자 합니다. 헌법에서 투기를 금지했습니까? 매점매석과 독점을 일삼는 자들에게 벌을 내리겠다는 의지를 담았습니까?"

'붉은 사제'라는 별명을 가진 자크 루는 첫 마디부터 의원들을 꾸짖었다. 이 신성한 장소에서 이기주의자와 사기꾼들의 범죄를 얼마나 고발했는지 모르지만, 인민의 피를 빠는 자들을 벌하겠다고 약속만 했지, 실제로 투기행위를 금지하지는 않았다. 인민의 승인을 받겠다고 하는 헌법의 어느 구절에서도 매점매석가에게 사형을 내리지도 않았으며, 상업의 자유를 한정하지도 않았고, 정화正貨의 매매를 금지하지도 않았다. 도대체 인민을 행복하게 만들기 위해서 한 일이 무엇인가? 자크 루는 가난한 사람들의 분노를 조리 있게 표출했다. 지난 4년 동안 혁명의 혜택을 누린 자는 오직 부자뿐이다. 투기와 매점매석보다 더한 범죄는 없다. 상인 귀족이 신분제 귀족보다 더 무섭다. 그들은 개인 재산은 물론 공화국의 금고까지 침범하는 잔인한 짓을 일삼아 배를 불린다. 국가는 왜 이러한 독사들에게 정의의 불벼락을 내리지 않는가? 왜 선량한 인민에게 터무니없는 값으로 식료품을 파는 짓을 막지 않는가?

자크 루는 몽타뉴파를 겨냥했다. 산(몽타뉴)에 사는 여러분, 의연한 상퀼로트 여러분, 언제까지 이 불멸의 바위 꼭대기에서 꼼짝하지 않고 있으려는가? 조심하라, 평등의 친구들은 더는 사기꾼들에게 속고만 있지 않으리라. 그들은 굶주림을 참지 못할 때 사악한 사기꾼의 소굴인 매점매석가의 창고를 공격할 것이다. 자크 루를 무정부주의자라고 부른 이유는 그가 자유보다 평등을 주장했기 때문일 터. 평등의 친구들이란 지난 4년 동안 아무런 혜택을 받지 못한 사람들을 뜻했다. 그들은 그 누구보다 큰 고통을 나눴지만, 혁명이 주는 혜택을 받지 못해서 화가 날만 했고, 자크 루가 그들을 대변했다.

"제조업·상업·농산물을 독차지하는 투기꾼들의 목적이 단순히 인민에게 절망을 안겨주려는 것이 아니라면, 인민을 스스로 전제주의의 품으로 뛰어들게 만들려는 데 있지 않습니까? 여러분은 언제까지 참고 견디렵니까? 부유한 이기주의자들이 인민의 가장 순수한 피를 황금 잔에 거푸 마시는 꼴을 보고만 있으렵니까?"

의원들이 듣다 못한 나머지 "그가 과연 그라빌리에 구민을 대변하는가?"라고 물었다. 의장인 콜로 데르부아는 의원들의 말을 참고한 뒤 자크 루에게 청원할 사람이 아직 많으니 빨리 끝내라고 주문했다. 자크 루는 부자가 만들고 부자를 위해 만든 법이 가난한 사람에게 잔인한데, 어찌 18세기의 수치와 분노가 아니겠는가 물었다. 인민의 대표들이 국외의 폭군들에게 전쟁을 선포했음에도 국내의 적들을 진압할 용기를 내지 않는 현실을 누가 믿겠는가? 분명히 대대적인 혁명에는 불행이 따르기 마련이며, 우리는 자유를 유지하는 데 필요하다면 어떠한 희생도 감수하려는 의도를 가지고 있지만, 인민은 이미 제헌의회·입법의회에 잇따라 속았다. 폭군들의 왕홀을 부러뜨린 상퀼로트가 이제 모든 종류의 폭정을 무너뜨릴 때다. 긴박한 불행에 즉각 대처해야 한다. 입법부가 폐지할 수 없는 합헌의 명령으로 투기행위를 근절하지 않는다면, 한 사람이 1년에 600리브르만 가지고 생활을 꾸려나가기를 어떻게 바랄 수 있단 말인가? 전쟁에 막대한 돈을 쏟아부어도, 앞으로 20년 안에는 평화를 회복하기란 불가능하다.

몽타뉴파 의원들이 이 같은 자크 루의 말에 격분하고, 다수 의원이 그의 말을 철회하도록 종용했다. 의장은 자크 루에게 차례를 무시하고 연설하면서 정의와 평등의 권리를 침해했다고 경고한 뒤, 빨리 결론을 말하고 물러가라고 명령했다. 자크 루는 할 말을 다했다고 선언하고 나서, "몽타뉴파 의원들이여, 부디 공화국이 번영할 수 있게 기초를 다지시고, 임기를 부끄럽게 끝내지 마시오"라고 말했다.

이 말에 의원들이 격분했다. 파리의 콜로 데르부아는 자크 루를 반혁명분자의 하수인이라고 비난하고, 마른의 튀리오는 그가 무정부주의의 흉측한 원리를 설파했다고 외쳤으며, 로베스피에르는 조금 수위를 낮춰 그의 주장이 민중을 위하는 마음에서 나왔지만 선동적이었다고 평했다. 파리 구민들이 잇따라 대표를 보내 헌법을 제정했음을 축하하는 자리에서 자크 루는 의원들을 질타했으니, 몹시 가난한 계층은 그를 대변인으로 생각할 만했다. 몽타뉴파 의원들은 자크 루가 민중을 선동하는 반혁명분자라고 규정하면서 정치무대에서 제거하려고 노력했다. 파리 코뮌 검찰관 쇼메트는 자크 루를 코뮌평의회에서 축출하라고 간청했고, 로베스피에르·콜로 데르부아·에베르·르장드르는 코르들리에 협회에서 그를 광신자·범죄자·배신자라고 비난하면서 제압했다. 자크 루는 코르들리에 협회에서 제명되었고 그라빌리에 구에서도 버림받았다. 7월 28일, 생필품 문제가 악화된 것에 불만을 품은 파리 구민들이 파리 코뮌에서 생필품 공급 책임자인 레알Pierre-François Réal을 공격했다. 이때 자크 루가 붙잡혔다가 한 달 뒤인 8월 27일에 풀려났다. 그 뒤 노동자들이 파리 코뮌에 쳐들어간 9월 4일과 5일의 사건에 연루된 자크 루는 5일에 붙잡혀서 생트펠라지 감옥에 갇혔다.

그럼에도 노동자들은 중요한 것을 얻었다. 9월 9일에 혁명군을 조직하는 법을 관철시켜 투기꾼 같은 반혁명분자들을 색출할 수 있게 되었고, 11일에 생필품에 대한 최고가격제법을 얻었다. 그날 센에우아즈의 르쿠앵트르Laurent Lecointre는 최고가격제의 확정과 목적지를 변경하는 자들을 처벌하는

자코뱅협회의 연단에 선 로베스피에르는
테르미도르 9일이 될 때까지 확실한 지배자였다(프랑스국립도서관^{BNF} 소장).

공포정의 희생자들이 감옥에서 마지막 호출을 기다리는 장면(베르사유 궁 미술관 소장).

군인 출신의 국민공회 의원이자 구국위원회 위원인 카르노Lazare Carnot(BNF 소장).

1793년 6월 18일, 오스트리아군이 북부 접경도시 발랑시엔을 공격한다(BNF 소장).

『뒤셴 영감』의 발행인 자크 에베르.
에베르는 영감의 담뱃대를 여리고(제리코)를 무너뜨린 나팔이라고 불렀다(BNF 소장).

1793년 8월 10일, 제2의 혁명 1주년 기념행사를 바스티유 터에서 거행했다.
'자연의 여신'의 가슴에서 재생의 분수가 나온다(BNF 소장).

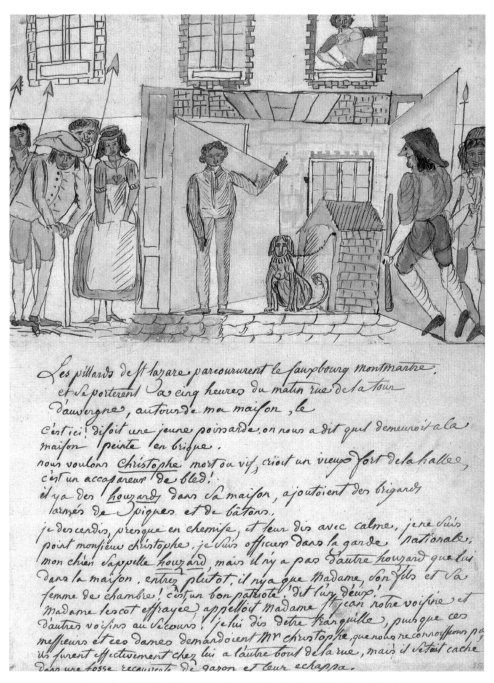

Les pillards de St lazare parcoururent le fauxbourg montmartre,
et se porterent a cinq heures du matin rue de la tour
d'auvergne, autour de ma maison, le
C'est ici! disoit une jeune poissarde, on nous a dit qu'il demeuroit a la
maison peinte en brique.
nous voulons Christophe mort ou vif, crioit un vieux fort de la halle,
c'est un accapareur de bled!
et il y a des houzards dans sa maison, ajoutoient des brigards
armés de piques et de bâtons.
je descendis, presque en chemise, et leur dis avec calme, je ne suis
point monsieur christophe, je suis officier dans la garde nationale.
mon chien s'appelle houzard, mais il n'y a pas d'autre houzard que lui
dans la maison, entrez plutot, il n'y a que Madame, son fils et sa
femme de chambre! c'est un bon patriote. Dit l'un d'eux!
Madame lescot effrayée appelloit Madame St jean notre voisine et
d'autres voisins au secours! je lui dis d'etre tranquille, puisque ces
messieurs et ces dames demandoient Mr christophe que nous ne connoissons pas,
ils furent effectivement chez lui a l'autre bout de la rue, mais il s'etoit caché
dans une fosse recouverte de gazon et leur echappa.

파리의 성난 주민들이 몽마르트르 문밖의 밀 독점자 창고를 약탈하러 다닌다(BNF 소장).

법안을 발의했고, 의원들은 원안을 수정해서 통과시켰다.

제1장의 10개조는 모든 경작자나 지주가 곡식을 저장한 지역의 행정관서에 곡식의 종류와 양을 신고하고, 그것과 별도로 다음 해의 농사용 곡식의 종류와 양도 신고하며, 경작자나 곡식 위탁판매상도 행정관서에 자신이 보유한 곡식과 곡물가루의 종류와 양을 신고하도록 명령했다. 디스트릭트 지도부는 하급단위 행정기관을 철저히 감독한다. 그리고 법을 반포한 날부터 8일 이내에 내무장관과 국민공회에 현황을 보고한다. 각급 행정단위의 관리들은 가정방문을 실시해서 현황을 낱낱이 파악하고, 법을 어긴 자의 곡식과 가루를 압수한다. 임무를 소홀히 한 관리에게 최소 100리브르, 상급관리에게 200리브르의 벌금을 부과한다.

제2장의 29개조는 곡식의 시장 공급을 규정했다. 곡식과 밀가루는 오직 공공시장에서만 거래하며, 어길 경우 곡식을 압수하고 그 가격의 두 배로 벌금을 부과한다. 불법거래를 신고한 자에게는 거래한 곡식의 전부와 벌금의 절반을 상으로 준다. 벌금의 나머지 절반은 공동체를 위해 쓴다. 불법거래에 대한 판결은 24시간 안에 신속하게 하며, 최종판결이다. 곡물의 소유자는 당국에 신고하고 통관허가증을 받은 뒤에 시장으로 옮길 수 있다. 이를 어길 때, 곡식·수레·말을 압수하고 벌금 1,000리브르를 부과하며, 절반을 신고자에게 나머지를 공동체가 사용하도록 한다.

제3장의 17개조는 곡식·밀가루·사료의 최고가격제를 공화국 전체에 실시하는 방법을 규정하면서, 곡식과 사료의 가격뿐 아니라 운송비도 통일한다.

제4장 12개조에서는 곡식의 국외 반출을 금지하는 조치를 규정한다.

9월 13일에 의원들은 마비상태에 있는 시장위원회를 즉시 되살리지 않는다면 모든 병사를 지난해처럼 헐벗게 만들 것이라고 우려하면서 대책을 논의했다. 당통은 구국위원회를 제외한 모든 위원회의 위원을 새로 뽑자고 발의했다. 또한 구국위원회는 모든 위원회의 신임위원 후보자 명단을 국민공회에 제출하라는 명령을 통과시켰다. 이로써 구국위원회가 예전과 달리 안보위원회보다 더 권력을 강화하고 모든 활동의 중심에 서게 되었다. 이때부터 구국위원회에서 가장 큰 영향력을 행사하는 로베스피에르의 시대가 열렸다. 구국위원회는 민중을 달래면서 자기 지위를 굳혔다. 17일에 국민공회는 반혁명혐의자법을 통과시켜 공포정을 본격적으로 시작했다. 아무나 특정인에게 혐의를 씌우면 그는 위험한 처지에 떨어진다. 유죄추정은 누구나 할 수 있는 일이며, 누구도 벗어날 수 없다. 1792년 9월 초의 학살사건*에서 수많은 사례를 찾을 수 있다. 혁명기 국내외의 전시 상황에서 '혐의'라는 것이 얼마나 무서운 벌을 수반할 수 있는지 충분히 상상할 수 있다.

국민공회가 혁명군을 조직하고 반혁명혐의자법을 시행하면서도 혁명의 일꾼들을 완전히 달래기란 어려웠다. 이 세상에서 가장 끈질긴 것이 가난이다. 가난한 사람에게 모든 것을 무상으로 제공할 수 없는 한 최고가격제가 무슨 소용이랴. 그럼에도 종래의 제도를 보완해서 좀더 공평하게 재화를 나누어줄 필요가 있었다. 9월 29일에 우아즈의 쿠페는 최고가격제를 곡식뿐 아니라 모든 생필품으로 확대하는 20개조의 법안을 상정했다. 식육·염장육·굳기름·버터·식용유·가축·절인 생선·포도주·독주·식초·능금주·맥주·땔나무·숯·석탄·초·석유·소금·소다·비누·잿물·설탕·꿀·종이(백지)·가죽·철·주철·납·강철·구리·삼·아마·양털·옷감·천막·나막신·가죽신·유채·담

---

* 제8권 제1부 5장 "9월 학살" 참조.

배, 그리고 제조에 필요한 원료의 최고가격제를 전국적으로 적용했다. 이들의 가격은 1790년도 곡식시세보다 3분의 1을 더 책정해 1794년 9월까지 고정하기로 했다. 그러나 나무와 석탄은 1790년도의 가격에 5퍼센트를 더해서 팔도록 했다. 이미 실시했던 최고가격제를 농민이 어겼다면, 이번의 최고가격제를 어길 사람은 상인일 것이다. 법은 지켜야 마땅하지만, 지키지 않고서도 잘사는 사람들은 어떤 시대, 어떤 상황에도 있었다. 비상시국에서는 일벌백계가 원칙일 수 있겠지만, 대개 익숙한 범법자보다 어수룩한 사람이 걸려들 확률이 높았다.

다시 앙라제의 행적으로 돌아가자. 자크 루는 감옥에서 해를 넘기다가 1월 14일에 혁명법원에서 재판을 받아야 한다는 소식을 듣고 칼로 자기 몸을 연달아 찔러 자살을 기도했지만, 경찰의 신속한 대응으로 비세트르 병원 감옥으로 옮겨 목숨을 구했다. 그럼에도 그는 2월 10일에 다시 한번 자해해서 목적을 이뤘다. 그의 동료인 르클레르Théophile Leclerc·바를레Varlet·여성 공화주의자들은 열심히 활동했다. 르클레르는 1793년 5월 9일 리옹의 과격파들의 특사로 파리에 도착한 뒤로 자크 루와 뜻이 맞아 최고가격제, 매점매석가 처형을 주장했고, 마라가 살해된 뒤에는 그의 후계자처럼 행동했다. 7월 16일에 자크 루가 『인민의 친구 마라의 영혼이 발행하는 프랑스 공화국의 신문기지Le Publiciste de la République française, par l'ombre de Marat, l'Ami du peuple』를 발행했다면, 르클레르는 노골적으로 『르클레르가 발행하는 인민의 친구L'Ami du peuple, par Leclerc』를 발행했다. 8월 18일에 자코뱅 협회에서 로베스피에르가 의장으로 회의를 주재할 때, 라콩브가 여성 공화주의자들과 함께 들어와서 앞으로 자신들이 자코뱅 회원들처럼 나라를 구하는 일에 전념하겠다고 말했다. 회원들은 여성들에게 박수로 화답했다. 그러나 9월 16일에 자코뱅협회에서 여성공화주의자혁명협회Société des citoyennes républicaines révolutionnaires의 수상한 회원들과 르클레르를 안보위원회에 고발하기로 의결한 뒤, 르클레르의 이름은 당분간 자취를 감추었다. 르클레르는 11월 18일에 여성 공화주의자를 대표하는 레옹 폴린과 결혼했다. 그는 12월에 파리의 마라 구 소속의 의용군 병사가 되어 20일에 엔Aisne의 라페르에 도착했다. 이듬해 4월 초에 안보위원회의 명령으로 그와 아내가 라페르에서 붙잡혔다. 로베스피에르가 몰락한 뒤에 그는 출옥했다. 그 뒤에 그가 어떻게 되었는지는 잘 알 수 없다.

반혁명혐의자법을 제정한 9월 17일에 바를레는 48개 구의 대표로 국민공회에서 연설했다. 그가 파리의 구민들에게 영향을 끼치고 있다는 증거였다. 48개 구의 위원들은 주교청 회의실에 모여 지난 5일 당통이 발의해서 통과시킨 국민공회 명령이 파리 민중의 명예를 훼손하기 때문에 자유로운 사람들의 공분을 자아낸다고 생각했다. 그들이 문제 삼은 5개조 명령에서 중요한 내용을 살펴보자.

1조. 앞으로 파리의 48개 구의회는 매주 일요일과 목요일에만 모인다.
2조. 일용직 임금노동자가 회의에 참석할 때 한 번에 40수를 요구할 수 있다. 회의시간은 5시부터 10시까지다.

바를레는 이 명령이 헌법과 인권선언의 정신을 훼손한다고 비판했다. 그는 특히 파리에만 한정해서 명령을 제안한 사람이 국민공회가 스스로 했던 맹세를 부정하게 만들었다고 성토했다.

"주권자의 권리를 침해하지 않고서 어떻게 감히 인민의 의회가 모이는 횟수와 회의시간을 줄일 수 있단 말입니까? 절대 그렇게 할 수 없는 일입니다. 국민공회도 언젠가 그것은 불가능한 일이라고 인정하지 않았습니까?"

바를레는 구민회의가 상설기관인데 국민공회가 어떻게 제한하는지 따졌다. 특정 당파가 그런 극악무도한 짓을 제안할 때, 용감한 몽타뉴파는 흔들리지 않고 원칙을 지키면서 맞서야 할 텐데 오히려 인민이 감시를 게을리 하게 만들고 싶어한다. 조국이 위험하기 때문에 인민이 국민공회에 막강한 권력을 줄 수밖에 없을 때, 그 권력이 제대로 작동하는지 활발히 감시해야 한다. 공화국이 혁명을 수행하려면 인원과 무기를 징발해야 하고, 조국의 자식들은 모든 면에서 공화국에 헌신해야 한다.

인민의 대리인들이여, 여러분은 구민의회에 참석하는 극빈자 시민에게 40수를 수당으로 지급한다고 의결했습니다. 여러분은 이 존경받을 만한 계급에 대해 잘 모릅니다. 그들은 여러분의 제안을 받지 않고, 자발적 시민으로 구민 노릇을 하고자 합니다. 정부가 그들에게 수당을 지급한다면 인민의 의회는 어떻게 되겠습니까? 자유로운 나라에서 인민은 권리를 행사할 때 그 대가를 받을 수 없는 노릇입니다. 사회적인 관계를 이렇게 수당제로 유지한다면, 「인권선언」은 환상에 지나지 않을 것입니다. 시민들 사이의 경계선이 생길 테니까요. 조국을 사랑하는 마음은 사라지고, 공화국은 기초부터 흔들릴 것입니다.
여러분, 파리의 상퀼로트를 위해서 법을 만들어주셨겠지만, 우리는 이 법을 철회해달라고 요청합니다.

의장 비요바렌이 대표단에게 말했다. 의원들이 조국에 헌신한 극빈자 시

41

민들에게 수당을 지급하려고 했던 상황을 돌이켜보면, 음모자들이 구민들과 국민공회에서 극빈자들을 그릇된 길로 이끌려고 노력할 때였다. 그래서 의원들은 극빈자 시민들도 생활을 걱정하지 않고 권리를 행사하라는 취지로 수당을 지급하기로 했다. 그럼에도 구민들이 그 제도에 반대한다면, 그 청원을 검토해볼 것이다. 코트도르의 바지르가 이 청원을 안보위원회에서 다루고, 청원을 처음 생각한 사람이 누구인지 밝혀달라고 주문했다. 그는 경솔한 젊은이 바를레가 귀족주의자에게 매수당하지 않았음에도 자코뱅협회에서 쫓겨났음을 밝히고 나서, 자크 루와 함께 루아유 신부에 필적할 만한 사람이라고 생각하기 때문에 그를 고발한다고 말했다.

　로베스피에르도 바를레의 말을 반박했다. 따지고 보면 구국위원회와 국민공회에서 큰 영향력을 행사하는 로베스피에르의 생각도 과격파와 비슷했다. 그는 혁명의 적을 악인과 부자들이라고 보았다. 적들은 중상비방과 위선으로 무지한 상퀼로트를 쉽게 속인다. 인민에게 이러한 진실을 깨우쳐주어야 하겠지만, 적들은 돈으로 작가들을 매수해서 거짓과 파렴치한 글로 인민을 오도한다. 따라서 그러한 작가들을 가장 위험한 적으로 선포하고 추방하는 한편, 좋은 글을 다량 유포시켜야 한다. 자유를 확립하는 일을 방해하는 대외전쟁과 내란도 빨리 끝내야 한다. 그렇게 하려면 조국을 배반한 장성을 처벌하고, 공화주의자들에게 군대의 지휘를 맡겨 전쟁에서 승리하며, 역적과 음모자들을 벌하여 내란을 끝내야 한다. 권력을 남용한 의원들과 행정가들도 처벌해야 한다. 자유를 훼손하고 애국자들의 피를 흘리게 만든 악인들에게 두려운 본때를 보여주어야 한다. 로베스피에르는 국내의 위험이 부르주아 계층에서 오며, 그들을 이기려면 인민을 규합해야 한다고 말했다. 부르주아는 멍에를 만들어 인민에게 씌우고, 공화국의 수호자들을 단두대로 보낼 준비를 갖추었다. 그들은 마르세유·보르도·리옹에서 승리했다. 인민이 봉기하지 않는다면 그들은 파리에서도 승리할 것이다.

"그래서 인민은 실제로 봉기를 계속해야 합니다. 공화국을 구할 수 있는 방법을 동원할 때까지. 인민이 국민공회의 편에 서고, 국민공회는 인민의 힘을 이용해야 합니다. 봉기의 범위를 더 넓혀야 합니다. 상퀼로트에게 임금을 주고 도시에 머물게 해야 합니다. 그들에게 무기를 주고, 그들의 행동을 너그럽게 용인하고, 그들을 계도해야 합니다. 모든 방법을 동원해서 공화주의를 열광적으로 퍼뜨려야 합니다."

로베스피에르는 바를레가 가난한 계층을 쥐락펴락하면서 국론을 분열시키는 것을 못 본 체할 수 없었다. 가난한 계층이 공권력에 협조해야 혁명에 성공할 텐데, 바를레 같은 사람이 방해하기 때문이다. 로베스피에르는 회의 참석수당이 극빈자를 모욕하기는커녕 진정한 의미로 민중을 위한 것임을 강조했다. 과연, 의회에 참석하기 위해 시간을 희생할 수 있는 사람은 누구인가? 근면하고 존경받을 만한 장인 계급이나 자기 노동의 산물로 먹고사는 시민이 아니라 오직 부자·음모자·뮈스카댕muscadins뿐이다(뮈스카댕은 반혁명파의 멋쟁이를 뜻한다). 민중이 주권을 행사하고 자유를 확보하기 위해 생활비의 고통에서 벗어날 수 있으려면 일주일에 겨우 이틀을 빼앗기면 족하다. 민중이 정치의회에 나타날 때, 뮈스카댕은 입도 뻥긋하지 못하고 귀족주의자는 무력해진다.

로베스피에르는 국가의 정의를 실현하면서 보상을 받는 사람을 비천하게 만드는 이유가 무엇인지 따졌다. 그런 식이라면 국민공회 의원들도 비천하지 않은가? 그는 자신이 받는 보상을 가지고 생계를 꾸려나가기 때문에 자랑스럽다고 말했다. 그는 어느 날 귀족주의적 청원으로 말미암아 정당한 보상을 받지 못하게 된다면 인민의 신뢰로 맡은 의원직을 유지할 수 없을 것이며, 그 순간부터 국회가 자유를 말살하게 될 것이라고 강력하게 주장했다. 그는 구민들의 의회를 국민공회의 활동과 동등한 지위로 올려놓고 그 활동에 대한 보상이 당연한 것임을 강조하는 방법으로 청중을 설득했다. 그는 제헌의회에서 귀족주의자들이 의정활동을 와해시키려고 얼마나 노력했는지 상기시켰다. 무엇보다도 절대다수의 의원들이 이동할 때마다 경비를 지출해야 하는데, 귀족 의원들은 그 수당을 비천한 것으로 만들고자 노력했다. 그는 명예로운 빈자의 이름으로, 인간의 신성한 권리와 근면이라는 덕성의 이름으로 의제나 다루자고 제안했다.

로의 장봉 생탕드레Jean-Bon-Saint-André는 청원서를 작성한 사람이 진실을 잘못 알고 있다고 지적했다. 국민공회의 명령은 인민을 비천하게 만든 적이 없다. 국민이 주는 것이 인민을 타락시킨 적은 없으며, 조국을 배반하려는 목적에서 인민에게 주는 것이야말로 범죄의 원인이고 사악한 것이라고 강조했다. 청원서는 리옹·툴롱·마르세유·보르도의 연방주의자·반혁명혐의자들의 논리를 완전히 되풀이한다. 그러므로 로베스피에르의 말대로 이제부터라도 더 중요한 문제를 다루자고 제안했다. 의원들은 그의 제안을 받아들였다. 우아즈의 쿠페는 뮈스카댕이 병역을 기피하는 일에 대한 대책을 구국위원회에서 마련하자고 제안했다. 바지르는 왜 바를레가 전방에 나가서 싸우지 않느냐고 물었고, 또 다른 의원은 그를 군사경찰의 손에 넘겨야 한다고 주장했지만, 의원들은 청원자를 보호하는 원칙을 들어서 반대했다.

여기서 한 가지 분명히 정리하고 넘어갈 일이 있다. 당통이 9월 5일에 발의하고 통과시킨 법령은 파리 48개 구민회의를 더는 상설회의체로 인정하지 않고, 일주일에 단 두 번만 회의를 할 수 있도록 제한했다. 그럼으로써 상퀼로트 계층의 정치적 간섭의 기회를 줄였다. 이에 대해 바를레 같은 지도자들이 반발했다. 그렇게 해서 민중의 투사들은 새로운 민중협회인 구민협회 sociétés sectionnaires를 만들어 정치활동을 이어나갔다. 혁명사가 알베르 소불 A. Soboul은 구민협회를 통해서 투사들이 지역의 정치생활을 이끌고, 행정을 감독하고, 각급 자치정부와 심지어 중앙정부에 압력을 행사했으며, 공화력 2년 가을부터 봄까지 구민협회들이 촘촘하게 효과적인 연락체계를 구성했다고 지적했다.

> 국가 차원에서 그들의 수를 파악하기는 어렵다. 남동부에서 반혁명의 위협을 겪을 때 그 수는 눈에 띄게 늘었다. 보클뤼즈 도의 154개 코뮌에 139개 민중협회, 가르 도의 382개 코뮌에 132개 민중협회, 드롬 도의 355개 코뮌에 258개 민중협회, 바스알프 도의 260개 코뮌에 117개 민중협회가 생겼다. 이러한 애국단체들은 국내의 적을 무찌르는 데 크게 이바지했다.[*]

3
여성의 정치참여 금지

혁명 전부터 여성이 있었고, 혁명 초부터 늘 여성은 모든 곳에 존재했다. 그럼에도 '제2의 혁명'에서 상퀼로트 계층

---

[*] A. Soboul, *La Révolution française, nouvelle édition du Précis d'Histoire de la Révolution française*, Gallimard, 1984, p. 357.

도 정치무대에 등장하면서 공화국 시민의 범위가 넓어졌지만, 여성은 여전히 시민의 아내나 딸이었다. 국가의 위기에 대응하는 과정에서 담당할 몫이 늘어났음에도 제대로 대접을 받지 못하는 현실에 불만을 품은 여성들이 정치무대에서 공식적으로 활동하기 시작했다. 1793년 5월 10일에 폴린 레옹Pauline Léon과 클레르 라콩브Claire Lacombe는 파리 생토노레 길의 자코뱅 수도원 도서관에서 여성공화주의자혁명협회를 창립했다. 그들은 도덕과 원칙을 지켜야만 자유를 누릴 수 있으며, 사회적 의무를 잘 알아야 가정의 의무도 잘 이행할 수 있다고 생각하기 때문에 공화국의 헌법과 법률을 공부하려고 모였다. 또한 그들은 공공의 문제에 관심을 가지고, 고통받는 사람을 구하며, 자의적인 행위의 희생자를 보호해주는 일도 하고 싶었다. 그래서 그들은 서로 질투하지 않고 협력하겠지만, 협회의 규약을 정할 필요가 있다고 생각했다. 7월 9일에 발표한 규약 제1조에서 그들은 조국의 수호에 동참하기 위해 무장할 필요가 있으며, 모든 여성이 자유롭다고 강조했다.*

25세의 상퀼로트 여성인 폴린 레옹은 이듬해(1794년)에 뤽상부르 감옥에 갇혔을 때 안보위원회에 보낸 호소문에서 자신은 여성이지만 혁명 초부터 놀고먹지 않았고, 아침부터 밤까지 대중에게 폭정에 맞서라고 외쳤으며, 거리에 방어벽을 설치했고, 비겁한 자들에게 집밖으로 나오라고 선동했다고 주장했다. 레옹과 라콩브가 여성협회를 설립했다고 해서 여성들이 갑자기

---

* 제7권 2부 2장 "여성도 창을 들게 하라" 참조. 폴린 레옹은 이미 1792년 3월 6일에 입법의회에서 여성들의 무장을 주장했다. 그의 활동에 대해서는 Claude Guillon, "Pauline Léon, une républicaine révolutionnaire", *Annales historiques de la Révolution Française* n° 344 (avril-juin 2006) 참조.

정치활동을 시작했다고 말하려는 뜻은 없다. 대충 따져서 인구의 반이 여성인데, 프랑스 혁명기에 남성만 시위를 벌이고 무기를 들고 전투에 참여했다고 주장한다면 누가 믿겠는가. 1789년 10월 5일 베르사유로 행진해서 이튿날 루이 16세 일가를 파리로 데려간 사람들이 누구였는지 잊지 말자. 시위현장에는 언제나 그들이 있었다. 그리고 여성의 집안일인 뜨개질을 공공장소로 연장해서 '트리코퇴즈tricoteuses'(뜨개질하는 여인)라는 이름을 얻은 사람들은 국민공회나 혁명법원의 방청석과 정치클럽에 나타났고, 싫어하는 의원들의 뒤를 따라다니면서 위협했으며, 사형수의 수레를 따라 단두대까지 갔다가 수건에 피를 적시기도 했다.

여성협회는 8월 16일에 자코뱅협회에 대표를 보내 통신관계를 유지하자고 제안했고, 자코뱅 형제들의 동의를 얻었다. 그러나 얼마 지나지 않아 두 조직의 관계가 틀어졌다. 9월 16일 월요일 저녁에 자코뱅협회의 비서는 의원들에게 다음과 같이 보고했다. 그는 특별히 여성공화주의자혁명협회가 그동안 탁월하게 애국심을 증명했지만, 훌륭한 공화주의자인 고뱅Gobin을 제명처분을 했다고 보고했다. 고뱅은 르클레르가 마라의 신문을 모방한 출판물을 발간해서 위대한 마라의 영혼을 날마다 모욕했다고 열렬히 성토했다. 여성협회 의장인 라콩브는 고뱅에게 르클레르를 고발한 근거를 제시하지 않으면 중상비방자로 취급하겠다고 경고했고 결국 제명했다. 테레Terray는 자코뱅협회에서 고뱅에게 비공식적으로 변호인들을 붙여주자고 제안했다. 그는 여성 혁명가들이 자크 루와 함께 코르들리에 협회와 자코뱅협회에서 쫓겨난 르클레르를 광적으로 좋아하는 것 같다고 개탄했다. 여성공화주의자혁명협회는 처음부터 앙라제의 주장에 동조했고, 설립자인 폴린 레옹은 르클레르와 11월에 결혼할 사이로 발전했으니, 자코뱅협회에서는 고뱅을 보호해야 한다고 생각할 만했다.

　루아르에셰르의 샤보François Chabot는 이 여성협회의 진실을 밝힐 때가 왔으며, 자코뱅 회원들이 들으면 깜짝 놀랄 만한 음모를 밝히겠다고 말했다. 그는 며칠 전 길을 가다 라콩브를 만났다. 라콩브는 데레Marc Derrey de Belbèze의 처리방침을 물었다. 1792년 10월 23일부터 툴루즈의 시장직을 맡은 데레는 5월 31일과 6월 2일의 사태가 발생한 뒤 들불처럼 번진 연방주의자의 봉기에 동조했기 때문에 6월 29일에 체포되었다. 국민공회는 7월 11일에 그를 아베 감옥에 가두고 안보위원회에서 신문하도록 의결했다. 라콩브는 데레가 애국자라고 생각했기 때문에 샤보에게 구명운동을 하려고 했다. 샤보는 라콩브가 이 귀족 출신의 시장을 위해서 말한다는 사실에 놀랐다. 샤보는 데레가 애국자들을 감옥에 가두었다는 사실을 일깨워주었지만, 라콩브는 데레가 가난한 사람들에게 빵을 주었다고 옹호했다. 샤보는 데레가 반혁명을 부추겼다고 설명했다. 라콩브는 샤보와 안보위원회가 데레를 석방하지 않는다면 여성 공화주의자들이 가만히 있지 않을 것이라고 협박했다. 둘은 서로 욕설까지 내뱉은 뒤에 헤어졌다. 이튿날 라콩브는 샤보의 집에 나타나 똑같은 말을 했다. 라콩브는 데레가 아니라 그의 조카 때문에 마음이 아파서 나선다고 설명했다. 샤보는 의원들에게 힘주어 말했다.

　"나는 라콩브에게 이렇게 대답했습니다. 사람들은 내가 여성들에게 휘둘렸다고 비난할 테지요. 그러나 나는 당신이 남성들에게 하는 대로 여성들에게 돌려주지 않겠습니다. 당신이 아무리 협박해도, 나는 떳떳합니다. 이 세상의 모든 여성은 내가 공공의 행복을 위해서 무슨 일을 하는지 잘 압니다. 그래서 그들이 내게 해를 끼칠 것이라고 생각할 수 없습니다."

　샤보는 라콩브를 시민을 뜻하는 '시투아옌'이 아니라 구체제의 신분사회에서 쓰던 '마담'이라고 부르면서 불쾌감을 표현했다. 더욱이 그 협회의 여성들은 로베스피에르를 '무슈'라고 부르면서 공격했다. 당시 언어생활에서 무슈·마담은 우리의 '빨갱이'처럼 위협이자 욕이었다.

"여성 혁명가들이 더는 이치에 어긋나는 언동을 삼가도록 엄한 조치를 내려주십시오. 또한 그들에게 공문을 보내 모든 음모자를 쫓아내고 협회를 정화하라고 촉구해주십시오."

코트도르의 바지르는 누가 보든지 허약한 자신에게 여성들이 시비를 걸었다고 말했다. 자코뱅 회원들이 웃었고, 어떤 회원은 생각보다 훨씬 심각한 일일 수 있으니 웃지 말고 들어보자고 말했다. 어느 날, 일고여덟 명의 혁명협회 아낙들이 안보위원회에 몰려오더니 생트펠라지 감옥에 갇힌 스망디 Semandy를 풀어달라고 바지르에게 요구했다. 바지르는 파리의 구민들이 리옹의 반혁명을 본받아 일을 꾸미는데, 부슈뒤론의 의원들이 스망디가 주모자 가운데 하나라고 고발했기 때문에 체포했다고 설명했다. 여성들은 모든 감옥을 돌아다니면서 사람들이 갇힌 이유를 조사하겠으며, 부당한 죄목으로 갇힌 사람을 풀어주겠다고 말했다. 바지르는 차라리 스망디를 고발한 부슈뒤론의 의원들을 찾아가 그에게 유리한 증거를 내놓으면 그때 그를 석방할 수 있을지 모르겠다고 설명했다. 그들은 부슈뒤론의 의원들과 바지르를 저주하면서 그렇게는 못하겠다고 말했다. 더욱이 그들은 '애송이blanc-bec' 같은 바지르가 감히 자신들의 요구를 거절하다니 나중에 후회하게 만들어주겠다고 으름장을 놓았다. 그리고 로베스피에르처럼 바지르도 감히 자신들을 반혁명분자로 취급한다고 분개했다. 바지르는 로베스피에르의 애국심을 공격하는 사람들과 더는 할 말이 없다고 대꾸했다.

29세가 된 지 네 달이 지난 바지르는 자신이 비록 그 여성들의 호감을 살

만큼 멋진 수염을 기르지 못해서 유감이지만, 부당한 요구에는 굴복하지 않는다는 사실을 그들에게 분명히 말했다고 보고했다. 그들은 부슈뒤론의 벨Moyse Bayle을 찾아가 스망디의 애국심을 증언해달라고 부탁했지만 거절당하자 안보위원회에서 했던 것처럼 한바탕 소동을 벌이고 떠났다. 바지르는 현명하게도 여성 공화주의자들을 전부 자극하지 않으려는 듯이 단지 몇몇 음모자들이 협회의 이름을 더럽힌다고 말했다. 그는 그 협회의 회원들이 투표를 실시해서 협회의 공화주의 정신을 모독하는 사람들을 제명해야 한다고 말했다. 바지르는 그들이 자코뱅협회의 권유대로 음모와 당파를 몰아내고 훌륭한 애국단체로 태어날 것임을 확신한다고 덧붙였다.

음악아카데미에서 루트 연주자로 일하다가 혁명기에 거주지의 선거인이 되었고 혁명법원의 배심원으로 활약하던 르노댕Léopold Renaudin은 여성협회의 의장인 라콩브가 평소에 귀족을 좋아했으며, 귀족 한 명을 숨겨주었고, 반혁명분자로 밝혀진 르클레르를 자기 집에 묵게 했다고 말했다. 르클레르는 르노댕의 친구로부터 권총 두 자루를 훔쳐서 50리브르에 팔았다. 그러나 르노댕의 친구는 차라리 50리브르를 잃고 르클레르를 떼어버리는 편이 속 시원하다면서 경찰에 고발하지 않았다. 이처럼 자코뱅협회에서는 여성공화주의자혁명협회와 그 회원들에 대한 이야기가 꼬리를 물었다.

어떤 시민은 파리에서 일어난 모든 혼란의 원인을 그들에게 돌리고 나서, 반혁명파의 멋쟁이를 뜻하는 뮈스카댕과 뮈스카딘muscadines을 모두 잡아들여야 한다고 주장했다. 회원들은 그의 말에 동조했다. 또 어떤 이는 몽타뉘 구에서 마라와 르펠티에의 흉상 제막식을 거행할 때 라콩브가 훌륭한 연설을 했지만 마지막에 가서는 국민공회를 포함한 모든 헌법기관을 쇄신하고 행정부를 감시하자는 말을 했다고 고발했다. 열혈투사인 타슈로Thomas

Taschereau는 라콩브가 아무데나 끼어들어서 모든 헌법기관을 부정한다고 불평했다. 어떤 회원이 타슈로의 말에 동조하면서, 라콩브가 청산유수 같은 말로 늘 자코뱅협회와 국민공회를 혹독하게 비판한다고 고발했다.

라콩브와 함께 르클레르의 행동도 도마에 올랐다. 어느 회원은 특히 그날 (9월 16일)의 신문에서 르클레르가 자신에 대한 체포영장을 발부한 자와 집행하는 자를 모두 죽여버리겠다고 썼다면서, 과거에 왕당파 신문을 발행한 루아유Royou 같은 자가 똑같은 어조로 말했기 때문에 목을 바쳤듯이, 르클레르도 엄격히 처벌받아야 마땅하다고 강조했다. 자코뱅협회에서 이미 르클레르를 제명해서 벌을 내렸듯이 이제는 여성공화주의자혁명협회를 반혁명혐의자로 처리해야 한다고 생각하는 회원들이 너도나도 한마디씩 거들었다. 그들은 여성협회가 투표를 실시해서 반혁명혐의자들을 숙청하라고 권유하고, 안보위원회에서 라콩브와 르클레르를 체포하라는 안을 의결했다.

파리 코뮌평의회도 '예쁜 청원자들jolies solliciteuses'에 대한 문제를 논의했다. 9월 15일에 위니테 구는 치안당국이 너무 물러 터져서 여성들이 감금 상태에 있는 개인들을 석방해달라고 청원하면 쉽게 들어준다고 불평했다. 평의회는 검찰관보인 에베르의 의견을 듣고 치안당국에 누구든 석방하기 전에 반드시 파리 코뮌 검찰관실의 심사를 받도록 명령했다. 이튿날에 평의회에서는 여성의 꾐에 빠진 치안당국자들의 이름을 적시해서 보고하라고 명령했다. 그렇게 해서 평의회는 여성의 청을 받고 마음대로 수용자를 석방해준 보드레Beaudrais와 프루아뒤르Froidure의 행동이 적합했는지 심사했다. 17일에 보드레가 평의회에서 결백을 주장하면서 15일에 내린 명령을 철회해달라고 요구했다. 에베르는 자기가 경찰서에서 본 일을 거론하면서 반대했다. 그는 모든 경찰서마다 여성들이 들이닥쳐서 거기에 근무하는 경찰들에게 아양을 떨어 마음을 약하게 만들어놓고 남성들을 풀어주라고 요구하는데, 이를 막으려면 경찰서 문 앞에 경비를 강화해서 '예쁜 청원자들'을 들여보내지 말아야 한다고 강조했다. 평의회는 공화주의자를 자처하는 여성들이 삼색 표식을 달고 다니는데, 이 상징물을 독점함으로써 오히려 모욕하고 있으니, 앞으로는 모든 여성이 예외 없이 삼색 표식을 달게 하자고 의결했다.

21일에 국민공회에서도 오트가론의 멜Jean-Baptiste Mailhe은 삼색 표식을 달지 않은 여성을 반혁명혐의자로 체포하자는 안을 발의했다. 오트가론의 쥘리엥Jean Jullien(일명 툴루즈의 쥘리엥)은 너무 가혹한 안이라고 이의를 제기했다. 삼색 표식을 달고 다니다가 잃어버리는 경우가 있고, 깜박 잊는 경우도 있는데 죄인 취급을 하는 것은 가혹하다는 말이었다. 그러나 알면서도 달지 않는 왕당파 아낙들이 잊은 척할 때도 있으니 절충안을 찾아야 한다고 말했다. 마침내 그는 한번 적발된 여성을 8일간 구류처분하고, 재범일 경우 반혁명혐의자로 체포해서 평화를 되찾을 때까지 가두자고 발의해서 통과시켰다. 이에 덧붙여 의원들은 앞으로 다른 이가 착용한 삼색 표식을 떼는 여성을 6년의 징역형에 처하기로 의결했다. 그러고 나서 새로 구성한 안보위원회는 여성 청원자들에 대한 파리 코뮌평의회의 명령을 승인했고, 구국위원회는 파리 시정부로 명령을 넘겼다.

자코뱅협회에서 회원들이 여성의 정치참여를 못마땅하게 생각하면서 그들의 지도자에 대해 험담을 늘어놓았고, 국민공회에서도 일부 여성만이 아니라 모든 여성이 애국심을 증명해야 한다고 의결한 뒤, 10월 6일에는 '8월 10일 혁명가협회la société des hommes révolutionnaires du 10 août' 대표들이 국민공회에 들어와 여성공화주의자혁명협회의 시민정신이 의심스러우니 부디 해산시켜달라고 청원했다. 의원들은 그 청원을 안보위원회에서 검토하도록 명령했다. 혁명재판소에서 브리소를 포함한 지롱드파 의원들에 대한 사형선고를 내리던 10월 30일에 국민공회에서는 이제르의 아마르Jean-Pierre-André Amar가 이틀 전에 파리 생퇴스타슈 교회 근처의 이노상 시장에서 일어난 소요사태에 대해 보고했다.

특정 혁명협회 소속의 여성 몇 명이 바지차림에 붉은 모자를 쓰고 아침부터 이노상 시장과 근처를 거닐면서 자코뱅파를 자처했습니다. 그들은 다른 여성들도 똑같은 복장으로 다니라고 윽박질렀습니다. 그들의 행패에 모욕당한 아낙들이 6,000명 정도 모여서 아무리 폭력과 위협을 행사해도 그들의 말대로 하지 않겠으며, 혁명의 복장은 남성을 위한 것이라고 천명했습니다. 그들은 국회의원들이 제정한 법과 인민의 행정관들의 명령에는 복종하겠지만, 쓸데없이 반혁명의 의심이나 살 만한 일을 하는 100여 명의 변덕스러운 의지에는 굴복하지 않겠다고 선언한 뒤 "하나이며 나눌 수 없는 공화국 만세!"라고 외쳤습니다.

시정부 관리들과 콩트라소시알 구의 혁명위원회가 나서서 아낙들을 해산시키고 질서를 되찾았습니다. 그러나 밤이 되면서 더욱 격렬한 시위와 몸싸움까지 발생했습니다. 이 과정에서 자칭 혁명협회 소속인 여성 몇 명이 심한 모욕을 당하자 앙갚음을 했습니다. 안보위원회는 그때 오간 험담에서 국가의 적들의 음모가 드러났다고 파악했습니다. 혁명협회 소속의 여성들은 애국심이 넘쳐서 지나친 행동을 했을 테지만, 수많은 여성은 악의에 찬 사람들의 선동에 동원되었다는 말입니다. 브리소와 공범자들을 심판하는 이 순간, 파리에 소요사태를 일으켜 혼란을 가져오려는 술책이었습니다. 마르세Marchés 구는 몇몇 반혁명분자가 애국심의 가면을 쓰고 구민들을 선동했다고 결론을 내린 뒤, 안보위원회에 의복의 자유를 제한하고, 여성 민중협회들을 엄격히 금지해달라고 요구했습니다.

아마르는 여성의 정치참여에 대해서 정리했다. '통치하는 일gouverner'은 나라를 법으로 경영하는 일이기 때문에, 법을 제정할 때 광범위한 지식이 필요하고, 그 지식을 아무런 제약 없이 적용해야 하며, 엄격하고 냉정한 태도를 유지하면서 헌신해야 한다. 따라서 통치란 헌법기관들의 행위를 끊임없이 지도하고 고쳐줘야 하는 일이다. 여성이 이러한 일을 수행할 수 있는 충분한 자질을 갖추었는가? 일반인은 부정적으로 대답하겠지만, 이러한 판단을 반박할 만한 근거가 전혀 없다고 말하기는 어렵다. 둘째로 여성은 정치적 연합체에 소속할 수 있는가? 민중협회는 국가의 적들의 책동을 폭로하고, 시민들과 공무원은 물론 입법기관까지 감시하며, 공화주의 덕목을 본받아 사람들의 열의를 부추기고, 정치적 법률의 결함이나 개혁에 대해 공개적이고 깊이 있는 토론을 하면서 자신을 발전시키는 목적을 가졌다. 여성은 이처럼 유익하고 고통스러운 일에 헌신할 수 있는가? 헌신할 수도 있겠지만, 여성에게는 자연이 맡긴 더욱 중요한 임무가 있다. 남녀의 차이에서 사회질서가 나오며, 따라서 성별에 맞는 소명이 있다.

결국 아마르는 전통사회에서 권장하는 덕목을 강조하면서 여성을 남성의 영역에서 몰아내려고 했다. 여성이 가정에서 자녀를 양육하고 남편에게 안정적인 가정을 만들어주면, 남편이 바깥에서 조국에 헌신하는 만큼 아내도 가정에서 조국에 헌신할 수 있다는 논리다. 따라서 여성은 가정의 품을 떠나 정부의 일에 끼어들어서는 안 된다. 또 다른 면에서 볼 때, 남성의 정치적 교육이 이제 겨우 걸음마 단계인 데다 모든 원칙이 발전하지 못했으며 겨우 자유를 입에 올리기 시작했는데, 여성은 아직 도덕교육조차 전혀 받지 못했고, 더욱이 모든 원리에 대한 지식에서 남성보다 훨씬 부족하다. 따라서 여성이 민중협회에 가입해서 정부의 활동에 활발히 참여할 수는 있지만 남성보다 더 잘못을 저지르고 선동받기 쉽다. 여성은 쉽게 흥분하는 체질을 타고났기 때문에 공적인 일에 치명적이다. 정념 때문에 그릇된 길로 들어서기 쉽기 때문에 국가의 이익을 희생할 가능성이 크다. 그들이 공공의 문제에 대해 토론하면서 열을 올릴수록 자식들에게 조국에 대한 사랑보다는 증오와 반감만 물려줄 뿐이다.

> 따라서 우리는 여성이 정치적 권리를 행사할 수 없다고 믿으며, 여러분도 동의하실 것입니다. 귀족주의자들은 여성의 민중협회를 세워 남성들과 맞서도록 만들고, 남성들을 분열시켜 결국 사회에 불화를 일으키고 혼란에 빠뜨리려는 음모를 꾸몄습니다. 의원 여러분께서는 부디 여성들이 설립한 민중협회들을 폐지해주시기 바랍니다.

마른의 샤를리에Louis-Joseph Charlier는 도대체 어떤 원칙에 근거해서 여성들이 평화롭게 집회할 수 있는 권리를 빼앗을 수 있겠는지 물었다. 그는 진정한 의미의 계몽주의 원칙을 거론했다. 여성이 인류에 속한다는 사실을 부인할 수 없다면, 생각하는 존재가 공통으로 누리는 집회의 권리를 여성에게서 어떻게 빼앗을 수 있단 말인가? 몽타뉴파인 샤를리에는 마지막 계몽사상가로 인정받은 콩도르세처럼 여성의 교육에 관심을 가졌다. 그러나 콩도르세가 6월 초에 지롱드파를 숙청할 때 체포령을 피해 숨어 있었기 때문에, 샤를리에는 국민공회에서 외롭게 양성평등을 옹호했다. 민중협회의 일부 회원이나 전체가 범죄를 저지르면 경찰이 단속할 수 있다. 그리고 귀족주의에 물든 협회를 해산시킨 사례가 여러 번 있었다. 그런데 어떤 단체가 질서를 깰까 두렵다는 이유만 가지고 그 단체를 해산할 수 있는가? 그러나 바지르가 그 말을 반박했다. 그는 민중협회의 부정적인 측면이 뻔히 보이는데, 경찰에게만 그들을 감시하고 지도하는 일을 맡기면 위험하며, 국민공회가 혁명정부를 선포한 이상 그 자격으로 구국의 모든 조치를 취할 수 있다고 주장했다. 따라서 반혁명의 길을 차단하기 위해 일시적으로 원칙을 뒤로 미룬 뒤, 오직 여성의 협회들이 위험한 것인지만 파악해야 한다. 지금까지 경험한 대로 그들이 공공의 안녕에 얼마나 치명적이었던가! 바지르는 "혁명적으로, 또한 국가안보의 조치로써, 적어도 혁명을 치르는 동안에는 여성단체들을 금지"하자고 촉구했고 의원들은 여성단체를 금지하기로 의결했다.

그러나 여성들은 쉽게 포기하지 않았다. 그들은 틈만 나면 몰려다니면서 자신들의 목소리를 냈다. 11월 26일에 그들은 파리 코뮌평의회에 들이닥쳤다. 평의회에서는 파리의 몇몇 구가 가톨릭교를 포기했다는 내용, 몇몇 감옥에서 부자들이 돈으로 편안하게 지내기 때문에 위화감을 조성하고 있으니 치안당국이 질서를 유지해야 한다는 안건을 다루고 있었다. 그때 붉은 프리기아 모자를 쓴 여성 대표단이 들어섰고, 그 모습을 본 방청객들이 술렁거렸다. 평의회 의장은 모자를 쓰고 질서를 되찾았다. 검찰관 쇼메트가 그들을 상대로 연설을 했다.

"시민 여러분, 여러분은 여기서 이성의 위대한 행위를 하고 있습니다. 인민의 행정관들이 심의하는 장소에는 자연을 거스르는 사람이 들어와서는 안 됩니다."

평의회 의원이 '법이 허용한 일'이라면서 그 말에 반대했다. 쇼메트가 즉시 법은 풍속을 존중하라고 가르치는데, 여기서는 풍속을 무시하는 광경을 본다면서 맞받아쳤다. 그는 남녀가 할 일이 따로 있다고 장황히 설명했다. 그는 바깥에서 달리기·사냥·경작·정치, 그리고 온갖 종류의 노동을 하는 것이 남성의 역할이며, 아기를 기르고 가사를 돌보는 것이 여성의 역할이라고 강조했다. 게다가 여성이 자기 본분을 잘 지키면 충분히 보답을 받을 자격이 있지만 감히 남성이 되려고 하는 여성이 있으며, 모든 일을 지배하려고 덤빈다고 말한 뒤 자연의 이름으로 여성의 본분을 지켜달라고 호소했다.

"파란만장한 삶의 위험을 무릅쓰는 남성을 시샘하지 말고, 가족의 품으로 돌아간 남성으로 하여금 바깥에서 겪은 위험을 잊게 만들어주십시오."

쇼메트의 말을 듣고, 아낙들은 붉은 프리기아 모자를 벗었다. 쇼메트는 비단옷을 입고 털모자를 쓴 기묘한 차림의 외국인들이 회의장에 침입한 아낙들을 매수했으며, 조국의 반역자들을 재판하는 동안 줄곧 파리의 시장에서 소동을 부추겼다고 고발했다. 믿을 수 없는 지롱드파 장관 롤랑Jean-Marie Roland de La Platière의 콧대 높은 아내처럼 자기가 공화국을 통치하고, 더 나아가 공화국을 망칠 수 있다고 생각한 여성, 남녀추니Virago, 최초로 여성들의 의회를 설립하고 정치를 하면서 온갖 범죄를 저지른 올랭프 드 구즈, 이 부도덕한 존재들은 모두 법의 심판을 받아 이슬처럼 사라졌음을 잊지 말아야 할 텐데, 방금 프리기아 모자를 쓰고 회의장에 난입한 아낙들은 그들을 닮으려고 노력한다고 쇼메트는 꾸짖었다. 평의회는 그가 제안한 대로 의결했다.

"평의회는 앞으로 여성 대표단을 받아들이지 않으며, 남성 대표단만 발언하게 합시다. 물론 이 조례와 상관없이, 여성이 개인적으로 행정관에게 요구사항과 하소연을 제출할 권한을 인정합니다."

혁명기의 형제들은 정치 영역에서 자유·평등·우애의 이상을 자매들에게 노골적으로 제한했다. 형제들은 자매들을 가정에 묶어두면서 형제애만 강조했다. 혁명이 일어나기 전과 마찬가지로 혁명이 일어난 뒤에도 언제 어디서나 여성은 존재했지만, 그리고 민주주의의 실험을 시작하고 난 뒤 시민권을 능동시민에서 수동시민에게도 확대해서 허용했지만, 시민citoyen은 남성이었고, 그 낱말의 여성형citoyenne은 아직 여성시민이 아니라 시민의 아내와 딸일 뿐이었다. 남성/여성은 집의 바깥/안에서 제자리를 찾아야 했다. 전통적 주제인 "누가 바지를 입을 것인가?"의 답은 여전히 남자였다. 아직까지 자연의 법을 존중하는 사람은 남녀의 생물학적 차이를 부각시키고, 혁명의 이상도 무시했다.

4
파견의원들의 활동과
연방주의의 분쇄

연방주의자들의 반란

'연방주의자fédéraliste'라는 말은 승리자의 관점에서 나왔음을 지적하고 시작하자. 몽타뉴파가 파리 코뮌의 지지를 받으면서 지롱드파를 숙청할 때, 파리 출신이지만 센에우아즈에서 뽑혀 의원이 된 메르시에는 『새로운 파리』에서 "연방주의라는 신화는 5월 31일의 끔찍한 사건을 프랑스 전체에 고발한 의원들을 죽이기 위해 10인방이 창조한 이야기"라고 썼다. 메르시에는 몽타뉴파의 지도자들을 뭉뚱그려 10인방으로 지칭하면서 자신도 그들의 박해를 받은 피해자로서 느낀 분노를 곳곳에 담아 책을 썼다. 자유·평등의 원칙을 실현하려는 혁명 지도자들이 파리를 중심으로 권력을 휘두르면서 다른 지방민들의 자유와 평등을 억압하려고 쓰던 말이라는 뜻이다. 그러나 국민공회는 "공화국은 하나이며 나눌 수 없다"는 헌법을 명분으로 내세웠다.

1793년 5월 31일부터 6월 2일 사이에 지롱드파를 숙청한 뒤 연방주의는 전보다 더 기승을 부렸다. 국민공회는 연방주의자들이 조직적으로 힘을 합쳐 파리로 진격하려는 시도를 막으려고 백방으로 노력했다. 연방주의자들은 지롱드파 지도자들이 많이 도피한 북쪽의 캉, 동쪽의 프랑슈콩테, 서남쪽의 보르도, 남쪽의 리옹, 그리고 지중해 연안의 마르세유와 툴롱의 다섯 곳을 중심지로 국민공회에 저항했다. 프랑스가 오스트리아·프로이센·에스파냐·영국을 상대로 전쟁을 하는 상황에서 다섯 곳의 반란군과 어떻게든 연계해서 파리를 고립시킨다면 혁명은 끝나고, 유럽 열강의 이익에 부합하는 왕정으로 돌아갈 판이었다.

7월에 보르도는 파리로 진격하는 윔펜Georges Félix de Wimpffen 장군을 도우려고 400명을 파견했지만 13일에 국민공회 진압군이 파리의 북서쪽에 있는 파시쉬르외르Pacy-sur-Eure에서 윔펜 장군을 물리쳤다는 소식을 듣고 제풀에 꺾였으며, 세 달 뒤인 10월 16일에 진압군의 입성을 받아들였다. 프랑슈콩테에서는 센에우아즈의 바살Jean Bassal과 오브의 가르니에Antoine Marie Charles Garnier가 6월 18일에 파견의원으로 부임해서 그곳 관리들 가운데 반혁명분자들을 숙청했고, 남부에서는 알프군l'Armée des Alpes* 소속 사단장

---

* 프랑스는 사부아를 점유하고 몽블랑Mont-Blanc 도를 창설했고, 니스 백작령을 점유하고 알프마리팀Alpes-Maritimes 도를 창설했다. 그리고 사부아에 주둔한 군대를 알프군, 니스 백작령에 주둔한 군대를 바르Var군으로 불렀다. 1793년에 바르군의 이름을 이탈리아군으로 바꿨다.

카르토Jean-François Carteaux 장군이 마르세유와 님이 힘을 합칠 수 없도록 막았다. 그리고 몽토방 같은 도시가 동남부의 리옹이나 마르세유와 서남부의 보르도 사이에서 저항했다.

9월 초에 국민공회는 툴롱에 영국인들이 상륙했다는 소식을 듣고 리옹·마르세유·툴롱의 반군을 분쇄하려고 의원들을 연이어 보내서 진압군과 협력하도록 대처했다. 10월 이후 에스파냐도 프랑스군에 승리했다는 소식이 들렸지만, 평화를 되찾을 때까지 혁명을 연장한다는 방침을 세운 국민공회가 결사적으로 대처해 국내의 반군을 차례로 진압했다.

한편 8월 6일 화요일에 파견의원인 아르덴의 뒤부아 크랑세는 알프군 총사령관 켈레르만François Christophe Kellermann 장군과 함께 병사 2만 명을 이끌고 리옹의 반군을 토벌하러 떠났다. 인구 12만 명의 리옹은 프랑스 제2의 도시였고, 귀족과 부르주아 계층이 가난한 노동자들을 비단공장에 고용하면서 영향력을 행사했다. 5월 말부터 지롱드파의 영향을 받아 리옹은 몽타뉴파의 지배권에 반발했다. 진압군은 8월 9일 금요일 아침에 한 시간 동안 포탄을 퍼부은 뒤 병력을 투입할 예정이었다. 그즈음 리옹은 고립상태에 있었다. 국민공회 군대는 마르세유의 반군을 아비뇽과 콩타에서 쫓아냈고, 그렇게 해서 보클뤼즈 도와 부슈뒤론 도의 수많은 디스트릭트를 해방시킨 뒤에 헌법을 받아들이게 만들었다.

7월까지만 해도 동부의 쥐라부터 서남부의 보르도까지 거의 모든 자치정부가 단결해서 저항했지만, 8월 초에는 방데·리옹·마르세유·툴롱을 제외하고 모두 몽타뉴파를 지지하게 되어 헌법을 받아들였기 때문에, 파견의원은 켈레르만의 군대가 곧 남부에 평화를 회복할 것으로 낙관했다. 그러나 당분간 반란군의 저항을 진압하기는 어려웠다. 6일에 부슈뒤론 파견의원인 노르의 풀티에François-Martin Poultier는 툴롱에서 해군장교들이 병사들까지 타락시켰고, 마르세유에서 반군이 헌법을 입에 올리는 자를 즉시 처형하겠다고 협박한다는 사실을 구국위원회에 보고했다. 마르세유 반군 밑에서 온갖 협박과 생활고에 시달리는 시민들은 진압군을 목 빠지게 기다렸다. 그들은 피비린내 나는 복수를 꿈꾸고 있었다.

리옹의 진압군과 반군은 한편으로 협상도 진행했다. 리옹은 쉽사리 정복하기 어려운 진지를 구축해놓았기 때문에 잘 버텼다. 8월 16일에 뒤부아 크랑세는 포대를 3일 후부터 운용할 준비를 갖추었고, 비록 병력에서는 열세지만 포탄이 충분한 덕에 충분히 싸울 만하다고 구국위원회에 보고했다. 비록 알프군이 300여 킬로미터의 국경을 지키느라 힘을 분산해서 모든 사태를 파악하고 적절히 대응하기는 어렵고, 병사들도 내란을 막느라 힘을 소진했지만, 론에루아르 도와 보클뤼즈 도의 연방주의가 사그라지고 있었기 때문에 다행이었다. 그래서 뒤부아 크랑세는 사태를 낙관했던 것이다. 그러나 현실은 녹록하지 않았다. 포탄을 얼마나 더 퍼부어야 할지도 몰랐다.

한편 아비뇽에서 파견의원인 노르의 풀티에와 부슈뒤론의 로베르Joseph-Stanislas-François-Xavier-Alexsis Rovère는 16일에 구국위원회에 자세한 상황을 보고했다. 마르세유 반군이 일주일 전부터 날마다 론 강의 지류인 뒤랑스Durance 강·아비뇽·카드네 성을 탈취하려고 드세게 공격했다. 공화국 군대는 카드네 성에서 쫓겨났다. 이들에게는 대포가 하나도 없었지만, 마르세유의 포대는 열여덟 문이나 갖추고 뒤랑스 유역 벌판에서 공격했다. 파견의원들은 카르토 장군에게 병사들과 대포 두 문을 끌고 대적하라고 명령했다. 카르토는 마르세유 반군을 카드네 성과 뒤랑스 강 유역의 평원에서 쫓아내고, 반군의 지휘관 아르보Arbaud와 38명을 잡았다. 반군은 거의 100명이 총에 맞거나 강에 빠져 죽었다. 이처럼 진압군이 전과를 올리지만, 전투를 지속하려면 무엇보다도 보급품과 돈이 필요했다. 파견의원들은 현지에서 필요한 물품을 징발할 수 있는 권한을 가졌지만 그 대가를 지불해야 했기 때문에 전비를 원활히 지원해달라고 간절히 요청했다. 아비뇽에서는 마르세유 반군을 물리쳤지만 남동쪽의 상황은 달랐다.

이탈리아군에 나간 바르의 리코르Jean-François Ricord와 동생 로베스피에르는 아주 위험한 상황을 겪었다고 보고했다. 아비뇽과 카드네 성에서 쫓겨난 반군이 존재하는 한 공화국에 위협이었다. 그들이 있는 곳과 주변 지역에서는 아시냐를 사용하기 어려웠다. 공화국 군대가 생필품을 구할 때 아시냐를 받지 않으려는 상인들 때문에 애를 먹었다. 헌법기관들도 그들에게 강제로 아시냐를 유통시키지 못했다. 공화국 군대가 반군과 대치하는 지역에서는 더욱 병폐가 심했다. 그 지역의 활동이 현저히 위축되었고, 반군이 기습해서 애국자들을 잡아가는 일을 공화국 군대가 제대로 막지 못했기 때문이었다. 실제로 리코르와 동생 로베스피에르는 마노스크Manosque를 지나다가 8월 12일에 붙잡힐 뻔했지만 이웃의 포르칼키에Forcalquier로 무사히 도망쳤다.

8월 21일에 국민공회는 남동부의 연방주의자 반란을 더욱 빨리 진압하기 위해 쿠통·샤토뇌프 랑동·메녜에게 무제한의 권한을 주고 알프군과 론에루아르 도에 파견해서 이미 거기서 활동하는 의원들을 돕게 했다.* 리코르와 동생 로베스피에르는 마노스크에서 마르세유 반군들이 마침내 영국과

---

* 쿠통Georges Couthon과 메녜Etienne-Christophe Maignet는 퓌드돔의 의원이고, 샤토뇌프 랑동 Alexandre-Paul Châteauneuf-Randon은 로제르 의원이었다.

에스파냐 함대들을 끌어들이려는 계획을 세웠다고 구국위원회에 보고했다. 항구에서 포격이 가능한 거리까지 적함들이 접근했다. 반군은 도주하면서 21일에 엑스에 들어가 외국 군대에 병력을 보내달라고 호소했다. 마르세유의 32개 구에서 제11구만 빼고 나머지는 위협과 폭력에 굴복해서 적군에게 마르세유로 생필품 선단이 들어갈 수 있게 허락하라고 요구했다. 파견의원들은 이것이 남프랑스를 실제로 적에게 넘기려는 음모라고 판단했다. 그들은 반군이 그런 식으로 공화국을 분할하거나 국가 이익·자유·평등에 반하는 체제를 세우려 한다고 생각했다.

그즈음 툴롱에서도 적 함대를 입항시키려는 음모를 실천하고 있었다. 툴롱의 해군장교들은 반란군을 증강하기 위해 공화국의 해군을 약화시켰다. 툴롱의 북쪽 50킬로미터 떨어진 브리뇰Brignoles에 반군 600명이 이탈리아군에서 엑스로 보내는 진압군의 길목을 막았다. 진압군은 남부의 반란자들이 오랫동안 장악한 통로를 복원하는 임무를 띠고 나섰지만 저항을 받았다. 그 사이 툴롱이 적의 함대를 불러들이면, 남프랑스에 영국군이나 에스파냐군을 1만~1만 2,000명 정도 상륙시킬 수 있을 터였다. 그렇다고 공화국 군대의 사기가 꺾이지는 않겠지만 어떻게든 상륙을 저지해야 했다.

8월 23일에 국민공회는 구국위원회의 보고를 받고 총동원령을 통과시킨 뒤 새로 파견의원 열여덟 명을 뽑아 이미 도와 군대에 파견한 의원들을 돕게 했다.* 벨기에 접경·동부전선·서해안의 경계도 강화해야 했지만, 남부가 여전히 불안했다. 딸 둘을 루이 16세의 두 동생과 결혼시킨 사르데냐의 왕 비

※ 제9권 제2부 5장 "공포정"의 '총동원령' 참조.

토리오 아메데오 3세Vittorio Amedeo III가 다스리는 피에몬테 지방 사람들이 몽블랑 도를 불쑥 침범하는 바람에 프랑스군이 황급히 그쪽을 막으려고 병력을 분산시켰다. 그 틈을 타서 리옹이 마르세유와 툴롱의 지원을 받게 되면서 진압군의 최후통첩을 계속 무시했다. 툴롱에서는 망나니가 광장에서 헌법을 불태웠다.

이러한 현실을 고려해서 파견의원들은 23일에 리옹에 포탄을 쏟아부었다. 당시에 쓰던 포탄으로는 날아가면서 중간의 장애물을 파괴하거나 땅바닥에 떨어진 뒤에 예측할 수 없게 튀어 오르고 구르면서 인마를 살상하는 것이 가장 흔했다. 이러한 탄환의 약점을 가장 잘 노출시킨 사례를 워털루 전투에서 찾을 수 있다. 나폴레옹은 비가 온 뒤에 진흙탕에 떨어진 포탄이 제대로 튀어 오르지 않아서 예상한 성과를 얻지 못했다. 1784년부터 영국과 프랑스에서 속이 빈 탄환을 발명했다. 속에 화약을 넣어서 쏘면 심지에 불이 붙어 날아가는 도중에 터지거나 장애물에 부딪쳐 폭발했다. 또한 배나 도시에 불을 지르려는 목적으로 쇠 탄환을 불에 달궈서 날리기도 했다. 초보적인 소이탄燒夷彈은 리옹 시내 다섯 곳에 화재를 일으켰다. 파견의원들은 이렇게 당하고서도 리옹이 정신을 차리지 않는다면 공화국의 지도에서 없애버려야 한다고 생각했다.

다행히 7월 26일부터 아비뇽에 입성한 상퀼로트 장군 카르토가 반군을 뒤랑스 강 건너편에 묶어두고 있었다. 3,000명의 진압군은 뒤랑스 강의 깊이를 측정했다. 그들은 걸어서 건널 수 있는 장소를 파악했고, 마르세유 반군이 리옹과 연계하지 못하게 막았다. 그들은 님Nimes을 중심으로 가르Gard 도가 언제나 반군을 지원할 가능성이 있고, 그 도의 동쪽에 붙은 부슈뒤론 도는 중심지인 마르세유처럼 언제라도 반란자를 양산할 수 있으며, 그 동북쪽의 바스알프 도는 마르세유의 지배를 받고 있고, 해군항을 갖춘 툴롱이 있는 바르 도는 파리를 공격하려는 반혁명 지도자들이 대거 몰려들고 있다고 파악했다. 영국 함대와 에스파냐 함대가 분열을 이용해서 프랑스 영토를 깊이 침투할 수 있기 때문에 내전을 빨리 끝내야 했다. 카르토는 진압군의 일부를 아비뇽과 빌뇌브에 남겨두고, 나머지 병력을 거느리고 뒤랑스 강을 건너 남서쪽 20킬로미터 떨어진 타라스콩과 보케르를 점령한 뒤, 그 남쪽 18킬로미터 지점에서 마르세유의 창고 노릇을 하던 아를에 일부를 주둔시키고, 아비뇽의 동남쪽에 있는 카바용과 페르튀를 차례로 점령했다. 그러고 나서 카바용의 남쪽 6킬로미터의 중요한 거점인 오르공을 잘 방어하면서 그 서쪽에 붙어 있는 생레미에 참모부를 두었다. 카르토는 마르세유 반군에 대한 포위망을 좁히면서 켈레르만의 지원군을 기다렸다.

한편 마르세유 반군은 쫓기면서도 몸집을 부풀려서 아를·오르공·타라스콩 가운데 한 곳을 공격하려는 계획을 세웠다. 그들은 보급품을 확보하고 뒤랑스 강을 건너 진압군을 가르는 계획을 세웠다. 그러나 살롱 전투에서 마르세유 반군 2,000명 중 150명이 목숨을 잃었고 다수가 다쳤다. 진압군은 그들을 궤멸시키지 못한 상태에서 귀족주의자들의 온상인 엑스에 입성해서 헌법을 받아들이게 했다. 동생 로베스피에르와 리코르는 니스군을 데리고 엑스에서 합류하기로 했다.

8월 25일에 서남쪽의 툴루즈에서는 진압군이 질서를 회복한 뒤 떠난다고 할 때, 그동안 숨죽이고 있던 왕당파가 "왕 만세!"를 외쳤다. 그래서 그곳을 지키던 53연대는 일부를 남겨두고 철수하기로 했다. 같은 날, 알프군과 이탈리아군이 인구 11만 명이 조금 안 되는 마르세유에 들어가서 애국자들을 감옥에서 풀어주었다. 그때 파견의원인 리코르도 풀려났다. 진압군은 마르세유 시민 가운데 반군을 훌륭하게 생각하는 사람들이 있다는 사실에 놀랐다. 그들은 귀족주의자들과 도당의 지도자들을 여럿 체포했다. 한편 구국위원회는 27일에 내전에서 사용할 소총을 원활히 보급하는 조치를 취했다. 북쪽 아르덴 도의 창고에서 아직 조립하지 못한 소총 1만 9,000자루의 부속과 나무를 급히 파리로 옮기고, 아르덴 도에서는 보병이 사용할 소총 8,000자루를 수선하라고 명령했다. 또한 메지에르에 있는 소총도 파리로 옮기고, 노르 도의 모뵈주에서 샤를빌로 파견한 소총 제조 숙련공 1,200명에게 당장 파리로 오라고 명령했다. 구국위원회는 전쟁장관에게도 소총 제조에 힘쓰라고 명령했다. 전쟁장관은 소총 제조공방을 새로 짓고 기술자를 고용하는 임무를 수행했다. 영국을 마주한 항구인 칼레가 공격받을지도 모른다는 소식에 구국위원회는 5,000만 리브르의 예산에서 40만 리브르를 지원하기로 의결했다.

국민공회군은 위협과 포격으로 리옹을 굴복시키려 했지만, 리옹은 수세에 몰리면서도 꿋꿋하게 버텼다. 마르세유를 점령한 파견의원들과 카르토 장군이 시의 소유물을 탈취하면 리옹도 교훈을 얻을지 몰랐다. 8월 26일 밤부터 27일 아침까지 진압군의 포격으로 리옹의 여섯 곳에서 화재가 났다. 여성들은 피난길에 올라 도시를 빠져나갔고 곧 생필품이 동나기 시작했다. 진압군은 클레르몽에서 오는 원군과 합세해서 리옹을 굴복시킬 수 있으리라고 생각했다. 공화국 군대는 리옹의 반란군과 싸울 때마다 그들을 물리쳤다. 진압군은 열다섯 명 사망에 50명 정도만 다쳤다. 그럼에도 리옹의 반군은 승리했다고 꾸며대면서 인민을 속였다. 리옹의 화재는 28일 새벽에도 꺼지지 않았고 300채나 재로 만들었다. 리옹의 왕당파 젊은이들이 리브드지에Rive-de-Gier를 공격하면서 돌파구를 찾으려고 발버둥 쳤지만, 진압군이 스물일곱 명을 사살하고 열세 명을 붙잡았으며 대포 한 문을 빼앗았다.

한편 마르세유에 들어간 진압군은 자유를 지키는 편에 섰던 제11구를 제외하고 모든 구를 무장해제했고, 그동안 강제로 문을 닫았던 민중협회의 활동을 허락했다. 곧이어 툴롱과 관계를 맺고 있는 혐의자들을 가두고, 마르세유를 공격할 때 동원한 포병과 병사 일부를 몇몇 지점에 배치해서 만일의 사태에 대비했다. 파견의원들은 역적들이 영국인에게 툴롱 항구를 열어주었고, 흰색 표식을 달고 다닌다는 소식에 분개했다. 그들은 이탈리아군의 지원을 간절히 기다리면서 반군이 세력을 키우지 못하도록 최선을 다해 막았다.

툴롱을 지키던 프랑스 함대도 고통을 겪었다. 해군소장 생쥘리엥Jean René César de Saint-Julien de Chabon의 기함을 호위하는 선단이 영국 함대를 막으려고 바다로 나갈 즈음 라말그 요새의 반군이 탄환을 불에 달궈놓고 여차하면 선단을 불태우겠다고 위협했다. 라말그 요새는 바다를 지키는 생루이 요새로 접근하는 길을 차단하기 위해 무리용 산에 1764년부터 1789년까지 구축한 요새였다. 생쥘리엥의 선단은 생루이 요새 안으로 물러날 수밖에 없었고, 그 틈을 타서 영국 군함 여덟 척이 27일에 툴롱 항으로 들어왔다. 생쥘리엥은 몇몇 병사와 함께 라센La Seyne으로 도주했다. 툴롱의 반군은 생쥘리엥 장군에게 협박편지를 보냈다. 파견의원들이 마르세유에서 적절한 조치를 취하느라 시간을 보내지 않았다면 진압군은 진즉 툴롱의 코밑까지 진격했을 것이다.

8월 29일에 영국이 점령한 툴롱을 탈환하는 일은 만만치 않았다. 병력을 증강해도 힘들 것이었다. 리옹의 정복이 끝났다고 가정하고, 몽블랑 도의 전선에 투입한 병력을 툴롱 쪽으로 돌리고, 군자금도 넉넉해야 툴롱에서 적군과 반란군을 몰아낼 수 있을 터였다. 그러나 몽블랑 도에는 알프스 너머의 피에몬테 사람들이 국경을 공략하고 있었고 리옹도 끈질기게 버텼다. 어디 그뿐이랴! 영국군이 툴롱을 점령한 데 그치지 않고, 에스파냐군이 피레네 지방을 침략했다. 보르도는 사태를 관망하고, 방데의 반군도 계속 저항하고, 브르타뉴 지방과 노르망디 지방에서 끊임없이 소동이 일어났다. 벨기에와 접경 지역인 노르 도에서 패배하고, 마인츠를 점령했던 군대가 퇴각하는 군사적 현실과 함께, 투기가 성행해 곡식을 구하기 어려웠기 때문에 풍요 속의 기근 현상이 발생했다. 유럽 열강의 왕들과 내란을 부추기는 연방주의자들이 혁명을 공격하고, 국민공회에서 국론을 분열시키는 세력이 있으며, 군대를 지휘하는 장성들도 의심스러운 상황이 지속되었으니 혁명을 끝내고 싶어도 끝낼 수 없었다.

파견의원들은 툴롱의 반역이 극에 달했으며, 이탈리아군 총사령관 뒤메르비옹Pierre Jadart du Merbion의 전임인 브뤼네Gaspard Jean-Baptiste Brunet가 반역음모를 알았음에도 적절히 대응하지 않았다고 생각했다. 더욱이 브뤼네는 병력을 출동시켜 사태를 수습하라는 명령을 받고서도 관할구역이 아니라는 이유로 거부했다. 파견의원들은 59세의 장군을 처벌하고 싶었지만, 그의 고장인 마노스크 주민들이 그를 보호했기 때문에 여의치 않았다. 파견의원들은 8월 21일에 마노스크를 탈환하고 나서 브뤼네를 구국위원회에 고발했다. 이탈리아군 지휘권을 브뤼네에게 넘겨준 비롱 장군은 방데 반란을 진압하러 갔다가 반역죄로 단두대에 섰는데, 이제 브뤼네마저 9월 10일에 붙잡혔다. 그는 아베 감옥에서 재판을 기다리다 마침내 11월 8일에 콩시에르주리로 이감되어 재판을 받고 15일에 처형되었다.

파견의원들은 툴롱을 탈환하기 위해 여러 가지 조치를 강구했다. 그들은 마르세유 주변의 모든 마을에서 툴롱의 하수인 노릇을 하던 부르주아들을 체포하는 한편, 헌법을 받아들인 디스트릭트의 국민방위군을 징집했다. 결국 16세부터 60세의 남성을 모두 징집한 셈이다. 툴롱은 인근에 사는 농민 2,000명을 데려다놓았는데, 파견의원들은 그들에게 현실을 올바로 인식시키고 툴롱의 영향에서 구출하기 위해 그들의 아내를 모두 체포해서 인질로 삼고 생필품을 제공하는 한편, 농민들이 자기 마을로 돌아가면 풀어주기로 했다. 툴롱의 역적은 해군소장 트로고프Jean-Honoré de Trogoff de Kerlessy로서 영국인에게 항구를 바친 자였다. 파견의원들은 트로고프와 브뤼네를 빨리 체포해서 혁명법원에 넘겨야 한다고 생각했다. 그러나 진압군이 툴롱으로 진격하면 역적들은 영국 군함이나 프랑스 군함에 타고 영국으로 도주할 것이 뻔했다. 트로고프는 9월 9일 국민공회에서 무법자로 고발당했다. 그러나 그는 12월 18일 보나파르트 나폴레옹이 툴롱을 탈환할 때 영국 배를 타고 피신했다.

리옹

공화국 군대는 8월 23일부터 리옹에 대한 포격을 시작했다. 그리고 27일에 영국군이 툴롱에 상륙했다. 9월에도 리옹은 포격을 받으면서도 꿋꿋이 버텼다. 그동안 노인들과 아녀자들이 리옹 밖으로 대거 피난길에 올랐고 파견의원들은 그들에게 필요한 조치를 취해주었다. 9월 11일에는 사령관 켈레르만을 도페François Amédée Doppet로 교체했다. 도페는 카르토 사단에서 근무하다가 리옹 진압군의 사단장이 되었다. 파견의원인 로제르의 샤토뇌프 랑동은 9월 20일에 국민공회에 보고서를 썼다. 리옹과 서남쪽 8시 방향으로 100킬로미터 떨어진 몽브리종을 향해 중부지방의 퓌드돔Puy-de-Dôme의 인민이 출발했으며, 그들과 합세하기 위해 오트루아르·아르데슈·캉탈·론에루아르 도민들도 출발했다고 보고했다. 파견의원들은 리옹 공격에 그들을 동원하면서 몇 개 지점에서 합류하도록 명령했다. 3,000명 규모의 병력이 3개 부대를 편성해서 아르데슈 도에서 엥Ain 도까지 행진했다. 그들은 산과 계곡을 지나면서 뮈스카댕을 대거 체포하고 통신망을 차단했다. 몽브리종의 뮈스카댕 300명 이상을 잡고 귀중품·말·무기를 빼앗았다. 퓌드돔·오트루아르·로제르에 반혁명을 획책해 새로운 방데의 난을 일으키려는 계획을 원천봉쇄했다. 또한 병력의 일부를 주요 거점에 남겨두어 밤낮으로 순찰을 강화했다. 이제 리옹을 바깥에서 지원하는 뮈스카댕을 물리치고 이틀 뒤(19일)에 파견의원인 론에루아르의 자보그Claude Javogues fils가 리옹에 들어가 반란자들을 체포했다. 자보그는 몽브리종 디스트릭트의 행정관 출신이었고, 당시에 그의 어머니는 반군에게 붙잡혀 있었다. 진압군은 론 강의 오른쪽에 있는 생테티엔을 치러 가는 길에 다른 지역에서 온 병력과 힘을 합쳐 모두 9,500명으로 늘었다. 파견의원인 샤토뇌프 랑동은 포고문을 붙여 리옹 주민들에게 저항하지 말고 두 시간 이내에 항복하라고 명령했다. 리옹의 행정관들은 반군을 소집하기 어려우니 20일까지 시간을 달라고 답변했다. 파견의원들은 20일부터 반군에게 포탄을 퍼붓기 시작했다.

10월이 되어서도 리옹이 저항하자 국민공회에서는 비요바렌이 파견의원들을 소환하라고 요청했다. 파견의원인 뒤부아 크랑세와 고티에는 자신들이 열심히 임무를 수행하고 있다고 변명하는 편지를 보냈지만, 의원들은 6일에 그들을 소환하기로 의결했다. 리옹 진압군을 지휘하는 도페 장군은 9일에 전쟁장관에게 전황을 보고했다. 그는 사단장으로 부임하고 사흘 뒤부터 리옹을 효과적으로 공격하려면 생트푸아Sainte-Foy 고지를 점령해야겠다고 생각했다. 그리고 9월 29일에는 보루 네 개, 대포 아홉 문을 탈취하고 다수의 포로를 잡았는데, 그중에는 라무레트 주교가 끼어 있었다.* 도페는 생트푸아 고지에 푸르비에르·생쥐스트·생조르주·생티레네를 공격할 포대를 설치했다. 10월 8일에 그는 반도들의 뿌리를 뽑을 최후의 일격을 가하라고 명령했다. 저녁 5시에 전위부대가 생트이레네의 보루를 점령하고, 포대가 생쥐스트의 가옥들을 향해 일제히 포격을 시작했다. 또 1개 부대에 페라슈Perrache 마을을 11시부터 자정 사이에 반드시 점령하라고 명령했다. 그러나 9시에 이미 반군이 빠져나갔다는 보고를 받고 페라슈 공격을 취소하는 한편, 최대한의 병력을 동원해서 반군을 모두 체포하라고 명령했다. 리옹의 구민들이 대표를 보내 요구한 대로 포격을 일시 멈췄지만, 전위부대는 여전히 보루들을 점령해나갔고, 9일 오전에 도페는 진압군을 이끌고 리옹에 들어갔다. 수많은 반군이 도주했지만, 곧 분견대가 뒤를 쫓아 반군 지도자들을 사살했다.

10월 9일에 리옹에 들어간 파견의원들은 저마다 다른 지점에서 자신이 겪은 전투에 대해 보고했다. 아르덴의 뒤부아 크랑세와 엥의 고티에가 집계한 전과와 로제르의 샤토뇌프 랑동의 전과는 달랐다. 후자는 60일간의 공략 끝에 리옹에 입성하는 과정을 비교적 자세히 썼다. 프레시Louis François Perrin de Précy와 비리외François-Henri de Virieu가 이끄는 반군 3,000명은 리옹의 주민들을 탄압했지만 진압군에 밀리자 금괴와 은괴를 챙겨서 9일 새벽에 베즈 문밖으로 도주했다. 진압군은 400명을 죽이고 계속해서 반군을 추격했다. 반군은 크게 두 갈래로 도주했다. 하나는 방데의 반군과 합세하고, 다른 하나는 스위스로 도주하려고 했지만 진압군이 길목을 차단했다. 반군은 뿔뿔

---

* 제7권 제2부 9장 "조국이 위험하다" 중 '라무레트의 포옹' 참조.

이 흩어져서 도주했고, 그중 600명이 사살당하고 600명이 무기·식량, 그리고 100만 리브르 상당의 아시냐를 버리고 항복했다. 전과를 집계한 결과 베즈 문밖으로 도망치던 반군 가운데 모두 1,200명을 사살하고 600명을 포로로 잡았다. 오랫동안 반군이 리옹을 지배했기 때문에 무사히 빠져나간 자들이 1,800명이나 2,000명 정도라고 파악할 수 있었다. 리옹 인근의 농촌 지역에서도 계속 경종을 울려 반군이 쉽게 도주하지 못하게 막았다. 파견의원인 센앵페리외르의 알비트는 프레시와 비리외가 모두 전사했다고 보고받았지만, 프레시는 건재했다. 파견의원들은 무기를 들고 반군에 가담한 자들을 심판할 군사위원회Commission militaire와 그 밖의 반도들을 심판할 인민재판위원회Commission de justice populaire를 설치했다.

12일에 전쟁장관을 통해 이 보고를 받은 국민공회 의원들은 구국위원회가 마련한 법안을 가결했다.

1조. 구국위원회가 추천하는 5인특별위원회Commission extraordinaire de cinq membres를 구성해서 리옹의 반혁명분자들을 군사적으로 즉시 처벌한다.

2조. 리옹의 모든 주민을 무장해제한다. 그들의 무기를 당장 공화국의 수호자들에게 나눠준다. 그중 일부는 그동안 리옹의 부자들과 반혁명분자들에게 박해를 받은 애국자들에게 나눠준다.

3조. 리옹의 도시를 파괴한다. 부자들이 거주하던 모든 주택을 철거한다. 가난한 사람들의 집, 살해당하거나 탄압받은 애국자들의 거주지, 산업용 시설, 인류와 공교육에 유익한 기념건축물만 남긴다.

4조. 공화국의 도시 명단에서 리옹을 지운다. 철거에서 제외한 모든 가옥을 앞으로는 빌아프랑시Ville affranchie(해방시)*라고 부른다.

5조. 리옹의 폐허 위에 이 도시의 왕당파들이 저지른 범죄와 그들이 받은 벌을 후대에 증언해줄 기념탑을 세우고 다음과 같은 내용을 새긴다.

리옹은 자유에 대해 전쟁을 일으켰다 / 리옹은 이제 없다. / 하나이며 나눌 수 없는 / 프랑스공화국 제2년 / 첫째 달 18일.

6조. 인민의 대표들은 당장 리옹의 부자들과 반혁명분자들의 재산을 철저히 파악하고 기록하며, 특별위원을 임명해서 지난 7월 12일의 법에서 정한 대로 이 재산을 애국자들에 대한 보상금으로 활용하는 방안을 마련하도록 한다.

10월 20일에 국민공회는 도페 장군이 리옹에서 도주한 반군을 완전히 소탕하고 생존자를 감옥에 가뒀다는 보고를 받았다. 이튿날인 21일부터 특별위원회가 설치한 '인민재판위원회'가 리옹의 반혁명분자들을 심판하는 활동을 시작했다. 인민재판위원회는 리옹, 그리고 서쪽으로 70여 킬로미터 떨어진 푀르Feurs에 사무실을 하나씩 두었다. 리옹의 사무실인 빌아프랑시 섹시옹은 필시 16일부터 문을 열었지만, 파견의원 쿠통과 들라포르트가 21일에 참석해서 연설할 때부터 공식적인 활동을 시작한 것으로 간주했다. 26일에 파견의원들은 구국위원회에 보낸 보고서에서 빌아프랑시의 노동자 800명이 철거작업을 하고 있으며, 애국자들의 식민지를 만들어야 한다고 썼다. 28일에 구국위원회는 마르세유 근처 생샤마Saint-Chamas의 방앗간을 부지런히 돌

---

* 파견의원들은 코뮌아프랑시Commune-Affranchie(해방코뮌)라고 부르기도 했다.

려 화약을 더 많이 생산하게 하고, 빌아프랑시의 철거작업에서 나오는 모든 초석硝石을 그곳으로 옮기라고 명령했다. 화약 원료인 초석(질산칼륨)은 전시에 특히 소중한 자원이었고, 화학적으로 생산하기 전에는 지하실이나 변소에서 주로 구했다.

10월 29일에 구국위원회는 임무를 마친 파견의원들에게 파리로 돌아오라고 명령했다. 그날 니에브르 도의 느베르Nevers에서 파견의원인 루아르앵페리외르의 푸셰Joseph Fouché는 그곳 교회와 성관에서 얻은 전리품과 상퀼로트의 기부금품인 금붙이·은붙이·금은 세공품을 열일곱 꾸러미나 보내면서, 사나운 오스트리아인과 겁쟁이 영국인의 무기와 포탄이 공화국에 해를 끼쳤지만 그보다 금과 은이 더 해롭다고 썼다.* 그는 앞으로 더 많이 보내겠다고 약속했다.

빌아프랑시 혁명법원이 10월 26일에 올린 보고서가 30일에 구국위원회에 도착했다. 위원들은 전쟁장관에게 빌아프랑시에 소총수 1,200명, 포병 600명, 기병 150명의 혁명군을 급파하라고 명령하는 한편, 콜로 데르부아가 직접 빌아프랑시로 가기로 했다. 국민공회에서 바레르는 리옹의 반혁명분자들을 심판해야 한다고 발의했다. 의원들은 임시위원회를 구성해서 리옹의 반혁명분자들을 즉시 처벌하는 조치를 취하고, 파리의 콜로 데르부아·제르의 몽토·푸셰에게 당장 빌아프랑시로 가서 법을 집행하고 필요한 조치를 취하도록 명령하는 한편 군에 파견한 의원들과 동등한 권한을 주었다. 앞의 두 사람은 파리에서 빌아프랑시로 즉시 출발했지만, 푸셰는 니에브르에서 구국

---

* 다음에 '탈기독교 운동'을 얘기할 때 다시 한번 이 이름을 듣게 될 것이다.

위원회의 명령을 11월 13일에야 받았다.

> 당신이 지금까지 헌신했듯이 앞으로도 열심히 일해주리라 확신합니다.
> 이제 빌아프랑시로 가서 사그라진 공공정신을 활활 불붙게 해주기 바랍
> 니다. 활기찬 동료 의원들의 도움을 받으면서 자유의 불길을 되살리는
> 일에 전념하시오. 혁명을 완수하고 귀족주의자들을 박멸하는 전쟁을 끝
> 내시오. 그들을 폐허 속에 묻어버리시오.

　또한 빌아프랑시에 파견했던 론에루아르의 자보그Claude Javogues fils는
손에루아르 도로 가서 필요한 안보조치를 취하라는 명령을 받았고, 론에루
아르 도에 나간 의원들은 국민공회로 복귀하라는 명령을 받았다. 11월 2일
에 국민공회는 보르도와 리옹에서 일어난 음모에 가담한 자들을 두 도시에
설치한 혁명법원이나 군사위원회의 재판에 회부한다고 의결했다. 10일에는
구국위원회의 바레르가 발의한 안을 받아들여 빌아프랑시에 나간 파견의원
들에게도 무제한의 권한을 주기로 했다. 같은 날, 빌아프랑시의 인민재판소
판사들은 이미 시정부 관리들에게 응분의 벌을 내렸고, 9일에는 인민이 보는
앞에서 열 명의 관리들을 단두대에 세웠다고 보고했다. 12일에 빌프랑슈 디
스트릭트의 보죄Beaujeu 코뮌평의회는 리옹 반도들의 재산을 몰수하고, 국민
공회가 평화를 회복할 때까지 소임을 다해달라고 요구했다.
　10월 29일에 마르세유 파견의원들이 구국위원회에 보낸 편지는 11월
12일에야 도착했다. 그들은 마르세유 감옥에 툴롱과 결탁한 반혁명분자들
이 넘치는데도 단두대가 없어서 처형하지 못한다고 하소연했다. 12월 8일에
국민공회에서는 10월 31일부터 11월 15일까지 빌아프랑시의 인민재판위

회에서 사형선고를 받은 40명의 명단, 11월 16일부터 29일까지 빌아프랑시 혁명법원에서 사형선고를 받은 73명의 명단을 공개했다. 11월 16일에 빌아프랑시에 나간 파견의원 콜로 데르부아와 푸셰는 오직 공화국만 생각하면서 임무를 수행하고 있다고 보고했다. 그들은 애국자들이 흘린 피에 대해 반드시 복수하겠다고 맹세했다. 그들은 관용을 베풀면 범죄에 대한 희망을 사라지게 만들어야 할 순간에 오히려 되살리게 만드는 위험성이 있다고 말했다. 리옹을 지도에서 지워버리라고 명령했지만, 철거를 너무 늦게 진행하고 있으므로, 공화국의 조바심에 답하려면 명령을 더 빨리 집행할 방법을 강구해야 한다고 주장했다.

11월 25일에 파견의원들은 지난 7월 16일에 리옹에서 처형당한 샬리에 Chalier의 머리와 반신상을 국민공회에 보냈다. 그들은 "악랄한 살인자들의 도끼날에 잘린 그대로" 보내는 머리를 일반인이 보면 단지 끔찍하다고 생각하겠지만, 망나니들이 샬리에의 육신을 파괴하면서 죽인 것이 자유였음을 일깨워줘야 한다고 강조했다. 그리고 27일에 파견의원 콜로 데르부아·푸셰·센앵페리외르의 알비트·오랭의 들라포르트는 5개조의 명령을 내렸다.[*]

1조. 오늘 일곱 명으로 혁명위원회commission révolutionnaire를 구성한다.

2조. 위원은 의장 파랭Parrain, 브뤼니에르Brunière·라파이Lafaye·페르네 Fernex·마르슬랭Marcelin·보쿠아Vauquoy·앙드리외Andrieux l'aîné이다.

3조. 이 위원회는 모든 수감자를 최후 신문한다.

---

[*] 빌아프랑시 시정부는 이 명령을 12월 6일에 등록했고, 국민공회는 11일에 보고받았다.

4조. 결백한 자는 당장 풀어주고, 죄인은 형장으로 보낸다.

5조. 유죄판결을 받은 자를 애국자들이 살해당한 장소에서 볼 수 있는 곳
으로 대낮에 끌어가 벼락불로써 너무 길었던 범죄자의 생을 마감케 한다.

범죄자들을 일일이 단두대에 세워 목을 치려면 많은 시간이 필요하기 때
문에, 5조에서 정한 대로 일제사격의 총살형과 심지어 산탄대포로 한 번에
처형했다. 11월 29일에 빌아프랑시의 혁명법원장인 도르푀이Philippe-Antoine
Dorfeuille는 조사하면 할수록 공화국에 대한 반역음모가 얼마나 깊고 넓게 뿌
리내렸는지 알 수 있으며, 날마다 음모자들을 30명씩 처형한다고 보고했다.
그는 빌아프랑시 혁명법원과 푀르 혁명법원이 부지런히 임무를 수행해 벌써
200명 이상을 사형시켰다고 썼다. 그는 신문할 때 애국자인 체하던 반혁명
분자들이 막상 유죄판결을 받으면 "나는 왕들을 위해 죽노라"라고 쓰고 서
명할 만큼 위선자라고 덧붙였다. 12월 4일에도 그는 지난번에 보고한 뒤부
터 그날까지 113명을 더 처형했고, 앞으로 감옥에 있는 400~500명의 반혁
명분자들에 대해서도 최대한 엄한 벌을 내려 속죄하게 만들겠다고 큰소리쳤
다. 그는 연극배우·극작가 출신답게 이러한 벌을 정화의 축제로 생각했다.

"반역자들에게 벼락을 내려 이 땅을 정화해야 합니다. 그들과 같은 부류
에게도 곧 벼락을 내려 온 세상에 큰 교훈을 남겨야 합니다. 이 전광석화 같
은 행동이 사방에서 일어나도록 힘써야 합니다. 이러한 벼락의 잔치가 악인
들의 영혼에는 두려움을, 공화주의자들의 가슴에는 믿음을 영원히 아로새겨
주도록 합시다!"

빌아프랑시의 인민들은 고통에서 빨리 벗어나고 싶었기 때문에 국민공
회에 청원했다. 그들은 두 달이나 음모자들의 독재 아래서 신음하다가 공화

국 군대가 리옹의 성벽을 무너뜨리자 그들에게 환호하면서 이제 전제정이 끝나고 자유의 시대가 열렸다고 좋아했다. 그러나 전쟁이 끝났음에도 선량한 주민들은 반군보다 더 큰 불행을 맞이했다. 그들은 권리를 침해당한 인민의 복수심은 이해하지만 그 복수가 너무 길다고 호소했다. 그들은 국민공회에서 가장 용감한 의원들이 "극단의 혁명가는 반혁명분자만큼 위험하다"고 주장했음을 지적했다. 파견의원들은 처음에는 정의롭고 단호하고 인간적인 명령을 내려 단지 음모자들에게만 벌을 내렸다. 그들이 빌아프랑슈와 푀르에 설치한 인민재판위원회는 형식을 존중하면서 음모자와 그 꾐에 빠진 무지하고 가난한 사람을 구분해서 한 달 동안 400명을 처형했다. 그런데 새로 파견된 의원들은 더욱 가혹했다. 그들은 아직도 충분히 피를 흘리지 않았으며, 처벌도 신속하지 않다고 주장하면서 7인의 혁명위원회를 설립했다. 이 위원회는 감옥으로 찾아가 그곳에 갇힌 사람들을 한꺼번에 심판했다. 그리고 판결을 내린 즉시 한꺼번에 끌어다 세워놓고 산탄대포를 쏴서 죽였다. 병사들은 첫발에 숨이 끊어지지 않은 사람들을 찾아내서 칼과 총으로 죽였다.

"고통 때문에 이 같은 불행을 과장하지 않습니다. 우리를 처벌하는 사람들의 포고문에도 그 불행을 읽을 수 있습니다. 앞으로 4,000명이 똑같은 벌을 받을 처지에 있습니다. 그들은 공화력 2년 서리의 달frimaire이 다 가기 전(12월 20일)까지 처형당할 예정입니다. 우리는 누구를 고발하려고 탄원서를 쓰지 않았습니다. 우리는 극도로 절망하고 있지만 국민공회를 존중하는 마음으로 꾹 참고 견딥니다."

공화국 군대가 12월 4일에 60명, 5일에 208명을 브로토 벌판에서 처참하게 처형한 사실을 아는 주민들은 자신에게 닥칠지 모를 불행을 생각하면서 불안에 떨었다.* 빌아프랑시(또는 코뮌아프랑시)에서 파견의원들은 1794년

4월 6일(공화력 2년 제르미날 17일)에 임무를 마쳤다. 그들은 15일에 국민공회에 보고서를 제출했다. 그들은 지난해 11월 28일(공화력 2년 프리메르 8일)에 옛 리옹의 반란을 일으킨 주역들, 그들에게 동조한 자들을 단죄하고, 억울하게 갇힌 선량한 시민들을 석방시키기 위해 코뮌아프랑시 혁명위원회를 설치했다. 혁명위원회는 감옥에서 1,684명의 반도를 신속히 재판에 회부해서 사형을 내리고, 선량한 시민 1,682명의 자유를 회복시켰으며, 반란에 가담했다는 의심을 받는 162명을 평화 시까지 감옥에 가두도록 조치했다. 이렇게 해서 코뮌아프랑시의 감옥에는 법의 칼날을 받아 마땅한 죄인이나 자유를 잃은 억울한 희생자가 한 명도 남지 않았다.

툴롱

한편 툴롱에서 1,500명을 이끌고 반란을 주도한 앵베르 남작Thomas Lebret, baron d'Imbert은 마르세유가 진압당했다는 소식을 듣고 영국인에게 도움을 청해 그들을 불러들였다. 파견의원인 바르의 바라스Paul-François-Jean-Nicolas Barras와 프레롱은 툴롱 근처의 주둔군으로 3,000~4,000명의 부대를 편성해서 이탈리아군의 라푸아프Jean François de La Poype 장군에게 맡겨 솔리Sollies 마을 주변의 감시초소들을 점령하라고 명령했다.** 다른 쪽에서는 카

---

* 12월 11일에 빌아프랑시의 감옥에 갇혔던 반군 가운데 열다섯 명이 탈옥했다. 그곳 감시위원회 Commission Temporaire de Surveillance 의장 마리노Marino는 열다섯 명의 이름과 함께 열세 명의 용모파기를 전국에 돌리면서, 그들과 함께 증명서를 소지하지 않은 수상한 자를 모두 체포하라고 명령했다.
** 파견의원인 파리의 프레롱Stanislas-Louis-Marie Fréron의 누이 테레즈 잔Thérèse-Jeanne은 라푸아프Lapoype의 아내였다.

르토 장군이 8월 29일부터 올리울Ollioules로 전위부대를 보내 주민들을 소개 疏開시킨 뒤 4,000명의 병력으로 툴롱의 동쪽 골짜기를 점령했다. 라푸아프 와 카르토는 통신이 불편한 상황에서 작전을 따로 수행할 수밖에 없었다. 그 리하여 지휘권이 카르토에서 도페로 넘어간 뒤에도 12월까지 툴롱을 완전히 탈환할 수 없었다.

영국군이 상륙한 뒤, 툴롱과 인근의 요새를 차지한 왕당파의 우두머리 앵 베르 남작은 탕플에 갇힌 어린 루이 샤를을 루이 17세로 옹립한다고 선포하 고, 삼색기 대신 백기를 게양했다. 그래서 툴롱의 주민들은 연합군이 왕정을 회복하려는 선의를 가지고 싸운다고 생각했다. 그러나 점차 시간이 흐르면 서 그들은 영국군이 결코 어린 왕의 충실한 보호자가 아니라는 사실을 깨달 았다. 프랑스 해군이 영국에 툴롱을 넘겨주자, 영국 내각은 즉시 후드Samuel Hood(제1대 후드 자작) 제독, 엘리엇William Eliot, 2nd Earl of St Germans 백작, 오 하라Charles O'Hara 장군으로 위원회를 구성해서 툴롱의 통치를 맡겼다. 후드 제독은 주민들을 이간질시켜 공화국을 불신하게 만들었다. 주민들의 일부 는 1791년 헌법을 인정하는 조건으로 왕을 인정하겠다고 나섰지만, 왕당파 는 입헌군주제도를 근본적으로 폐지하는 동시에 군장관·지사·(구체제식) 시 정부를 제외하고 모든 기관을 폐지해 절대군주제를 부활시키는 방향으로 가 야 한다고 생각했다. 이처럼 의견이 갈리고 있을 때 후드 제독은 총위원회le comité général에 결정할 권한을 주었다. 총위원회는 프랑스의 트로고프 장군 과 함께 반역에 큰 역할을 한 앵베르 남작의 제안을 받아 모든 기관의 존속문 제를 무제한 연기하기로 결정했다. 당시 툴롱 구민들의 대표단이 알프스 너 머 토리노에 있던 섭정(왕의 큰동생)에게 가서 그를 툴롱으로 모셔오려고 했 는데, 후드 제독은 대표단을 출발하지 못하게 막았다.

10월 30일에 올리울에서 파견의원인 코르스(코르시카)의 살리세티 Christophe Saliceti와 부슈뒤론의 가스파랭Thomas-Augustin de Gasparin은 구국위원회에 툴롱을 탈환하려면 빨리 리옹에서 1만 2,000명의 병력과 유능한 지휘관의 지원을 받아야 한다는 편지를 보냈다. 이 편지는 11월 6일에야 파리에 도착했다. 구국위원회가 빌아프랑시(리옹)에 명령을 내리고 병력이 이동해 작전을 수행할 때까지 시간이 걸릴 수밖에 없는 현실을 이처럼 의사소통의 문제로 이해할 수 있다. 따라서 파견의원들과 구국위원회 사이에 날마다 보고서와 명령이 오가고, 먼저 보낸 보고서나 명령이 도착하기 전에 새 보고서나 명령을 연이어 보내면서 대처해나갔다. 11월 1일에 구국위원회는 알프군과 이탈리아군을 포함해서 남부에서 모든 병력을 툴롱 탈환에 집중하기로 의결했다. 그들은 안보위원회가 제안한 대로 2일에 파리 전역의 가택수색을 벌여야 할지 토론하고, 그것이 오히려 평지풍파를 불러일으키고 반혁명세력에게 유리한 분위기를 조장하리라는 이유로 거부했다.

라푸아프의 군대와 카르토의 군대는 서로 연락하지 못하는 상태에서 단독으로 툴롱을 봉쇄했다. 도페가 카르토의 지휘권을 물려받은 뒤에도 상황은 변하지 않았다. 라푸아프와 도페는 각자 툴롱 주위의 고지들을 요새화하는 데 힘썼다. 그리고 툴롱에서 영국군과 반군을 몰아내는 데에는 포병이 한몫했다. 11월 말에 이탈리아군의 사단장 뒤고미에Jacques François Dugommier 장군은 툴롱 공격군의 지휘권을 쥐게 되었다. 그는 파견의원들이 추천한 보나파르트 나폴레옹 대위를 기용했다. 나폴레옹은 아렌 언덕에 대포 여섯 문을 설치하고 말부스케 요새에 포격을 가했다. 겁을 먹은 연합군 5,000~6,000명은 11월 30일에 병력을 나눠 아렌 언덕과 그 주위의 요충지를 공격했다. 대부분이 영국군인 그들은 아렌 언덕을 차지하고 포문을 쐐기로 막아버리는 한편, 나머지 병력을 올리울 방향으로 보냈다. 다행히 뒤고미에 장군이 패잔병을 규합하면서 올리울을 지켰다.

그사이에 지원을 받은 뒤고미에는 공세를 취하고, 아렌 언덕에 진지를 구축하지 못한 연합군을 공격해서 혼란에 빠뜨려 퇴각시키고, 전투에 가담하자마자 부상을 입은 오하라 장군을 붙잡았다. 뒤고미에도 두 발을 맞았지만 전투를 계속 지휘했다. 뒤고미에는 바르에서 라푸아프가 지원군을 데리고 오는 날을 기다리면서 연합군을 압박했다. 그들은 대부분 에스파냐 병사인 5,000명이 지키는 에기에트Eguillette 요새를 목표로 삼았다. 에기에트는 영국인들이 '작은 지브롤터Petit Gibraltar'라고 부르는 요충지였다. 공화국 군대는 12월 16일과 17일 사이의 밤부터 포격을 시작해서 19일에 적들을 몰아냈다.

영국군은 18일과 19일 사이의 밤에 툴롱의 주요 시설과 프랑스 해군 선박을 불태우고 도주했다. 영국군이 툴롱에 들어온 뒤 전함 서른두 척과 프리깃함 스물다섯 척 가운데 각각 열여섯 척과 다섯 척을 태우거나 못쓰게 만들었다. 군함 세 척과 프리깃함 여섯 척을 영국인이, 프리깃함 세 척을 사르데냐·에스파냐·나폴리인이 나눠 썼다. 주민 1만 2,000명은 진압군의 보복을 예상하고 연합군의 배에 타고 도망쳤다. 파리에서는 툴롱 진압에 소극적이던 브뤼네 장군을 처형한 지 열흘 만인 24일(공화력 2년 눈의 달 4일)에야 공화국 군대가 닷새 전(19일)에 툴롱에 들어갔다는 소식을 들었다. 의원들은 공화국 군대의 공을 칭찬하고, 전국의 모든 코뮌에서 축하행사를 할 것이며, 국민공회 의원 전원이 이 시민행사에 참가하기로 했다. 또한 파견의원들에게 공을 세운 용감한 시민들을 파악해서 공화국 이름으로 포상하라고 명령했다. 앞으로 툴롱을 지도에서 지우고, '포르 드 라 몽타뉴Port de la Montagne'라 부르며, 육군과 해군, 생필품과 보급품에 필요한 건물을 제외하고 모든 가옥을 철거한다고 의결했다.

1794년 1월 1일에 동생 로베스피에르는 파리의 의사 출신 보베Charles-Nicolas Beauvais와 부슈뒤론 도 지도부 요원 출신 바이유Pierre-Marie Baille가 말크Malque 요새에 갇혀 고생한 사실을 보고했다. 그 요새에서는 영국의 말을 잘 듣는 반군들이 프랑스 애국자들을 온갖 잔악한 방법으로 고문했다. 바이유는 그들이 애국자들의 혀를 뽑거나 납을 끓여 상처에 붓는 방법에 대해 논의하는 말을 듣고 끔찍한 고문을 받으면서 죽느니 차라리 자결하는 편이 낫다고 생각해서 보베가 잠든 틈을 타 스스로 목숨을 끊었다. 툴롱을 탈환한 진압군은 쇠약해질 대로 쇠약해진 보베를 지하감옥에서 찾아냈다. 보베는 국민공회로 귀환할 수 없는 상태였기 때문에 의과대학이 있는 몽플리에로 가서 요양하기로 했다. 그러나 그는 건강을 회복하지 못한 채 3월에 세상을 떴다.

12월 30일은 새 달력으로 공화력 2년 니보즈 10일인 휴일이었다. 이날 파리에서 툴롱 탈환을 대대적으로 축하하는 행사를 벌였다. 화려하지는 않았지만 화합되고 유쾌한 축제였다. 프랑스의 14개 군을 상징하는 전차 열네 대가 동원되었다. 공화국의 승리를 위해 싸우다 다친 상이군인, 목숨 바친 군인의 아내·어머니·자녀들, 승리자들이 흰옷을 입은 소녀들의 축하를 받았다. 군악이 울리는 가운데 전차 열네 대가 앞장서서 국립공원을 출발했다. 행렬은 인류애의 전당에 들러 상이용사들을 합류시켰다. 국민공회 의장이 국민을 대표해서 그들에게 감사를 표했다. 합창대의 노래를 들은 뒤, 행렬은 샹드마르스로 이동했다. 조국의 수호자들을 태운 전차들은 불멸의 전당 주위를 한 바퀴 돌았다. 젊은 여성들이 월계수 가지를 조국의 수호자들에게 전해주었다. 세니에 형제가 가사를 쓰고 고섹이 곡을 쓴 툴롱 탈환 송가를 군악대가 연주했다. 프뤼돔은 『파리의 혁명』 220호에서 셰니에가 쓴 가사는 훌륭했지만 민중을 대변하지는 못했다고 혹평했다.

방데

국민공회는 리옹을 되찾았다는 소식과 함께 잇따라 승전보를 접했다. 북부군과 서부군은 사방에서 승리했고, 피레네조리앙탈군은 에스파냐에 고전하다가 결국 승기를 잡았다. 10월 13일에 국민공회는 서부군에 캉탈의 카리에Jean-Baptiste Carrier · 이욘의 부르보트Pierre Bourbotte · 외르의 프랑카스텔Marie-Pierre-Adrien Francastel · 도르도뉴의 피네Jacques Pinet l'aîné · 이욘의 튀로리니에르Louis Turreau-Linières를 파견하기로 의결했다. 이들 중 두 명은 멘에루아르 도의 소뮈르, 두 명은 서쪽의 대서양 연안의 루아르앵페리외르 도의 낭트로 가서 군 작전에 합류하고, 나머지 한 명은 서부군 본부에 남아 다섯 명의 활동을 일사불란하게 유지하는 일을 맡았다. 그들은 전날에 리옹을 지도상에서 없애고 이름을 빌아프랑시로 바꾸며 실제로 부자들의 집을 철거하라는 명령을 의결한 사실을 알고 출발했다. 그만큼 그들의 각오도 특별했으리라. 지금부터 '방데의 난'을 진압하는 마지막 과정을 정리해보자.*

10월 17일에 낭트에서 파견의원인 뤼엘Albert Ruelle은 4시 방향 60킬로미터에 있는 방데 반란의 진원지 숄레Cholet를 점령했으며, 반군의 잔당은 숄레 북쪽 40여 킬로미터에 있는 바라드Varades 근처에 총집결하는 것 같다고 구

---

* 대서양 연안의 방데 도는 북으로 루아르앵페리외르 도, 북동쪽으로 멘에루아르 도, 동쪽으로 되세브르Deux-Sèvres 도, 바로 남쪽으로 역시 바다를 낀 샤랑트마리팀Charente-Maritîme 도와 연결되었다.

국위원회에 보고했다. 한편 파리의 부르소Jean-François Boursault는 루아르앵페리외르와 그 북쪽에 있는 마이엔·일에빌렌·피니스테르·모르비앙·코트뒤노르에서 말과 마량을 징발했다. 그는 브르타뉴 지방의 모든 도에서 감옥마다 비선서 사제들이 넘치며, 감옥 밖에서는 광신도 여성들이 사제들을 살려달라며 아우성친다고 보고했다. 그 보고서가 파리에 도착하기 전에 공화국군은 루아르 강을 건너 바라드를 점령하고 거기서 낭트 방향 10여 킬로미터 떨어진 앙스니 쪽으로 반군을 몰아갔다.

18일에 카리에Jean-Baptiste Carrier를 포함한 파견의원 일곱 명은 서부군이 멘에루아르 도의 루아르 강변에 있는 보프레오Beaupréau를 점령한 뒤, 반군이 감히 숄리에를 공격하려고 시도하고 있다고 보고했다. 또한 보프레오에서 상류 쪽 70킬로미터 떨어진 소뮈르에서 사르트의 리샤르Joseph-Etienne Richard는 망명자의 집을 수색했을 때 금 3만 8,000리브르, 은 2만 8,000리브르와 금붙이·은붙이를 다량 거두었다고 보고했다. 카리에는 19일에 켈레르만 장군과 함께 100명을 거느리고 보프레오를 벗어나 42킬로미터 북서쪽의 낭트에 도착했다. 그들이 지나는 길에 있던 반군 잔당은 도망치기 바빴다. 그들은 도망치던 반군 예닐곱 명을 사살하고, 반군에게 붙잡혔던 공화국군 60명을 구해주었다. 방데 도를 둘러싼 지역에서는 공화국 군대가 나타나면 반군이 피할 만큼 전반적인 분위기가 바뀌었다. 카리에는 낭트에 들어가자마자 앞으로 반군과 부역자들을 처단하겠다고 구국위원회에 보고했다. "도적떼를 열심히 추적해서 무서운 교훈을 안겨주는 것"이 파견의원뿐 아니라 공화국 군대의 지휘관과 병사들의 의지였다.

공화국 군대에 쫓기는 반군들은 어떻게든 루아르 강을 넘나들면서 방데 쪽의 반군들과 합세하려고 노력했다. 예를 들어 반군은 바라드Varades에서 쫓겨나 동쪽의 앵그랑드Ingrande로 도주했지만, 어떻게든 힘을 모아 서쪽을 향해 진격할 기회를 엿보았다. 파견의원들은 그들이 모일 수 없게 방해하고 진압한 뒤에 공화국 군대를 낭트에 지원할 수 있도록 노력했다. 특정 지역에서 발생한 연방주의자나 왕당파의 반혁명운동을 진압했다고 해서 공화국 군대를 효율적으로 집결시켜 다른 곳을 진압할 수 있을 만큼 단순한 상황이 아니었음을 이해해야 한다. 국민공회는 리옹을 진압한 뒤에 방데의 반란도 10월 20일까지 진압하기를 바랐다. 그래서 의원들은 10월 1일에 서부군을 창설하는 법을 통과시켰다.

1조. 브레스트 연안군沿岸軍이 관할하던 루아르앵페리외르 도를 라로셸 연안군에 맡기고, 앞으로 라로셸 연안군을 서부군l'armée de l'Ouest으로 부른다.

2조. 국민공회는 최고행정회의가 지명한 레셸Jean Léchelle 장군을 서부군 사령관으로 임명한다.

3조. 국민공회는 서부군과 그들을 지휘하는 장군들의 용기를 믿으며, 방데의 끔찍한 전쟁을 10월 20일까지 끝내기를 바란다.

그리하여 11월 1일에는 이 군사작전에서 내부의 적을 박멸하고 폭군들의 도적떼를 완전히 쫓아낸 병사들과 장군들의 명예를 기리면서 충분한 보상으로 감사의 뜻을 전할 수 있기를 기대한다.

그러나 방데의 전쟁을 끝내기는 쉽지 않았다. 서부군도 여러 부대로 나누어서 반란군을 추격했고 파견의원들도 그들을 따라다녀야 했기 때문에 일사불란한 작전을 수행하기가 어려웠다. 구국위원회는 각각의 파견의원이 보고하는 내용을 종합해 긴급명령을 내리거나 국민공회에 보고해서 새로운 의원을 파견했다. 내란을 수습하는 파견의원, 30만 동원령을 집행하거나 말을 징발하는 파견의원들이 프랑스 전역에 흩어져서 활동했다.

10월 20일에 카리에는 낭트에 도착했지만 방데를 완전히 진압하지는 못했다. 그럼에도 21일에 파견의원들(부르보트·튀로 리니에르·슈디외·프랑카스텔)은 지난 일주일 동안 진압활동이 빨라졌다고 하면서, 공화국 군대가 마치 짐승을 모는 사냥꾼처럼 반군을 마지막 거점인 생플로랑에서 쫓아냈다고 보고했다.* 그들은 반군을 완전히 소탕하지 못했지만, 그래도 방데가 더는 존재하지 않는다고 장담했다. 28일에 카리에는 낭트에서 입법의회 의원 출신이었던 루아르앵페리외르의 쿠스타르Anne-Pierre Coustard를 붙잡아 파리로 압송했다고 보고했다. 59세의 생일에 붙잡힌 쿠스타르는 낭트에 파견되었다가 지롱드파를 지지했기 때문에 소환명령을 받고 불응한 뒤 7월 17일에 무법자로 체포대상이 되었다. 그는 파리에서 재판을 받고 11월 6일에 필리프 에갈리테와 함께 처형되었다. 서부군은 중요한 작전에 동원할 병력을 낭트에 남겨두었다가 루앙Rouans에 급파해서 반군의 잔당을 물리치고 대포를 두 문 빼앗았다. 그곳의 애국자 공무원이 파견의원들에게 와서 영국 군함 다섯 척이 누아르무티에Noirmoutier로 물러난 반군에게 보급품을 전하려고 할 때 프랑스 프리깃함이 두 척을 침몰시키고 세 척을 나포했다고 알려주었다.

11월 12일에 구국위원회의 바레르는 의원들에게 방데의 반군이 조직도 와해되어 궤멸하기 때문에 더는 두려워할 만한 상대가 아니라고 선언했다.

---

* 생플로랑Saint-Florent-le-Vieil은 낭트의 북동쪽 1시 방향 56킬로미터 지점에 있다.

과연 방데군의 잔당을 12월에도 완전히 소탕할 수 없었으나 인근 지역에서는 국민공회가 원하는 방향으로 질서를 회복했다. 11월 17일에 낭트에서는 모든 헌법기관이 권위를 회복했다. 파견의원들은 반민중협회를 해체하고, 문학회를 가장한 비밀조직을 적발했다. 연방주의자·쾨이양파·왕당파·매점매석가들을 붙잡아 사법당국에 넘겼다. 혁명위원회들이 공화국의 모든 적을 감시하고 즉시 심판했다. 가톨릭교를 이성의 이름으로 비판하는 일도 있었다. 민중협회에서 주교 미네Julien Minée는 이성의 사도使徒로서 사람들의 정신을 번쩍 들게 만들고, 그동안 종교인들이 저지른 실수와 범죄를 공격하고 나서 사제직을 버렸다. 사제 다섯 명이 연단에서 그를 본받은 뒤 절대이성la Raison에 존경심을 표했다. 카리에는 의미심장한 내용을 덧붙였다.

"사제들의 수를 줄이려는 사건도 일어났습니다. 우리가 비선서 사제로 분류한 90명을 배에 가두어 루아르 강으로 흘려보냈습니다. 방금 들은 소식으로는 그들이 모두 강물에 빠져 죽었음이 확실합니다."

카리에는 사고처럼 말하지만, 과연 남들도 그렇게 생각했을까? 전권을 가지고 임지로 간 의원들이 그렇게 많은 사람의 생명이 걸린 일을 보고를 받고서야 알게 되었다는 말을 믿기 어렵다. 리옹을 쓸어버리는 임무를 맡은 푸셰가 반군과 부역자를 브로토 벌판에 세워놓고 산탄대포로 쏴 죽인 일을 아는 사람들은 카리에가 비선서 사제들을 배에 태워 침몰시켰음을 모를 리 없었다. 1794년 2월 초에 낭트의 애국자들은 로베스피에르에게 카리에를 고발했다. 그들은 카리에가 낭트를 죽이고 방데를 부활시키고 있으니 빨리 소환하라고 다그쳤다.

캉탈의 욜레Yolet에서 부농의 아들로 태어난 카리에는 아버지가 관리하던 농장의 소유주인 미라몽 후작의 중개와 큰아버지의 도움을 받고 오리야크

Aurillac의 예수회 중등학교에 진학했다. 그의 가족은 그를 종교인으로 키우고 싶었지만, 대소인 사무실에 들어가 일을 배웠고, 오리야크의 대소인 수를 스무 명으로 제한할 때 사무실을 나왔다. 큰아버지의 도움을 받아 파리에서 법을 공부한 뒤 오리야크로 돌아가 바이아주 법원의 소송대리인이 되었다. 혁명 초에 국민방위군에 지원했고, '청년헌우회Les Jeunes Amis de la Constitution'에 가입했다. 1792년 8월 10일의 혁명 이후 그는 캉탈에서 의원이 되어 국민공회에 들어갔다. 37세의 청년의원이 낭트에서 '괴물'이 되었다. 낭트 주민들이 그에게 식료품이 없다고 하소연하자, 그는 "귀족을 잡아먹으라"고 했다. 그의 만행은 상상을 뛰어넘었다. 카리에가 파견의원이 되어 낭트로 출발한 날로부터 1년 뒤인 1794년 10월 13일에 그는 새로 구성한 혁명법원에서 피고로 신문을 받았다. 루아르 강이 낭트에서 서쪽으로 45킬로미터나 더 흘러 바다로 들어가는 곳에 있는 작은 마을 펭뵈프Paimboeuf에서 방데 반란자들의 가족들을 수장시켰다는 죄목이었다.

1794년 2월 23일 저녁 7시에 하사가 의용군 소총수 네 명을 데리고 부르뇌프Bourgneuf 나루에서 마흔한 명을 배에 태웠다. 그들은 이튿날 저녁 5시에 희생자들에게 물에 뛰어들라고 명령했다. 아낙 열두 명, 미혼 여성 열두 명, 대개 다섯 살에서 열 살 사이의 어린이 열 명, 젖먹이 다섯 명, 그리고 남자 두 명이었다. 그들 속에는 여섯 살부터 눈이 먼 78세 노인까지 있었다. 선서 거부 사제를 수장시킨 것은 허용할 수 있는 범위의 만행이었다 해도, 어린이와 젖먹이까지 연좌제로 얼음장처럼 차가운 겨울바다에 수장시킨 것을 어떻게 이해할 것인가? 카리에는 단두대보다 총살로 2,500명 이상을 죽이기도 했다.

카리에의 사례는 역사가들이 공포정의 본질에 대해 계속 토론할 거리를 제공한다. 혁명은 폭력 그 자체라는 주장, 아니 특별한 상황 때문에 공동체를 지키기 위해서 어쩔 수 없이 폭력을 행사할 수밖에 없다는 주장이 팽팽하게 맞선다. 이 끊임없는 논쟁에서 잠시 벗어나 다른 식으로 질문을 던지는 것도 생산적이다. 죽이는 방법밖에는 대안이 없었는가? 단지 부역자의 가족이라는 이유가 죽어 마땅한 죄인가? 그리고 수많은 사람이 한결같이 죽어야 할 죄를 짓고 죽었던가? 더 나아가 인간이 원래 악마인가, 아니면 '인간관계' 속에 악마가 숨었다가 위기의 순간에 불쑥 나타나는가? 왕정시대에도 합리적이고 온정주의에 선정을 베푸는 왕이 있었으니, 결정권을 가진 사람의 개성이 중요하다고 하겠다. 그러나 제아무리 선한 사람도 본의 아니게 잘못을 저지를 수 있으니, 평범한 사람이 결정권을 행사할 때도 실수를 막을 수 있는 제도를 강구하는 것이 사회와 국가를 조직하는 시민들의 의무다. 권력기관들의 견제와 균형, 신상필벌의 제도, 그리고 구성원들에게 돈·일·시간을 적절히 배분하는 사회를 꿈꾸는 것은 아직도 사치일까?

5
문화혁명, 그리고
기독교에서 벗어나기

1792년 8월 10일의 혁명이 일어나기 전에도 수도원과 수녀원을 폐쇄했고, 8월 12일에 파리 코뮌은 모든 사제에게 업무 이외의 일을 할 때 종교의상을 입지 말라고 명령했지만, 혁명의 지도자들이 예배를 금지한 적은 없었다. 파리 코뮌은 16일에 종교의 자유가 다른 이의 자유를 방해할 수 없으며, 모든 종파가 종교행사로 공공도로를 막아서는 안 된다고 명령했다. 그리고 17일에는 사제들의 협잡과 대중의 어리석음 때문에 존재하는 괴상망측한 우상을 조국을 방어하는 데 중요한 자원으로 활용할 수 있기 때문에 모든 십자가·책 받침대·천사상·악마상의 청동제품을 걷어 대포를 만들고 교회의 쇠창살을 녹여 창을 벼리라고 명령했다. 공공의 기념행사나 장례식도 종교적인 요소를 지우고, 신앙생활을 사생활의 영역으로 한정시키는 방향으로 나아갔다.

그런데 1793년 여름 이후, 기독교를 비이성적인 것으로 규정하고 본격적으로 부인하는 행위가 나타났다. 그것은 지방에 나간 파견의원들의 활동에서 먼저 나타났다. 9월 6일에 자코뱅협회에서는 8월 1일부터 엔과 우아즈에서 파견의원으로 활동하던 마엔의 르죈René-François Lejeune이 활동 결과를 보고했다. 협회는 그에게 이튿날 국민공회에서 그대로 보고하라고 명령했다. 7일에 그는 교회의 종과 쇠창살을 녹여 대포를 만드는 데 썼다고 보고했으며, 생드니 성당에 있는 왕들의 무덤을 철거하라고 건의했다. 9월 21일에 니에브르 도에 파견된 루아르앵페리외르의 푸셰는 느베르 대성당에 브루투스Lucius Junius Brutus의 흉상을 세우는 행사를 주관했고, 26일에 그는 물랭의 민중협회에서 위선에 찬 미신을 거부하고 공화국과 자연의 도덕을 섬기고자 한다고 선언했다. 그리고 10월 10일에 그는 교회 밖에서는 종교행사를 금지하고, 공동묘지 입구에 "죽음은 영원한 잠"이라는 간판을 달고 장례행렬과 장례식에서 종교적 요소를 제거했다.

10월 7일에 랭스에서는 상징적인 사건이 일어났다. 랭스의 대성당은 구체제에서 왕이 즉위할 때 축성식을 거행하던 장소였다. 랭스 근처의 생레미 수도원에는 5세기 말부터 성유병聖油瓶을 보관했다. 프랑크족의 왕 클로비스는 성령인 비둘기가 하늘에서 물어다준 성유병의 기름을 바르고 신성한 존재가 되었다는 전설이 있었다. 그 뒤로 루이 16세까지 역대 왕들은 성유를 바르고 신성성을 갖추었다.* 그러나 루이 15세 치세부터 이미 신성성을 곧이곧대로 믿지 않는 풍조가 전보다 더 뚜렷하게 나타났다. 사적 영역에서 왕을 욕하거나 비웃는 일은 드러나지 않았겠지만, 왕이 병들었을 때 전국의 중요 성당에서는 왕의 쾌유를 비는 기도를 하게 마련이었는데, 루이 15세가 천연두에 걸렸을 때 기도에 참여하는 사람들이 거의 사라졌던 것이다. 게다가 혁명이 일어나고 급진화하는 과정에서 왕의 몸은 보통 인간의 몸이었고, 새로운 권력이 파괴할 수 있는 것임을 증명했다. 루이 16세는 가톨릭교가 보증하던 신성성을 잃었고, 공화국이 구체제의 유물을 파괴하게 되면서 가톨릭교도 신성성을 잃어갔다. 전국에서 연방주의가 하나이며 나눌 수 없는 공화국을 찢어놓고 있던 위급한 상황에서 바랭Bas-Rhin의 륄Philippe Rühl은 마른과 오트마른에 파견되었다. 그는 국립광장으로 가서 루이 15세의 목이 부러진 기마상 아래에서 폭군들에 대한 증오심을 설파한 뒤, 랭스 헌법기관의 행정관들과 군중이 보는 앞에서 성유병을 깨뜨렸다. 왕정을 가장 신성하게 만들어주는 상징을 깨뜨려버림으로써 1,000년 이상 국교였던 가톨릭교의 신성성도 함께 무너뜨린 행위였다.

파견의원들은 탈기독교 운동을 촉진했다. 푸셰가 니에브르 도의 느베르Nevers에서 파견한 상퀼로트 대표단은 사제복을 입고 11월 1일에 국민공회에 왔다. 그들은 두 점의 커다란 황금십자가, 주교의 홀장笏杖과 모자, 성인상과 함께 제기祭器로 가득 찬 보따리 열일곱 개, 금화로 가득 채운 대야, 6리

브르짜리 에퀴 여러 자루를 가져왔다. 공작관公爵冠이 있는 것을 본 어떤 의원이 관을 발로 밟아 뭉개버리라고 요구하자, 정리廷吏가 들어와 그것을 밟아 부쉈다. 느베르의 대표단은 공식적으로 가톨릭교 사제직을 폐지한다고 선언했다. 4일에 국민공회 의장은 믈룅의 부아시즈 라베르트랑의 사제 파랑 Parent이 자기의 종교를 부정하는 편지를 공개했다. 파랑은 자신이 신부이기 때문에 사기꾼이며, 자기도 속았기 때문에 지금까지 선의의 사기꾼 노릇을 했다고 고백했다. 그는 사제직을 포기하는 사람에게 연금을 지급해달라고 호소했다. 6일에 자코뱅협회에서 루아레의 부르동은 종교인들을 혹독하게 비판했다.

"사제들을 진실의 법정에 세워, '우리가 모순투성이의 객설을 믿었다면 분명히 멍청이거나 믿지 않으면서도 다른 사람에게 믿으라고 강요하고 핍박했다면 분명히 사기꾼입니다'라고 고백하게 합시다."

극단주의자들이 활동하던 민중협회들의 중앙위원회는 예배행위를 보조하는 예산을 폐지하라는 청원서를 작성했다. 국민공회 의원인 루아레의 부르동과 우아즈의 클로츠Anacharsis Cloots는 파리 주교 고벨Jean-Baptiste Gobel에게 주교직을 버리라고 강요했다. 이튿날인 11월 7일에 국민공회 의장인 오트마른의 랄루아Pierre-Antoine Lalloy le jeune*는 검찰관 쇼메트를 필두로 파리 도와 시의 헌법기관장들이 함께 서명한 편지를 들고 온 대표단을 받아들였다. 파리 코뮌평의회 임시의장인 모모로Antoine-François Momoro가 연사로 나서서, 파리 주교 고벨과 사제들이 이성의 지도를 받아 자신들에게 각인되

---

* 그의 형(l'aîné)도 오트마른의 의원으로 뽑혔지만 등원하지 않았다.

었던 미신의 요소를 공식적으로 벗어버리려고 국민공회에 왔노라고 말했다. 붉은 프리기아 모자를 쓴 고벨은 주권자의 의지를 따라야 하기 때문에 당장 가톨릭교의 사제직을 포기하며, 자기와 동행한 보좌신부들도 함께 행동한다고 선언했다. 그는 자기가 지닌 십자가와 반지를, 그의 보좌주교 드누는 옛 왕들의 형상을 담은 메달을 세 개 내놓았다. 그들의 뒤를 이어 여러 사람이 잇따라 조국의 제단에 물건을 바쳤다. 의장 랄루아는 파리 대표단에게 인간의 자연권 가운데 종교행위의 자유가 있으며, 인민의 대표들이 이성을 존중하는 마음에서 그것을 「인권선언」에 명시했다고 운을 뗐다. 그는 이제 이성이 승리하는 세상이 왔다고 말했다. 수많은 사람이 환호하면서, "고벨 주교를 안아주시오"라고 외쳤다. 의장은 고벨을 안아주기 전에 이렇게 말했다.

"방금 파리의 주교가 종교를 공식적으로 포기함으로써 이성의 존재가 되었습니다. 나는 고벨을 안아주겠습니다."

쇼메트는 파리의 청원자들을 이끌고 증언대를 떠나 회의실 안으로 들어갔다. 그들은 모두 자유의 모자를 쓰고 있었다. 국민공회의 의원 가운데 종교인들이 연단에 서서 잇따라 발언권을 얻고 자신도 단순한 시민으로 돌아가겠다고 선언했다. 세르메즈의 사제인 우아즈의 쿠페, 외르의 주교인 랭데Robert-Thomas Lindet, 개신교 목사인 오트가론의 쥘리엥Jean Julien, 오트비엔의 주교 의원인 게베르농Gay-Vernon, 한때 사제였던 루아르앵페리외르의 빌레르François-Toussaint Villers, 뫼르트의 주교 의원인 랄랑드Luc-François Lalande가 차례로 신앙선언을 하고 나서 개종을 맹세했다. 종교인 의원들이 차례로 말을 마친 뒤에 루아르에셰르의 그레구아르가 회의장에 들어서자 사람들은 고벨처럼 말해보라고 재촉했다. 등을 떠밀리다시피 연단에 오른 그는 블루아의 주교로서 연설했다. 그는 방금 들어왔기 때문에 무슨 일이 일어났는지 정확히 알지 못한다고 운을 떼고 나서, 자신이 오래전부터 수없이 자유의 원리를 충실히 따랐다는 증거를 제시할 수 있다고 장담했다. 그는 종교의 자유를 믿기 때문에 앞으로도 주교로 남겠다고 선언했으며, 여러 군데서 "아무도 강요할 생각이 없다"라고 말했다.

마른의 튀리오는 그레구아르가 양심에서 우러나온 말로써 과연 미신이 자유와 평등의 발전에 유익한지 문제를 제기했으며, 전제주의를 탄생시킨 것이 미신임을 증명했다고 지적했다. 그레구아르를 존경하는 사람들은 대체로 수긍했지만, 특히 에베르파가 그에 대해 야유를 퍼부었다. 에베르는 자코뱅협회에서 로베스피에르나 당통을 온건하다고 비판하던 사람이었으니 그의 지지자들도 급진적인 탈기독교 운동을 철저히 추진하려고 했던 것이다. 그날 종교인들이 환속을 선언한 뒤에 국민공회를 떠나 파리의 곳곳으로 흩어졌다. 그들이 지나는 길에서 사람들은 이성이 광신과 미신을 이겼다고 기뻐했다. 그 뒤에 국민공회에서 주목할 만한 개종선언으로는 사르트의 시에예스 신부의 사례를 들 수 있다. 11월 10일에 그는 인류와 조국을 사랑하는 것 이외의 종교는 없으며, 비록 미신의 희생자로 살았지만 결코 전도자나 도구 노릇을 한 적이 없다고 말한 뒤, 이미 종교적인 직무를 수행하지 않기 때문에 사임하고 말고 할 일이 없지만, 법이 보장해준 1만 리브르의 평생연금을 공식적으로 국민공회 사무처에 반납하겠다고 말했다.

11월 7일에 국민공회의 종교인 의원들이 잇따라 개종한 뒤, 파리 도와 코뮌평의회는 10일에 파리 노트르담 대성당을 '이성의 전당Temple de la Raison'으로 이름을 바꾸고 이성의 숭배와 최고존재l'Etre suprême를 봉축하는 이성의 제전La Fête de la Raison을 거행하기로 했다. 대성당 내부는 높고 크기 때문에 새로운 전당을 세울 수 있었다. 그래서 산을 쌓은 뒤, 단순하고 장엄한 전당을 짓고, 한 면에 '철학에게à la philosophie'라는 명문을 새겼다. 입구에는 혁명의 철학적 근거를 마련해준 사상가들의 흉상을 늘어놓았다. 신성한 전당의 한가운데에 놓은 바위 위에는 진실의 횃불을 밝혔다. 국민방위군 총사령관은 형제들이 모여 고딕시대의 모든 편견을 씻어내고, 평등한 형제를 너그러운 정신으로 기쁘게 감싸안는 장소에는 군인이 어울리지 않으므로 참여하지 말라고 특별히 명령했다. 그래서 군대를 빼고 모든 헌법기관이 이 전당에 들어와 경배했다.

산 아래에 있던 공화국 악대가 자연철학의 진리를 설파하는 가사를 담은 음악을 연주했다. 장엄한 음악과 노래가 퍼지는 동안, 흰옷을 입고 참나무 관을 쓴 소녀들이 횃불을 들고 두 줄로 산에서 내려왔다가 다시 올라갔다. 남녀 합창단이 송가를 부르면서 팔을 벌리고 있을 때 자유를 상징하는 아름다운 여성이 철학의 전당에서 나와 초원에 마련한 자리에 앉으면, 모든 이가 경배했다. '자유'는 곧 자리에서 일어나 친구들에게 다정한 눈길을 준 뒤 전당으로 되돌아갔다. 고섹이 작곡한 〈애국송가Hymne patriotique〉가 더욱 활기를 띠고, 끝까지 자유를 지키겠다는 맹세가 대성당 안에 울려 퍼졌다.

프뤼돔의 『파리의 혁명』 215호에서는 이미 15일 전부터 더욱 위엄 있는 제전을 계속했으므로 이 운동을 쉽게 끝내지 않을 것 같다고 보도했다. 파리의 모든 구가 조국의 제단에 미신을 죽이고 얻은 막대한 전리품인 금붙이·은붙이·식기류와 교회의 장식품을 앞다투어 바쳤다. 국민공회도 화려한 기증품과 열렬한 애국심을 높이 찬양했다. 파리 도민도 파리에 와서 가톨릭교를 버리는 행사에 참여했다. 프랑스인의 조상이 어리석었다는 표시인 옛 교회의 재산과 찬란한 유물은 막대했다. 특히 왕의 무덤으로 사용하던 생드니 성당의 막대한 재산은 상상을 넘어설 정도였다.

10월 21일에 생드니 코뮌의 주민들은 성당의 묘지에서 다량의 물건을 가져왔다. 중세의 묘를 발굴할 때, 거기서 나온 샤를 5세(1338~1380)의 왕홀, 정의의 손, 루이 16세의 아버지와 어머니의 심장 하나씩, 은제 창 일곱 개, 황금덩이(5마르크 2온스 4그로), 루이 10세(1289~1316)의 왕관과 왕홀, 필리프 르벨(필리프 4세, 1268~1314)의 왕홀·반지·단장·팔찌, 안 드 브르타뉴(1477~1514)의 관冠, 루이 12세의 관과 온전치 못한 물건이었다.* 그리고 그들은 성인聖人의 흔적을 지우려고 생드니 코뮌을 새로운 이름으로 불러달라고 청원했다. 국민공회는 생드니 코뮌을 프랑시아드Franciade 코뮌으로 바꿔주었다. 프랑시아드는 공화력에서 4년마다 오는 윤년을 부르는 이름이며, 프랑스의 뿌리인 프랑크족의 영웅적인 이야기를 뜻했다.

이 기사를 쓴 모모로는 쇼메트와 에베르처럼 급진파였다. 그는 조상들이 어리석게 바친 공물을 후손이 발굴해서 올바르게 사용하는 시대가 왔음을 자랑스럽게 여겼다. 그는 코르들리에 협회에서 활동했으며, 파리 코뮌의 동지들과 함께 11월 10일에 거행한 '자유와 이성의 제전'을 조직하는 데 큰 몫을 담당했다. 그의 아내인 소피Sophie Momoro는 배우였으며, 이성의 제전에서 자유의 신 노릇을 했다.

11월 10일은 새 달력의 브뤼메르 20일로서 '쉬는 날le jour du repos'이었다. 그날에도 의원들은 회의를 하느라 오전에 이 행사에 참석하지 못했기 때문에 저녁에는 국민공회에서 다시 한번 이성의 제전을 거행했다. 흰옷을 입고 장미꽃 화관을 쓴 소녀들의 뒤를 따라 네 명이 대좌를 운반했다. 대좌 위

---

* 군통수권의 상징인 왕홀과 법의 원천임을 상징하는 정의의 손은 왕이 행사 때 지니는 물품이다. 왕의 반지는 그가 프랑스와 결혼했다는 뜻이었다. 1마르크는 약 244그램, 1그로는 8분의 1온스였다.

에는 이성理性의 역할을 맡은 아름다운 아가씨가 앉았다. 그가 걸친 하늘색 망토 밑으로 주름 잡힌 흰옷의 절반이 드러났다. 자유의 모자 밑으로 머리칼이 자연스럽게 흘러내렸다. 참나무 가지를 엮어서 만든 소박한 목걸이를 걸고 오른손에는 흑단으로 만든 창을 들었다. 북소리와 음악에 맞춰 파리의 행정관들과 구민들이 그 뒤를 따랐다. "공화국 만세! 이성 만세! 광신을 타도하자!"라는 소리가 회의장 천장을 들썩이게 만들었다. 그들이 의장석 앞에 다다랐을 때, 소녀들은 둥글게 원을 만들었고, 나머지 시민들은 이성의 전당에서 불렀던 송가를 부르면서 행진했다. 도의 모든 헌법기관을 대표해서 코뮌검찰관 쇼메트가 증언대에서 광신의 신전을 비우고 그곳을 이성의 전당으로 바꾸었다고 말했다. 그러고 나서 그는 노트르담 대성당의 이름을 공식적으로 이성의 전당으로 바꿔달라고 요청했고, 의원들이 긴급히 동의해서 통과시켰다. 이성이 좌대에서 내려와 의장인 랄루아 앞으로 이끌려갔다. 의장은 '이성La Raison'을 가볍게 포옹했다. 사람들은 이 우애 넘치는 장면을 보면서 끝없이 환호했다. 새로운 숭배의 대상을 진심으로 받아들인다는 뜻이었다.

  탈기독교 운동을 문화혁명의 맥락 속에서 잠시 들여다보자. 10월 16일에 앵드르 도 샤토루Châteauroux의 민중협회 대표단이 국민공회에 나와 자기 고장의 이름이 폭군들을 기억하게 만드는 것이므로 그 더러운 이름을 공화주의자들에게 걸맞은 앵드르빌Indreville로 바꾸게 해달라고 청원했다. 샤토루의 51명이 서명한 청원을 받기 전부터 손에루아르의 마이이Antoine Mailly가 속한 국토계획위원회Comité de division는 그동안 파리를 비롯한 여러 도시와 코뮌에서 왕정과 가톨릭교의 잔재를 지우고, 공화주의 체제에 맞게 이름을 고치도록 허락해달라는 요구를 받아들여 전국적으로 새로운 이름을 붙이는 문제를 검토했다.

이름을 고칠 때 가장 많이 고려한 사항은 고대 로마인이 기원전 509년에 타르킨 왕정을 끝내고 공화국을 세웠다는 사실이었다. 자크 루이 다비드는 1784년에 〈호라티우스 형제들의 맹세〉를 그려 공화정신을 찬양했고 1791년에 볼테르를 팡테옹에 안장할 때 사용한 마차에 로마공화국을 건설하고 아들을 반역죄로 처형한 브루투스의 고사를 그렸다. 그들은 다신교 시대의 철학자와 영웅들을 본받고 싶어했다. 그리고 혁명기에 전제주의와 싸우면서 자유를 지킨 인물들도 본받았다. 물론 혁명의 좌우명인 자유·평등·우애를 사용한 이름도 있었다. 그러니까 탈기독교 운동이 본격적으로 일어나기 전부터 이미 구체제의 왕·귀족·종교·봉건제의 이름을 배격하는 일이 늘었다는 뜻이다. 이제 국민공회에서 이러한 현실을 받아들여 특정 행정단위의 이름을 바꾸는 일을 허락했다.

1789년 이래 이름을 바꾼 코뮌은 모두 국토계획위원회에 새 이름을 등록한다. 또한 왕정·봉건제·미신의 추억을 떠올리게 만드는 이름을 바꾸고자 하는 코뮌은 회의를 거쳐 채택한 새 이름을 둘째 달이 끝나기 전*까지 국민공회의 국토계획위원회에 등록한다.

전국에서 6,000개 마을이 이름을 바꿨는데, 30여 개가 마라Marat의 이름을 땄다. 생드니Saint Denis처럼 성인 이름이 들어간 마을도 이름을 바꾸어 프

---

* 공화력 2년의 둘째 달인 브뤼메르brumaire(안개의 달)는 10월 22일부터 11월 20일까지였고, 그 안에 전국 모든 코뮌은 새 이름을 등록하라는 뜻이었다.

랑시아드가 되었다. 10월 26일에 캥즈뱅 구와 몽트뢰이 구는 파리 코뮌평의
회에 자신들의 구를 부르던 이름을 생탕투안 문밖faubourg Saint-Antoine에서
종교적 색채를 지워 단순하게 앙투안 문밖으로 부르게 해달라고 요청했다.
물론 개인도 마찬가지였다. 예를 들어 10월 25일에 파리의 석수장이인 르루
아Leroy는 왕을 생각나게 하는 이름이라서 사푀르Sappeur로 바꾸었다. 그는
왕실에 속했던 집을 최초로 철거하는 작업에 참여했기 때문이다.* 29일에
파리 코뮌평의회는 시민 루이Louis의 개명신청을 받아들여 고대 로마공화정
시대의 젊은 영웅의 이름인 무시우스 세볼라Caius Mucius Scevola로 고치도록
허락했다. 아마도 이 시민은 뤽상부르 구가 무시우스 세볼라 구로 이름을 바
꿀 때 영향을 받은 것으로 추정할 수 있다. 루이는 브루투스 또는 스파르타쿠
스가 되었다. 순교자의 언덕인 몽마르트르Montmartre는 몽마라Mont Marat(마
라의 언덕), 왕(르 루아le roi)은 법(라 루아la loi), 여왕벌은 알 낳는 벌, 주교
l'évêque는 자유la liberté, 트럼프의 왕·여왕·장군 패는 각각 자유·평등·우애
로 바꾸고, 각각의 그림을 볼테르나 루소 같은 철학자의 초상으로 바꾸었다.

　　탈기독교 운동은 교육 분야에서도 일어났다. 10월 28일에 국민공회는
종교인들에게 교육을 맡기지 않도록 법령을 제정했다. 구체제 시대 말에 예
수회를 추방한 뒤에도 초·중등교육은 종교인들의 몫이었지만, 이제는 세속
권력이 국민국가를 만들기 위해 마련한 교육제도를 적용하게 되었다. 더욱
이 탈기독교 운동은 합리적인 최고 존재로 신을 대체하거나 무신론을 퍼뜨

---

* 이 말은 공병을 뜻한다. 단순히 물을 뿌려 불을 끄던 소방수pompier가 이 말과 결합해서 오늘날의
　소방관sapeur-pompier을 뜻하는 말이 나왔다. 이들은 화재를 진압할 뿐 아니라 건물이나 구조물
　에 갇힌 생명이나 응급환자도 구조한다.

1793년 가을부터 휘몰아친 탈기독교 운동은 종교인들을 조롱하는 모습으로 표현했다(BNF 소장).

1793년 11월 12일, 단두대 앞에 도착한 바이이.
그는 샹드마르스에서 가까운 강변에서 처형당했다(BNF 소장).

혁명법원에서 브리소 일파는 사형을 언도받았다.
그들은 화를 내면서 자신들이 가진 아시냐를 방청객에게 뿌려댔다(BNF 소장).

'이성의 종교'를 봉헌하는 과정에서 생드니 성당에 있는 왕들의 무덤을 파헤치기로 했다(BNF 소장).

상퀼로트 계층은 혁명위원회에 참여해서 적극적으로 발언했다(BNF 소장).

첫 번째 프레리알과 네 번째 프레리알의 자코뱅.
이들은 늘 빈곤에 시달렸다(BNF 소장).

비비엔 거리의 환전상협회 앞 풍경. 아시냐의 가치가 변동 폭이 큰 것을 이용하는 투기꾼의 수법은 간단하다.
정화를 비싸게 팔아서 아시냐를 거둬들이고, 아시냐의 액면가로 정화를 사들인다.
정화의 시세와 아시냐의 시세가 날마다 달라지기 때문에 가능했다(BNF 소장).

렸기 때문에 더욱 위험해 보였다. 파리에서 과격한 급진파들은 11월 6일과 7일 사이의 밤에 성 즈느비에브의 유골함을 조폐국la Monnaie으로 보냈다. 팡테옹프랑세 구 혁명위원회는 파리의 수호성인을 기리는 생트즈느비에브 성당에서 유골함을 옮길 때 아무런 기적도 일어나지 않았다고 증언했다. 유골함의 가치는 150만 리브르였다는 설이 있었지만, 신비한 가치를 빼고 현실의 가치로 금·은·보석을 평가한 결과 2만 3,830리브르였다.

자신의 이름을 피에르 가스파르에서 고대 그리스 철학자 아낙사고라스로 바꾼 쇼메트는 탈기독교 운동의 과격한 면을 보여주는 반달리즘 vandalisme을 이끌었다. 그는 파견의원 푸세가 활동하는 니에브르 태생이었으며, 파리 코뮌에서도 에베르의 든든한 지원을 받았다. 쇼메트와 에베르의 발의로 파리 코뮌평의회는 이성의 전당(파리 노트르담 대성당)의 입구에 있는 성인상들을 파괴하고 지하무덤을 발굴하는 데 그치지 않고, 11월 23일에는 모든 교회의 문을 닫고 사제들을 감시한다고 의결했다. 그러나 혁명정부와 구국위원회를 장악한 로베스피에르가 종교의 자유를 옹호하자 28일에는 모든 종교의 자유를 인정했다.

이제 탈기독교 운동과 권력투쟁이 어떻게 얽혔는지 살필 차례다. 에베르와 그 일파는 코르들리에 협회와 자코뱅협회에서 몽타뉴파 지도자들에게 맞섰다. 그들은 파리 코뮌에 영향력을 행사하고, 더 나아가 파리 도의 권력을 장악하려고 생각했다. 에베르처럼 전쟁부에서 일하면서 코르들리에 협회와 파리 코뮌의 지도자들과 친분을 쌓았던 뱅상François Nicolas Vincent은 20대 말의 혈기왕성한 투사였다. 10월 26일에 그는 무시우스 세볼라 구의회가 국민공회에 제출할 청원서를 작성하기 위해 각 구에서 두 명씩 주교청회의실로 보내달라고 초청하도록 만들었다. 청원서 내용은 48개 구에서 한 명씩 임명해서 파리 도평의회를 구성한 뒤, 모든 구와 민중협회에서 반혁명 분자를 축출하는 투표를 실시하게 해달라는 것이었다. 에베르파의 속셈이 여기서 드러났다. 그들은 전국의 거의 모든 도의 행정부에 연방주의가 스며 들었기 때문에 그들에게 파리의 도덕적 우위를 인정시켜야 하며, 이미 파리 도평의회가 실시했던 정화의 투표는 스스로의 혐의를 벗겨주는 것이므로 무효라고 생각했다. 그러나 무시우스 세볼라 구는 많은 구가 응하지 않자 이 튿날인 27일에 다음과 같이 의결했다.

1. 귀족주의의 혐의를 받고 구치소와 감옥에 있는 반혁명혐의자들은 앞으로 인민의 의회에서 활동할 수 없다.

2. 전날의 조례와 관련해서 숙청한 사람들의 신분증을 회수하는 대신 평화 시까지 붉은 신분증을 교부한다.

3. 그들의 이름을 의회 입구에 게시하고 회의록에 기재한다.

4. 혁명위원회는 되도록 빨리 이 명단을 인쇄해서 47개 구와 민중협회에 보낸다.

5. 반시민적 청원의 서명자들, 인민과 자유의 힘을 구속하는 반민중협회에 참석하는 사람들의 신분증을 빼앗는 대신 평화 시까지 붉은 신분증을 주어 공화국 시민의 자격을 박탈한다.

6. 이 조례를 인쇄하고 벽보로 게시하는 동시에 47개 구와 민중협회에 보내어 동참할 것을 촉구한다.

11월 5일에 아르시Arcis 구는 코뮌평의회에서 무시우스 세볼라 구의 조례를 맹렬히 비난했다. 그들은 반사회적 청원서 서명자의 명단을 불태우고 나서 이런 일을 반복하고 싶지 않다고 말했다. 그러나 무시우스 세볼라 구의회 부의장인 뱅상이 주도해서 내린 결정에 봉디 구가 적극적으로 반응했고, 대다수의 구는 별로 관심을 보여주지 않았다. 코뮌평의회는 아르시 구의 고소를 받아들여 조사위원들을 파견했다. 위원들은 무시우스 세볼라 구가 원칙을 모범적으로 지키면서 활동한다고 보고했다. 11일에 파리의 56개 민중협회의 중앙위원회의 대표단이 국민공회에 와서 "점괘나 믿는 자들이 사제들에게 봉급을 주는 데 그치지 않고, 오직 덕과 자기 나라만 믿는 공화주의자에게도 이 창피한 조공을 바치도록 강요"하는 현실을 비판하면서 사제들에게 봉급을 지급하지 말라고 요구했다. 국민공회는 즉답을 피하고, 그들의 청원을 관보에 싣기로 의결했다.

11월 17일에 구국위원회의 로베스피에르가 조국의 중대한 관심사에 대해 주의를 환기시켰다. 그는 국내외 정세를 다음과 같이 분석했다. 입법가들은 공화국의 친구와 적을 대하는 정치적 원칙을 확정할 때가 왔다. 어리석은 자와 사악한 자들에게 프랑스공화국의 존재를 분명히 각인시켜야 한다. 적국의 폭군들을 용기와 힘으로 응징할 때, 프랑스의 동맹국들도 프랑스 인민의 슬기와 행복을 신뢰할 수 있다. 프랑스 혁명은 세계를 뒤흔들었다. 위대한 국민이 자유를 향해 도약하자 주변국들이 불쾌하게 생각했다. 그들은 힘을 합쳐 더욱 무모하게 프랑스를 공격하고, 국내의 도당들로 하여금 나라를 팔도록 부추기고, 결국 새로운 폭군을 옹립하게 만들려고 노력한다. 이성이 가장 눈부시게 번영하던 시대에 인간의 부패가 극에 달하기도 했다. 폭정이 자유를 급속히 발전시키고, 자유의 발전이 폭정에 경각심과 분노를 자극해 범죄를 저지르게 만들었다. 인민과 그들의 적들 사이에 이러한 상호작용이 수 세기에 걸쳐 발전하더니, 이제는 단 몇 년 만에 폭발했다. 그런데 이제는 영국이 루이 16세가 앉았던 왕좌에 요크 공을 앉히려고 한다. 그 계획을 실현하게 도와주는 세력은 오를레앙 가문과 그 공모자들이다. 그들은 오랫동안 영국 왕실과 가깝게 지냈다. 영국은 그 계획을 실현하면 세 가지를 얻을 수 있다. 툴롱과 됭케르크의 해군기지들과 해외식민지. 그다음은 막강한 해군력을 바탕으로 미국을 강요해서 조지 왕의 품으로 돌아가게 만들 것이다. 영국은 프랑스의 남과 북을 갈라놓으려고 노력하듯이, 미합중국에서도 북부의 주와 남부의 주를 이간질한다. 그러나 지금까지 일어난 모든 일이 영국의 오판을 증명한다. 네케르·오를레앙·라파예트·라메트·뒤무리에·퀴스틴·브리소와 그 일파들이 어떻게 사라졌는지 영국은 똑똑히 보았다.

로베스피에르는 혁명이 위기를 겪을 때마다 한 단계 더 도약했음을 강조했다. 영국이 계속 혁명을 방해하고, 자유와 이성을 후퇴시키려고 노력했지만, 프랑스는 위기를 극복하고 더욱 단단해졌다. 그는 스위스는 물론 오스트리아와 프로이센의 연합, 그리고 이탈리아와 멀리 러시아에 대해서도 장황하게 짚으면서, 프랑스가 멸망하거나 분할된다면 정치적인 세계가 붕괴할 것이라고 말했다. 프랑스공화국이 굳건히 버텨야 이탈리아의 공국들과 독일의 군소 제후국과 덴마크·스웨덴·튀르크 같은 약소국이 이웃의 강대국에 먹히지 않는다고 강조하면서, 그들의 각성도 함께 촉구했다. 그는 영국이 최후의 수단을 강구하고 있다는 사실을 모든 지표와 소식, 그리고 이 계획과 관련해서 얼마 전에 압수한 문서를 통해서 알 수 있다고 경고했다. 그는 미합중국과 스위스연방과 동맹관계를 유지하고 그들의 국경과 존재를 확고히 지키는 데 힘을 보태야 한다고 강조하면서, 국내에서 벌어지는 일에 대해 넌지시 경고했다. 특히 파리에서 에베르파가 혼란을 조장하면서 결국에 공화국의 존립을 위태롭게 한다는 점을 에둘러 강조했다. 그는 탈기독교 운동이 국내에서 종교문제에 민감한 사람들을 적으로 돌릴 가능성을 내다보았다.

11월 21일에 자코뱅협회에서 에베르는 로베스피에르가 자신에 대해 가시 돋친 말을 하고 심지어 자신이 곧 체포당할 것이라는 소문까지 돈다고 불평하면서, 자신을 폄훼하는 음모가 있다고 고발했다. 그는 로베스피에르에게 자신을 모략하는 사람들이 있으며, 심지어 당통이 외국에 망명했다는 헛소문까지 퍼뜨린다고 말했다. 자기가 직접 당통을 튈르리에서 봤으니 확인하면 된다고 말했다. 당통은 10월 12일에 의사의 권유를 받고 고향인 아르시쉬르오브Arcis-sur-Aube에 가서 요양하면서 건강을 회복한 뒤에 등원하겠다고 병가를 요청해서 의장에게 허가를 받아 13일부터 파리에서 자취를 감췄다가 한 달 뒤인 11월 22일에 다시 등원했다. 에베르는 당통이 파리에 있으니 자코뱅협회에서 스스로 해명해야 한다고 말했다. 나아가 모든 애국자는 자신들을 헐뜯는 소문의 진실을 밝혀야 한다. 그들은 힘을 합쳐서 인민의 적들을 물리쳐야 한다. 자코뱅협회는 스스로 내린 결정을 충실히 지켰고 지켜야 하므로 브리소의 잔당을 추적해서 심판해야 하며, 또한 카페 가문을 멸족시켜야 한다고 주장했다.

모모로는 애국자들에 대한 음모가 있다면서 에베르를 거들었다. 모모로는 마라 구에 익명의 편지가 들어왔는데, 그 내용은 쇼메트가 봉기를 준비하면서 사람들이 경종을 울리지 못하게 하려고 교회의 종을 철거하게 한 것이지 다른 뜻은 없었다는 것이었다. 쇼메트가 탈기독교 운동을 빙자해서 봉기를 준비한다고 고발하는 편지였다는 말이다. 모모로는 항간에는 파슈·쇼메트·에베르 같은 사람들이 붙잡혔다는 소문이 돈다고 말했다. 그는 혁명과정에서 불행을 겪었기 때문에 눈에 띄게 된 불쌍한 자기까지 음모에 엮었다고 불평했다. 그는 음모를 막으려면 귀족주의자들과 특히 사제들을 추적해야 한다고 강조했다.

　로베스피에르는 자신을 귀족주의자와 사제들의 음모자들과 엮어 비난하는 에베르와 모모로의 말을 반박하기 시작했다. 그는 사람들이 광신을 불행의 주원인으로 생각하고 진짜 위험한 일을 보지 않는다고 안타까워했다. 일반적으로 사제들을 두려운 존재로 여기지만, 진짜 두려운 일이 무엇인지 파악하지 못한다고 강조했다. 사제들은 서둘러 사제직을 포기하고 시정부 관리나 민중협회의 의장이 되고자 하기 때문에, 중요한 것은 광신이 아니라 그들의 야심이며, 사제복이 아니라 그들이 갈아입는 새 옷이라고 말했다. 지난 5년 동안의 혁명은 그들의 권력을 빼앗았다. 방데가 그들의 마지막 보루였지만 그들의 권력을 하나도 증명하지 못한다. 옛날 정치인들의 야망과 반역이 방데를 탄생시켰다. 국내외의 도적들을 약탈에 동원한 자들은 종교를 무시하고 명예도 모르는 자들이었다. 공화국의 힘과 현 정부의 열정이 수많은 역경과 범죄를 진압하고 그들을 죽음으로 몰아갔다. 이제 그들은 무기·창고·무력을 잃고 뿔뿔이 도망치는 신세가 되었다. 죽은 광신을 깨우는 단 하나의 방법은 그 힘을 믿는 것이다. 광신은 변덕스러운 맹수이며, 이성을 만나면 도망친다. 그러므로 그 힘을 과장해서 키울 필요가 없다.

　로베스피에르는 이미 국민공회에서 분명히 했던 말을 다시 한번 하겠노라고 하면서, 선량한 인민은 자유를 위해 무한성(신적 존재)을 이용하지만 적들은 오직 자유를 파괴하는 데 정신을 쏟는다고 강조했다. 그는 시민들이 미신의 화려한 기념건축물을 조국에 바칠 권한이 있듯이 가톨릭교의 예배의식을 포기할 권리도 있지만, 이제까지 혁명에 조금도 이바지하지 않았기 때문에 이름도 모를 사람들이 종교의 자유를 뒤흔들어놓으려 하는 것을 용납할 수 없다고 말했다. 그는 어린 시절 불성실한 가톨릭교도였고, 포도주와 달콤

한 독주liqueur를 아주 좋아했지만, 혁명의 지도자가 되어 원칙에 충실하기 위해 자기관리를 철저히 했다. 심지어 실수하지 않기 위해 술을 끊고 물만 마셨다. 특히 오렌지를 좋아해서 쌓아놓고 먹었다. 그는 탈기독교 운동이 무신론을 주장하는 것으로 보이자 제동을 걸었다. 그는 미사를 올리는 사람보다 그것을 금지하는 사람들이 더 광신도라고 비난하면서 종교의 자유la liberté des cultes를 내세웠다. 심지어 그는 볼테르의 말을 인용해서 신을 발명이라도 해야 한다고 말했다.

그는 광신도 무섭지만 그보다 외국에 매수된 사람들이 더 무섭다고 했다.* 이른바 '외국인의 음모'는 상상의 산물이 아니었다. 실제로 1월부터 영국의 피트 수상은 프랑스 곳곳에 돈을 보내서 반혁명세력을 키우고 사회적 혼란을 키웠다. 7월 11일에 구국위원회 소속인 에로의 캉봉은 경제와 재정의 위기가 적국의 공작으로 더욱 가중되었다고 하면서, 피트가 500만 파운드를 비밀공작금으로 쓰면서 프랑스 전역에 혼란을 부추긴다고 고발했다.

7월에 새로 구성한 구국위원회는 7월 말에 캉봉의 말을 구체적으로 증명할 만한 증거를 얻었다. 릴Lille의 성벽지대에서 영국 첩자가 잃어버린 서류가방을 주웠는데, 거기서 나온 문서에서 1월부터 영국 첩자가 프랑스 전역에 있는 하수인들에게 막대한 돈을 보냈음을 알게 되었다. 첩자는 뒤플렝이라는 프랑스인에게 매딜 2,500리브르를 주었고, 릴·낭트·뙹케르크·루앙·아라스·생토메르·불로뉴·투아르·투르·캉에도 돈을 보냈다. 이러한 도시는 정확히 사회적 혼란이 심한 곳이었다. 첩자는 하수인들에게 인화물질을 바른

---

* 제2부 1장 "동인도회사 사건" 참조.

심지를 준비해서 화약고와 마량 적재소에 불을 지르라는 지침까지 내렸다.

이렇게 확실한 증거를 확보한 국민공회·구국위원회는 눈에 불을 켜고 '외국인의 음모'를 적발하려고 애썼다. 그들은 외국인에게 매수당한 자들이 광신을 되살리고 혁명을 부도덕한 것으로 호도하며, 민중협회에도 침투해서 이간질로 애국자들을 분열시킨다고 보았다. 로베스피에르는 데피외·페레라Pereyra·프롤리Proli·뒤뷔송François Dubuisson처럼 부도덕한 사람들을 외국인의 하수인으로 지목하면서 자코뱅협회에서 몰아내자고 촉구했다.

11월 26일에 뫼르트의 미셸Pierre Michel은 샤토살랭 디스트릭트의 사제들이 '사기면허詐欺免許'를 반납했다고 보고했다. 파리 근처 상트니의 민중협회, 플뢰의 퐁토 코뮌, 그 밖의 여러 지역에 사는 상퀼로트는 모두 자기 지역의 사기꾼들이 사라지고 이성이 광신을 물리쳤다고 보고했다. 무시우스 세볼라 구의 젊은이들이 혁명을 수행한 사람들을 후손들이 잊지 않도록 하자고 제안하자, 당통은 공교육위원회가 국경일을 제정하고 그것을 기념할 시기와 장소를 논의하자고 제안했다. 의원들은 그 논의를 빠른 시일 안에 확정해서 끝내자고 의결했다. 여러 지방의 코뮌 대표들이 교회와 사제직을 포기한 사람들로부터 나온 물건을 가져왔다. 그들의 의견을 들은 뒤, 당통은 국민공회가 너무 오랫동안 전국의 탈기독교 운동의 결과를 청취하는 데 몰두했음을 지적했다.

"나는 국민공회 안에서 더는 반종교적 가장행렬을 보고 싶지 않습니다. 조국의 제단 위에 교회의 유물을 바치려는 개인들이 앞으로는 자기 행위를 과시하지 못하게 합시다. 우리가 대표단을 끊임없이 맞이하고 항상 같은 말을 들으려고 의원이 되지는 않았습니다. 모든 일에는 끝이 있게 마련입니다. 심지어 칭찬과 축하에도! 이제 울타리를 칩시다."

그는 대안을 제시했다. 모든 위원회는 외국의 음모를 조사해서 보고해야한다. 그것을 바탕으로 정부의 태도를 결정하고 힘을 조절해야 한다.

"인민은 공포정을 실시해야 한다고 생각하며, 그것은 올바른 의견입니다. 그러나 그들은 공포정이 진정한 목표를 지향하기를 원합니다. 귀족주의자·이기주의자·음모자·반역자를 겨냥해야 합니다. 비록 자연으로부터 큰힘을 받지 못했지만 미약하나마 조국에 여러모로 헌신하는 인민은 두려워서떨지 않기를 바라고 있습니다."

당통의 의도는 이처럼 분명했다. 국민공회가 혁명정부를 조직해서 인민을 불안한 상태에서 벗어나게 만들어주어야 한다는 것. 로베스피에르와 당통이 국민공회에서 종교의 자유를 옹호하는 발언을 하자 파리 코뮌평의회도종교의 자유를 인정했다. 12월 8일에 국민공회는 이틀 전에 의결한 법을 보완해서 다시 통과시켰다.

1조. 종교의 자유를 해치는 모든 조치와 폭력을 금한다.

2조. 이와 관련해서 모든 헌법기관과 공권력은 오직 치안과 안보와 관계있는 문제만 감시하고 개입할 수 있다.

제3조. 이 법 때문에 기존의 비선서 사제·질서파괴자 처벌법의 효력이사라지지 않는다. 종교적 구실을 남용해서 애국심을 불안하게 만들고 공공정신의 도약을 방해하는 자도 처벌한다. 지금까지 의원들이 내린 명령도 그대로 효력을 가진다. 이 법을 가지고 애국심을 불안하게 하고 공공정신을 발휘하지 못하게 방해하려고 해서는 안 된다. 국민공회는 모든선량한 시민들이 위대한 프랑스 인민의 이익과 상관없는 논쟁과 어떠한신학적 논쟁도 삼가는 대신 공화국의 승리와 적들의 파괴에 모든 힘을

쏟아주기 바란다.

이 법으로써 이미 여러 차례에 걸쳐 문을 닫고 유물을 나라에 빼앗긴 교회나 자격을 포기한 사제가 예전으로 되돌아갈 수 없게 되었다. 그 뒤 탈기독교 운동은 지방과 지역마다, 또 파견의원의 활동에 따라 다른 모습으로 나타났다. 혁명사가 알베르 소불이 지적했듯이, 탈기독교 운동의 과정에서 상퀼로트 계층은 온갖 염원을 표출했다. 게다가 상퀼로트를 포함한 폭넓은 민중의 조직들이 운동범위를 넓히고 운동을 더욱 폭력적으로 만들었다. 이러한 이유로 정치 지도자들은 어떻게든 이 운동을 막으려고 노력했다. 로베스피에르는 한때 부르주아와 손잡고 귀족주의자와 왕정주의자들과 싸우던 상퀼로트를 자기편으로 묶어두는 것이 관건이라고 생각했다. 그는 부르주아 계층이 권력을 쥔 뒤에 투기와 독점행위가 성행하는 현실에서 상퀼로트를 달래면서 혁명의 원칙을 지키고 공화국의 기초를 놓아야 한다고 생각했다. 그런데 부르주아 계층과 상퀼로트 계층의 불화를 이용하는 사람들이 탈기독교 운동을 일으켜 상퀼로트의 울분을 물리적인 방법으로 표출하게 만들었다. 정치 지도자들은 성실한 기독교도들의 지지를 잃으면 갈 길이 더욱 멀고 험난해진다는 사실을 깨닫고 어떻게든 탈기독교 운동을 멈춰야 했다.

여기서 잠깐 탈기독교 운동과 계몽주의의 관계를 짚어보자. 계몽주의자들이 정치가였다면 그들이 설파한 이론은 달라졌을 가능성이 높다. 현실정치와 관계없이 당위성을 논하는 일과 현실정치를 실천하면서 이론을 제시하는 일은 천지차이다. 예를 들어 경제학자라고 해서 주식투자를 반드시 잘하거나 경제정책을 성공적으로 끌고 나갈 거라고 보장하기는 어렵다. 더욱이 아는 것과 실천은 다르다. 우리는 이미 가훈이 정직이라는 사람이 엄청난 부정부패를 저지른 일을 보아오지 않았던가. 이런 맥락에서 프랑스 혁명과 계몽주의의 관계를 다시 생각해본다. 프랑스 혁명의 지도자들은 대부분 계몽주의자의 저서를 읽었고, 거기서 인권·민주주의·합리주의 같은 중요한 개념을 배웠다. 그러나 그들이 모두 똑같은 책을 읽었다 할지라도 그 내용을 자기 언어로 해석하고 실천했기 때문에 지롱드파와 몽타뉴파 같은 파벌이 생겼다. 볼테르는 글을 끝마칠 때마다 "수치스러운 것을 짓밟아버립시다"라고 써서 기독교를 비판했다. 혁명가들이 계몽주의의 정치사상을 「인권선언」이나 헌법에 반영했다 할지라도 현실적으로는 자유와 평등을 실천하지 못했지만, 탈기독교 운동은 한때나마 볼테르의 사상을 프랑스 혁명에서 가장 잘 반영한 행동이었다.

6
임시혁명정부

1793년 여름에 제1공화국 헌법을 완성하고 8월 10일에 반포했지만, 그 뒤로도 파리 상퀼로트의 압박이 드세어지고, 지롱드파 지도자들이 지방에서 연방주의 반란을 부추기면서 나라 안팎으로 혁명을 지켜나기는 일이 힘든 시절이었다. 원래 한시적으로 국방위원회의 활동을 이어받아 중요한 결정을 내리던 구국위원회를 존속시킨 것만 봐도 신속하고 집중적인 토론과 의결로 국민공회가 나아갈 방향을 제시하고 일사불란하게 국가 위기를 헤쳐 나가려는 의지를 읽을 수 있다. 7월 10일에 손에루아르의 보도Marc-Antoine Baudot가 발의해서 구국위원회의 위원들을 새로 임명했다. 이때 178표를 얻어 3위로 뽑힌 부슈뒤론의 가스파랭은 건강상의 이유로 24일에 사의를 표했고, 의원들은 27일에 로베스피에르를 뽑았다. 새로운 구국위원은 로의 장봉 생탕드레, 오트피레네의 바레르, 퓌드돔의 쿠통, 센에우아즈의 에로 드 세셀, 마른의 튀리오, 마른의 프리외르Pierre-Louis Prieur, 엔의 생쥐스트Antoine-Louis-Léon-Florelle de Saint-Just*, 외르의 로베르 랭데Jean-Baptiste Robert Lindet, 파리의 로베스피에르의 아홉 명이었다.

8월 1일에 당통은 국민공회에서 구국위원회에 대해 중요한 제안을 했다. 그는 혁명을 완수하려면 구국위원회가 더욱 힘을 가져야 한다고 강조했다. 그는 공화국이 처한 상황이 작년처럼 위험하지만 인민이 헌법을 받아들였기 때문에 오히려 안전해졌다고 말했다. 인민이 헌법을 받아들인 것은 적을 향해 총진격하는 의무를 지겠다고 기꺼이 맹세했음을 의미하기 때문이다. 의원들과 방청석의 청중이 이 말에 일제히 찬동의 박수를 쳤다. 당통은 적들에게 사자처럼 달려들자고 제안했다.

"무시무시한 존재가 됩시다. 사자가 되어 전쟁을 치릅시다. 어째서 우리는 강력한 조치로써 국가에 힘을 보태줄 임시정부를 세우지 않는 것입니까? 분명히 말하건대, 나는 어떠한 위원회에도 들어가지 않겠습니다. 그 대신 나는 내 생각을 온전히 유지하고, 통치하는 사람들을 끊임없이 자극하는 능력을 지켜나가겠습니다. 여러분에게 이로운 충고를 하겠습니다. 우리도 범죄의 수단만 빼고 피트가 쓰는 수단을 그대로 써야 합니다. (……)

따라서 헌법이 실효를 발휘해서 제대로 작동할 때까지 구국위원회를 임시정부로 수립해야 하며, 그때부터 장관들은 이처럼 정부가 된 위원회의 일

---

* 실제로는 '생쥐'라 불러야 하겠지만, 우리의 관행을 좇아 생쥐스트로 표기한다.

꾼에 지나지 않습니다. 그리고 이 정부에 5,000만 리브르를 배정하고, 회기 말에 결산보고서를 제출하게 합시다. 그러나 임시정부는 필요한 경우 이 예산을 하루 안에 지출할 수 있습니다."

한마디로 당통은 구국위원회를 임시정부위원회comité de gouvernement provisoire로 변경하고 5,000만 리브르의 예산을 배정하자고 제안했다. 세간에서 국내외 사정에 불안한 사람들이 분노하고, 그 어느 때보다 정부가 필요하다는 여론이 비등하고 있을 때 당통이 시의적절하게 내놓은 안을 구국위원회가 검토했다.

이튿날인 8월 2일에 에로 드 세셸이 그 결과를 보고했다. 당통이 제안한 대로 '정부위원회'라는 정치기구를 만들어 최고 수준의 힘을 주고 그 힘을 집중해서 법을 집행하도록 하면 모든 장애·불화·지연을 물리치고, 일선에서 일하는 사람들에게 가장 효과적인 수단을 제공할 수 있다. 그러나 입법가들이 이 문제를 현실적으로 검토해본 결과, 정부위원회는 구국위원회와 전혀 다른 기능을 가진 새로운 위원회를 만드는 일이라고 생각했다. 그러므로 당통이 제안한 취지에 맞지 않았다. 요컨대 구국위원회를 정부위원회라고 거창하게 부를 이유가 없다. 구국위원회 자체가 조국을 구하는 임무를 띤 것이기 때문이다. 구국위원회는 날마다 육군과 해군의 전쟁, 국내 질서를 집중해서 다룬다. 이보다 더 중요한 임무가 어디 있는가? 막중한 업무에 시달리는 구국위원회에 정부의 모든 일을 맡긴다면, 구국위원회를 망칠지 모른다. 에로 드 세셸은 구국위원회가 그대로 남되 당통이 제안한 대로 5,000만 리브르의 예산을 배정받아야 한다고 보고했다.

의원들은 구국위원회가 원활히 활동하고, 연방주의자들의 활동을 진압하기 위해 전국에 파견하는 사람들에게 활동비를 지급하고, 군수품을 생산·징발·이동하는 데 사용한 뒤 정확한 결산보고서를 제출하는 조건으로 5,000만 리브르를 승인했다. 10만 리브르의 예산을 500배나 증액한 것은 날이 갈수록 할 일이 더 많고 막중해졌다는 뜻이다. 10월 10일*에 생쥐스트는 국민공회에서 정부가 국민의 적이었다고 비난한 뒤 혁명을 완수하고 평화를 회복할 때까지 혁명정부를 유지해야 한다는 법을 통과시켰다.**

한 달 후인 11월 11일에 비요바렌은 구국위원회가 마련한 '임시혁명정부 gouvernement provisoire et révolutionnaire'에 관한 법안을 보고했다. 그는 공화국 초기의 무질서와 부조리가 얼마나 뿌리 뽑기 어려운 것인지 보여주었다. 구체제의 모순을 바로잡고 새 체제를 만들기 시작한 지 겨우 몇 년 사이에 새로운 적폐가 생기는 과정을 예상이나 했을까? 그는 모든 공화국이 초기와 말기에 무정부상태에 빠지기 쉽고, 프랑스도 예외가 아니라고 말했다. 어디서나 법이 맥을 못 춘다. 행정부가 집행하지 못하거나 너무 늦게 전파된다. 정부의 모든 관리들이 국민공회가 반포한 법과 명령에 반감을 갖고 있다. 막대한 세금을 써서 애국자들의 가족을 보호하고 가난을 구제했지만, 특별히 효과를 내지 못하는 것은 그 때문이다. 매점매석에 대한 법은 슬그머니 실효를 잃었다. 부유한 상인 가운데 행정가들이 섞여 있기 때문이다. 개인의 이익이 시민사회를 움직이는 유일한 동력으로 작용한다. 정부가 사회를 움직이게 만드는 지렛대는 인민보다는 그것을 움직이는 사람들을 위해 작동한다. 그들

---

* 10월 6일부터 공식적으로 '공화력 2년 첫 달 15일15e jour du 1er mois de l'an II'을 병기하기 시작했다. 나흘 뒤인 10일은 공화력 2년 방데미에르(포도의 달) 19일이다. 그러나 이 책에서는 혼란을 피하기 위해 전통적인 날짜를 우선 쓰고, 필요하면 공화력을 병기하겠다.
** 제9권 제2부 5장 "공포정"의 '혁명정부' 참조.

이 끊임없이 혁명의 혜택을 누린다. 이렇게 믿지 못할 의도에서 나오는 치명적인 결과를 막을 유일한 희망은 결국 시민들에게 있다. 그러므로 국민공회가 국민주권을 다시 거머쥐고 공화국을 공고히 만드는 데 진력해야 한다. 그러나 법을 만들고 반포한 뒤에도 제대로 집행하는지 직접 강력하고 활발하고 정확하게 살피면서 일일이 챙기고 반응해야 한다. 그렇게 하려면 부수적인 기관들을 정확히 분류하고 상호관계를 명확하게 구분해주면서 그들의 권한이 미치는 범위를 한정해줄 필요가 있다. 더욱이 최근에 연방주의와 반혁명의 파도에 휩쓸렸던 도에 대해 행정조직을 완전히 개편해야 한다.

비요바렌은 막바지에 이렇게 강조했다.

이제 정치체의 썩은 부분을 도려내고 건강하게 만들 때가 왔습니다. 우리가 모든 면에서 조국보다 자신을 위해 힘쓴다면, 모든 것이 무너지고 무너져 망각 속으로 사라질 것임을 명심해야 합니다. 그러나 모든 것을 정확하게 제자리로 돌려놓기 위해 모든 부수적인 기관들이 합심해서 노력하면 국민공회 의원들의 활동도 분명한 성과를 거둘 것입니다. (……) 분명히 말해서 이 정부는 전제주의의 철권통치가 아니라 정의와 이성의 통치를 보장할 것입니다. 이 정부는 음모자들에게는 두렵고, 공무원들에게는 강제적이며, 직무유기에는 엄석하고, 악의에 찬 사람에게는 위험하며, 피압제자를 보호하고 압제자에게는 준엄하며, 애국자에게 우호적이며, 인민에게는 친절한 존재입니다. 이렇게 되어야만 여러분의 법은 공화국을 온전히 유지하고, 전반적인 번영의 길을 활성화하고, 국민공회에 막강한 힘을 줄 것입니다. 우리는 여기서 국가의 고삐를 꼭 쥐어야 합니다. 여러분은 우리의 표상인 회초리 다발faisceau을 닮아야 합니다. 그리하여 각자의 힘을 단체에서 얻어야 합니다. 누구라도 다른 이보다 높은 자리에 서려는 야심이나 인민을 망각하는 행위를 가장 심한 범죄로 규정하고 어떠한 자비도 베풀지 말아야 합니다.

혁명정부를 '임시'라 부르는 이유는 평화 시까지 헌법을 유보하고 한시적으로 조직할 예정이었기 때문이다. 이 안에 대해 비요바렌은 18·23·29일에 거듭해서 보고했다. 구국위원회의 치밀한 준비를 바탕으로 국민공회에서는 12월 4일(프리메르 14일)에 모두 5개 장의 69개조로 구성된 '임시혁명정부법 Décret sur le mode de gouvernement provisoire et révolutionnaire'을 통과시켰다.*

제1장은 국민공회가 제정한 법을 신속하게 전국에 전파해서 전 국민을 일사불란하게 움직이도록 만들려는 의도를 보여준다. 그동안 연방주의자·왕당파·귀족주의자들의 저항을 받아 갈가리 찢어졌던 공화국을 하나로 통일하려는 중앙집권의 의지를 읽을 수 있다. 공공의 이익과 관련 있거나 보편적으로 시행할 법률을 새로 발행하는 『공화국 법률 공보Bulletin des Lois de la République』에 실어 헌법기관에 배포한다. 특별히 설립한 인쇄소에서 발간하는 『법률 공보』는 공화국의 국새 문양을 넣어 제작한 종이에 인쇄한다. 국민공회는 위원 네 명에게 봉급 8,000리브르씩 지급하면서 인쇄물을 정확하게

＊　제1장 법률의 발송과 공포Section Ire. Envoi et promulgation des lois 12개조, 제2장 법률의 집행 II: Exécution des lois 22개조, 제3장 헌법기관의 관할권III. Compétence des autorités constituées 21개조, 제4장 헌법기관의 재조직과 숙정IV. Réorganisation et épuration des autorités constituées 2개조, 제5장 공화국의 공무원과 여타 요원들의 처벌V. De la pénalité des fonctionnaires publics et des autres agens de la République 12개조.

발행할 임무를 맡기고 구국위원회의 감독을 받게 한다. 긴급한 법은 이튿날까지, 여타의 법은 사흘 안에 우편물로 발송하며, 발송일과 수신일을 기록한다. 공보는 날마다 모든 헌법기관에 배포한다. 헌법기관이 법을 받으면 24시간 이내로 관할지역 주민들에게 알려야 한다. 이와 별도로 "열흘에 한 번씩 공공장소에서 코뮌의 장이나 관리, 또는 구의회 의장이 시민들에게 법을 읽어준다."(10조) 구국위원회는 모든 조항을 이행하는 데 필요한 조치를 취하고 매달 국민공회에 보고한다.

 "국민공회는 정부에 추진력을 제공하는 유일한 중심이다."(제2장 1조) 모든 헌법기관과 공무원은 정부와 구국위원회가 내린 모든 조치를 이행하는 동안 구국위원회의 직접 감독을 받아야 한다. 국내의 전반적인 치안과 인신에 관해서는 국민공회의 안보위원회가 감독한다. 구국위원회와 안보위원회는 매달 말에 국민공회에 활동 결과를 보고한다. 두 위원회 소속의 위원은 각자 이 의무를 수행할 책임을 진다(2조). 법을 집행하기 위해 감독과 적용의 두 분야로 나눈다. 군사조치, 행정, 민사와 형사에 관한 법의 감독은 최고행정회의conseil exécutif가 맡고, 법의 시행을 지체하거나 소홀히 하는 행위를 열흘에 한 번씩 구국위원회에 서면으로 보고한다(3~6조). 혁명법, 안보위원회와 구국위원회의 조치는 지방자치정부·감시위원회·혁명위원회에서 집행하고 열흘에 한 번씩 상위기관인 디스트릭트에 보고한다. "그러나 파리에서 치안활동은 아무런 제약을 두지 않기 위해 모든 혁명위원회가 9월 17일의 법*에 따라 국민공회의 안보위원회와 직접 통신을 계속한다."(9조)

---

* 반혁명혐의자법.

법의 집행과 적용을 감독하고, 체포한 시민의 석방을 명령할 권한은 전적으로 국민공회·안보위원회·구국위원회·파견의원에게 있다(12조). 디스트릭트 검찰관procureurs-syndic과 코뮌의 검찰관procureur을 이 법으로 폐지하는 대신, 특임집행관agent national이 법의 집행을 명령하고 추적하며, 소홀히 하거나 어기는 경우 고발한다(14조). 특임집행관은 디스트릭트와 코뮌에서 검찰관이나 검찰관보로 일한 시민 가운데서 결격사유가 없는 사람으로 임명할 수 있다(15조). 구국위원회와 안보위원회는 법의 적용과 감독을 소홀히 하는 특임집행관이나 일반 관리들을 국민공회에 고발한다(18조). 디스트릭트에 파견한 특임집행관은 이 법에 따라 시민들을 숙청한 뒤 24시간 안에, 그 밖의 모든 관리는 국민공회에 숙청대상자의 이름과 직책을 보고한다. 국민공회는 명단을 공식 발표해서 모든 의원에게 숙청대상자를 알려준다(20조). 국가가 파견한 특임집행관을 디스트릭트가 거부할 경우 국민공회가 임시로 그 교체를 담당한다(21조). 코뮌에서도 숙청을 단행한 뒤 상급기관에 보고한다 (22조).

제3장에서는 중요한 헌법기관의 임무를 다시 한번 확정했다. "구국위원회는 특히 외교에서 중요한 역할을 맡으며, 이 역할과 관련한 문제를 직접 다룬다."(1조) 당시의 외교문제란 국내외의 지상과 해상에서 일어나는 전쟁과 다름없었다. "인민의 대표들은 열흘마다 구국위원회와 통신한다." 그들은 임시로 장군의 직무를 정지하고 교체할 수 있으며, 구국위원회에 그 사실을 24시간 이내에 보고한다(2조). 도의 평의회·의장·검찰총장도 모두 폐지한다 (6조). 모든 혁명위원회와 감시위원회의 의장과 비서들은 15일마다 새로 뽑으며, 임기를 마치고 나서 한 달이 지난 뒤에 피선거권을 가진다(7조). 이 법을 반포하고 3일 이내에 법이 정한 대로 시행한다(10조).

2개조로 구성한 제4장에서도 구국위원회의 역할은 막강하다. "구국위원회는 이 법에서 규정한 대로 헌법기관들의 조직을 바꾸는 데 필요한 조치를 취해야"하며(1조), 파견의원들은 자신의 임지에서 구국위원회의 조치를 신속하게 집행하도록 감독하고, 모든 헌법기관의 완전한 숙성을 한시바삐 완수하며, 다음 달 말까지* 국민공회에 그 결과를 보고한다(2조).

끝으로 제5장의 내용을 살펴보자. 최고행정회의 구성원들(각부 장관들)이 법의 집행과 적용을 감독할 임무를 소홀히 할 때 6년 동안 시민권을 박탈하고 재산의 절반을 압류한다(1조). 급여 공무원, 그 하위 공무원과 요원들이 법을 어기면 5년간 시민권을 박탈하고 수입의 3분의 1을 압류하며, 비급여 공무원의 경우는 단지 4년간 시민권을 박탈한다(2~3조).

'임시혁명정부법'은 평화 시까지 한시적으로 혁명정부를 운영하는 법이었다. 알베르 소불이 말했듯이, 이 법은 '임시헌법La Constitution provisoire'으로서 전시의 비상상황을 통제할 수 있는 중앙집권화를 구체적으로 명시했다. 국민공회는 구국위원회와 안보위원회를 앞세워 전국의 모든 기관을 장악하고, 자신들이 제정한 법을 실행하는 일을 파견의원들과 국가의 이름으로 파견한 관리들로 하여금 감독하고 위반 시 고발하게 하며, 두 위원회와 긴밀히 연락하면서 후속조치를 마련할 수 있는 체제를 만들었다. 파리 코뮌까지도 평의회의 자율성을 잃고, 모든 코뮌의 검찰관처럼 정부의 위원회들이 감독하는 파견검찰관들의 통제를 받게 되었다. 물론 이 법이 나오기 전에 활동하던 검찰관을 국가가 정식으로 임명할 수 있다고 규정했다.

---

* 니보즈 30일은 1794년 1월 19일이다.

그러나 국민공회, 특히 로베스피에르가 영향력을 행사하던 구국위원회에서 엄격히 심사해서 임명하는 직책으로 바뀌었음에 주목해야 한다. 이처럼 한시적인 혁명정부는 국내 모든 헌법기관에 위원들을 파견하면서 민중협회들까지 통제할 수 있게 되었다. 아직 방데·툴롱의 적과 내통자들을 완전히 처벌하지 못했음에도 전국의 연방주의자들과 특히 리옹과 방데의 반란을 진압하면서 자신을 회복한 국민공회가 이론의 여지없이 한마음으로 혁명을 수행하고 혁명의 수출까지 내다보면서 만든 법이었다. 이제부터 '나 아니면 적'이 더욱 분명해지고, 줄을 조금만 잘못 서도 목숨을 잃을지 모르기 때문에 긴장이 더욱 심해지는 시기를 맞이했다.

로베스피에르의
공포정과 몰락

제 2 부

1
파리의 감옥과 수감자들

역사상 모든 공동체의 인권 수준을 쉽게 파악할 수 있는 곳은 감옥이라 하겠다. 제아무리 고도로 민주화하고 경제적 수준이 높은 나라에서도 수형자를 대하는 태도를 보면 인권의 사각지대가 있음을 알 수 있다. 역사상 처음으로 민주주의를 실험하던 프랑스의 혁명정부가 파리에서 운영한 정치감옥의 현실은 우리의 예상을 크게 벗어나지 않는다. 당시 파리의 감옥을 들여다보자.

파리 코뮌의 유치장maison d'arrêt에는 뚜렷한 혐의가 없는 상태에서 붙잡힌 사람들을 가두었다. 침대나 의자는 없었고, 단지 이와 빈대가 득실대는 지푸라기만 있었다. 주로 밤중에 집으로 돌아가지 못한 떠돌이를 잡아넣었다. 이들은 오래 머물지 않고 풀려났다. 그러나 며칠 붙잡혀 지내는 사람들은 간수에게 돈을 주고 편의를 사는 경우가 있었다. 그곳에 머무는 기간은 최대 여드레였고, 그때까지 풀려나지 못하는 사람은 다른 구치소로 넘어가야 했다. 라포스 감옥에는 1793년 6월 2일에 지롱드파 의원들을 숙청한 데 대해 항의서를 작성하고 서명한 의원 74명을 가두었다. 알프마리팀의 블랑키Jean-Dominique Blanqui는 첫날밤을 '바티망 뇌프Bâtiment-Neuf'(신사동新舍棟)의 7층에서 보내야 했다. 그곳에는 이미 서른 명 남짓한 사람들이 북적이고 있었다. 의원들은 특별대우를 기대할 수도 없었고, 지푸라기를 깔고 잤다. 구체제 시대부터 극작가로 이름을 날리고 『2440년』을 써서 파리의 미래를 예언했다는 평을 듣는 메르시에는 헌법을 제정할 때 로베스피에르와 설전을 벌이기도 했는데 74명에 포함되어 갇혔다. 그는 첫날부터 대소변통 옆에서 악취를 맡으면서 고생했다. 그가 조금 더 좋은 자리를 차지하는 경쟁에서 밀렸는지 아예 경쟁을 포기했는지는 모르겠다. 메르시에와 그 동료 의원들은 풀려날 때까지 몇 군데 감옥을 전전했다. 다음에 열거하는 구치소의 사정도 라포르스 감옥과 크게 다르지 않았다. 단지 라포르스 감옥에는 여자를 보내지 않았다는 점만 특별했다.

마들로네트Magdelonnettes에는 주로 몽타뉴·콩트라 소시알·마르세의 구민들이 각각 열다섯 명에서 스무 명 정도씩 갇혔다. 그곳에 갇힌 사람들 중에는 코메디 프랑세즈의 배우, 사제, 관복귀족과 무관귀족들이 있었고, 대부분은 외부와 비교적 쉽게 접촉할 수 있었다. 1742년에 태어나 여섯 권짜리의 『루이 16세 치세의 일화*Anecdotes du règne de Louis XVI* (1776~1791)』와 다수의 작품을 쓴 누가레Pierre-Jean-Baptiste Nougaret는 자신이 직접 경험한 구치소의 생활에 대해 비교적 좋게 얘기했다. 그는 오스트리아 태생으로 프랑스에 귀화한 작곡가 플레옐Ignace Joseph Pleyel의 4중주를 서투르게 연주했다고 전한다.

포르 리브르Port-Libre(자유항自由港)는 여러 건물에 200여 명을 수용했다. 그중에는 옛날 총괄징세청부업자 27명, 그 밑에서 일하던 징세관 27명이 있었는데, 그들은 서로 상의해서 자신들이 활동하는 동안의 모든 회계보고서를 작성해야 했다. 남녀 수용자들은 밤에 각자 촛불을 들고 중앙건물의 1층 복도에 있는 일종의 살롱에 모여서 다른 사람을 방해하지 않고 책을 읽거나 글을 쓰거나 각자 하고 싶은 일을 했다. 여성은 작은 탁자 주위에 앉아 수를 놓거나 뜨개질을 했다. 야식시간이 오면 각자 자기 그릇을 조용히 내밀었다. 모든 구치소 가운데 쇠창살이나 빗장이 없이 문에 단지 걸쇠만 거는 곳은 포르 리브르뿐이었다. 초창기에는 비교적 좋은 분위기를 유지했지만, 전보다 더 많은 사람을 잡아들이면서 부자들과 상퀼로트들을 대거 수용했다. 그들에게 비용을 걷기 위해 명단을 작성했고, 복도별로 책임자가 돈을 걷었으며, 그 돈으로 부족한 예산을 메웠다. 그러나 시간이 흐르면서 모든 사람이 동등한 대접을 받았다.

생라자르 감옥은 구체제 말에 극작가이며 루이 15세의 비밀요원인 동시에 아메리카 독립전쟁의 무기상이었던 보마르셰Pierre-Augustin Caron de Beaumarchais가 잠시 갇혔던 곳이다. 그 밖에도 뤽상부르 감옥·픽퓌스·아베·생트펠라지·탈라뤼 구치소·뒤플레시 구치소·세브르 길의 구치소·카름 구치소도 있었다.*

혁명기에 가장 중요한 콩시에르주리는 사회적 질서와 공공안전을 해친 반혁명 범죄자들을 재판하기 전에 모아놓은 감옥이었다. 그 감옥은 중세에 카페 왕조의 시조인 위그 카페가 살기 시작한 왕궁에서 출발해, 왕국이 복잡하게 발달하고 통일되면서 중요한 사법기관인 파리 고등법원이 1790년에 폐지될 때까지 들어섰던 곳이며, 1793년 4월부터 혁명법원이 들어선 팔레 드 쥐스티스Palais de Justice de Paris에 있었다. 콩시에르주리는 다른 구치소나 감옥을 보잘것없는 정도로 만들 만한 감옥 중의 감옥이었다. 팔레 드 쥐스티스 정문을 들어서면 '5월의 마당cour de Mai'이 있다. 매년 봄에 나무를 심어 새해가 왔음을 축하했기 때문에 붙인 이름이다. 이 마당의 오른쪽에 콩시에르주리 입구가 있었다. 양쪽 문에는 각각 쪽문 하나씩 두어 출입을 통제했다. 기껏해야 거의 석 자 반 높이의 쪽문마다 열쇠보관자가 있었고, 쪽문을 들어설 때는 대개 머리를 숙이고 발을 높이 들어 문턱을 넘어야 했다. 입구에서

---

* 감옥prison과 구치소maison d'arrêt는 모두 기결수와 미결수를 수용한다는 점에서 큰 차이가 없었다.

첫째 방에는 큰 탁자가 있고, 그 끝에 관리관이 안락의자에 앉아 있었다. 관리관은 최선임 옥사장인 경우가 대부분이었다.

수형자의 가족·친지는 관리관인 리샤르Richard의 환심을 사려고 허리를 굽혀 공손히 대했다. 리샤르가 기분이 좋으면 가볍게 웃었지만 기분이 나쁠 때에는 눈썹을 찡그렸다. 한마디로 그는 올림포스 산을 움찔거리게 만든 제우스 신 같은 존재였다. 수형자들도 공손하게 탄원서를 제출할 때를 찾으려고 그의 눈치를 살폈다. 리샤르는 안락의자에 앉아 모든 명령을 내렸다. 그가 보는 앞에서 옥사장들끼리 또는 옥사장과 수형자가 다툴 때도 있었다.

관리관의 방 왼쪽에 서기과가 있었다. 서기과에서 안쪽으로 난 큰 문을 통과하면 같은 층에 수리시에르Souricière 또는 라티에르Ratière라는 감방들이 있다. 둘 다 쥐덫을 뜻한다. 나중에 혁명법원에서 무죄판결을 받은 보르가르 Beauregard라는 청년이 이 방을 거쳤다. 그가 들어온 날 밤 사방에서 쥐가 몰려나와 그의 바지를 뜯어먹었다. 수많은 수형자가 그 광경을 보았고, 젊은이는 코와 귀를 보호하려고 밤새 얼굴을 감쌌다. 수형자들은 대부분 짚을 깔고 잤다. 그들은 거의 햇볕이 들지 않는 감방에서 짚이 썩는 냄새, 그리고 대소변통(수형자들은 그리아슈griaches라고 불렀다)의 아주 역겨운 냄새를 맡으면서 쥐의 공격을 견뎌야 했다. 나중에 운 좋게 무죄를 인정받고 풀려날 때까지 몇 달 동안 살아야 하는 사람이 많았다. 물론 이것은 남성만의 공간이었고, 여성의 공간은 따로 있었다. 오른쪽 복도 끝에 있는 옥사장 숙소에는 여성 사형수를 가두기도 했다. 거기서 쪽문 네 개를 지나가면 안마당préau이 있었다. 거기에 예배당과 마리 앙투아네트를 가둔 방이 있었다.

정문을 통과해서 오른쪽 마당*을 둘러싼 회랑 끝에 문 두 짝이 있었고, 거기를 지나 감옥이 있었다. 이 감옥을 지나면서 층계가 숨어 있었는데 평소에는 빗장을 질러 통행을 막았다. 이 층계를 통해 법정으로 갈 수 있었고, 거기에도 수형자들이 있었다. 수형자들은 돈을 내고 쓸 수 있는 침대를 갖춘 방 chambre à la pistole에서 자기 돈으로 지내는 사람, 짚을 깐 방les pailleux에서 자는 사람, 그리고 지하감옥les cachots에 갇힌 사람의 세 부류였다. 지하감옥 은 음식물을 줄 때, 검색할 때, 대소변통을 비울 때만 문을 열었다.

짚을 깐 감방들이 여느 감방과 다른 점이 있다면 아침 8~9시 사이에 수 형자들을 바깥마당으로 내보냈다가 해지기 한 시간 전에 방으로 집어넣었다 는 점이다. 낮에는 문을 닫아놓았기 때문에 수형자는 들어가고 싶어도 들어 갈 수 없었다. 비가 오면 마당 주위의 회랑에서 비를 피했지만, 오물의 악취 를 고스란히 맡았다. 그래도 바깥에서 지내는 편이 좋았다. 밤에는 짚이 썩은 내와 배설물 냄새를 맡고 온갖 전염병을 나누면서 50여 명이 한 방에서 자 야 했기 때문이다. 문제는 혁명의 원칙을 어긴 시민들과 절도나 살인으로 들 어온 사람들, 기결수와 파기환송을 기다리는 사람들을 한꺼번에 가두었다는 데 있었다. 그럼에도 공포정을 실시할수록 반혁명혐의자들이 차지하는 비중 이 높아졌다. 그럴수록 물리적으로 형편없는 환경과 함께 수용자와 수형자 들에 대한 학대는 더욱 견딜 수 없는 수준으로 악화되었다.

바깥에서 낮 시간을 보낸 사람들을 감방에 넣고 문을 닫을 때 점호를 하 는데, 술 취한 옥사장 서넛이 개를 대여섯 마리 거느린 채** 손에는 괴발개 발 쓴 명단을 들고 이름을 불렀다. 글을 제대로 익히지 못한 사람들이 듣는 대로 적은 명단이니 그것을 읽어도 누구를 부르는지 알기 어려운 때가 많았

---

* 이 마당을 '남성의 마당le préau des hommes'이라 불렀다.

131

다. 그러면 옥사장들은 저주하고 으름장을 놓고 분위기를 험악하게 만들었다. 눈치 있는 사람이 나서서 대신 읽어주어 모든 이의 근심을 덜어주면 점호를 빨리 끝낼 수도 있었다. 그러나 방으로 돌아갔다가도 옥사장이 셈을 틀렸을 때 모두 밖으로 나가서 또 한 번 이름을 확인한 뒤 들어가야 했다. 누가레가 묘사한 생활이 언제부터 언제까지 존속했는지는 정확하지 않다. 공포정 시기에는 감옥이 모자랄 지경이었는데, 어디 수감자들에게 마당의 산책을 허용할 여유가 있었겠는가? 그가 들려주는 이야기에서 당시 감옥의 분위기와 물리적 환경을 이해하는 실마리를 찾으면 족하겠다.

'여성의 마당cour des femmes'에서는 여성들이 산책하고 샘물을 길어 빨래를 했다. 마당 주위에 있는 감방에서 수용자/수형자는 경제능력에 따라 남보다 더 편하게 지낼 수 있었다. 돌로 만든 탁자 주위에 여성들이 둘러앉아 밥을 먹거나 조용히 뜨개질을 하거나 수를 놓기도 했다. 한구석에 '코테 데 두즈côté des douze'가 있었는데, 1797년에 책을 쓴 누가레는 이 이름의 연원을 알 수 없다고 말했다.

그러나 오늘날 우리는 '여성의 마당'과 쇠창살로 구분해놓았던 이 삼각형의 장소가 사형수와 관련되었다고 알고 있다.*** 혁명법원에서 사형을 언도

※※ 누가레는 옥사장이 데리고 다니는 개 중에서 가장 유명한 라바주Ravage(참화)에 대한 일화를 소개했다. 덩치가 크고 영리한 라바주는 밤에 안마당을 지켰다고 한다. 그러나 수형자들이 구멍(곁말로 트루자르trouzard)을 뚫고 탈옥을 할 때는 용케도 라바주가 짖지 않았다. 탈옥수는 100수(5리브르)짜리 지폐와 함께 "우리는 100수짜리 아시냐와 양족羊足 하나면 라바주를 매수할 수 있다"라고 쓴 쪽지를 라바주의 꼬리에 붙여놓았다. 이튿날 아침, 라바주는 양다리를 뜯느라고 탈옥을 눈감아준 대가를 치렀다. 옥사장들은 수형자들의 웃음거리가 된 라바주를 몇 시간 동안 우리에 넣고 벌을 주었다.

※※※http://www.antoine-saint-just.fr/lieux/conciergerie.html 사진(Le triangle) 참조.

받은 수형자는 자신이 지내던 감방으로 돌아가지 않고 특별한 장소에서 마지막 밤을 보낸 뒤, 단두대까지 타고 갈 수레를 거기서 탄다는 것이다. 수레에는 모두 열두 자리가 있었기 때문에 그 수레를 타는 곳을 뜻하는 '코테 데 두즈'라는 이름을 얻었다. '여성의 마당'에 붙은 여성용 감방도 역시 자비自費로 침대를 사용하는 방과 짚을 깐 방으로 구분했다. 짚방은 1층의 아치형 통로 뒤에 있었고, 역시 어둡고 습하고 비위생적이었다.

'여성의 마당'과 철책으로 분리해놓은 공간에도 남성의 감방이 있었다. 여기에 갇힌 남성은 낮에도 불을 켜야 하는 어두운 복도만 걸어다닐 수 있었지만, 운이 좋으면 철책 너머로 마당의 여성에게 말을 걸 수 있었다. 남성의 감방에서 침대를 이용하는 값은 첫 달에 27리브르 12수, 그다음 달부터 22리브르 10수였다. 침대 사용료는 나중에 매달 15리브르가 되었다.* 끝으로 양호실도 '여성의 마당'과 붙어 있었다. 의사들은 환자를 제대로 진료하려 들지 않고, 환자를 마구 다루었다. 환자에게는 하루 한두 번 말안장을 삶은 탕약을 제공할 뿐이었다. 누가레가 들려주는 양호실의 일화는 요즘 흔한 말로 '웃프다.'

> 의사가 병상으로 다가가 환자의 맥을 짚고 말한다. "아, 어제보다 좋아
> 졌군." 간호사가 대꾸한다. "네, 선생님, 훨씬 좋죠. 그러나 어제의 환자
> 가 아니랍니다. 그 환자는 죽었고, 새 환자가 왔어요." 의사가 처방한다.
> "아, 새 환자라. 이 사람에게 탕약을 주시오."

---

* 로베스피에르의 공포정이 극에 달했을 때는 침대 하나가 하룻밤에 15리브르를 벌어들이기도 했다. 많게는 40~50명의 사형수가 단 하룻밤을 묵으면서 한 달치를 지불했기 때문이다.

콩시에르주리 감옥에 갇힌 사람이 모두 사형수가 되지는 않았지만, 중대한 정치범은 그곳에 머물다가 혁명법원에서 판결을 받고 처형되었기 때문에 그곳을 '죽음의 대기실antichambre de la mort'이라 불렀다. 1792년 8월 17일에 제1차 혁명법원을 설립했을 때 41명을 처형했고, 1793년 4월 6일에 혁명법원을 설립한 뒤 5월 31일부터 10월 31일까지 98명을 처형했다. 그리고 파리에서만 11월에 54명, 12월에 72명을 처형했다. 이렇게 볼 때 1792년 8월 이후 1793년 말까지 16개월 반 동안 파리에서 단두대에 오른 사람은 모두 265명이었다. 이제부터 주목할 만한 인물에 대해 살펴보자.

샤를로트 코르데

'인민의 친구' 마라를 살해한 샤를로트 코르데는 지롱드파가 국민공회에서 대거 체포당할 때 파리에서 캉 근처 칼바도스로 도주한 의원들과 접촉했다. 그는 7월 13일 저녁에 마라를 살해한 뒤 현장에서 순순히 잡혔다. 그의 입으로 밝힌 범행 동기는 거창했다. 프랑스 전체가 내전에 휩싸이기 직전 상황에서 그 재난의 원인인 마라를 제거해야 나라를 구할 수 있다고 믿었다는 것이다. 현장에서 붙잡히고 자백까지 했지만, 안보위원회는 그를 아베 감옥에 넣고 배후를 캐느라 무진 애썼다. 그가 갇힌 감방은 경제학자이며 내무장관을 지낸 지롱드파 롤랑의 아내인 롤랑 부인(마담 롤랑Marie-Jeanne Phlipon)과 브리소가 차례로 거쳐 갔기 때문에 특별히 지롱드파와 인연이 있는 방이었다. 안보위원회는 샤를로트에게 필기구와 종이를 제공했다. 이미 죄상이 명백한 사람이므로 유죄를 입증하는 데 별로 힘들지 않을 것이며, 뜻하지 않게 공범에 대한 단서를 얻을 수도 있다고 판단했기 때문이다.

재판은 15일부터 시작했다. 첫날은 증인들을 신문하고, 둘째 날은 샤를로트를 신문했다. 샤를로트는 자기가 캉Caen을 떠난 이유는 오직 파리에서 마라를 죽이려고 결심했기 때문이라고 말했다. 그는 단독범행을 주장했지만, 판사와 배심원들은 처녀가 혼자서 그렇게 했을 리 없다고 생각했다. 그는 팔레 루아얄에 갔다가 보통 크기에 칼집이 있고 손잡이가 검은색인 칼을 40수에 사서 마라를 죽일 때 사용했다고 말했다. 이 진술을 생각하면서 자크 루이 다비드가 그린 〈마라의 죽음La Mort de Marat〉(또는 살해당한 마라Marat assassiné)을 보면, 다비드가 극적 효과를 최대치로 높이려는 의도를 드러냈음을 알 수 있다. 다비드는 아주 단순하게 처리한 배경에 마라를 마치 순교자처럼 묘사하고, 마라를 찌른 칼의 손잡이는 범행도구임을 부각시키려는 듯 바닥과 확연히 구별할 수 있도록 흰색으로 처리했기 때문이다.

재판장 몽타네Jacques-Bernard-Marie Montané[*]는 샤를로트와 지롱드파 의원들의 관계, 그가 읽은 신문이나 편지에 대해 캐물었다. 샤를로트는 묻는 말에 담담하게 대답하고 신문을 마쳤다. 샤를로트는 감방에 돌아가서 아버지에게 편지를 썼다.

저는 귀스타브 둘세Gustave Doulcet를 변호사로 선임했지만, 제가 저지른 행위는 변호의 여지가 없습니다. 변호는 형식일 뿐입니다. 사랑하는 아버지, 안녕히 계세요. 저를 잊어주세요. 아니면 차라리 제 운명을 기쁜 마음으로 받아들이세요. 제 명분은 좋은 것이니까요. 부모님과 동생을 힘껏 안아드립니다. "범죄는 치욕을 안겨주지만 사형대를 안겨주지 않는

---

[*] 그의 임기는 1793년 3월 13일부터 8월 23일까지였다.

다"라는 코르네유의 글귀를 잊지 마세요.* 내일 아침 8시에 선고공판이 있습니다.

16일에 코르데 올림.

7월 17일 수요일에 샤를로트 코르데는 다시 재판정에 나갔다. 증인들이 차례로 증언하고 나서 배심원들이 따로 회의를 마치고 재판정에 돌아와 한 명씩 재판장의 질문에 유죄라고 분명히 대답했다. 검사 푸키에 탱빌은 사형을 구형했다. 샤를로트는 법 적용에 대해 할 말이 있느냐는 질문을 받고 아무 말도 하지 않았다. 그는 재판장의 선고를 담담하게 듣고 나서 변호인에게 다가가 고마웠다고 말했다. 샤를로트는 콩시에르주리로 돌아가 형장으로 가는 수레를 기다렸다. 그동안 콩시에르주리 관리관 리샤르 부부를 만나 아침을 같이 먹고 싶었지만 재판이 늦게 끝났기 때문에 공연히 기다리게만 해서 미안하다고 말하고, 고해신부가 고해성사를 하라고 할 때는 거절했다. 고해신부는 선서파 사제였기 때문이다.

수레는 늦게 왔다. 법정에서 재판장 몽타네와 검사 푸키에 탱빌이 옥신각신했기 때문이다. 푸키에 탱빌은 몽타네가 '범죄와 반혁명의 의도'를 가지고 범행을 저질렀는지 물었어야 할 텐데 '범죄와 미리 계획한 의도'를 가졌는지

---

* 샤를로트의 외가 쪽 5대조인 피에르 코르네유Pierre Corneille의 동생 토마 코르네유Thomas Corneille가 쓴 『에섹스 백작Le comte d'Essex』에 나오는 구절이다. 다중의 뜻으로 해석할 수 있다. 죄인으로 사형대에 올라 무지렁이들의 놀림감이 되는 치욕을 뜻하거나, 실제로 사형대를 만들어 자기 손에 피를 묻히지 않고 망나니에게 역겨운 일을 시키는 지배계층이 진짜 치욕스러운 사람들 이라는 뜻이기도 하다.

물었다고 나무랐다. 탱빌은 몽타네의 질문 때문에 피고가 정신착란의 상태였음을 주장할 가능성을 열어주고, 그렇게 해서 구원의 발판을 마련해줄 뻔했다고 주장했다. 이렇게 설전을 벌이는 동안, 푸키에 탱빌은 처형명령서에 서명하는 절차를 까먹었다. 그가 사무실로 돌아갔을 때, 망나니 상송이 아들을 데리고 팔짱을 낀 채 기다리고 있었다. 망나니들은 명령서를 받자마자 서둘러 수레를 대고 샤를로트를 태웠다. 형장으로 가는 길에는 재판이 끝나기 전부터 기다리던 인파가 갈 길을 방해했다. 수레는 천둥, 번개가 치고 비가 내리는 궂은 날씨에 인파를 헤치고 두 시간이나 걸려서 사형대에 도착했다.

마리 앙투아네트

공화력 2년 방데미에르 25일(1793년 10월 16일) 새벽에 혁명법원 검사 푸키에 탱빌이 마리 앙투아네트의 죄상을 요약하고 구형을 한 뒤, 재판장 에르망Martial Herman은 피고에게 마지막으로 할 말이 있으면 하라고 했다. 마리 앙투아네트는 말없이 고개를 저었다. 재판장은 변호인들에게 똑같이 말했다. 트롱송 뒤쿠드레Guillaume Alexandre Tronson du Coudray는 이렇게 말했다.

"재판장님, 배심원단이 정확히 선고하고, 이 점에 대한 법의 정식 절차를 따랐으므로, 카페의 과부에 대한 제 임무가 끝났음을 공표합니다."

에르망은 배석판사들의 의견을 종합해서 판결을 내렸다.

배심원단의 만장일치 선고를 듣고, 검사의 구형권과 그가 인용한 법률을 적용해서, 본 법정은 루이 카페의 과부인 마리 앙투아네트, 일명 로렌 도 트리슈에게 사형을 언도한다. 지난 3월 10일의 법에서 정한 대로, 그의 재산을 (……) 공화국에 귀속시킨다. (……)

이틀 전에 시작한 모든 재판절차가 새벽 4시 반에 끝나고, 마리 앙투아네트는 콩시에르주리의 감방으로 돌아갔다. 그는 잠을 잘 수 없었다. 곧바로 "10월 16일 아침 4시 반"이라고 시작하는 유언장을 작성했다. 그는 시누이 엘리자베트가 유언장을 보기를 바라면서 피를 토하듯이 썼다.

시누이여, 이제 마지막으로 이 글을 씁니다. 나는 방금 사형을 언도받았습니다. 그러나 그것은 부끄러운 죽음은 아닙니다. 부끄러운 죽음이란 오직 범죄자에게만 내려지는 것이니까요. 오히려 나는 당신의 오빠를 만나러 갑니다. 그가 결백했듯이, 나도 그처럼 당당하게 최후의 순간을 맞이하고 싶습니다. 나는 양심에 거리낄 것이 없기 때문에 평온합니다. 단지 가엾은 아이들을 두고 떠난다는 사실만이 몹시 가슴 아픕니다.

마리 앙투아네트는 탕플 감옥에 있는 엘리자베트에게 아들의 경솔한 증언을 대신 사죄하고 여덟 시간 뒤인 정오쯤에 단두대에 올랐다. 에베르는 10월 17일에 『빌어먹을 두루미의 목에서 암컷 '거부권'의 머리가 떨어지는 광경을 두 눈으로 직접 확인한 뒤셴 영감의 가장 큰 기쁨』*을 발간했다.

제기랄, 가장 높은 암호랑이가 문이 36개 달린 수레를 타고 파리를 가로지르는 모습을 보면서 상퀼로트가 얼마나 만족했는지 설명할 재간이 있으면 좋으련만.

---

* *Les joies du père Duchesne, après avoir vu, de ses propres yeux, la tête de veto femelle séparée de son foutu col de grue.* 여기서 두루미grue는 매춘부를 뜻하기도 한다.

수레에 문이 36개 달렸다는 말은 사형수를 가둔 울타리 기둥 사이가 36개라는 뜻이다. 지붕이 없는 호송수레에 탄 사형수는 지나는 길에 늘어선 사람들에게 온갖 모욕을 받으면서 형장에 도착했다. 국민공회 의원이며 화가인 다비드는 마리 앙투아네트가 허리 뒤로 손이 묶인 모습을 그렸다. 그림에서 그가 매우 꼿꼿한 자세로 앉은 모습을 보면서, 혹자는 그가 아주 의연하게 마지막 길을 갔다고 평가하고 싶을 것이다. 손을 뒤로 단단히 묶인 마리 앙투아네트가 굳이 상체를 구부리고 싶지 않았을지도 모른다. 체념과 의연함의 차이는 얼마일까? 앞에서 읽은 유언장을 보면, 의연한 최후라고 평가해도 좋을 것이다.*

브리소와 20명의 지롱드파

에베르는 상퀼로트의 염원을 담아 지롱드파 지도자들도 빨리 재판에 넘기라고 다그쳤다. 마리 앙투아네트를 처형하고 여드레 뒤인 브뤼메르 3일부터 일주일 동안(1793년 10월 24~30일)은 브리소를 포함한 스물한 명의 지롱드파 지도자들이 혁명법원의 피고인석에 앉았다.

1. 브리소Jean-Pierre Brissot, 39세, 샤르트르 태생의 문필가, 외르에루아르의 의원

2. 베르니오Pierre Victurnien Vergniaud, 35세, 리모주 태생의 법률가, 지롱드의 의원

3. 장소네Armand Gensonné, 35세, 보르도 태생의 법률가, 지롱드의 의원

---

* 엘리자베트는 그 유언장을 읽지 못하고 이듬해에 처형당했다.

4. 로즈 뒤페레Claude-Romain Lauze-Duperret, 46세, 농업인, 부슈뒤론의 의원

5. 카라Jean-Louis Carra, 50세, 퐁드벨 태생의 문필가, 손에루아르의 의원

6. 가르디엥Jean-François-Martin Gardien, 39세, 샤텔로의 검찰총장, 앙드르에루아르의 의원

7. 뒤프리슈 발라제Charles-Eléonore Dufriche-Valazé, 42세, 알랑송 태생의 지주 경작인, 오른의 의원

8. 뒤프라Jean Duprat, 33세, 아비뇽 태생의 도매상, 부슈뒤론의 의원

9. 실르리Charles-Alexis Brulart-Sillery, 57세, 파리 태생의 귀족, 솜의 의원

10. 포셰Claude Fauchet, 49세, 에르 태생의 종교인, 니에브르의 의원

11. 뒤코Jean-François Ducos, 28세, 보르도 태생의 문필가, 지롱드의 의원

12. 부아예 퐁프레드Jean-Baptiste Boyer-Fonfrède, 27세, 보르도 태생의 지주 경작인, 지롱드의 의원

13. 라수르스Marct-David Lasource, 39세, 몽플리에 근처 태생의 목사, 타른의 의원

14. 레스테르 보베Benoit Lesterpt-Beauvais, 43세, 플로락 태생의 징세인, 오트비엔의 의원

15. 뒤샤스텔Gaspard Duchastel, 27세, 로슈쿠 태생의 경작인, 되세브르의 의원

16. 맹비엘Pierre Mainvielle, 28세, 아비뇽 태생, 부슈뒤론의 의원

17. 라카즈Jacques Lacaze, 42세, 지롱드 태생의 도매상, 지롱드의 의원

18. 르아르디Pierre Lehardy, 35세, 디낭 태생의 의사, 모르비앙의 의원

19. 부알로Jacques Boileau, 41세, 아발롱 태생의 치안판사, 이욘의 의원

20. 앙티불Charles-Louis Antiboul, 40세, 생트로페 태생의 법률가, 바르의 의원

21. 비제Louis-François-Sébastien Vigée, 36세, 로지에르 태생의 군인, 메옌에 루아르의 의원

이들 가운데 '수괴'에 해당하는 브리소는 샤르트르의 여인숙 주인의 아들로 태어나 런던으로 갔다가 1784년에 파리로 돌아온 뒤, 『앙투아네트의 오락Passe-temps d'Antoinette』을 썼다는 혐의로 바스티유의 쓴맛을 보았다. 1784년 즈음에는 마리 앙투아네트를 공격하는 포르노그래피가 마구 나올 때였지만, 브리소는 억울하게 옥에 갇혔던 셈이다. 그는 지롱드에 한 번도 가보지 않았지만, 지롱드파의 지도자로 이름을 날렸다. 안보위원회는 그가 혁명 전에 경찰 끄나풀 노릇을 하다가 혁명기에는 라파예트의 부하가 되었다고 보았다. 혁명 전에 계몽사상가처럼 글을 써서 생활하려던 사람 가운데 경찰과 공생관계를 맺은 사람이 많았다. 브리소도 파리 치안총감을 위해 일했다. 그는 런던으로 가서 이미 거기에 있던 테브노 드 모랑드와 신문을 발행하기도 했다. 모랑드는 귀족들의 문란한 생활을 비웃고 놀리는 글을 쓴 뒤 바스티유가 두려운 나머지 영국으로 도망친 말썽꾸러기였다. 더욱이 루이 15세 말년에 애첩인 뒤바리 백작부인에 관한 원고를 써서 왕과 흥정을 했다. 왕은 극작가 보마르셰를 런던에 파견해서 협상하고 원고를 불살라버렸다. 보마르셰는 모랑드를 하수인으로 부리기 시작했다. 모랑드는 그렇게 해서 영국의 민감한 정보를 프랑스에 넘기는 첩자가 되었다.

브리소는 런던에서 모랑드와 함께 신문을 발행하다가 사이가 틀어져서 프랑스로 돌아왔다. 혁명이 시작되자마자 브리소는 신문을 발행했고, 입법의회에서 두각을 나타내면서 지롱드파 의원들을 주위에 모았다. 모랑드가

급히 프랑스로 돌아온 이유는 브리소가 정체를 알고 있었기 때문이다. 브리소는 일찍부터 드나들던 자코뱅협회에서 제명당했다. 자코뱅협회는 여러 가지로 브리소파를 의심스럽게 보았다. 무엇보다도 그들은 라파예트를 체포하라는 대중의 요구를 묵살하고 그 때문에 촉발된 1792년 8월 10일의 혁명을 방해하려고 노력했다. 파리 시장 페티옹은 6월 20일에는 대중을 지지했지만, 8월 10일 전날 밤에는 튈르리 궁으로 찾아가 왕에게 유리한 충고를 했다. 공화국을 수립한 뒤부터 루이 카페를 재판할 때까지 지롱드파는 어떻게든 루이에게 살길을 열어주려고 노력했다. 브리소·페티옹·가데·장소네·카라·실르리는 뒤무리에 장군과 긴밀한 관계를 유지하고, 벨기에 원정을 파국으로 몰고 갔다.

안보위원회는 소장訴狀에서 그들의 죄상을 낱낱이 밝혔다. 베르니오·가데·브리소·장소네는 국방위원회에서 공개적으로 뒤무리에를 칭찬했으며, 뒤무리에의 반역과 방데의 반란을 함께 이용했다. 그들은 "가장 치욕스러운 귀족주의자들에게 방데를 도살장으로 만들라는 임무를 주어" 방데로 파견했다. 안보위원회는 이렇게 물었다.

이때 누가 나라를 다스렸던가? 브리소·페티옹·가데·베르니오·장소네·바르바루였다. 그들은 국방위원회와 전쟁부를 장악하고 이끌었다. 반도들이 침략한 도의 행정을 책임진 사람은 누구였던가? 공화파 의원들과 노골적으로 맞서는 원리를 천명한 사람들이었다.

그들은 나라의 재난이 심해질수록 세력을 키운 음모자들로서 연방주의를 천명하고 실천하려고 노력했다. 그들은 국민공회가 파리에 있는 한 안전하지 않다고 선전하면서 베르사유 또는 남쪽으로 200킬로미터 이상 떨어진 부르즈로 옮기자고 공식적으로 제안했다. 뷔조·바르바루·살은 다른 도시에서 새로 국회를 구성하자고 여러 번이나 제안했다. 비제는 당장 베르사유로 돌아가자고 제안하고 칼을 빼더니 자신이 앞장서서 국민공회를 안전하게 파리에서 벗어나게 하겠다고 장담했다. 그러한 논의가 나올 만큼 파리에서는 소요가 끊이지 않았지만, 그래도 8월 10일의 전반적인 봉기는 없었기 때문에 지롱드파가 국민공회를 이전하자고 제안한 것은 지나쳤다.

아무튼 그들은 파리 코뮌의 지도자들을 체포하고 나서 파리 주민들과 더욱 심하게 싸웠고, 마침내 5월 31일과 6월 2일의 사건이 일어났다. 파리 주민들은 인민의 이름으로 국민공회를 포위하고 법과 자유를 유린한 의원들을 체포하라고 다그쳤다. 국민공회는 음모의 주동자들을 체포하라고 의결했다. 그리고 그로부터 6주도 안 되는 사이에 프랑스공화국 헌법을 제정하고 인민의 열렬한 지지를 받아 반포했다. 국민공회에서 음모자들을 배척한 뒤 공화국의 발판을 일사불란하게 마련하는 동안 보르도·마르세유·리옹·쥐라의 연방주의자들이 반혁명 연대행위로써 하나이며 나눌 수 없는 공화국의 통일성을 훼손했다. 뷔조·페티옹·가데·루베·바르바루·고르사스·르사주·둘세·라리비에르는 외르·칼바도스에서 국민공회 같은 기관을 설립하려는 계획을 세웠다. 캉에서 그들은 국민공회 의원들을 노골적으로 비난하고, 살해하려는 계획을 세우기도 했다. 실제로 그 계획을 실행한 사람이 샤를로트 코르데였다.

그들은 마라를 칼로 살해하려고 여성의 손을 무장시켰다. 그 괴물은 바르바루와 음모자들의 소개로 뒤페레를 만났다. 그는 포세의 환영을 받고, 국민공회에 안내를 받았다. 프랑스의 모든 적은 그를 영웅으로 받들었다.

안보위원회는 지롱드파가 외국과 꾸민 음모에 대해서도 언급했다. 그 음모에서 가장 중요한 역할은 영국 수상이 했다. 피트는 됭케르크·보르도·마르세유·툴롱을 매수했고, 국내의 공모자들은 그에게 툴롱을 넘겨주었다. 다른 곳도 여차하면 영국의 손에 들어갈 참이었다. 지롱드파가 권력에서 쫓겨났기에 다행이었다. 그럼에도 피트와 브리소는 닮은꼴이었다. 그들은 작가들을 매수해서 글과 말로써 프랑스공화국을 모함하고 공화국의 수호자들을 피에 굶주린 도적떼라고 선전했다. 그들은 국민공회를 타락시키고 해체하려고 노력했다. 의원들을 죽이고 싶어했고, 실제로 마라와 르펠티에를 살해했다. 파리를 파괴하고 싶어했고, 그 목적을 달성하려고 무슨 짓이든 했다.

피트는 프랑스와 맞서 싸우라고 모든 열강을 부추겼고, 브리소파는 모든 열강에 선전포고했다. 피트는 신뢰할 수 없는 장성들을 이용해서 공화국의 병사들을 도살장으로 밀어 넣었고, 지롱드파는 지난 2년 동안 조국을 배반한 장성들에게 군대의 지휘권을 맡겼다. 피트는 프랑스 동맹국의 인민들이 프랑스에 등을 돌리게 만들려고 온갖 수단을 동원했으며, 지롱드파의 외무장관 르브룅Pierre Henri Hélène Lebrun-Tondu 시절에는 모든 외교적 자산을 동원해서 그 일을 도왔다. 그들은 군대의 지휘관뿐 아니라 대사들도 반역자들로 임명했다. 지롱드파는 피트의 바람대로 내전을 일으키고 프랑스를 분열시켰다. 피트는 이 기회를 틈타 요크 공작에게 한몫을 차지하게 하려고 노력했다. 게다가 카라와 브리소는 요크 공이나 브룬스비크 공을 왕으로 추대할 만큼 긍정적으로 생각했으며, 요크 공은 콩데와 발랑시엔을 점령했다. 이처럼 안보위원회는 소장에서 피트와 지롱드파의 유사성을 한없이 열거한 뒤 지롱드파 의원 스물한 명을 하나이며 나눌 수 없는 공화국과 프랑스 인민의 자유와 안전을 공격하는 주동자와 공모자로 지목했다.

증인들의 증언은 모두 검사의 논고로 바뀌었다. 증인은 파슈·쇼메트·에베르·샤보·몽토·파브르 데글랑틴·레오나르 부르동·데피외였다. 그들은 여러 번 증언대에 섰다. 그들은 재판장을 무색하게 만들고 검사 푸키에 탱빌의 존재도 그림자처럼 만들었다. 쇼메트·에베르·샤보는 누구보다 더 강력하게 피고들을 규탄했고 토론을 이끌었다.

첫 번째 증인인 파슈Jean-Nicolas Pache는 전쟁장관을 지내다가 지롱드파의 방해로 물러난 뒤 파리 시장으로 재직하는 동안에 겪은 일을 증언했다. 그는 피고들이야말로 공화국을 망치려는 파벌이며, 그동안 프랑스공화국을 연방제 국가로 만들려고 분열을 조장했고, 12인위원회를 구성해서 멋대로 애국자를 잡아들였기 때문에 파리에서 봉기가 일어나도록 했다고 말했다. 이 증언을 토대로 피고인 신문을 했다. 브리소는 자신에게 해당한 내용이 없으므로 대답할 거리가 없다고 말했고, 베르니오는 파슈가 사실과 부합하지 않은 결론을 내리면서 증언했으므로 증인이라기보다는 배심원이 아닌지 의심스럽다고 비판했다.

두 번째 증인은 파리 코뮌 검찰관 아나사고라스 쇼메트였다. 그는 브리소가 식민지를 잃었고, 라파예트의 친구였으며, 지롱드파가 8월 10일의 혁명과 9월 2일의 사건을 마지못해 승인했다고 말했다. 그리고 뒤무리에가 파리를 위협할 때, 지롱드파는 파리의 생필품을 구입하는 데 필요한 돈을 지급하지 않았으며, 결과적으로 가게의 약탈을 부추겼다고 말했다. 재무장관 데투르넬Louis Grégoire Deschamps Destournelles은 증언대에 서서 자기 이름이 '루이'라서 유감스럽다고 말한 뒤, 카라에 대해 증언했다. 그는 카라가 자코뱅 협회에서 영국 왕의 아들인 요크 공작을 프랑스 왕으로 추대하자고 제안했다고 말했다. 카라는 그 증언을 부인하지 않았다. 카라는 그 방법만이 영국을 프로이센과 오스트리아의 동맹국이 되지 않게 하고 궁극적으로 프랑스를 구하는 길이라고 생각했다고 변명했다. 그는 공화국을 왕국으로 되돌리려고 했음을 스스로 인정한 셈이다.

다음에는 파리 코뮌 검찰관보인 '뒤셴 영감' 에베르가 먼저 증인들과 같은 내용의 증언을 했다. 브리소는 라파예트와 아무런 관계가 없다고 변명했다. 에베르는 "피고인들에게는 언제나 공화국을 파멸시키려는 목적이 있었다"고 말했다.

증인들은 한결같이 지롱드파가 혁명을 방해한 점을 강조하고, 피고는 자신과 관계없는 일이라고 항변했다. 어떤 배심원은 베르니오가 마라에게 박해를 받았다고 말하지만, 마라가 살해당했음에도 베르니오는 아직 살아서 여기 있다는 사실을 어떻게 생각하느냐고 물었다. 방청객들이 박수로 배심원을 지지했다. 쇼메트와 에베르는 항상 빈틈을 노리다가 자신들의 증언을 반복하고 새로운 사실을 덧붙여 말했다. 에베르는 10월 25일에 이어 26일에도 증언을 이어나갔다. 샤보가 그다음 증인으로 나와 '악마의 설교'를 늘어놓았다.[*] 샤보는 입법의회 시절부터 본 지롱드파에 대해 낱낱이 얘기하면서 26일과 27일에 증언대를 독점하다시피 했다. 그는 지롱드파에 대한 원한을

---

[*] 데제사르Des Essarts는 샤보가 피고석을 보면서 잔인하게 웃고 나서 증언을 시작했을 때, 뒤코Jean-François Ducos fils는 곁에 앉은 동료에게 "지금부터 악마의 설교를 꾹 참고 들읍시다"라고 말했다고 전한다(*Procès fameux jugés depuis la Révolution*, t. VI. p. 138).

갚으려고 단단히 벼르고 나왔다. 그들은 샤보를 '카푸친 수도사', '돈이나 바라는 수도사', '무지렁이', '돌대가리'라고 불렀다. 그들은 샤보에 대해 나쁜 말만 늘어놓아 좌파는 물론 우파 의원들을 속였기 때문에, 샤보가 입만 열려고 하면 모든 의원이 쑤군댈 정도였다고 증언했다. 그는 쇼메트와 에베르의 증언을 거들었고, 포세가 전쟁장관 나르본과 가까이 지내고, 비제가 국민공회를 베르사유로 옮기자고 선동하고 칼을 휘둘러 사람들을 위협한 사실을 비난했다. 푸키에 탱빌도 논고에서 이미 얘기한 내용이었다.

28일에 제르의 마리봉 몽토Louis Maribon-Montaut가 피고들에 대해 비난을 퍼부었다. 그 뒤를 이어 파브르 데글랑틴은 더욱 진지하고 더욱 믿을 수 없는 말을 했다. 그는 피고들에게 큰 타격을 입힐 전제나 결론을 정해놓고 사실을 끼워 넣었다. 그는 지롱드파의 이론과 사고방식을 알 수 있는 사실부터 말하겠다고 한 뒤, 외르에루아르 도의 의원들인 프레망제Jacques Frémanger와 루아조Jean-François Loiseau가 어느 날 브리소·가데 등 지롱드파 의원들과 만났던 일을 얘기해줬다고 밝혔다. 브리소는 "인민이 혁명에서 어느 정도 역할을 했겠지만, 일단 혁명이 일어난 뒤에는 그들보다 더 지적인 사람들에게 뒷일을 맡기고 집으로 돌아가야 한다"고 말했다. 파브르 데글랑틴의 말을 듣고, 브리소는 시민들의 대다수가 모일 때만 인민이 주권자라는 뜻으로 말했다고 변명했다. 파브르 데글랑틴은 페티옹이 9월 2일의 학살, 왕의 재판, 브리소와 뒤무리에의 관계, 에스파냐와 전쟁에 대해 어떤 태도를 취했는지에 대해서도 증언했다. 그는 특히 브리소가 제안한 대로 했다면 에스파냐로 진격하는 애국자들에게 남프랑스의 도를 휩쓴 연방주의의 방해를 받았을 것이라고 비판했다.

10월 29일에는 루아레의 부르동, 코르들리에 협회의 가장 격렬한 회원인

도매상 데피외, 노르의 의사 출신인 몽타뉴파 의원 뒤엠Pierre-Joseph Duhem
이 증언했다. 루아레의 부르동은 아주 체계적으로 사실을 하나씩 짚어가면
서 열거했다. 8월 10일의 혁명에 대해 증언할 때, 그는 일곱 가지로 요점을
정리했다. 그는 특히 오를레앙에서 자신을 괴롭히던 비열한 사람들과 지롱
드파 피고들 사이에 관계가 있다고 강조하고, 그 증거로 결석 재판의 대상인
노엘*이 국민공회에서 입법위원회의 이름으로 야비한 내용을 보고했다는
사실을 거론했다. 당시 입법위원회는 여느 위원회와 마찬가지로 피고인들
과 공모자들이 우세했기 때문이다. 루아레의 부르동은 일곱 번째 요점을 증
명하려고 피고 부알로가 자신에게 보낸 편지를 재판장에게 제출했다. 부알
로는 편지에서 자신이 한때 잘못했음을 시인하고, 그 뒤로 몽타뉴파가 추구
하는 진실의 편에 섰다고 변명했다. 재판장이 부알로에게 그 편지를 썼는지
물었고, 부알로는 시인했다. 재판장과 검사가 부알로를 차례로 신문하고 부
알로는 대체로 큰 틀에서 시인하면서도 공모자 개개인에 대해서는 알지 못
하거나 기억하지 못하겠으며 그에 대해서는 판결을 기다릴 뿐이라고 대답했
다. 데피외는 브리소·퐁프레드·장소네 등을 비판하면서, 그들이 폭군의 자
리를 더는 지켜주지 못하게 되자 인민에게 호소해서 그를 살리고자 노력했
으며, 폭군의 머리가 떨어졌을 때 그들은 공화국을 분열시켰다고 맹렬히 비
난했다.

다음 증인 뒤엠은 루아레의 부르동처럼 번호를 매겨가면서 증언했다. 첫
째, 1792년 9월 5일에 그가 페티옹의 집에서 브리소·장소네 등과 저녁을 먹

---

* 보즈의 노엘Jean-Baptiste Noël 의원은 1793년 12월 8일(프리메르 18일)에 사형언도를 받았다.

을 때, 문을 활짝 열고 열다섯 명이 손에 피를 묻힌 채 역겨운 모양새로 뛰어들어왔다. 그들은 라포르스 감옥에 아직 80명이 남아 있는데 죽여도 좋다는 명령을 내려달라고 요구했다. 페티옹은 그들에게 술을 내주고 최선의 일을 하라고 말하면서 내보냈다. 둘째, 뒤무리에가 파리에 네덜란드 전쟁에 대해 얘기하러 들렀을 때, 뒤엠은 전쟁에 앞서 군사력을 증강해야 한다고 말했는데, 가데가 국방위원회의 다른 위원들을 가리키면서 국내의 악당들을 모두 죽이는 일이 군사력 증강보다 시급하다고 말했다. 셋째, 장소네·뒤코·퐁프레드는 보르도의 식량을 구하러 됭케르크에 간 상인을 위해 일함으로써 결과적으로 일선에 기근을 가져왔다. 넷째, 국방·안보의 합동위원회에서 르브룅이 음모자 39명을 체포하라고 요구할 때, 뒤엠이 롤랑을 포함시키자고 제안하자 라수르스가 불같이 화를 냈다.

10월 24일(브뤼메르 3일) 아침 9시에 시작해서 오후 5시에 쇼메트의 증언이 끝나는 첫날 공판부터 29일(브뤼메르 8일)에 루아레의 부르동·뒤엠 등의 증언과 재판장과 검사의 사실 확인 신문을 마칠 때까지 뜻밖에 토론이 길어지자, 재판부와 바깥에서 재판 결과를 기다리던 자코뱅협회는 모두 걱정을 했다. 지롱드파의 행위는 모두 공적인 것이었기 때문에, 그들은 자신들의 혐의에 대해 "우리의 의견에 대해 심판하지 마세요. 우리가 당신들과 다르게 생각한다는 이유로 음모를 꾸몄다고 고소한 것에 동의힐 수 없습니다"라고 반박했다. 지롱드파 피고인들은 웅변으로 능숙하게 청중의 마음을 사로잡을 줄 아는 사람들이었다. 몽타뉴파 의원들이 잇따라 증언해서 겨우 단두대를 한 단계씩 조립해나갔지만, 배심원들이 단두대 건설을 완성하게 도와주지 않을까봐 겁났다. 그래서 그들은 자코뱅협회를 동원해서 압박을 가했다. 28일에 쇼메트는 혁명법원이 일반법원처럼 변해서, 반혁명 음모자들을 마치

지갑이나 훔친 소매치기처럼 다룬다고 불평했다.

"혁명법원에 있는 사람들은 계획을 세웠습니다. 공개적인 공판에 1만 명을 증인으로 세웁니다. 그들은 인민에게 자신의 정당성을 주장해서 후세에게 자신들이 무고하게 심판을 받았다고 호소하려고 노력했습니다. 그들은 자신들의 웅변술이 그 목적을 달성해주리라고 믿습니다."

달변가인 베르니오는 "파리 시정부는 법원에 우리를 고소하고, 국민공회에서는 인민의 대표들이 우리를 고소하더니, 그것으로도 모자라서 여기[혁명법원]까지 몰려와 증언을 하다니" 참으로 놀라운 일이라고 말했다. 쇼메트는 베르니오의 말을 인용한 뒤 자코뱅협회가 위원회를 구성해서 브리소·고르사스가 발행한 신문을 모아 혁명법원에 증거로 제출하게 하자고 제안했다. 에베르는 혁명법원을 구성하기 전부터 여론이 이 잔인한 파벌의 범죄에 대해 심판했다고 말했다. 그는 쇼메트의 제안에 반대하고 "국민공회로 대표를 보내 24시간 안으로 브리소와 그 일당의 재판을 끝내달라고 요청"하자고 말했다. 과연 29일에 자코뱅협회의 대표단이 국민공회로 갔다. 그들의 대표인 센에우아즈의 오두앵Pierre-Jean Audouin은 두 가지를 제안했고, 의원들은 그 것을 법안으로 바꿔서 발의한 뒤에 2개조로 의결했다.

1조. 3일간 토론한 뒤, 형사법원 재판장은 배심원들에게 사건을 충분히 인식했는지 물어볼 수 있다. 배심원들이 부족하다고 대답하면, 그들이 스스로 충분히 인지했다고 선언할 때까지 심리를 계속 진행한다.
2조. 앞으로 특별법원을 혁명법원이라 칭한다.

이튿날(10월 30일) 오전 9시, 혁명법원이 개정하자 국민공회의 법령을 읽고 나서 재판장이 배심원들에게 사건을 충분히 인식했는지 물었다. 배심단장 앙토넬Pierre Antoine Antonelle은 그렇다고 대답했다. 배심원들이 평결을 내리려고 다른 회의실로 이동했다가 세 시간 뒤에 재판정에 나왔을 때, 재판장은 평결 결과를 물었다. 배심원들은 유죄라고 대답했다. 재판장은 피고들을 법정에 다시 불러 세운 뒤 배심원단의 평결을 읽어주고, 검사의 구형을 듣겠다고 선언했다. 푸키에 탱빌은 모두에게 사형을 언도해달라고 주문했다. 그때 배심원이었던 빌라트Joachim Vilate(나중에 Sempronius Gracchus Vilate로 개명)가 현장의 모습을 다음과 같이 묘사했다.

사형을 언도하자 브리소는 머리를 푹 숙이면서 팔을 힘없이 늘어뜨렸다. 장소네는 창백한 얼굴로 벌벌 떨면서 법 적용에 대해 한마디 하겠다고 나섰지만, 다른 사람은 그의 말을 알아들을 수 없었다. 부알로는 놀라서 모자를 던지더니 "나는 무죄다!"라고 외치고 방청객을 향해 격렬히 간청했다. 피고들은 일제히 일어나서 "인민들은 속았소! 우리는 결백합니다"라고 외쳤지만, 방청객은 꼼짝도 하지 않았고, 군사경찰들이 그들을 억지로 앉혔다. 발라제는 품에서 단도를 뽑아 가슴에 꽂았고 곧 숨을 거두었다. 실로리는 목발을 떨어뜨리고 얼굴에 환한 미소를 지으면서 양손을 비비더니 "오늘이 내 생애 가장 아름다운 날이다"라고 외쳤다.

피고들은 30일 밤에 사형을 언도받고 콩시에르주리로 돌아갔다. 그들은 〈라마르세예즈〉의 "폭군은 우리를 치려고 피 묻은 깃발을 들었도다Contre nous de la tyrannie / l'étendard sanglant est levé"를 "폭군은 우리를 치려고 피 묻은 칼을 들었도다le couteau sanglant est levé"로 바꿔 불렀다. 지롱드파 의원들의 마지막 밤에 일어난 일을 전해주는 사람은 오노레 리우프Honoré Rioufe다. 그는 루앙에서 태어났지만 부모가 랑그독 지방에서 태어났기 때문에 지롱드 파 의원들과 친하게 지냈다. 그는 파견의원들을 따라다니다가 10월 4일 보르도에서 붙잡혀 파리로 호송되어 콩시에르주리에 갇혔다. 그는 14개월 동안 목숨을 부지하고 무사히 출옥했고, 감옥에서 겪은 이야기를 출판했다.* 그는 지롱드파에 대한 연민을 표현했다.

> 지금까지 아주 특별한 사람들을 이렇게 많이 학살한 적은 없었다. 젊음·아름다움·천재·덕·재능, 사람들이 존중하는 이 모든 가치가 단 한 칼에 날아갔다. 식인종의 국회의원이라 해도 이와 같은 만행을 저지르지는 않을 것이다.

리우프는 모든 정치단체나 혁명위원회를 '파괴의 기관'이라고 비난하는 사람이었음을 볼 때, 우리는 지롱드파의 마지막 밤을 가슴 아파하는 리우프의 연민을 쉽게 이해할 수 있다. 리우프는 그들이 의연하게 형장으로 끌려갔다고 말했다. 심지어 베르니오는 지니고 있던 독약을 버리고 동료들과 함께 죽으러 갔다고 보고했다.

올랭프 드 구즈

1793년 11월부터 12월 사이에 처형당한 사람 가운데 올랭프 드 구즈가

---

* 『어떤 수감자가 로베스피에르의 폭정의 역사를 알리기 위해 쓴 회고록Mémoire d'un détenu, pour servir à l'histoire de la tyrannie de Robespierre』, 1795.

있다. 몽토방 태생으로 45세인 그는 혁명 전부터 파리에서 극작가로 활동하다가 1789년의 「인권선언」이 남성만의 인권을 천명한 것임을 자각하고, 여성에게도 남성과 똑같은 권리가 있기 때문에 "여성도 남성처럼 벌 받을 권리가 있다"는 「여성인권선언」을 발표하고 여러모로 정치에 참여했다. 1792년 9월의 학살사건을 맹렬히 비난하고, 루이 카페를 옹호하고, 1793년 5월 31일 지롱드파가 몰락한 뒤 '공중여행자'의 이름으로 『투표함 세 개 또는 조국의 구원 Les Trois urnes ou le Salut de la patrie』을 써서 광고했다. 그러나 7월 20일에 그 광고를 벽에 붙이던 사람의 고발 때문에 붙잡혀 8월 6일에 혁명법원으로 넘어갔다. 그는 문제의 작품에서 혁명의 성과를 의심하면서, 어리석은 사람들이 입으로는 공화국을 말하지만 가슴속에는 왕정을 품고 있기 때문에 내란을 부추긴다고 비판한 뒤, 전국의 기초의회를 소집하라고 촉구했다.

의장의 책상 위에 투표함 세 개를 놓고, 각각에 '하나이며 나눌 수 없는 공화제 정부', '연방제 정부', '군주제 정부'라는 표찰을 붙인다. 의장은 유권자들에게 세 개 정부 가운데 하나에 자유롭게 투표하라고 선언한다.

그의 제안에 따르면, 투표자는 투표용지 세 장을 받아서 한 장에 자기가 원하는 정부 형태를 적어서 그 이름의 표찰이 붙은 단지에 넣는다. 이렇게 해서 제일 많은 표를 얻은 정부 형태를 다수결로 선택하게 된다. 다수가 선택한 투표함 앞에서 모든 사람이 일제히 엄숙하게 그 결정을 따르겠다고 맹세한 뒤, 개인별로 다시 맹세한다.

'미친 사람들의 나라'에서 출발한 그는 세계 곳곳의 하늘을 돌아다니다가 프랑스에 들러서 하느님의 처방을 전달했다. 그 처방은 장자크 루소가 『사회계약론』에서 제시했던 내용을 담았다. 애당초 다수결 원칙을 정할 때, 그 순간만큼은 만장일치를 전제로 한다. 그 뒤 시간이 흐르면서 모든 다수결이 반드시 일반의지를 표현하지 못한다 할지라도 그것이 최선의 방법이다. 다수가 세 가지 정부 가운데 하나를 선택했을 때, 전체는 마땅히 그 선택에 승복하고, 다시 한번 개개인이 거기에 승복하도록 만드는 이중의 장치는 합의를 도덕적으로 승인하는 일이다. 따라서 내란과 외적의 침입에 위기를 겪는 현실을 돌파하는 이상적인 방안일 수 있었다. 그러나 현실적으로 '하나이며 나눌 수 없는 공화국'을 수립하고 헌법까지 제정한 시점에서 그 이상은 '미친 사람들'의 몽상일 뿐이다. 더욱이 이 작품이 위험한 이유는 벽보를 붙여서 광고했다는 점이다. 마라의 장례식에 이어 샤를로트 코르데를 재판하고 처형한 직후에 나온 그 작품을 읽을 사람이 과연 얼마나 될지 의문이지만, 벽보를 붙여서 대중의 눈길을 끌었으니 작가가 평소에 했던 활동을 통틀어서 위험하게 만들었다. 그는 11월 2일에 사형언도를 받고 이튿날 처형당했다.

아담 룩스와 필리프 에갈리테

11월 4일에 27세의 아담 룩스Adam Lux가 처형된 이유는 비교적 단순했다. 그는 잠시 생겼다가 사라진 마인츠공화국의 특사로 3월에 파리에 왔다. 그는 루소의 철학을 신봉한 학자로서 프랑스 혁명을 지지했지만, 현실정치에 대한 감각은 떨어졌기 때문에 하필 지롱드파의 편을 들었다. 사실 지롱드파 의원들이 정치적으로는 패배했을지라도, 그들의 지적 활동은 주목할 만했으니 그가 그들을 더 좋아한 배경을 이해할 만하다. 그는 5월 31일과 6월 2일의 지롱드파 몰락사건을 본 뒤 국민공회 회의실에서 권총 자결을 결심했지만, 가데와 페티옹이 말렸기 때문에 실행하지는 않았다. 그리고 샤를로트 코르데를 지지하다가 붙잡혔고, 안보위원회에서 신문을 받을 때 당당하게 지롱드파를 지지한다는 신념을 밝히는 한편, "왜 자살하려는 미친" 생각을 했느냐는 질문에 이렇게 답했다.

"단 한 사람이 자기 목숨을 바쳐서 조국에 더 큰 이익을 가져다줄 수 있다면, 자살계획이 미친 짓은 아닙니다. 더욱이 문법도 모르는 사람들과 소통하고 싶어도 방법을 찾지 못할 때, 그것은 확실하게 덕을 가르쳐주는 언어라는 사실을 덧붙여 말하고 싶습니다."

프랑스의 대귀족인 샤르트르 공작으로 태어나 오를레앙 공작이 된 46세의 루이 필리프Louis-Philippe d'Orléans는 몽타뉴파와 함께 의정활동을 했지만, 본의건 아니건 언제나 왕정복고를 꿈꾸는 사람들에게 희망을 주는 구심점이 되었기 때문에 불안한 지위를 유지하다가 마침내 붙잡혔다. 그리고 마르세유 감옥에서 피를 말리는 감옥생활을 견디다가 파리로 호송된 뒤 최후를 맞이했다. 『파리 혁명법원의 역사』를 쓴 왈롱*의 말대로, 필리프 에갈리테와 지롱드파를 같은 피고석에 앉힌다는 것은 생각만 해도 더할 나위 없이 충격적이다. 지롱드파는 필리프 에갈리테를 끊임없이 적대시했고, 실제로 필리프는 몽타뉴파로 행세했기 때문이다. 그런데 그의 아들이 뒤무리에의 휘하에 있었다. 지롱드파가 아들을 반역자로 지목했을 때, 필리프는 "내 아들이 설사 반역자라 할지라도, 나는 여기서 브루투스의 모습을 봅니다"라고 옹호했다. 고대 로마공화정을 수립한 브루투스는 프랑스공화국의 애국자들이면 누구나 닮고 싶어한 인물이었다. 베르니오가 필리프와 몽타뉴파의 관계를

---

* Henri Wallon, *Histoire du Tribunal de Paris*, 6 vols., 1880.

고발했을 때, 로베스피에르는 4월 7일에 모든 부르봉 가문 사람을 체포하라고 요청했다. 그렇게 해서 필리프 에갈리테는 붙잡혀 마르세유의 감옥으로 이감되어 여러 번 신문을 받았고, 아마르가 지롱드파에 대해 고소내용을 보고할 때까지 그곳 감옥에 있었다. 그리고 그는 11월 2일에 파리의 콩시에르주리 감옥으로 옮겼다가 6일(브뤼메르 16일)에 혁명법원의 재판장 에르망 앞에 섰다. 딱히 반역의 증거도 없이 혐의만으로도 처형하기에 충분한 시기였다. 지롱드파의 쿠스타르Pierre Coustard는 낭트로 피신했다가 파견의원 카리에에게 얼마 전에 붙잡혀 파리로 호송되었는데, 필리프 에갈리테와 함께 재판을 받고 처형당했다.

롤랑 부인

39세의 롤랑 부인은 6월 1일의 체포명령으로 지롱드파의 스물한 명보다 먼저 붙잡혀 파리 감옥을 전전하다가 지롱드파의 스물한 명을 처형한 10월 31일에 생트펠라지 감옥에서 콩시에르주리로 옮겼다. 이것은 그가 곧 마지막 재판을 받는다는 뜻이었다. 11월 1일에 다비드가 검사보인 레스코 플뢰리오Lescot-Fleuriot의 도움을 받아 그를 신문했다. 양측은 오랫동안 공방했다. 마침내 그는 11월 8일에 혁명법원에 나가 사형을 언도받고 처형되었다. 그는 마지막으로 "자유여, 너의 이름으로 얼마나 많은 범죄를 저질렀던가"라고 외쳤다. 어린 시절부터 고전과 성경책을 읽은 그는 20세 연상의 남편을 만나 지롱드파와 가까이 지냈고, 그들의 현명한 조언자 노릇을 했다. 그가 사형언도를 받았다는 소식을 들은 남편은 6월 24일부터 피신해 있던 루앙의 은신처를 떠나기로 결심했다. 롤랑 부인은 자기가 죽은 뒤에 남편이 그 상황을 견디면서 살아가지 못하리라고 말한 적이 있으며, 그 말은 사실이었다.

내무장관 출신인 롤랑은 자신을 숨겨준 옛 친구들을 위험에 빠뜨릴까봐 고민하던 차에 아내가 사형을 언도받았다는 소식을 듣고 자결을 결심했다. 그는 파리까지 신분을 감추고 간 뒤에 국민공회에 나가서 마지막으로 진실을 밝힌 뒤 자신도 단두대에 떳떳하게 오르겠다고 마음먹었다. 그러나 그렇게 할 경우, 자기 재산을 몰수하고 딸도 파멸시킬 것이 뻔했다. 그래서 그는 다른 사람에게 해를 끼치지 않으려고 루앙을 떠나 파리 쪽 20킬로미터에 있는 부르 보두앵bourg Baudouin의 길가에서 지팡이에 숨긴 칼을 뽑아 목숨을 끊었다. 그는 다음과 같은 쪽지를 남겼다.

누구든 내 주검을 처음 보는 사람은 내가 남긴 것을 존중해주시길. 그것은 고결하고 정직하게 살다 죽은 사람이 남긴 것이니. 곧 그대가 끔찍한 심판을 받을 날이 멀지 않았도다. 그날을 기다리라. 그때 그대는 원인을 충분히 알게 될 것이며, 내가 남긴 말뜻을 알게 될지니.
내 나라가 결국 수많은 범죄를 혐오하게 되기를. 인간과 사회에 대한 애정을 되찾게 되기를.

그는 서명을 한 뒤, 남은 부분에 이렇게 썼다.

두렵지 않다, 화가 날 뿐.
나는 아내를 죽이려 한다는 소식을 듣자마자 은신처를 떠났다. 나는 범죄로 뒤덮인 땅에 머물기 싫다.

이 쪽지를 인용한 왈롱은 그가 "고결하고 정직"하다는 사실을 부인하기 어렵지만 한스러울 만큼 유약했다고 평가했다. 민주주의 실험을 겨우 시작한 단계에서 누가 더 강심장인지 증명해야 살아남는 시절이었으니, 일시적으로 이기고 패배자를 단두대에 세우는 사람이 과연 이기는 자일까? 깨어 있는 시민들이 제도적 약점을 보완하고 약자들에게도 억울하다는 생각이 들지 않도록 배려하면서 민주주의 제도의 장점에 승복하게 만드는 날은 언제일까?

바이이

천문학자·문필가인 바이이는 구체제와 새 체제를 잇는 상징적인 인물이었다. 구체제에서도 전문적 지식을 갖춘 인물로 아카데미 프랑세즈·문학아카데미·과학아카데미의 정회원, 프로이센 왕립아카데미의 수상자였으며, 왕실미술품관리실장garde général des tableaux du Roi이었다.* 그는 궁정과 가장 귀족적인 성격의 살롱을 드나들었다. 그는 파리에 온 미국인 벤저민 프랭클린의 모습을 닮고 싶어했다. 그는 겸손하고 소박하게 행동해서 존경을 받았다. 1789년 6월 20일에 거행한 '죄드폼의 맹세'를 극적으로 표현한 다비드의 그림에서 중심에 선 바이이는 실제로 맹세를 처음 했고, 초대 국회의장이 되었으며, 파리의 초대 민선시장으로 혁명 초기에 정치적 구심점 노릇을 했다. 그러나 초창기 혁명가들이 꿈꾸던 행복한 미래가 현실적으로 만들기 어려운 것이 되면서 급진적인 지도자들에게 밀려나기 시작했다. 그는 제헌의회 막바지인 1791년 6월 하순에 일어난 왕의 도주사건**과 연결된 7월

---

* 루이 14세는 1670년경 왕실미술품전시실Cabinet des tableaux du Roi을 설립하고 관리자에게 왕이 수집한 그림을 보전하고 수집품을 늘리는 일을 맡겼다. 바이이의 할아버지 니콜라Nicolas Bailly는 왕실화가이며 전시실의 관리인이었다. 니콜라는 손자가 태어난 지 두 달 뒤에 세상을 떴다.

17일의 샹드마르스 학살사건***에서 계엄령을 승인했다. 입법의회가 들어선 뒤에 사의를 표명했다가 11월 18일에 페티옹에게 파리 시장직을 정식으로 넘겨주었다. 측근들은 그에게 영국으로 가서 쉬다 오라고 충고했지만, 그 말을 듣지 않고 낭트로 가서 편안하게 살고 있었다.

그러나 1793년 6월에 지롱드파 숙청의 바람이 불면서 낭트에도 내란의 폭풍이 휘몰아쳐 그의 조용한 생활을 위협했다. 그는 믈룅Melun에 있던 동료 과학자 라플라스Pierre-Simon de Laplace에게 도와달라고 요청했고, 7월 1일에 믈룅에 집을 구하고 9월 5일 목요일에 아내와 함께 이사했다. 이튿날 그는 거주지 등록을 마쳤다. 아무 걱정할 일도 없이 일요일인 8일에 외출했다가 낯선 사람의 출현을 수상하다고 여긴 주민들에게 붙잡혀 그곳 감시위원회에 끌려갔고, 군사경찰의 감시를 받으면서 가택연금 상태로 지냈다. 그동안 감시위원회는 파리와 연락했다.

9월 11일에 자코뱅협회에서는 바이이가 붙잡혔다는 소식을 들었다. 회원들은 그의 범죄를 입증할 문서를 찾지 못해서 화가 났다. 그러나 샹드마르스 학살사건의 피해자들이 나서면 그의 죄상을 입증할 수 있다는 사실에 안심했다. 14일에 론에루아르의 뒤부셰Pierre Dubouchet는 믈룅의 감시위원회에 바이이를 파리로 안전하게 호송하라는 명령을 내렸다. 바이이는 16일에 파리로 호송되어 라포르스 감옥에 갇혔다. 원한을 품었던 사람들이 환호했다. 바이이는 마리 앙투아네트 재판에 불려나가 증언을 했고, 그 과정에서 이미 피고로 바뀌어 있음을 알 수 있었다. 그리고 그가 예상한 대로 한 달 뒤에

※※ 제5권 제2부 "왕의 도주와 파국" 참조.
※※※제6권 제1부 12장 "샹드마르스의 학살" 참조.

159

는 혁명법원에 재판을 받으러 나가야 했다.

11월 4일에 바이이는 피의자 신분으로 신문을 받았다. 판사 다비드는 그에게 1791년 7월 17일의 학살사건에서 계엄령을 누가 내렸는지, 적법한 절차를 따랐는지 따져 물었다. 거기서 멈추지 않고 그의 퇴임 뒤에 인간관계에 대해 캐묻더니 심지어 활동하지 않은 것도 범죄인 양 다그쳤다. 바이이가 피의자에서 피고가 된 뒤에 검사 푸키에 탱빌은 더욱 혹독하게 다그쳤다. 검사는 공소장에서 라파에트와 합의해서 카페(루이 16세)의 도주를 도왔고, 그 계획이 성공하면 그를 따라갈 예정이었다고 주장했다. 바이이는 폭군에게 매수당해서 애국자들을 탄압했다. 그는 샹드마르스에 청원자들이 모여 청원서를 작성한다는 보고를 듣고서 그들이 청원서를 합법적으로 작성한 줄 모르는 척했다. 계엄령의 합법적인 절차로 세 번 경고한 뒤에 발포하는 원칙을 무시하고 조국의 제단을 향해 무차별 총격을 가한 행위만으로도 바이이가 피에 굶주린 사람임을 충분히 입증할 수 있었다.

11월 9일(브뤼메르 19일) 아침 9시부터 오후 2시 반까지, 5시부터 10시까지 첫날의 공판을 진행했다. 이튿날에는 9시에 시작해서 오후까지 증언을 들었다. 참고로 스물한 명이 유죄, 일곱 명이 무죄라는 취지로 말했는데, 재판장은 증인의 말을 듣고 피고에게 사실을 확인하고 변명할 기회를 준 뒤, 다음 증인의 말을 듣는 과정을 반복하는 방식이었다. 파리 코뮌 검찰관 쇼메트도 역시 샹드마르스 학살사건에 대해 말한 뒤, 루이의 아들인 '어린 카페jeune Capet'가 피고와 자신에게 여러 번이나 피고와 라파에트가 자기 아버지의 도주에 편의를 제공했다고 하는 말을 들었다고 증언했다. 모든 절차가 끝나고 재판장은 바이이에게 사형을 언도했다.

이튿날인 11월 11일(브뤼메르 21일) 정오, 바이이는 콩시에르주리 감옥에서 수레를 타고 1시 15분에 연맹의 장(샹드마르스) 언저리에 도착했다. 인민은 신성한 땅을 죄인이 더럽히는 것을 원치 않았기 때문에 거기서 처형하는 데 반대했다. 따라서 사람들이 기요틴을 해체해서 샹드마르스 밖 센 강가의 웅덩이로 옮겨갔다. 바이이가 그 둔덕길 위에 도착했을 때, 그들은 한창 사형기계를 재조립하고 있었다. 바이이는 웅덩이로 끌려 내려갔다. 단두대 옆에서 그가 보는 가운데 샹드마르스 학살을 자행하기 전 계엄령을 알리던 붉은기를 태웠다. 전날 재판장이 정한 절차에 포함된 행사였다. 곧이어 바이이는 단두대로 올라갔고, 조금 뒤에 그의 머리가 떨어졌다. 구경꾼들이 환호하며 수없이 "공화국 만세"를 외쳤다.

이 밖에도 1793년 11월 중에 단두대에 선 사람들은 파리 코뮌의 검찰관이었다가 국민공회 의원이 된 42세의 마뉘엘*, 이탈리아군 사령관이었던 59세의 브뤼네Gaspard Jean-Baptiste Brunet, 캉 국민방위군 사령관이었다가 칼바도스를 대표해서 국민공회의 의원이 된 54세의 퀴시Gabriel de Cussy, 모젤 태생으로 프랑스공화국 군 장성인 55세의 우샤르Jean Nicolas Houchard, 국립도서관 문서관리인이며 『파트리오트 프랑세』의 편집인인 24세의 지레 뒤프레Jean-Marie Girey-Dupré, 브레스트 해안군의 부관인 35세의 부아기용Gabriel-Nicolas-François Boisguyon, 북부군 사단의 장성인 47세의 콜리에 라마를리에르Antoine-Nicolas Collier-Lamarlière, 그르노블 태생의 변호사이자 제헌의원 출신인 32세의 바르나브, 법무대신 출신인 39세의 뒤포르 뒤테르트르다. 그리고 12월에 처형당한 사람으로는 국민공회의 센에우아즈 의원이며 해군

---

* 마뉘엘Pierre Manuel이 1789년부터 이듬해까지 바스티유 문서를 정리해서 발간한 『바스티유의 실상La Bastille dévoilée』은 소중한 사료다.

부제독 출신인 52세의 케르생Armand de Kersaint, 목사이며 제헌의원을 거쳐 오브에서 국민공회에 진출한 50세의 라보 드 생테티엔, 거리의 여성이었다가 바람둥이 뒤바리 백작에게 이용당한 뒤 법적으로 백작의 형수가 되어 루이 15세의 공식애첩의 자리에 올랐던 50세의 마담 뒤바리, 문필가이며 인쇄업자였다가 외무장관이 되었던 40세의 르브룅, 스트라스부르의 시장이었던 45세의 디에트리슈Frédéric Diétrich, 끝으로 제헌의원 출신이며 공화국 군대의 지휘관 출신인 35세의 공토 비롱Armand-Louis de Gontaut Biron이다. 특히 마지막의 대귀족은 공화국의 통일성을 부인하고 국내 안보를 해친 죄로 12월 31일(니보즈 11일) 오전에 처형되었다. 그 밖에도 유명인사가 아닌 사람들도 많이 처형되었음을 잊지 말자.

2
동인도회사 사건

17세기 후반 루이 14세 치세에 중상주의를 추구하던 콜베르가 창설한 동인도회사Compagnie des Indes는 아프리카의 희망봉 동쪽의 무역을 독점하다가 1740년경 전성기를 맞이했다. 1763년에 7년 전쟁이 끝난 뒤에는 교역량이 줄면서 쇠퇴기로 들어섰다. 프랑스의 군사력이 약해진 것이 큰 이유였다. 동인도회사는 1769년에 독점권을 잃고 이듬해에 해체되었다가 1785년에 부활했다. 루이 16세는 동인도회사에 인도와 그 동쪽의 무역을 전적으로 맡겼다. 그러나 그것은 1790년 4월 3일 제헌의회의 조치로 특권을 잃었다. 1792년 8월 22일, 입법의회는 국민공회의 선거를 준비하는 숨 가쁜 와중에도 금융회사에서 발행한 모든 종류의 무기명 공채의 등기와 세금에 대한 명령을 통과시켰다. 앞으로 무기명 공채는 여타 주식처럼 소유권을 이전할 때마다 등기세(인지세)를 내고, 특정 금융회사가 발행하는 모든 무기명 공채에 대해서는 부동산처럼 간주해서 20퍼센트의 세금을 매긴다는 내용이었다.

이틀 뒤인 8월 24일에 입법의원들은 가장 쉽게 세금을 회피하는 동산, 특히 망명자들의 동산을 파악해서 과세하려는 목적에서 7개조 법을 통과시켰다. 동인도회사와 여타 금융회사의 무기명 공채 소유자는 한 달 안에 등기하고 징세인의 검사를 받아야 하며(1조), 이 경우 등기세와 검사비는 무료다(2조). 그러나 무기명 공채의 소유권을 새로 얻은 사람은 15퍼센트의 세금을 납부해야 한다(4조). 11월 4일, 공화국의 첫 내무장관 롤랑은 동인도회사의 무기명 공채와 주식의 사증査證과 등기를 3개월 연장해달라고 요청했고, 의원들은 재정위원회에서 검토하도록 했다. 해가 바뀌고 1793년 1월 30일에 내무장관 대리 가라Garat는 인도에서 발행한 어음을 변제하기 위해 동인도회사의 사무국을 새로 조직하게 해달라고 요청했다. 이 문제를 재정위원회에서 검토하고, 옛 동인도회사와 새 동인도회사를 구분했다. 2월 27일에 재무장관 클라비에르는 동인도회사의 주식도 여타 공채와 같은 기간 안에 사증을 받고 등기를 마치도록 하자고 제안했고, 이 문제도 재정위원회에서 검토하기로 했다.

동인도회사의 문제는 크게 주식투기와 매점매석의 맥락에 걸려 있었다. 7월 20일에 파리의 비요바렌은 인민을 가난하게 만드는 비극의 원천인 매점매석가와 주식투기를 파헤치는 데 전념하는 일이 식료품의 최고가격제 실시보다 더 급하며, "이러한 범죄를 저지르는 사람을 전부 마지막 형벌(사형)로 다스려야 한다"고 제안했다. 샤랑트 앵페리외르의 가르니에Jacques Garnier는 위원 여섯 명을 임명하고 선량한 파리 시민 몇 명의 도움을 받아 매점매석과 투기의 흐름을 추적하게 하자고 제안했다. 그렇게 구성된 6인위원회의 콜로 데르부아는 26일에 투기의 원인에 대해 조사한 결과를 보고했다. 그는 비열한 소수가 힘을 합쳐 국민을 굶기고 모든 자원을 고갈시키려고 노력했는데, 그들을 아직도 두려워해야 하는지 물었다. 그들은 흡혈귀처럼 국민의 소비품에 날마다 막대한 세금을 걷는다. 그들을 그대로 놔둬야 하겠는가? 그들이 유통을 방해하고 숨겨둔 생필품을 되찾아 질서를 회복해야 한다. 그들은 재산권을 침해하지 말라고 외치겠지만, 실은 그들이 국민의 재산권을 침해했다. 그는 독점자들을 엄벌해야 한다고 주장한 뒤 14개조 법안을 발의해서 통과시켰다. 매점매석은 사형죄이며(1조), 법을 반포하고 나서 8일 안에 공화국 안에 있는 창고에 보유한 생필품*을 당국에 신고해야 하며(5조), 어기는 사람을 사형에 처한다(8조).

곧이어 앙제의 들로네**는 금융회사의 장부를 검사하는 일도 매점매석을 벌하는 일만큼 중요하다고 말했다. 그는 동인도회사가 대서양 연안의 로리앙에 온갖 종류의 상품을 쌓아놓고 있으며, 그 금액이 1,500만 리브르 이상이라고 평가했다. 동인도회사는 위험할 정도로 과도하게 투기를 일삼고, 아시나의 가치가 점차 하락할 것으로 내다보면서 창고의 물건을 시장에 내

---

* 4조에서 생필품을 다음과 같이 규정했다. 빵·고기·포도주·곡식·밀가루·채소·과일·버터·식초·능금주·독주·석탄·비계·땔나무·식용유·소다·비누·꿀·설탕·소금·육류와 어류의 말린 것, 훈제, 염장 또는 절인 것, 삼·종이·쇠·강철·구리·포목·천막·모든 천과 원료. 단 비단은 제외함.

** 사람들은 멘에루아르의 의원 들로네Joseph Delaunay를 동생과 구별하기 위해 앙제의 들로네 Delaunay d'Angers라고 불렀다.

놓지 않는다. 그러므로 동인도회사는 두 가지 죄를 지었다. 첫째로 상품을 구하기 어렵게 만들어 사회 전반의 지출에 더 큰 부담을 안겼다. 둘째로 지폐의 가치를 더욱 빨리 하락시켰다. 따라서 이른 시일 안에 동인도회사의 모든 창고를 봉인한 뒤 상품의 종류와 가치를 조사하고, 이 회사가 그동안 탈세한 금액을 현물로 징수하며, 조사위원회가 제출할 보고서를 근거로 강제 기채액을 결정한 후에 일정액의 세금을 걷어야 한다. 들로네가 발의한 대로 국민공회는 동인도회사의 상품을 쌓아놓은 로리앙과 여러 지점의 창고를 모두 봉인하기로 의결했다.

동인도회사 사건은 '외국인 음모사건'과 긴밀히 얽혀 있었다. 이 사건은 혁명 초에 비해 프랑스의 상황이 많이 달라졌음을 보여준다. 혁명 초 프랑스에서는 전제주의의 피해자였던 외국인을 우호적으로 받아들였다. 그 덕분에 영국인 토머스 페인이나 프로이센 사람 아나샤르시스 클로츠는 국회의원이 되었다. 외국인 망명객 가운데 열렬히 혁명에 가담한 사람은 자코뱅협회·코르들리에 협회·민중협회에서 두각을 나타냈다. 그러나 외국인 혁명가들이 의심스러운 사업가들과 연계해서 활동했기 때문에 1793년 가을부터 정부가 걱정하기 시작했다. 르펠티에 구의 데피외는 코르들리에 협회와 자코뱅협회는 물론 민중협회의 중앙위원회에서 활동하던 급진파로서 5월 31일과 6월 2일에 지롱드파 의원들을 숙청하기 위해 반란을 준비했으며, 벨기에 출신 은행가 프롤리Pierre Jean-Berchtold Proli*, 포르투갈 출신의 유대계인 보르도

---

* 오스트리아 대법관 카우니츠Wenzel Anton Reichsfürst von Kaunitz-Rietberg의 사생아로 알려진 프롤리는 벨기에 지방의 혁명파를 매수했고, 파리에서 신문 『르코스모폴리트Le Cosmopolite』(세계주의자)를 발간해서 오스트리아 정책을 선전하도록 했다.

의 포도주상 페레라Jacob Pereyra와 친구였다. 샤보는 윌리엄 피트 수상을 후원하던 영국 은행가 월터 보이드Walter Boyd를 보호했고, 유대인 사업가 프라이Frey 형제(유니우스와 에마누엘 프라이)*의 여동생과 결혼했다. 에스파냐 출신 구스만Andrés de Guzmán은 귀족의 자격을 취소당한 귀화인으로서 당통과 가까이 지냈고, 5월 31일과 6월 2일의 반란을 준비한 중앙위원회에서 활약했다. 그는 뇌샤텔 출신의 은행가 페레고Jean Frédéric Perrégaux에게 고용되어 1793년 초의 파리 봉기에 뒷돈을 댔다. 그는 5월 31일의 봉기에 다중을 동원하기 위해 종을 쳤다. 이후 그는 6월과 8월에 체포될 때마다 에베르파의 도움을 받아 풀려났다.

이처럼 외국인 사업가들은 혁명에 깊숙이 관여하고, 몽타뉴파 의원들과 친하게 지냈다. 그들은 극단적인 조치를 찬성하고, 탈기독교 운동을 이끌었다. 더욱이 그들은 아시냐의 가치를 폭락하게 만들면서 투기로 막대한 이익을 취했다. 당통의 친구이며 시인인 파브르 데글랑틴**은 외국인들이 공화국을 망치려는 음모를 꾸민다는 이유로 10월 12일경에 프롤리·데피외·페레라·뒤뷔송을 고발했다. 이러한 맥락에서 로베스피에르 같은 지도자도 그들의 사업과 정치의 관계를 우려했고, 몽타뉴파의 분열을 감수하면서 그들을 정치무대에서 제거하고자 했다.

10월 5일에 샤보가 자코뱅협회에 갔을 때, 외국인으로 우아즈에서 의원이 된 클로츠가 네덜란드의 정치클럽들이 보낸 편지와 그의 답장을 인쇄하

---

* 유니우스 프라이의 본명은 모제스 도브루슈카Moses Dobruška로서 가톨릭으로 개종한 뒤 프랑스 혁명의 소용돌이에 휘말렸다.
** 그는 1793년 10월 24일에 국민공회가 채택한 공화력의 열두 달 이름을 정하는 데 한몫했다.

기 위해 예약 신청을 받고 있었다. 샤보는 발언권을 얻어 반대의사를 밝히고 나서, 구국위원회가 자코뱅협회의 경비를 국비로 처리해줘야 한다고 주장한 뒤, 갑자기 자기가 결혼할 예정이라고 선언했다. 사람들은 카푸친회 신부가 결혼하는 것이 정당한 일인지 묻지만, 자신은 의원으로서 모든 덕을 실천할 의무가 있다고 말했다. 그는 결혼을 결심한 배경을 설명한 뒤 결혼계약서를 읽었다.

> 나는 협회에서 대표를 뽑아 내 결혼식과 피로연에 참석하도록 해주시기를 요청합니다. 미리 부탁하건대, 종교인이 내 결혼식장을 더럽히지 않도록 해주십시오. 나는 시정부 관리들의 도움만 받겠으니 유념해주십시오. 대표는 아침 8시에 식장에 오셔서 9시까지 참석해주시기 바랍니다. 나는 결혼식을 마치고 곧바로 국민공회에 출석해야 하기 때문입니다.

이즈음 샤보는 앙제의 들로네, 오트가론의 쥘리엥Jean Julien(일명 툴루즈의 쥘리엥)과 함께 동인도회사 사건에 말려들고 있었지만, 자신을 돌보기 전에 처남들에게 불리한 외국인 법안의 채택에 반대했다. 그 법을 시행해도 자기 아내는 안전하겠지만 처남들은 평화 시까지 감금될 수밖에 없었기 때문이다. 실제로 두 형제는 각각 거주지에서 감금되었지만 샤보가 힘을 써서 풀려났다. 그 대신 베를린 감옥에서 탈옥한 트렌크 남작은 샤보의 처남들을 위험인물로 특정했으며, 샤보의 고발로 감옥에 갇혔다. 샤보는 자신에 대한 의심에서 벗어나려고 노력하기 시작했다. 우선 그는 11월 9일에 국민공회에서 사제직을 내려놓는다고 선언했다. 그럼에도 이튿날 그는 불안감을 떨치려고 국민공회에서 특정 의원을 고소하려면 반드시 피고소인의 변명을 들어야 한다고 주장했다. 그러나 의원들 가운데 오직 바레르만이 그를 지지했을 뿐이다. 자코뱅협회에서도 그는 점점 영향력을 잃었다. 회원들은 그가 우파를 부활시키려 한다고 비난했다. 그는 온건주의자로 비난을 받으면서도 자기가 애국자로서 칭송받아 마땅하다고 자부했다.

11일부터 16일까지 파리 도의회 의장인 뒤푸르니Louis Pierre Dufourny는 샤보가 오스트리아의 수상한 형제의 누이와 결혼하기 위해 함께 살던 여성과 아기를 버렸다고 비난했다. 그것은 사실이었다. 그러나 샤보는 변명으로 자신을 방어하고, 적극적으로 공세를 취했다. 그는 자기를 비판하던 사람들이 "오늘은 당통, 내일은 비요바렌, 마지막에는 로베스피에르"를 공격할 것이라고 예언했다. 사람들은 계속 공격할 대상을 찾기 마련이라는 뜻이다. 그동안 그는 들로네, 쥘리엥, 동인도회사 주주들과 결탁해서 그 회사 주식에 투기할 계획을 세우고 있었다. 그들이 계획을 잘 세운 뒤, 들로네는 한 달 전인 10월 10일에 동인도회사를 폐지하고, 스스로 모든 빚을 청산하게 하라고 요구했다. 로베스피에르와 파브르 데글랑틴은 회사가 아니라 정부가 청산해야 한다고 주장했다. 국민공회는 이들의 방안을 채택하면서 파브르 데글랑틴·샤보·들로네 등으로 위원회를 구성했다. 샤보의 공모자들은 파브르 데글랑틴을 매수하려 했다. 샤보는 몇몇 주주를 설득해서 10만 리브르를 마련했지만 그를 매수할 수 없었다. 샤보는 그 돈을 돌려주지 않은 채 들로네와 함께 동인도회사 폐지와 청산에 관한 법안을 변조해서 파브르 데글랑틴의 서명을 기습적으로 받아냈다. 그러나 국민공회가 반포한 법을 공표하는 『법률 공보』에 공식적으로 수록한 법은 변조하기 전의 원안대로 국가가 아니라 동인도회사가 빚을 청산하는 것이었다.

문제가 불거지자 샤보는 11월 14일에 로베스피에르에게 달려가 음모를

인도의 여러 민족 대표가 루이 16세에게
동인도회사를 되살려준 일에 감사를 표하는 모습(BNF 소장).

탈기독교 운동을 비판하는 반혁명의 의도를 담은 그림.
뒤쪽의 밝은 부분은 화합의 아치 밑에서 천사들이 종교와 교황권의 승리를 축하하고,
앞의 어두운 부분은 풍요·이성·평화의 신들이 보고 있는 가운데 교황과 오스트리아 군대가
혁명의 반종교적 행위에 개입한다(비질Vizille의 프랑스혁명박물관 소장).

파리 대주교 고벨은 에베르파의 강요에 못 이겨 국민공회에서 대주교직을 버린 뒤,
에베르파와 함께 탈기독교 운동에 참여했다. 그도 붙잡혀 에베르파와 함께 처형당했다(BNF 소장).

리옹의 학살. 1793년 11월에 파견의원 콜로 네브부아가 지휘하는 상퀼로트 10만 명이 반군 관련자를 학대하는 모습을 담았다.
국민공회는 리옹을 지도에서 없애고 빌아프랑시로 개명했다(BNF 소장).

로베스피에르의 초상(작자 미상, 카르나발레 박물관 소장).

1793년 초 자코뱅협회의 숙정작업을 표현한 희화.
붉은 프리기아 모자를 쓴 요리사 로베스피에르가 거품제거기에 아나샤르시스 클로츠를 건져서 꼼꼼히 살핀다.
국물 속에 있는 쇼메트·에베르·당통·데물랭은 검사하기 전인지 후인지 분명치 않다.
로베스피에르의 얼굴에서 포진성 피부염을 앓은 흔적을 볼 수 있다(BNF 소장).

1793년의 몽타뉴파 지도자들(BNF 소장).

파리 혁명법원의 검사 푸키에 탱빌.
수많은 인물의 처형명령서에 서명한 그는 테르미도르 정변 뒤에 사형을 받았다(BNF 소장).

폭로했다. 음모자들이 의원들을 타락시키려는 계획을 세웠으며, 자기에게도 10만 리브르를 주었는데, 자신은 음모를 더 잘 파헤치려고 그들에게 동조하는 척했다고 설명했다. 로베스피에르는 샤보를 안보위원회로 보내서 설명하게 했다. 안보위원회는 17일에 샤보를 체포하고 그가 증거로 제출한 돈을 보관했다. 로베스피에르는 가짜 애국자들이 온건주의를 주장하고 지나치게 사태를 과장한다고 비판했다. 특히 "외국인에게 매수된 특사들이 혁명의 수레를 급격하게 위험한 길로 내몰아 결국 목적지에 도달하기 전에 부수려 한다"고 고발했다.

11월 18일에 이른바 '사업가 의원들'인 바지르·들로네·쥘리엥과 함께 체포된 샤보는 자술서에서 음모가 8월에 시작되었다고 밝혔다. 들로네와 쥘리엥이 샤보와 바지르에게 시골에 가서 아가씨들과 함께 밥이나 먹자고 제안하더니, 보르도 귀족이며 제헌의원으로 활동했던 바쓰 남작baron de Batz, Jean-Pierre-Louis Batz의 집으로 데려갔다. 샤보는 그 집에서 은행가인 브누아Benoît d'Angers, 시인 라아르프Laharpe, 쥘리엥과 내연관계인 보포르 백작부인, 앙제의 들로네 의원을 만났다.

바쓰는 누구인가? 그는 루이 16세에게 돈을 빌려주었고, 루이가 바렌에서 잡힌 뒤에는 그를 살리려고 무던히 애쓰다가 영국으로 도피하기도 했다. 그는 1792년 8월 10일 직전에 영국에서 몰래 돌아와 루이 16세에게 51만 2,000리브르를 빌려주겠다고 했다. 그 거래에 낀 사람은 스위스 출신의 은행가이며 장차 지롱드파의 재무장관이 될 클라비에르였다. 바쓰는 샤보의 처남들인 프라이 형제, 브뤼셀의 프롤리, 에스파냐의 구스만, 포르투갈의 페레라 같은 은행가, 자본가들과 친분이 있었다. 그는 마리 앙투아네트를 탕플 감옥에서 탈출시키려는 미쇼니를 돕기도 했다.* 그는 출처를 알 수 없는 돈을 마구 쓰면서 사방에 하수인을 부렸다. 파리의 48개 구, 도 지도부, 파리 코 뮌, 항만과 전방의 요충지, 심지어 감옥에도 손길을 뻗쳤다. 무관귀족이며 군 장성인 라기슈 후작Amable-Charles de La Guiche, marquis de Laguiche이나 파리 본누벨 구의 공무원 드보Devaux, 르펠티에 구 식료품상인 코르테Cortey의 도 움을 받았다. 코르테는 바쓰의 지시를 받고 미쇼니를 도와 마리 앙투아네트 를 탈옥시키려는 계획을 실행하려고 감옥 수비대에 침투한 사람이었다. 또 한 바쓰는 당통**의 보호를 받는 종교인 출신 노엘Noël을 이용해서 파리 전 역에 정보망을 갖추었으며, 브누아Benoist를 오른팔로 활용했다.

브누아는 당통과 뒤무리에가 특별임무를 주어 런던이나 오스트리아로 파견하던 사람이다. 브누아는 동인도회사 사건에서도 중요한 역할을 했다. 바쓰는 이 사람을 통해서 금융시장을 약탈하던 사업가 의원들과 은밀한 관 계를 유지했다. 모두 안보위원회 소속이었던 샤보·바지르·들로네·쥘리엥은 8월에 바쓰의 집에 다녀온 지 일주일 뒤에 들로네가 샤보에게 바쓰의 계획을 알려주었다. 바쓰는 동인도회사의 주식 값을 떨어뜨린 뒤 회사가 주식을 방 출할 때 사들여 값을 올려서 되팔자고 제안했다. 바쓰와 브누아가 일을 하고, 의원들은 필요한 법안이나 상정해 통과시키면서 이익을 나누자는 계획이었 다. 들로네는 당통·들라크루아·파브르 데글랑틴도 다른 방식으로 투기한다 고 말했다.

---

* 미쇼니에 대해서는 제9권 제2부 5장 "공포정"의 '반혁명혐의자법' 참조.
** 도르도뉴의 엘리 라코스트Elie Lacoste는 훗날 구국·안보 합동위원회의 이름으로 당통이 바쓰와
    일주일에 네 번씩 모였다고 보고했지만, 이미 처형된 당통에 대해 어떤 혐의를 씌워도 확인할 길
    이 없다.

샤보의 진술을 믿는다면, 며칠 뒤 어떤 사람이 그를 찾아와 20만 리브르를 줄 테니 모든 은행가의 집에 봉인을 하는 법안을 발의해달라고 주문했다. 샤보는 거절했고, 그 사람을 다시 만나지 못했다고 술회했다. 그러고 나서 대엿새 뒤에 어떤 의원이 뒤푸르니의 청원을 받고 법안을 상정했다. 무역업자와 상인들, 그리고 은행가들에 대한 환어음 소지자들이 재정위원회와 안보위원회에 하소연했고, 샤보는 그들을 위해 모든 봉인을 해제하고, 은행가들에게 군사경찰 한 명씩 붙여 가택연금한 뒤 그들의 행적을 추적하는 법안을 발의했다. 이튿날 에베르가 샤보를 맹비난했고, 뒤푸르니는 자코뱅협회에서 샤보를 고발했다. 그렇게 해서 11월 18일에 국민공회의 명령으로 샤보와 공범들을 체포했다.

샤보의 진술과 혐의는 달랐다. 샤보는 영국 은행가 월터 보이드를 보호해주었다. 피트와 외국인들의 은행가인 보이드는 파리에 지점을 열고, 들로네와 샤보의 후원을 받았다. 안보위원회의 샤보는 그가 지원한 20만 리브르를 써서 9월 7일과 8일 사이 밤에 그의 은행에 대한 봉인을 해제해주었고, 한 달 뒤 그가 체포당할 위험에 처하자 여권을 발행해서 무사히 런던으로 돌아가게 도왔다. 보이드가 피트는 물론 다른 적국의 은행가로서 프랑스의 혁명을 방해했음은 의심의 여지가 없었다. 그럼에도 샤보는 뤽상부르에 갇혀서 국민공회 의장이나 안보위원회 위원장에게 자신의 무죄를 호소하고 브리소파를 고발했다. 21일에 로베스피에르는 또다시 외국인의 하수인들, "유럽폭군들의 비겁한 특사들"이 탈기독교 운동의 책임자라고 비난하면서, 이미 파브르 데글랑틴이 10월 12일에 고발했던 프롤리·데피외·페레라·뒤뷔송을 다시 지목했다.

1794년 1월 12일(공화력 2년 니보즈 23일)에 이제르의 아마르Jean-Pierre-

André Amar는 그동안 뤽상부르에 감금했던 샤보·바지르·들로네에 대해 안보위원회에서 조사한 결과를 바탕으로 그들의 희생자인 파브르 데글랑틴을 체포하고, 이튿날 국민공회에 보고했다.[*] 아마르는 그들이 두 가지 목적을 가지고 법을 위조했다고 말했다. 첫째, 그들은 주식의 소유권을 이전할 때마다 등기세를 세 배 내게 한다는 구절에 "거짓으로 이전했을 때"라는 말을 첨가해서 국민공회의 의도를 훼손했다. 둘째, 국가가 임명한 위원들이 동인도회사가 국가에 갚아야 할 빚을 추적한다는 내용에 동인도회사에 속한 물건을 판매할 때 회사의 정관과 규칙을 따른다는 구절을 추가했다. 이 말은 동인도회사의 이익을 위해 국가의 이익을 훼손한다는 뜻이다.

"여러분, 우리는 이 문제에 대해 캉봉과 라멜에게 물었습니다. 그들은 정식 반포한 법과 자신들이 서명한 법이 다르다는 사실을 공식적으로 확인하고, 자신들이 서명할 때만 해도 연필로 추가한 구절은 없었다고 말했습니다. 안보위원회는 파브르 데글랑틴이 범죄 의도에 속았을 가능성이 있다고 확신했습니다. 그러나 사건에 얽힌 사람들을 이미 감금한 상태에서 파브르 데글랑틴도 선입견 없이 철저히 조사해야 한다고 믿었습니다."

3월 16일(방토즈 26일)에 아마르는 구국·안보 합동위원회 이름으로 국민공회 의원들과 외국인 음모사건의 전모를 발표했다. 아마르는 바쓰와 들로네의 관계, 샤보와 프라이 형제의 관계를 중심으로 영국과 오스트리아가 프랑스 국민공회 의원들을 타락시키려는 음모를 꾸미고, 의원들은 외국인들의

---

[*] 이날(니보즈 24일), 의장인 화가 다비드는 자기가 그린 르펠티에와 마라의 초상화를 릴 출신의 비카르Jean-Baptiste-Joseph Wicart와 디종 출신의 드보즈Anatole Devosge에게 맡겨 완성시켰다고 보고했다.

유혹에 넘어가 부정축재를 하면서 국익에 반하는 행위를 했음을 밝혔다. 툴루즈의 쥘리엥과 들로네는 바쓰와 함께 동인도회사의 주식을 이용해서 한 밑천 잡으려는 계획을 세웠다. 바쓰와 함께 브누아는 주식 값을 널뛰게 만들어 이익을 챙기려고 음모에 뛰어들었다. 샤보가 근심하자 들로네는 자신들이 하는 일로 공화국에 수백만 리브르를 안겨줄 것이므로 별 문제가 없을 거라고 안심시켰다. 들로네는 샤보에게 "영국에서는 의회에 해야 할 제안을 팔아서 한밑천 잡아도 명예를 잃지 않는다"고 말했다. 아마르는 쥘리엥·들로네·샤보 등이 맡은 역할을 차례로 설명한 뒤에 3개조의 법안을 상정했다. 비요바렌·로베스피에르·바레르·생쥐스트가 차례로 토론했다. 의원들은 동인도회사 사건으로 체포한 의원들을 혁명법원에 세운다는 아마르의 법안을 구국·안보 합동위원회로 보내 고소조항을 빠짐없이 추가한다고 의결했다.

샤보는 자신들을 혁명법원에 세우는 안을 통과시켰다는 소식을 듣고 이튿날인 3월 17일에 피부병 약인 승홍昇汞을 마셨다. 그러나 고통을 견디지 못하고 도움을 요청해 생명을 구했다. 겨우 20일도 안 남은 생명을 연장한 셈이다. 19일(방토즈 29일)에 아마르는 사흘 전에 구국·안보 합동위원회로 가져갔던 법안을 다듬어서 의원들 앞에 내놓아 통과시켰다.

국민공회 의원들인 들로네·쥘리엥·파브르 데글랑틴·샤보·바지르는 프랑스 인민과 자유에 대한 반역음모, 국민의 대표들의 명예를 훼손하고 타락시키고, 공화국 정부를 부패로 파괴하려는 음모에 참여했으므로 기소해야 한다(1조). 샤보·들로네·쥘리엥·파브르 데글랑틴은 방데미에르 17일(1793년 10월 8일)의 법령을 위조한 죄, 바지르는 그들의 음모를 알면서도 고발하지 않은 죄를 지었다(2조). 국민공회는 위에 거명한 자들을 혁명법원에 넘겨 법의 심판을 받게 한다. 따라서 이 사건에 관한 보고서·증거물·신문조서를 즉시 혁명법원의 검사에게 보낸다(3조).

샤보는 바지르·들로네·프라이 형제 등과 함께 혁명법원에서 사형을 언도받고 4월 5일에 단두대로 가는 수레에 올랐다. 그러나 파브르 데글랑틴은 그날 처형되지 않고 이튿날 다른 친구들과 저승길에 올랐다. 그는 당통을 제거하는 인계선引繼線 노릇을 했다.* '외국인의 음모사건'과 동인도회사 사건은 명망 있는 의원들과 외국인들이 얽힌 부정부패 사건으로 엄청난 파문을 일으켰다. 그 사건을 단죄하는 동안에 파벌싸움이 격화했다.

3
자코뱅협회의
파벌싸움과 숙청

에베르파는 에베르Jacques-René Hébert의 지지자들을 뜻하는데, 그와 함께 주목할 만한 인물은 파리 코뮌의 검찰관 쇼메트**와 코르들리에 협회의 지도자이며 파리 도 행정관인 인쇄업자·서적상 모모로, 혁명 초부터 코르들리에 협회에서 행정사무관으로 일하고 전쟁장관의 서기가 된 뱅상과 파리혁명군 사령관 롱생Charles-Philippe Ronsin 등이다. 에베르는 『뒤셴 영감』***을 발행해서 상퀼로트 계층에게 큰 영향을 끼쳤다. 특히 그는 전쟁장관 밑에서 일한 경력을 이용해서 『뒤셴 영감』을 군부대에 보급했다. 에베르파는 파리 코뮌을 장악하고 서민들을 동원해서 국민공

---

* 이에 대해서는 5장 "에베르파와 당통파의 몰락"을 참조.
** 그는 고대 그리스 철학자의 이름을 따서 아낙사고라스 쇼메트로 이름을 고쳤다.

회를 압박했고, 9월 4일에는 파리 코뮌에 쳐들어가고 이튿날 국민공회로 몰려가기로 예고하면서 최고가격제 확대와 혁명군 창설을 촉진하고, 공포정을 본격적으로 실시하도록 이끌었다. 그들은 9월 내내 마리 앙투아네트와 지롱드파 지도자들의 재판과 처형을 신속히 하라고 요구했다. 그들은 대외전쟁을 완전한 승리로 이끌어야 한다고 주장하고, 국내에서는 탈기독교 운동을 주도해 고위직 종교인에게 종교를 버리도록 강요했다. 10월 초부터 국민공회는 공화력을 채택해 일상생활에서 기독교를 지우려 했고, 파견의원들은 교회의 물건을 국민공회에 보냈다. 파리 주교 고벨은 압력을 받아 사임했고, 그를 본받아 종교인 의원들도 줄줄이 교회를 버렸다. 우리는『뒤셴 영감』301호에서 에베르가 왕과 종교인을 얼마나 증오하는지 알 수 있다.

신성한 기요틴 덕택에 우리는 왕정을 벗어났다. 이제는 성직자, 네놈들 차례다. 수세기 동안 왕과 사제라는 사나운 동물이 사람들을 뼁 빨고 억압하고 삼키려고 아옹다옹하는 꼴을 보면서 엿 같은 기분이 안 들었던가? 왕좌와 제단은 얼마나 치사한 협정을 맺었던가! (……) 아, 쌔 ㅂ, 만일 상퀼로트 예수님이 이 땅에 다시 온다면 신전에서 모든 도둑이 쫓겨

***1790년 가을부터『뒤셴 영감』이라는 신문이 익명으로 나오기 시작했다. 가상의 인물인 뒤셴 영감은 한때 뱃사람 노릇을 하다가 가마(화로)를 파는 사람인데 상스러운 말로써 현실을 비판했다. 신문발행인은 익명의 여러 사람이었는데, 그중에서 에베르가 발행한 것이 쥐멜 신부abbé Jumel가 발행한 것보다 더 유명하고 영향력이 있었다. 1793년의『뒤셴 영감』의 제호는 "나는 진짜 뒤셴 영감이다, 제기랄Je suis le véritable pere Duchesne, foutre"이다. 이 신문은 초기에는 일주일에 두세 번 발행했다. Ouzi Elyada, "Les récits de complot dans la presse populaire parisienne (1790-1791)", in Harvey Chisick, *The Press in the French Revolution*, Oxford, 1991 참조.

난 것을 보고 만족하실 텐데. 그분은 사제들의 철천지원수였으니까.

에베르는 투기꾼을 증오한 나머지 전국 각지에 인구비례로 생필품을 나눠야 한다고 주장했으며, 자코뱅협회에서도 재산형성 과정을 문제 삼아 회원들을 공격하기도 했다. 에베르와 뱅상은 구국위원회를 임시정부로 만들자고 한 당통의 제안에 반발했다. 그들은 국민공회와 특히 파견의원들의 권력을 두려워했다. 그들은 전쟁장관 부쇼트와 군에 영향을 끼치면서 친구들을 요직에 앉힐 수 있었기 때문에 파견의원들을 훼방꾼으로 여겼다. 파견의원들은 최고행정회의가 군에 보낸 위원들의 활동을 방해하고, 심지어 파리로 돌아가라고 명령했다. 이러한 맥락에서 10월 18일에 뱅상은 코르들리에 협회를 움직여 청원서를 작성해서 파견의원들의 명령을 철회하라고 요구했다. 에베르파가 군대의 요직에 있는 친구들을 위해 파견의원들의 명령을 두려워했듯이, 국민공회의 몽타뉴파 의원들도 에베르파를 두려워하고 견제했다. 탈기독교 운동을 추진하는 에베르파와 종교의 자유를 인정하는 국민공회 의원들의 의견이 충돌했다. 정치·경제·사회·문화의 모든 면에서 에베르파는 구국위원회나 혁명정부를 더욱 왼쪽으로 끌면서 혁명을 급진화하고자 했다.

로베스피에르와 당통은 서로 도우면서 극단파의 압박을 물리쳤다. 그들은 힘을 합쳐서 오른손으로 국민공회의 평원파 의원들·귀족주의자·왕당파·군 장성·비선서 사제·연방주의자들을 물리치고, 왼손으로 급진좌파·과격파의 공격을 막았다. 특히 자코뱅협회의 울타리 안에서 앙라제의 자크 루·르클레르·바를레, 파리 코뮌 검찰관 쇼메트와 검찰관보 에베르가 상퀼로트 계층의 이익을 대변하면서 구국위원회나 국민공회와 대립할 때 두 사람은 힘을 합쳤다. 그러나 두 지도자의 사이는 점점 벌어졌다.

당통은 로베스피에르보다 현실과 쉽게 타협했다. 그는 남들이 시민정신을 의심하는 사람과도 친분을 유지했다. 뒤무리에가 나라를 배반했을 때도 당통은 의심받았다. 당통이 혁명가에서 정치가가 되었기 때문이 아닐까? 처음에는 누구보다 열심히 약자 편을 들고 혁명을 이끌던 그가 점점 타협하는 모습을 보여주기 시작했으니, 그보다 급진적인 사람들의 공격을 받는 것은 당연했다. 미라보 백작이 "그는 자기가 말한 것을 모두 믿었다"고 평가했듯이, 원칙에 충실한 로베스피에르가 합법적인 절차로 혁명적 조치를 마련하면서 목표를 향해 나아가는 동안, 혁명적 조치도 부족하게 여기면서 더 과격한 요구를 하는 앙라제나 에베르파에 맞서기 위해서는 당통을 내치기 어려웠다. 그러므로 당통의 순서가 앙라제나 에베르파보다 늦었을 뿐이다.

목숨 걸고 싸우는 현실에서 타협과 관용을 입에 올리는 것은 패배를 자초하는 길이다. 평상시에 관용만한 미덕은 없다. 더욱이 전쟁에서 승리한 뒤의 관용은 더할 나위 없이 숭고하다. 그러나 혁명과 전쟁을 수행하는 나라가 적과 타협하고 이기기 전부터 적을 용서할 수 있을까? 그러므로 타협은 혁명을 포기하는 것이며, 적의 승리를 인정하는 것이다. 구국위원회와 파견의원들이 장군들을 엄하게 통제하고, 한 번의 패배도 용서하지 않은 이유를 이해할 수 있다. 외적의 침입에 맞서 총동원령이 필요했듯이, 국내의 분열에 맞서 혁명정부가 필요했던 것이다.

가장 비정치적인 관계에도 권력이 작동한다. 하물며 공적인 행위를 일삼는 사람들은 제도적 권력이나 그 권력에 대한 영향력을 확보하려고 애쓴다. 자코뱅협회에는 그런 사람들이 많았다. 실제로 국민공회 의원들이 있었고, 그들의 정치를 비판하고 자기네 생각대로 상황을 이끌려는 사람들도 있었다. 후자는 국민공회 이외의 헌법기관에서 영향력을 행사하는 사람들이었다. 앙라제는 지도자인 자크 루가 감옥에 갇혔고, 리옹의 르클레르가 여성 공화주의자들의 지지를 받다가 자취를 감춘 뒤에 에베르파에게 기대어 활동했다. 파리 코뮌 검찰관 쇼메트와 검찰관보 에베르는 반혁명혐의자를 감옥에 보내는 임무를 열심히 수행하면서 수많은 혐의자를 잡아들였다. 국민공회에서는 법을 만드는 과정이 복잡하고 길었기 때문에 에베르파의 조급증을 만족시킬 수 없었다. 에베르파는 언제나 구국위원회가 내리는 결정보다 더 빠르게 더 많이 처형하기를 바랐다. 그들은 9월 초부터 마리 앙투아네트와 지롱드파 지도자들을 빨리 혁명법원에 세우라고 촉구했다. 그리고 혁명법원에 나가 마리 앙투아네트에게 불리한 증언도 했다.*

그들은 혁명 초부터 좌파였으나 이제는 온건한 중도파가 된 사람들을 제거하고자 노력했다. 그다음으로는 국민공회에서 지롱드파 의원들을 축출한 데 대해 항의서를 작성하고 서명한 의원 74명도 평화 시까지 살려두지 말고 곧바로 '목걸이collier'를 씌우라고 주장했다. '목걸이'는 에베르가 발간하는 『뒤셴 영감』에서 즐겨 쓰는 곁말이었다. 단두대에서 사형수를 움직이지 못하게 씌우는 칼(굴레)이다. 그 결과 구국위원회와 국민공회는 10월 3일에 지롱

---

* 9월 30일에 파리 코뮌의 명령을 받고 탕플 감옥에서 루이 샤를을 보살피던 시몽 부부가 에베르를 찾아와 여덟 살 반짜리 아이가 자위행위를 하며, 그것은 마리 앙투아네트와 고모의 영향을 받았기 때문이라고 고발했다. 10월 13일부터 마리 앙투아네트의 재판이 시작되었고, 에베르는 마리 앙투아네트가 근친상간을 했다고 증언했다. 재판장이 사실을 확인하는 질문을 하자, 마리 앙투아네트는 방청석을 채운 "뜨개질하는 여인들les tricoteuses"을 향해 "어미에게 이런 혐의를 씌우는 데 대해 본능은 답변을 거부하라고 시켰습니다. 나는 이 자리에 있는 모든 어미의 심판에 따르겠습니다"라고 말했다. 여성 방청객들은 숙연해졌고, 에베르는 시무룩하게 퇴정했다. 이 말을 들은 로베스피에르는 "머저리imbécile 같으니라구, 마리 앙투아네트가 마지막 순간에 대중의 주목을 받게 만들다니"라고 에베르를 나무랐다.

드파 지도자들을 혁명법원에 넘기고, 74명을 체포하라고 명령했다. 21명의 지도자들은 10월 24일부터 재판을 받았지만, 로베스피에르는 항의서 서명 자 74명을 보호해주었다.*

11월 초부터 지방의 파견의원들과 파리 코뮌이 일으킨 탈기독교 운동의 바람이 불어 파리 코뮌이 23일에 파리의 모든 예배당을 닫고 기독교 성인들 을 혁명의 희생자인 마라·샬리에·르펠티에로 대체했을 때, '신성한 몽타뉴 La Sainte Montagne'**는 국민에게 무신론이 퍼지는 것을 그대로 두기 어렵다 고 판단했다. 한 달 이상 파리를 떠났던 당통이 파리에 돌아온 직후였다.*** 26일에 당통은 국민공회에서 더는 반종교적 가장행렬을 봐줄 수 없다고 일 갈했고, 파리 출입을 통제한 뒤 관계위원회들이 합동으로 외국인의 음모에 대해 조사해서 보고하라고 요구했다. 로베스피에르도 그의 의견을 지지했 다. 국민공회의 단호한 태도에 파리 코뮌도 종교의 자유를 인정했다. 이처럼 로베스피에르가 이끄는 구국위원회는 당통의 힘을 빌려 극좌파의 활동을 제 압할 수 있었다. 12월 1일에 당통은 상퀼로트의 역할이 끝났다는 취지로 발 언했다. 더욱이 국민공회에서 그는 온건주의를 옹호했다.

---

* 73명으로 알려졌지만, 직접 확인한 결과 74명이었다.
** 9월 3일에 오를레앙에서는 국민공회 의원 라플랑슈Jacques Léonard Laplanche가 공개회의를 소 집했을 때 일제히 "공화국 만세! 생트 몽타뉴 만세!"를 외쳤다. 이때가 몽타뉴파를 신성한 종교로 취급하는 말이 탄생한 순간이었다. A. Aulard, *Histoire politique de la Révolution Française: Origines et Développement de la Démocratie et de la République (1789-1804)*, Paris, 1901 참조.
***바지르나 파브르 데글랑틴 같은 친구들이 동인도회사 사건에 얽혀 지탄을 받고 있었기 때문에 당 통은 10월 12일에 휴가를 얻은 뒤 아르시쉬르오브에서 머물다가 11월 20일에 파리로 돌아왔다.

내가 항상 주장하는 원칙은 구국위원회가 너무 과도하지 않은 범위에서 혁명조치를 지휘해야 한다는 것입니다. 이렇게 하면서도 위원은 개인들을 체포할 수 있고 혁명조치를 받아들이게 만들 수 있다는 것이 내가 말하고 싶은 요점입니다. 혁명조치를 늦추자는 말이 아니라 더욱 강력하고 정당하게 영향을 미치는 방향으로 적용하자는 뜻입니다. 공화국에는 수많은 모사꾼, 진정한 음모자들이 국민의 힘에서 벗어나 있습니다. 그들보다 죄질이 가벼운 사람들만 붙잡혔습니다. 그러므로 우리는 공화국이 발밑에 무너지는 한이 있더라도 혁명적인 행진을 하고 싶은 심정입니다. 그러나 모든 것을 격렬하게 추진했으므로 이제는 슬기롭게 행동할 때입니다. 우리는 격렬함과 신중함을 조합해야 조국을 구할 수 있습니다.

이틀 뒤인 12월 3일(프리메르 13일)에 당통은 그 말에 대한 추궁을 받고 해명해야 했다. 그날 자코뱅협회의 의장은 푸르크루아Antoine-François Fourcroy였다. 그는 파리의 의사로서 국민공회의 예비의원으로 뽑혔다가 7월 25일 마라의 빈자리를 물려받아 국민공회에 들어간 사람이었다. 푸르크루아는 르아브르Le Havre 협회의 대표단을 맞이했다. 대표단은 방데의 잔당이 센앵페리외르 도에서 문제를 일으키고 있으니 혁명군을 파견해서 진압하고 처형해달라고 요구한 뒤, 구국위원회에 나가 자신들을 위한 회의장소를 마련해달라고 요청할 계획임을 밝혔다.* 이 말을 듣고 어떤 회원은 국민공회가 각 지역의 민중협회마다 회의장소를 마련해주도록 촉구하자고 제안했다.

---

* 과연 이튿날 구국위원회는 르아브르 협회를 위해 그곳의 카푸친회 교회 건물을 지정해주는 한편 5,000리브르의 보조금을 지급하기로 결정했다.

184

그러나 당통은 곧바로 이 제안에 반대했다. 시민들은 자연권에 따라 모임을 결성한다. 따라서 그들이 모이기 위해 다른 권위에 의존할 필요가 없다. 현재 위기 상황에서 인민이 물심양면으로 얼마나 큰 힘을 혁명에 쏟는지 보라. 인민이 적을 분쇄하고, 혁명과업을 수행해서 적의 숨통을 끊으려고 전념하는 동안에는 헌법을 정지시켜야 한다. 이러한 내 생각을 비방하는 사람이 있겠지만, 인민을 혁명의 경계선 밖으로 데려가고 초혁명적 조치를 제안하는 사람들을 경계하자. 당통이 이렇게 에베르파를 공격하자, 우아즈의 쿠페 Jacques-Nicolas Coupé는 "혁명운동의 활력을 제한하려는 제안"을 듣지 말아야 한다고 주장했다. 그는 인민이 주권자이며, 통상적으로 국가에 속한 모든 재산의 소유자라고 선언했다. 그는 인민이 집회의 수단을 마련하기 위해 모든 헌법기관에 요구할 권리가 있다고 말하면서 당통과 대립했다.

당통은 연단에 올라 쿠페가 자기 말을 왜곡한다고 반박하고 자신의 뜻을 적극 해명했다. 인민이 적을 분쇄하는 데 전념하는 동안 헌법은 정지해야 한다고 말했다고 해서 결코 혁명의 맥을 끊어버리자는 뜻이 아니라, 모든 민중협회가 어떤 종류의 권위에도 종속하지 말아야 한다는 뜻이라고 주장했다. 당통은 이 기회에 자신의 결백과 자유에 대한 사랑을 입증해서 인민의 심판을 받겠다고 말했다. 그는 마라를 지켜주던 사람들 가운데 한 사람으로서 그의 영령 앞에 결백을 주장하노라고 말했다. 그는 상퀼로트의 대변자인 마라를 소환해서 자기의 혐의를 벗으려고 했다. 그는 항간에서 자신이 거만의 부를 누린다고 헐뜯지만, 실제로는 재산이 별로 없기 때문에 적들도 놀랄 것이라고 변명하고 나서, 12인위원회를 조직해서 자신의 결백이나 허물을 밝혀달라고 주문했다.

로베스피에르는 회원들에게 당통에 대한 기소 이유를 명확히 해달라고 요구하면서, 당통에게 "그대는 망명했다는 혐의를 받았습니다"라고 운을 뗐다. 그는 몽타뉴파의 단결을 해치지 않으려고 노력하면서 당통을 힘껏 변호했다. 당통은 심판을 받고자 한다. 부디 당통보다 더 애국자가 심판하기 바란다. 모든 집단과 카페에서 당통을 비방한다. 당통이 아무 근거 없이 비방당하고 있음이 분명하다. 그러나 단언하건대 당통을 비판하는 사람들은 귀족이며 특권층이다. 로베스피에르는 회원 각자가 당통에 대해 생각하는 바를 자기처럼 솔직하게 말해달라고 주문했다.

"이 자리는 진실을 밝히는 자리여야 합니다. 그 진실은 오직 그에게 명예로운 것일 뿐입니다. 그러나 모든 경우, 우리 협회의 모든 회원이 그 진실을 알아야 합니다."

모젤의 메를랭 드 티옹빌Antoine Merlin de Thionville은 당통이 자신을 치안 판사 라리비에르Larivière의 손에서 구해주었고, 8월 10일에는 "대담하게, 더 대담하게, 한층 더 대담하게"라는 말로 공화국을 구했다고 칭송했다. 로베스피에르와 메를랭이 분위기를 압도했다. 누가 그 분위기를 깰 수 있겠는가? 당장 당통을 공격했다가 분위기를 역전시키기는커녕 자기 진영의 약점만 밝히게 되는 것은 불리하다. 에베르파의 모모로는 분위기를 빨리 파악했는지, 당통에 대해 해롭게 말할 사람이 하나도 없으니 이제 회의주제를 바꾸자고 시큰둥하게 말했다. 의장 푸르크루아는 어떤 회원이 요구한 대로 당통을 안아주었고, 당통은 그렇게 해서 자코뱅협회에서 신임을 다시 확인했다.

로베스피에르와 루이 르그랑 중등학교 동창생인 카미유 데물랭은 국민 공회 의원으로서는 별로 두각을 나타내지 못했지만 훌륭한 언론인이었다. 그는 『뒤셴 영감』이나 자코뱅협회에서 에베르의 공격을 받았다. 12월 5일에 그는 5일마다 한 호씩 발간하는 신문 『비외 코르들리에Le Vieux Cordelier』 첫

호를 발간했다.* 그는 영국 수상 피트를 찬양하는 말로 포문을 열었다. 피트가 진보적인 혁명가들을 매수하는 데 성공했다는 이유였다. 마라가 죽은 뒤, 피트는 그들의 명성을 이용해서 마라의 친구들, 초창기부터 코르들리에 협회를 이끈 회원들의 아르고Argo를 공격하도록 밀어붙였다.** 당통이 아파서 자코뱅 클럽에 출석하지 않는 동안 그들은 뻔뻔스럽게 협회를 장악했지만, 로베스피에르의 우레 같은 연설 덕택에 당통은 위험에서 벗어날 수 있었다. 로베스피에르는 그들이 감히 당통을 공격했던 것이 피트에게 돈을 받았다는 증거라는 사실을 대중의 마음속에 각인시켰다. 한마디로 데물랭은 첫 호에서 '외국인의 음모'와 매수당한 '애국자들'을 공격하고, 당통을 옹호해서 분위기를 바꿔준 로베스피에르를 찬미했다.*** 닷새 뒤인 12월 10일에 발간한 2호에서 데물랭은 자신이 혁명의 희생자임을 강조했다. 8남매의 맏이인 그는 동생 하나를 마스트리트 전투에서 잃었고, 또 하나를 방데에서 잃었다. 특히 국내 전투에서 잃은 동생은 왕당파와 사제들이 형에게 품은 원한 때문에 잔인하게 갈가리 찢겼다.

　데물랭은 국민공회에서 자신이 겪은 혁명을 회고하면서, 브리소파와 지롱드파가 얼마나 마라를 증오했으며 제거하려고 애썼는지 밝히는 한편, 다시금 로베스피에르의 명연설을 찬미했다. 로베스피에르는 의원들에게 피트

---

* 원제목의 뜻은 '늙은', '고참', '원로'로 새길 수 있겠지만, 실제로 늙은이보다는 초창기부터 코르들리에 협회에 드나든 회원이라는 뜻이다. 발송자 부담으로 전국에 보급하는 이 신문은 3개월에 5리브르씩 받았다.

** 아르고는 고대 그리스 신화에서 이아손이 황금 양모를 찾아 모험할 때 탄 배다.

***데물랭은 로베스피에르를 뱃사공에 비유해서 "스틱스 강의 뱃사공 카롱은 폭우를 헤치고 나가면서 노 젓는 기술을 발전시킨다"라고 썼다.

가 혁명을 방해하려고 온갖 음모를 꾸미다 못해 새로운 작전을 동원했다고 폭로했다. 그는 피트가 롤랑처럼 애국자의 가면을 쓴 반혁명분자들을 매수해서 여론을 조작하고, 결국 자유에 치명적인 방향으로 밀고 나가게 만들었다고 경각심을 일깨웠다. 또한 로베스피에르는 자코뱅협회에서 두 차례 연설을 통해 탈기독교 운동의 배후를 밝혔다. 데물랭은 그들이 로베스피에르보다 더 애국자이며 볼테르보다 더 철학자라고 비꼬았다. 그들을 이끄는 아나샤르시스 클로츠는 프로이센 사람이며, 그만큼 비난을 받고 있는 프롤리의 사촌이다. 클로츠는 샹드마르스 학살사건 때 신문에서 애국자들을 비난했고, 가데와 베르니오의 추천을 받아 입법의회에서 프랑스인으로 귀화할 수 있었다.

또한 데물랭은 클로츠가 '인류의 대변자orateur du genre humain'라고 하지만 흑인노예 문제에 소극적인 위선자라고 주장했다. 그 위선자는 탈기독교 운동을 강요했다. 데물랭은 이성만 제대로 갖춘다면 굳이 가톨릭교를 강제로 버리지 않더라도 조만간 사라질 것이라고 주장했다. 그러나 "정치적 의사들도 프랑스인의 이성을 믿지 않기 때문에 걱정"이라고 말했다. 파리 주교 고벨이 클로츠의 강요로 국민공회에 사임하러 나타난 날, '철학자 아낙사고라스'(쇼메트)의 일행이 그 뒤를 따랐다. 데물랭은 프로이센 왕이 방데의 반란자들에게 뒷돈을 대다가 방데가 진압된 것을 안타까워했지만, 신하로부터 아직 파리에는 아나샤르시스와 아낙사고라스가 건재하다는 말을 듣고 안심했다는 이야기를 전했다. 이처럼 그는 '외국인의 음모'를 에둘러 비판했다.

12월 11일에 자코뱅협회는 숙정에 대한 메를랭 드 티옹빌의 제안을 받아들이고, 먼저 에베르를 불러 세웠다. 바랭의 방타볼Pierre Bentabole은 에베르가 루아르에셰르의 샤보, 『주르날 드 라 몽타뉴Journal de La Montagne』의 편집인 라보Jean-Charles Laveaux 같은 애국자들을 너무 쉽게 고발했다고 비난했다. 이튿날 12일에 특별회의를 열어 국민공회 의원들의 회원 자격을 심사했다. 우아즈의 부르동, 바렝의 방타볼, 손에루아르의 르베르숑Jacques Reverchon, 모젤의 바르Jean-Etienne Bar*, 오트마른의 쇼드롱 루소Guillaume Chaudron-Roussau, 루아르에셰르의 브리송Marcou Brisson을 받아들인 뒤, 론에루아르의 퀴세Joseph Cusset에 대해서는 숙청위원회가 심사해서 결정할 때까지 보류했다. 우아즈의 쿠페가 심사를 받으려고 연단에 올랐을 때, 파브르 데글랑틴이 문제를 제기했다. 쿠페는 누아용 인근의 사제 출신 의원이었다. 결혼한 사제인 로랑제가 조금 일찍 봉급을 받게 도와달라고 편지로 요청했을 때, 쿠페는 사제의 결혼을 인정한 것을 가소롭게 생각한다면서 거절했다. 파브르 데글랑틴은 "쿠페는 언제나 몽타뉴파와 함께 공화국을 위해 투표했지만 광신도임이 분명하기 때문에, 과연 광신도가 애국자가 될 수 있는지 알아볼 필요가 있습니다"라고 말한 뒤, 협회 명부에서 제명하자고 요구했다. 회원들은 쿠페의 변명을 듣고 약간의 토론을 거쳐 간단히 제명했다.

이어서 회원들은 비요바렌과 로베스피에르에 대해서는 박수로써 열렬히 환영했다. 루이 16세 재판에서 사형에 찬성하지 않은 코르시카의 카사비앙카Luce Casabianca, 노르의 귀족 두Eustache-Jean-Marie Aoust, marquis d'Aoust, 음모자나 부정축재지를 지지한 노르의 뒤엠은 모두 쫓겨났다. 프로이센 출신인 우아즈의 클로츠를 심사할 차례가 왔다. 의장 푸르크루아가 그에게 고향이 어디냐고 묻자, 그는 장차 프랑스공화국의 도département로 편입될 프

로이센이라고 대답했다. 어떤 시민은 그에게 은행가 방데니베Jean-Baptiste Vandenyver 가문과 친하지 않느냐, 그들을 석방시키라고 요구하지 않았느냐고 물었다. 클로츠는 열한 살 때부터 파리에서 공부하기 시작했기 때문에 부모가 보내주는 돈을 방데니베가 계속 관리해주었으며, 그러한 이유로 그들이 결백하다는 사실을 잘 안다고 대답했다.

"독일계 남작을 애국자로 생각할 수 있겠습니까? 매년 10만 리브르 이상의 수입이 있는 사람을 상퀼로트로 볼 수 있습니까? 은행가들과 프랑스의 적들만 상대하는 사람을 공화주의자로 믿을 수 있습니까?"

로베스피에르는 이렇게 포문을 열었다. 그는 상퀼로트의 지지를 염두에 두고 연설하면서, 클로츠가 연방주의의 지지자를 증가시켰고, 브리소나 랑쥐네처럼 엉뚱하고 고집스럽게 보편적 공화국에 대해 주장하면서 세계 정복의 집착을 선동하는 글을 퍼뜨렸으니 제명해야 마땅하다고 주장했다. 로베스피에르는 여러 번이나 회원들의 박수갈채 때문에 연설을 중단했고, 회원 명단에서 모든 귀족·사제·은행가·외국인을 지우자고 제안한 뒤 연단을 내려갔다. 회원들은 그의 제안을 받아들여 클로츠를 당장 제명했다.

12월 13일(프리메르 23일)에는 국민공회의 안보위원회 위원들을 심사해서 전원 통과시킨 뒤, 혁명법원의 모든 구성원에 대해서도 심사했다. 먼저 푸코Etienne Foucault의 자격에 대한 이의가 있었다. 그는 1789년에 아베 감옥에 있던 프랑스 수비대 병사들을 흉악범으로 취급했으며, 무고한 아녀자를 감옥에 보냈다는 것이다. 푸코는 해명했고, 로베스피에르의 지지를 받아 무난히 심사를 통과했다. 그 밖의 혁명법원 관계자들도 모두 심사를 통과했다. 14일에는 퓌드돔의 쿠통Georges Couthon의 제안으로 자코뱅협회가 위원 두 명을 구국위원회에 보내 전쟁부 관계자들의 명단과 함께 그들의 정치 성향과 생활방식에 대한 정확한 정보를 요구하며, 공화국의 모든 행정기관에 대해서도 똑같은 정보를 요구하기로 의결했다. 그러고 나서 다시 국민공회 의원들의 자격심사를 시작했다.

파브르 데글랑틴은 1792년 8월 9일부터 10일 사이의 밤에 폭군(루이16세)에게 민중의 동태를 알렸다는 고발에 관해 잘 해명했다. 그러고 나서 재산에 대해 해명하라는 요구를 받은 그는 오직 문학적 재능으로 돈을 벌었고, 안락하게 살았지만 남의 빈축을 살 만큼 사치스럽게 살지는 않았다고 대답해서 심사를 통과했다. 카미유 데물랭은 딜롱Arthur Dillon 장군과 어떤 관계인지 질문을 받고, 딜롱 장군이 애국자이며 훌륭한 지휘관임에도 박해를 받기 때문에 옹호한다는 취지로 답변했다. 그는 혁명이 일어난 뒤 훌륭한 사람들을 많이 겪었고, 자기가 1790년에 뤼실Anne-Lucile-Philippe Laridon-Duplessis과 결혼할 때 결혼증서에 서명한 사람만 해도 60명이나 되었지만, 이제 로베스피에르와 당통만 곁에 남았고, 나머지는 모두 망명했거나 단두대에 섰는데, 일곱 명이 얼마 전에 처형당한 스물두 명의 지롱드파 지도자에 속했다고설명했다.* 그는 그들의 재판에서 "그들은 공화주의자로, 브루투스로 죽음을 맞았다"고 말했다는 혐의를 부인했다. 자기는 정확히 "그들은 공화주의자로, 그러나 연방주의에 물든 공화주의자로 죽음을 맞았다"고 말했고, 그들이 왕당파라고 생각하지 않으며, 그들이 친구들임에도 그릇된 행동을 했기에 고발했노라고 강조했다. 그는 로베스피에르의 지지 연설 덕에 회원 자격을 잃지 않았다. 당통과 여러 의원도 차례대로 심사를 받고 통과했다.

---

* 앞에서 보았듯이 스물한 명은 10월 31일에, 그리고 피에르 쿠스타르는 11월 6일에 처형당했다.

라Antoine Laa는 바스피레네의 예비의원에 뽑혔다가 8월 8일에 사임한 메이양Armand Meillan의 자리를 차지했다. 그가 심사대에 오르자 사람들은 그에게 국민공회에서 어떤 법안에 찬반의사를 표시했는지 물었다. 그는 의원 경력이 짧아서 아직 주목할 만한 활동을 하지 못했다고 대답했다. 로베스피에르가 예비의원들의 자격심사에 대해 한마디 했다.

예비의원 가운데 국민공회에 동원하는 모든 사람이 훌륭한 공화주의자나 연방주의자일 수 있으므로, 혁명과정에서 일어난 모든 사건에 대한 견해를 공개적으로 확인하도록 해야 합니다. 지금 국민공회를 분열시키려는 자들이 있습니다. 그들은 특히 정부의 과중한 업무를 담당하는 구국위원회를 공격합니다. 몽타뉴파에도 산꼭대기에 앉은 채 늪지파의 진흙탕에 빠진 역적들에게 손을 내미는 자들이 있습니다. 구국위원회는 조국의 중대한 이해관계를 결정하고, 이러한 범죄의 싹을 자르는 일을 맡은 기관입니다. 국민공회가 인민의 신뢰와 사랑으로 존속하듯이 구국위원회는 국민공회의 한결같은 동의를 바탕으로 존재할 수 있습니다. 지금 출석한 모든 공화파 의원은 내일 국민공회에서 이렇게 발의해주시기 바랍니다. 마지막 폭군을 심판한 뒤 파리에 도착한 예비의원들은 혁명의 모든 사건에 대한 견해를 연단에서 분명히 밝혀야 합니다.

가톨릭교에서는 개인이 사제를 매개로 하느님에게 양심을 고백했다. 혁명기에는 시민들 앞에서 속내를 털어놓게 함으로써 국론을 통일시키려 했음을 알 수 있다. 게다가 구체제에서 직업인들에게 부과하던 맹세의 의무를 시민사회에서는 기회가 있을 때마다 모든 시민에게 강요했으니, 좋은 뜻으로는 상호 관심 속에 시민사회의 참여도를 높이는 일이었지만, 그 부작용은 컸다. 우리/적의 구분만 존재하는 분위기를 상상만 해도 숨막힌다. 샤랑트 앙페리외르의 예비의원으로 뽑혔다가 10월 8일부터 마르티니크의 의원이 된 크라수Jean-Augustin Crassous는 이 기회를 이용해서 자신의 시민정신을 증명했다. 그리고 회원들은 라의 자격도 인정해주었다.

데물랭은 12월 15일에 발간한 『비외 코르들리에』 3호에서 고대 로마 황제들의 치세에 사람들의 피가 강물처럼 흘렀으며 쓰레기가 부패했다고 말했다. 그는 현실을 비판할 때 역사만큼 좋은 무기가 없음을 잘 알았다. 그는 고대 로마의 역사가 타키투스의 작품을 이용해서 현실을 비판했다. 심지어 그는 사르트의 필리포Pierre-Nicolas Philippeaux의 글을 구국위원회가 탄압했고, 그렇게 해서 언론의 자유를 말살한다고 공격했다. 필리포는 6월 24일의 명령으로 중서부의 도에 파견의원이 되어 주민들에게 무기를 들고 방데 반란자들에게 맞서라고 독려했고, 군대를 이끌고 한 달 이내에 샤르트르·푸아티에·앙굴렘·리모주·샤토루·투르를 두루 진압할 만큼 눈부시게 활약했다. 그는 구국위원회에 편지를 써서 자기 자랑을 늘어놓았다. 그는 낭트로 들어가 방데 반란군을 다방면으로 공격하는 계획을 세운 뒤, 투르로 가서 그곳의 파견의원들에게 그 계획대로 하자고 설득했다. 모젤의 메를랭 드 티옹빌Antoine Merlin de Thionville과 오랭의 뢰프벨Jean-François Rewbell은 찬성했지만, 멘에 루아르의 슈디외René-Pierre Choudieu는 군 장성들과 함께 소뮈르부터 공격하는 편이 낫다고 주장했다. 슈디외는 필리포가 황제처럼 굴었다고 술회했다. 그러나 필리포는 구국위원회에 편지를 써서 불만을 쏟아냈다.

구국위원회는 양측 장군들과 파견의원들에게 9월 2일에 소뮈르에 모여서 상의하라고 명령했다. 필리포 측의 파견의원 일곱 명과 장군 세 명은 낭트 공격을, 슈디외 측 파견의원 세 명과 장군 일곱 명은 소뮈르 공격을 지지했다. 이렇게 해서 필리포의 주장대로 작전을 실천한 결과 진압군이 크게 졌다. 필리포는 장군들이 역적이라서 졌다고 비난하면서 패배의 책임을 떠넘겼다. 슈디외는 작전보고서에서 필리포를 "미친 사람이 아니면 사기꾼"이라고 비난했다. 필리포는 구국위원회와 주고받은 편지를 발간해서 자신의 결백을 주장했고, 데물랭은 그 글을 '진정한 구원자'라고 평가했다. 그는 반혁명분자들이 입으로는 언론의 자유를 말하면서도 사실상 진정한 애국자의 자유를 탄압하는 현실을 역설적으로 꼬집었다. 모든 공화국은 "무고한 사람 한 명을 벌하는 것보다 죄인들을 벌하지 않는 것이 낫다"고 하지만, 전제주의는 "단 한 명의 죄인이 모면한다면, 여러 명의 무고한 사람이 멸망하는 편이 낫다"고 한다. 구국위원회는 이 점을 깨닫고, 공화정을 세우기 위해서는 한순간이나마 폭군들을 본받을 필요가 있다고 믿었다. 구국위원회는 마키아벨리의 말처럼 정치적 양심의 영역에서 가장 큰 선이 가장 작은 악을 지웠다고 생각했다. 그렇게 해서 일정 기간 동안 자유의 상을 천막으로 가렸다.『비외 코르들리에』3호는 큰 성공을 거두었다. 데물랭이 구국위원회의 공포정을 비판한 데 대해 공감하는 사람들이 많았다는 뜻이다.

12월 16일에도 자코뱅협회는 국민공회 의원들을 심사했다. 어떤 회원은 귀족이라도 애국심을 증명하면 받아들일지 물었고, 로베스피에르는 예외를 두어서는 안 된다고 대답했다. 여러 회원이 귀족과 함께 모든 종류의 금융가·투기꾼·외국인·사제를 제명하는지 물었다. 혁명법원의 배심단장인 앙토넬은 자기가 귀족이라고 생각한 적이 없으며, 정치적 성향 때문에 자코뱅협회에 가입했으니 제명하지 말아달라고 요구했다. 어떤 시민은 일부 사제와 귀족의 애국심을 인정해야 한다고 주장했지만, 협회에서 예외를 인정하지 말자는 의견이 압도적이었다. 개신교 목사인 아베롱의 베르나르Louis Bernard de Saint-Affrique는 로베스피에르의 제안으로 의결한 명령이 귀족·외국인·은행가에게만 해당하며 사제를 포함하지 않았다고 지적하고, 자신은 거기에 사제를 포함시키는 제안을 반혁명적이라고 생각한다고 말했다. 왜냐하면 공화국을 파멸시킬지 모르기 때문이다.

로베스피에르는 베르나르의 제안을 지지했다. 그는 귀족이나 사제를 똑같이 존중하지 않는다고 말했다. 그럼에도 그는 인민의 적들이 국민공회와 자코뱅협회가 마치 종교와 싸우고 있는 것처럼 민중을 속인다고 하면서, 현실을 직시하라고 말했다. 귀족은 모두 유리한 조건에서 탄생하고 종교적으로 고위직을 거의 독점했지만, 하위직 종교인은 대체로 평민 태생이다. 이들은 구체제부터 희생을 했기 때문에 혁명에 동조했다. 자코뱅협회에도 설교단에서 내려와 자유를 위해 몸 바친 사람이 있다. 그는 자유의 수호자들이 작은 실수라도 저지르면 인민의 적들이 그때를 틈타 인민을 그릇된 길로 안내한다고 말하면서, 에베르파가 탈기독교 운동을 통해 사회적 갈등을 부추긴 사실을 에둘러 고발했다.

12월 17일에 국민공회에서는 파리의 파브르 데글랑틴, 우아즈의 부르동, 파드칼레의 르봉Gratien-François-Joseph Le Bon, 필리포가 차례로 전쟁부 소속 관리나 장성들을 고발했다. 파리의 빅바나 둘롱의 소식을 도배하고 군인들에게 정부를 비방하는 글을 돌린 혐의로 뱅상Vincent을, 파리혁명군 총사령관 롱생Charles-Philippe Ronsin과 혁명 초부터 중요한 시위에 가담한 경력이 있는 마이야르Stanislas-Marie Maillard를 에베르파라는 정치적 이유로 안보위원회에 고발하고 체포하기로 했다. 19일에 우아즈의 들로네의 서류에서 동인도 회사를 청산하는 문제에 대해 파브르 데글랑틴을 속여 서명을 받아낸 위조 법령이 나오면서 정치적 바람의 방향이 바뀌기 시작했다.

12월 21일(니보즈 1일)에 자코뱅협회에서 니콜라Sébastien-Roch Nicolas가 카미유 데물랭을 고발했다. 그는 데물랭이 반혁명의 범죄의도를 가지고 중상비방문을 발표했다고 비판한 뒤, 그것을 읽은 사람들도 자기처럼 데물랭이 오래전부터 기요틴에 다가서고 있다고 생각할 것이라고 말했다. 그는 『비외 코르들리에』 3호에서 데물랭이 "모든 사람은 현 상황을 자유롭지 않다고 생각하겠지만, 참고 견디라, 자유를 누리는 날이 올지니"라고 쓴 부분을 읽은 독자의 분노를 대변하는 데 그치지 않았다. 그는 파리 도의 감시위원회의 위원이었는데, 데물랭이 여러 차례 감시위원회를 찾아와 바이양Vaillant을 석방해달라고 요구했다고 폭로했다. 구국위원회와 안보위원회는 바이양이 귀족주의자들과 내통하면서 법을 어기고 반혁명분자를 자기 집에 투숙시켰다고 지목했고, 감시위원회는 두 위원회의 명령을 받고 그를 체포했다.

그런데 데물랭은 감시위원회가 그를 풀어주지 않는다면 안보위원회에 고발하겠다고 집요하게 으름장을 놓았다. 니콜라가 데물랭을 고발한 뒤, 에베르는 우아즈의 부르동을 비난했다. 그는 우아즈의 부르동이 푀이양파와 가까이 지냈고, 자코뱅협회에서 가장 훌륭한 애국자들을 숙청하자고 제안했으며, 심지어 마라까지 쫓아내자고 했으니, 지금이라도 그를 쫓아내야 한다고 강조했다. 모모로는 에베르를 지지하려고 나서서, 롱생이 방데에서 가장 혁명적으로 임무를 수행했는데 음해를 당했다고 말했다. 모모로는 자코뱅협회가 롱생을 신뢰한다고 선언하자고 덧붙여 큰 호응을 이끌어냈다. 에베르는 가짜 애국자들의 가면을 벗기는 기회가 와서 다행이라고 말한 뒤, 여러 명 가운데 특히 필리포가 정당한 근거도 없이 로시뇰 장군과 롱생을 체포하고 증언을 날조했다고 고발했다. 그러고 나서 그는 모든 음모의 '주동자', '간사한 뱀', 모든 위원회에 관여해서 신뢰를 얻은 파브르 데글랑틴이 프랑스의 적들과 공모하고, 귀족주의 성향의 작품으로 이름을 날렸다고 고발했다. 더욱이 파브르 데글랑틴은 방데에서 부정축재를 한 동생(파브르 퐁)의 허물을 덮으면서 롱생을 악착같이 체포하게 만들었다고 폭로했다.

에베르는 카미유 데물랭, 우아즈의 부르동, 필리포, 파브르 데글랑틴을 자코뱅협회에서 추방하며, 협회가 공식적으로 뱅상과 롱생을 신임한다고 선언하자고 호소했다. 다른 회원이 『주르날 드 라 몽타뉴』의 편집인 라보도 숙청해야 한다고 외쳤다. 회원들은 네 명을 다음 회의에 출석시켜 변명의 기회를 주기로 의결했다.

데물랭은 『비외 코르들리에』 4호를 24일에 시중에 뿌렸다. 거기서 그는 혁명정부를 움직이는 로베스피에르와 구국위원회를 매섭게 비판했다. 혁명의 목적이 변했다. 자유로운 세상을 만들려고 시작한 혁명이 자유를 탄압하고 헌법을 무시한다. "자유, 그것은 행복이요, 이성이요, 평등이요, 정의요, 인권선언이요, 우리의 숭고한 헌법이다!" 데물랭은 반혁명혐의자로 20만 명을 가둔 감옥 문을 열라고 촉구했다. 「인권선언」의 어느 구절에도 혐의자를 가두는 감옥은 없다. 오직 구치소만 있을 뿐. 혐의만으로 감옥에 넣을 수는 없지만 검사는 혐의자를 기소한다. 법으로 정한 범죄를 저지를지 모른다는 이유만 있을 뿐이다. 데물랭은 공화국에 치명적이며 가장 혁명적인 조치라고 비판했다. 모든 적을 단두대에서 처단하고자 하는 것처럼 미친 짓은 없다. 단 한 명이라도 그런 식으로 처단하면, 그 가족이나 친구들을 모두 적으로 만들기 때문이다. 그리고 반혁명혐의자로 가둔 사람들이 과연 위험한 사람인가? 여성·노인·약골弱骨·이기주의자·낙오자가 위험한 적인가? 용감한 강골들은 모두 망명하거나 리옹·방데·툴롱 같은 곳에서 저항하다 토벌당했다.

데물랭의 원칙과 로베스피에르의 원칙은 어떻게 다른가? 데물랭이나 로베스피에르는 모두 인권을 확립하는 데 찬성했기 때문에 혁명에 가담했다. 그러나 데물랭은 조국이 위기 상황에 처했다는 이유로 아직 범죄를 저지르지도 않은 사람을 선입견 때문에 고발하고 체포하고 구금하는 일에 찬성할 수 없었다. 그는 본의 아니게 정치가가 되었을지라도 언론인의 본분을 지켜 약자의 인권도 보호해야 한다는 신념을 지켰고, 친구에 대해 쓴소리도 마다하지 않았다. 로베스피에르는 원칙을 충실히 지키는 정치가로 행동했다. 혁명을 정착시키고 공화국을 완전한 궤도에 안착시킬 때까지 비상조치를 취해야 한다고 믿었다. 그는 옳은 일을 하는 데 주저하거나 방해하는 사람을 용납하지 못했다. 우리가 그의 진지함을 이해하지 못할 바 없겠으나, 민주주의를 정착시키기 위해 민주주의를 보류하는 일에 찬성하긴 어렵다. 그럼에도 우리는 그 시대의 정치 상황, 정치가와 유권자들이 선택한 방식을 이해하려고 노력해야 한다.

12월 25일에 로베스피에르는 혁명정부의 원칙에 대해 다음과 같이 보고했다. 국내외에서 잇따라 성공한 덕에 심신 미약자는 안심하고 잠들지만, 정신력이 강한 사람들은 더욱 날카로운 눈으로 현실을 보게 되었다. 툴롱에서 거둔 기적 같은 승리를 유럽과 역사가 존경하게 만들고 자유를 위해 새로운 승리를 준비하자. 공화국의 수호자들은 "할 일이 남아 있는 한 아무 일도 하지 않은 것이다"라는 카이사르의 가르침을 가슴에 새기고 있으며, 프랑스가 처한 위험을 열심히 물리치는 일을 숙제로 안고 산다. 구국위원회는 영국인과 역적을 정복하는 일부터 시작해서 점점 더 어렵고 중요한 과업을 맡았다. 그것은 자유를 위협하고 끊임없이 음모를 꾸미는 모든 적에 대처하고, 국가의 번영을 가져올 원칙들을 승리하도록 만드는 일이다. 그리하여 혁명정부의 원칙과 필요성을 설명할 필요가 있다. 혁명정부가 태어난 뒤에도 그것을 마비시킬 수 있는 원인이 무엇인지 밝혀야 한다. 로베스피에르는 혁명정부에 대한 이론을 정치저술가들의 책에서 찾아서는 안 되며, 그 이유는 정치저술가들도 혁명을 예상하지 못했기 때문이라고 말했다.

그는 혁명의 짧은 역사가 혁명정부가 필요하다는 사실을 가르쳐주었다고 생각했다. 그는 정부의 기능이 국민의 정신과 육체적 힘을 이끌어 정부의 목표를 달성하는 것이지만, 여느 정부와 혁명정부는 목적에서 차이가 있다고 강조했다. 이어서 그는 다음과 같은 요지로 자신의 주장을 이어나갔다. 전쟁을 수행해야 하기 때문에 혁명정부는 특별한 활동을 필요로 한다. 따라서 여느 정부와 달리 그 행동에서 일관성과 정확성을 찾기 어렵다. 상황이 급격히 요동치기 때문이다. 끊임없이 새로운 위험이 급박하게 닥칠 때 새로운 방법을 찾아 신속하게 대응해야 한다. 개별 시민의 자유에 전념해야 하는 정부와 달리 혁명정부는 공공의 자유에 전념해야 한다. 헌정질서를 지키는 일은 공권력의 남용을 막아 개인을 보호하는 것이지만, 혁명정부의 공권력은 모든 당파의 공격을 차단하는 데 써야 한다. 혁명정부는 선량한 시민들의 힘을 빌려 국가를 보호하지만, 인민의 적들로부터는 죽음 이외에 얻을 것이 없다. 혁명정부가 더 빠르고 자유롭게 행동한다고 해서 정당성과 합법성이 떨어지지 않는다. 모든 법 가운데 가장 신성한 법이라 할 인민의 생명과 사유를 보호하는 데 근거를 두기 때문이다. 혁명정부도 그 나름의 규칙을 가지고 있으며, 그것을 정의와 공공의 질서에서 얻었다. 따라서 혁명정부는 무정부상태나 무질서가 아니다. 오히려 법의 통치를 강화하기 위해 질서를 존중한다. 개인들의 정념이 아니라 공공의 이익이 혁명정부를 이끌어야 한다.

공공의 자유를 위험에 빠뜨리지 않으려면, 모든 점에서 통상적이고 일반적인 원칙을 엄정히 적용해야 합니다. 그럼에도 혁명정부의 힘을 발휘하는 수단은 과감해야 합니다. 그렇지 않으면 음모자들의 배신행위를 이길 수 없습니다. 그들에게 더욱 무섭게 할수록, 선량한 사람들에게 더욱 친절할 수 있습니다. 엄격한 행동이 필요한 상황일수록 불필요하게 자유를 억압하는 조치를 취하지 말아야 합니다. 더욱이 공공의 이익이 없이 사적 이익을 해쳐서는 안 됩니다.

로베스피에르는 혁명적 상황에서 헌법을 구하려면 혁명정부가 자유의 적들부터 물리쳐야 한다고 생각했다. 그는 혁명정부가 적들에게 가차 없이 행동하는 이유는 선량한 시민들에게 더욱 친절하게 대하고, 궁극적으로 시민들의 생명과 재산을 보호하려는 데 있음을 강조했다. 따라서 혁명정부는 비상정부이긴 해도 괴물은 아니다, 상식과 정의에 바탕을 둔 원칙을 급변하는 위급 상황에 맞게 과감히 적용하는 정부이기 때문이라고 덧붙였다.

그리고 나서 그는 5개조 법안을 발의했다. 혁명법원의 검찰관은 국가 반역의 혐의로 체포한 군 장성들을 빨리 재판에 회부하라고 촉구하고(1조), 구국위원회는 이른 시일 안에 혁명법원을 더욱 완전하게 조직할 방안을 마련하며(2조), 조국을 위해 싸우다 다친 사람, 목숨을 바친 이의 아내와 자녀들에게 예전의 법에서 정한 것보다 3분의 1을 증액해서 보상하고(3조), 특별위원회를 구성해서 그들에게 최대한 혜택을 줄 수 있는 방안을 강구하며(4조), 국민공회는 구국위원회가 제출한 명단에서 특별위원회 위원을 선정·임명한다(5조). 이처럼 로베스피에르는 애국자에게 확실한 보상안을 마련해주고, 반역자를 신속히 처단하는 법을 제정하도록 만들었다.

프뤼돔의 『파리의 혁명』 220호에서는 로베스피에르가 혁명정부의 조치를 말하면서 언론의 자유에 대해 얘기하지 않으니, 과연 상퀼로트에게 빵과 진실을 전해줄 언론이 존재할 수 있을까 하고 물었다. 그 언론인은 로베스피에르의 연설에서 한 구절을 뽑아 구국위원회의 문 위에 황금 문자로 새겨야 한다고 말했다. 그는 그 구절을 이중의 뜻으로 해석하지 않았을까?

불순하고 믿을 수 없는 자들이 혁명정부를 손에 넣고 흔드는 날, 우리는 자유를 잃을 것이다. 자유의 이름은 반혁명의 구실과 변명으로 변할 것이다.

로베스피에르는 혁명정부가 암초 사이를 안전하게 항해해야 한다고 생각했다. 혁명정부의 양쪽에 있는 암초는 유약함과 무모함, 온건함과 지나침이다. 과연 그는 혁명정부를 적당한 길로 이끌 수 있을까? 그는 현실적으로 관용파indulgents와 에베르파 사이로 혁명정부를 이끌어나가야 한다고 생각했고, 먼저 에베르파를 견제하기 위해 당통과 데물랭의 관용파를 도와주었다. 그러나 데물랭은 혁명정부의 급진적인 비상조치가 자유를 억압한다고 비판하기 시작하면서 로베스피에르와 사이가 벌어졌다.

12월 25일(니보즈 5일)에 발행한 『비외 쿠르들리에』 5호에서 데물랭은 "내가 말했듯이, 공화국의 배[船]는 온건주의와 극단주의의 암초 사이를 항해한다"라는 정치적 신념이 중상비방자를 무장해제시킬 것이라고 말했다. 그는 "혁명을 거스르는 편이 혁명에 머무는 것보다 덜 위험하고, 더 가치 있는 일이다"라는 말에 당통도 동의했다고 강조했다. 그는 배가 항해할 때 온건주의의 모래층보다는 극단주의의 바위 쪽으로 다가서는 편이 나을 수도 있다고 주장했다. 그러나 '뒤센 영감'(에베르)*과 거의 모든 애국자가 뱃전에서서 "조심하시오, 온건주의 쪽으로 가지 않도록"이라고 외칠 때, '비외 코르들리에'이며 자코뱅의 오랜 회원인 데물랭은 국민공회의 의원들이 안겨준 책임감 때문에 배를 구하기 위해 명성을 희생하는 한이 있더라도 "조심하시오, 극단주의 쪽으로 가지 마시오"라고 외치겠다고 못 박았다. 그는 나흘 전인 21일에 니콜라가 자신을 가리켜 날마다 단두대를 향해 더 가까이 다가선다고 했음을 상기시키면서, 혁명법원이 그렇게 가벼운 일로 단두대에 세우는 것이 과연 옳은 일인지 생각해보라고 촉구했다. 그는 결코 자기 혀를 묶어두지 않겠으며 할 말은 하고 말겠다고 단호히 말했다. 그는 자기를 음모자라고 비난하는 정적들의 말이 옳다고 시인한 뒤, 당통이나 로베스피에르와 함께 끊임없이 음모를 꾸민 이유가 공화국과 정적들의 자유를 위해서라고 주장했다. 인민이 수많은 지도자를 심판할 때 그들은 언제나 자기가 여섯 달 먼저 했던 비판에 근거를 두었으며, 그것만으로도 자신이 남보다 먼저 생각하고 경고했음을 증명할 수 있다고 자부했다.

나는 우정보다 조국을 더 위하며 살았다. 공화국에 대한 사랑이 개인적인 애착을 눌렀다. 나는 그들에게 손을 내밀기 전에 마땅히 그들을 고발했다.

데물랭의 신문 5호는 발행일로부터 열흘 뒤인 1794년 1월 5일에 시중에 나왔다. 거기서 데물랭은 에베르가 전쟁장관 부쇼트로부터 어떤 혜택을 받

---

* 당통은 에베르가 '뒤센 영감'이 입에 문 담뱃대를 '예리코(여리고Jérico) 성의 나팔'로 빗대었다고 말했다. 영감이 유명인의 곁에서 담뱃대를 세 번 빨면 유명인은 스스로 명성을 잃는다는 뜻이다.

앉는지, 다시 말해 국고를 어떻게 착복했는지 밝혔다. 데물랭은 앙리오가 국민공회를 포위하고 지롱드파 의원들을 체포하라고 압력을 넣던 6월 2일에 『뒤셴 영감』에게 13만 5,000리브르를 보조했다고 폭로했다. 그날 파리 시민들이 국민공회를 지키기 위해 노력하는 동안 에베르는 국고에 손을 댔으며, 그리고 8월에 1만 리브르, 10월 4일에 6만 리브르를 받았다. 에베르는 전쟁부의 인맥을 이용해서 자기 신문을 군대에 대대적으로 보급했다. 특히 10월 4일에 받은 돈은 국민공회가 9월 29일에 최고가격제법을 통과시키고, 2일부터 파리 코뮌에서 탈기독교 운동을 시작하고, 3일에 국민공회가 마리 앙투아네트를 혁명법원에 넘기기로 하고, 국민공회에서 축출한 의원 136명을 기소하기로 결정한 일과 무관하지 않다. 『뒤셴 영감』은 매호마다 상퀼로트 계층을 상대로 기뻐할 일과 분노할 일을 알려주었다.* 데물랭은 전쟁장관 부쇼트가 에베르에게 준 60만 리브르는 『뒤셴 영감』 60만 부를 발간하는 대가였는데, 에베르는 실제로 신문을 발행할 때 4만 리브르 이상 나랏돈을 횡령했다고 폭로했다.**

---

* 어떤 호는 『뒤셴 영감의 큰 기쁨*La Grande Joie du père Duchesne*』, 그다음 호는 『뒤셴 영감의 큰 분노*La Grande Colère du père Duchesne*』를 번갈아 제호로 사용했다.

** 처음 1,000부를 발행할 때 조판비 16리브르, 인쇄비 8리브르, 종이값 20리브르, 총 44리브르가 들었고, 나머지 59만 9,000부의 경우, 조판비를 빼고 1,000부당 28리브르씩 모두 1만 6,772리브르가 들었으므로, 60만 부의 실제 발행비는 1만 6,816리브르였다. 따라서 에베르는 10월 4일에 4만 3,184리브르를 벌었다. 그런데 우리는 이 신문의 단가와 실제 판매가를 비교해야 한다. 이 신문은 1주에 3호씩, 공화력 채택 후 10일에 4호씩 한 달에 12호를 발행하는데, 독자는 발송비 포함가로 50수를 내야 했다. 따라서 에베르는 1부를 0.56수에 발간해서 발송비를 포함해서 4.16수를 받았다. 그리고 4.16수를 60만 부로 곱하면 12만 4,800리브르였으니, 에베르가 이중으로 막대한 돈을 벌었음을 알 수 있다. 그는 나랏돈을 받지 않고서도 10만 리브르를 벌었다.

1월 7일에 자코뱅협회에서 로베스피에르는 데물랭의 『비외 코르들리에』 5호를 고발하면서, 귀족주의자들은 거기서 위안을 얻을 수 있을 것이며, 모든 도에 수천 부를 발송해서 희미하게나마 희망을 공유할 것이라고 예단했다. 로베스피에르는 데물랭을 처벌해야 마땅하다고 생각하지 않지만, 그가 신문에 실은 타키투스의 구절에 대해 한마디 했다.

"나는 데물랭보다 더 정치적이었던 타키투스의 구절이 데물랭의 손에서 현 정부와 국민공회에 대한 신랄한 비판으로 태어나지 않았는지 묻습니다. 만일 자유의 적들인 귀족주의자들이 데물랭이 선택해서 번역한 타키투스의 글을 무기로 삼기 위해 앞다투어 타키투스의 번역을 사려고 하지 않을지 묻고 싶습니다! (……) 데물랭이 발행한 신문을 우리 협회 회의장 한가운데서 불에 태우자고 제안합니다."

수많은 회원이 찬성의 뜻으로 환호했고, 로베스피에르는 몇 번이나 중단하면서 연설을 마쳤다. 데물랭이 대답했다.

"로베스피에르는 우정 어린 말로 나를 나무랐습니다. 나도 똑같은 말투로 그의 모든 제안에 답변하고자 합니다. 로베스피에르는 내 신문을 모두 태워야 한다고 말했습니다. 나는 루소의 말을 빌려 대답하겠습니다. '태우는 것은 정답이 아니다!'"

로베스피에르는 "그렇다면 카미유 데물랭의 신문을 태우자고 했던 안을 철회하겠다"고 말한 뒤, "데물랭의 신문을 함께 읽고, 만일 데물랭의 원칙을 옹호하는 사람이 있다면 그의 말을 들어보고, 애국자들이 그에게 반론하자"고 제안했다. 데물랭은 로베스피에르의 말을 이해하지 못하겠다고 말했다.

"어떻게 그대는 내 신문을 읽는 독자가 모두 귀족주의자라고 말할 수 있습니까? 국민공회, 몽타뉴파는 모두 『비외 코르들리에』를 읽었습니다. 국민공회와 몽타뉴파가 귀족주의자들로 구성되었단 말입니까? 그대는 이 자리에서 나를 고발하지만, 내가 그대 집에 가지 않았던가요? 나는 그대의 우정에 호소해서 신문을 직접 읽어주면서 소감을 말해달라고 했고, 내가 앞으로 가야 할 길을 보여달라고 하지 않았습니까?"

로베스피에르는 데물랭의 신문 중에 겨우 한두 호만 보았는데, 누가 들으면 자기가 불러주는 대로 신문에 쓴 줄 알겠다고 대답했다. 그러자 곧바로 당통이 끼어들었다.

"로베스피에르가 우정을 발휘해서 조금 엄격한 태도로 가르쳤다고 해서 데물랭이 겁먹을 필요가 없습니다. 언제나 정의롭고 냉정하게 결정하시는 여러분, 데물랭을 심판하더라도 언론의 자유에 치명타를 날리지 않도록 해주시기 바랍니다."

로베스피에르가 제안한 대로 회원들은 데물랭의 신문을 읽어보자고 요구했다. 비서가 『비외 코르들리에』 4호를 읽는 동안 회원들의 드센 항의로 여러 차례 멈춰야 했다. 자코뱅협회는 다음 날 3호와 5호를 읽기로 의결하고 밤 11시에 회의를 끝냈다.

이튿날인 1월 8일에 자코뱅협회에서 모모로가 데물랭의 신문 3호를 회원들에게 읽어주었다. 에베르는 의사일정대로 5호를 읽을 차례인데, 특히 자신을 공격하는 내용이라고 운을 뗀 뒤, 자신이 비록 상처를 입지는 않았지만 독을 다스리는 해독제가 필요하니까, 5호를 읽은 뒤에 결정적인 반박문을 함께 읽어보자고 발의해서 동의를 받았다. 이어서 로베스피에르가 발언했다. 그는 각자가 이미 데물랭에 대해 자기 나름의 의견을 가졌을 테니 굳이 5호를 읽을 필요가 없다고 말했다.

"데물랭은 진실과 거짓, 정치와 모순, 건전한 견해와 허황되고 개별적인 계획의 야릇한 복합체입니다. 이러한 이유로 자코뱅 회원들이 데물랭을 내치거나 품을 수 있지만 별로 중요한 일은 아닙니다. (……) 내 눈에 카미유와 에베르는 똑같이 잘못했습니다. 에베르는 지나칠 만큼 자신에 대해 관심을 끌려고 합니다. 그는 모든 사람의 시선을 모으고 싶어하며, 국익에는 별로 신경 쓰지 않습니다."

로베스피에르는 공화국이 '외국인의 음모'에 휘말리고 있으며, 이 음모에서 두 당파가 겉으로는 아웅다웅하지만 실제로는 힘을 합쳐 공화국을 위험하게 만든다고 주장했다.

"그들은 '우리가 목적을 달성할 수 있다면 어떤 방법도 상관없다'고 생각합니다. 그들은 이렇게 공중을 속이고 애국심의 감시에서 능숙하게 벗어나기 위해 숲속의 도적들처럼 의기투합했습니다. 열렬한 성정과 극단적인 성격을 가진 사람들은 극단적인ultra 혁명조치를 제안합니다. 좀더 온화하고 중도적인 사람들은 '가장 진보적인citra' 조치를 제안합니다. 두 파는 서로 싸우지만, 누가 승리해도 상관없습니다. 두 파가 주장하는 대로 체제를 운영하면 필시 공화국이 멸망할 것이며, 그들은 공화국의 멸망만큼 확실한 결과로 국민공회의 해체를 얻게 됩니다."

로베스피에르는 극단파를 '울트라ultra'로, 진보파를 '시트라citra'로 구분했다. 당시에 울트라는 5월 31일 이후 새로 정치적 발판을 구축한 상퀼로트 계층의 관료, 군 지휘관, 정치단체 지도자들이었다. 극단파를 부르는 이름으로 '앙라제', '에그자제레exagérés'도 있으며, 에베르파는 극단파의 일부였다. 온건파modérés에는 당통과 그 친구들인 '관용파', '시트라'가 있었다. 극단파는 전쟁부에 진출하고, 혁명군 병사들을 지휘하고, 최고행정회나 구국위원회의 위원 자격으로 장성들과 공무원들을 감시했다. 역사가 마티에즈

A. Mathiez는 그들이 공공의 정신을 평가하고, 국민공회 의원들에 대한 보고서를 작성했다고 말한다. 그들은 대도시의 혁명위원회, 각지의 혁명법원과 새로운 자치정부에서 활동하면서 파리의 명령을 집행하고 각 지방과 군대에 대한 정보를 파리에 보고했다.

> 체제의 존속이 그들의 충성심과 선의에 달렸다고 말해도 지나치지 않다. 관용파가 공포정과 혁명의 기관들을 반대하는 운동을 벌일 때 그들이 직접 타격을 입었다. 그들은 지위뿐만 아니라 신체상으로도 위협을 받았다. 다수가 외국인의 하수인 또는 극단파ultra-révolutionnaires라는 가공할 명목으로 고발당했다. *

관용파는 5월 31일의 혁명에서 몽타뉴파의 공식 의견에 겉으로만 동조한 대다수 의원에게 은근히 공감했는데, 구국위원회에서 가장 영향력이 큰 로베스피에르가 자코뱅협회·상퀼로트·에베르파의 공격을 받으면서도 결정적으로 정국의 주도권을 확보해나가는 과정에서 관용파 또는 시트라의 협조도 필요했다. 그러나 이제 로베스피에르는 오직 국익을 위해 공화국의 기초를 튼튼히 놓으려는 목적을 달성하려면 일사불란한 의사결정·집행의 체제를 구축할 필요가 있다고 생각했다. 그는 울트라와 시트라가 아직까지 국민공회 의원들의 권한에 정면으로 도전하지 않지만, 상대방의 속내를 탐색하면서 반혁명분자들에게 애국자의 탈을 씌워놓고 여차하면 국민공회에 과도한

＊ A. Mathiez, "Les citra et les ultra", *Annales historiques de la Révolution française*, 1926, p. 514.

조치를 강요할 준비를 갖추고 있다고 주장했다. 결국 그들은 몽타뉴파는 늪지파(평원파)보다 나을 바가 없다고 선전하면서 새로운 지롱드파를 결성하고자 한다고 덧붙였다. 또한 외국인들은 그들과 공감할 것이며, 애국자들을 도륙하면 사기꾼들이 권력을 잡을 것으로 판단한다면서 울트라와 시트라는 모두 선동자들을 동원해서 그 나름대로 선량한 시민들을 조정한다고 말했다.

로베스피에르가 울트라와 시트라를 싸잡아 비판한 자리에 파브르 데글랑틴이 있었다. 그가 자기 자리에서 내려왔을 때, 로베스피에르는 회의장에 남아 있으라고 말했다. 그가 연단에 올랐을 때, 로베스피에르는 잠시 기다리라고 한 뒤 이렇게 말했다. 지금 국민공회를 무력화하려는 음모와 인민을 불안하게 만들려는 음모가 있다. 이 두 가지 계획에 매달리는 음모자들은 서로 싸우는 것처럼 행동하지만 사실상 폭군들의 이익을 옹호하는 일에 협력한다. 이것이 과거와 현재의 불행이다. 전체 인민이 국민공회를 중심으로 뭉쳐서 모든 종류의 모사꾼을 물리치지 않는다면 불행에서 벗어날 수 없다. 모사꾼들은 가장 확실한 성공을 거두기 위해 애국자들을 몽타뉴파와 조금씩 멀어지게 만들고, 사기꾼들의 선동으로 인민을 속이고 헛갈리게 만든다.

"나는 진정한 몽타뉴파에게 승리가 인민의 손에 달렸으며, 단지 독사 몇 마리만 죽이면 된다고 분명히 말합니다. 우리는 개인이 아니라 오직 조국에만 전념합시다. 자코뱅협회가 카미유 데물랭의 신문에 대해 토론하는 대신 이제부터 음모에만 전념하자고 제안합니다. 그리고 언제나 손에 오페라 글라스를 든 모습만 보여주었고, 연극에서 복잡한 연애사건을 아주 잘 풀어낼 줄 아는 바로 이 사람(파브르 데글랑틴)이 자신에 대해 해명할 일이 있다고 하니, 우리는 그가 어떤 식으로 음모에서 벗어날 것인지 지켜봅시다. 그가 자기 자리에서 내려왔을 때, 나는 그가 회의장 밖으로 나갈지 연단으로 올라갈지 모르는 상태였습니다. 내가 그에게 해명의 기회를 주고자 합니다."

파브르 데글랑틴은 로베스피에르의 말을 들어보니, 한 파벌이 있었는데 울트라와 시트라의 두 갈래로 분열했다는 사실을 알았다고 운을 뗐다. 그리고 로베스피에르가 모든 비방을 정확하게 나열했다면 어떤 비방에 대해서도 해명할 준비를 갖추었지만, 구체적인 사실을 적시하지 않았으므로 해명해야 할 일이 생길 때까지 아무 말도 하지 않겠다고 말했다. 그럼에도 데물랭의 신문에 대해서는 신경이 쓰였는지 이렇게 말했다.

"나는 카미유에게 영향을 끼쳤고, 그와 협력해서 신문을 발행했다는 혐의를 받았습니다. 그는 결코 내게서 어떤 영감도 받은 일이 없다고 말할 것입니다. 나는 그의 작품에 관여한 적이 없습니다. 내가 『비외 코르들리에』를 인쇄하는 작업장에 들렀을 때, 그는 인쇄공에게 화를 내면서 아무나 작업장에 들이지 말라고 나무랐습니다."

1월 10일에 자코뱅협회는 데물랭을 제명했다. 그리고 잇따라 우아즈의 부르동도 함께 제명하자는 발의에 대해 뒤푸르니가 반대하자, 로베스피에르가 뒤푸르니의 애국심을 의심하지는 않지만 그래도 데물랭을 제명하고 우아즈의 부르동에 대해서는 관대한 이유를 이해할 수 없다고 반론을 제기했다. 회원들은 설전을 벌인 끝에 로베스피에르의 손을 들어 데물랭의 제명을 철회하고 헤어졌다. 그렇다고 해서 관용파에 대한 공격이 끝났다고 보기는 어렵다. 그들의 적인 에베르파가 아직 관용파에 대한 원한을 풀지 않았기 때문이다.

에베르파는 전쟁부·군대·파리 코뮌·파리 도·코르들리에 협회를 장악하고 있었다. 그들은 계속해서 뱅상과 롱생을 석방하라고 외치면서 코르들리에 협회를 부추겼다. 뱅상이 확고한 애국자들patriotes prononcés을 전쟁부에 심어놓았고, 에베르는 파리 코뮌의 검찰관보로 영향력을 행사했으며, 모모로는 인쇄업자이자 서적상으로 한때 코르들리에 신문을 발행하고『파리의 혁명』에도 기고했으며, 파리 도와 센 도 지도부에서 일한 경험을 살리고, 특히 파리의 마라 구에서 영향력을 행사했다. 코르들리에 협회에서는 이미 1793년 12월 30일(니보즈 10일)에 벽보를 붙여 필리포·우아즈의 부르동·파브르 데글랑틴·카미유 데물랭·뒤푸르니를 고발했는데, 1794년 1월 11일(니보즈 22일)에 에베르파는 다시금 관용파를 고발했다. 모모로가 보고서를 읽은 뒤, 회원들은 모두 일곱 가지를 의결했다.

1. 코르들리에 협회는 필리포가 혁명의 수호자들과 특히 구국위원회 위원들의 애국심을 능욕한 중상비방자로 간주한다.
2. 우아즈의 부르동은 뱅상·롱생·전쟁장관과 전쟁부의 애국자들을 악착같이 추적하면서도 감히 구국위원회를 공개적으로 공격하지 못한 채 완전히 신망을 잃었다. 이러한 관점에서, 그리고 국민공회가 방데의 반란자들에 대해 의결한 법령을 무시한 그의 행동을 평가해서, 그를 필리포의 공범으로 간주한다.
3. 파브르 데글랑틴은 우아즈의 부르동과 필리포와 공감하면서도 그들보다 더 교묘하게 전장에서 조금 떨어진 곳에서 전투 결과를 기다렸다. 그로써 그도 역시 신뢰를 잃었다. 따라서 그를 음모자들의 일원으로 간주한다.
4. 정당한 만큼 엄격한 '인권의 친구들'(코르들리에)은 카미유 데물랭이 혁명에 크게 이바지했다는 점을 인정하지만,『비외 코르들리에』에 대해 정당한 평가를 내려 그를 더는 신뢰하지 않고 제명했다.
5. 음모를 폭로하고, 여태까지 억압받은 애국자들을 용감하게 지켜준 모

든 사람은 의무를 이행했다. 중상비방자들이 구국위원회를 헐뜯으려 하더라도, 또 음모자들이 안보위원회에 대한 그릇된 정보를 퍼뜨려서 사람들을 속이려 하더라도, 우리는 구국위원회와 안보위원회를 여전히 믿는다.

6. 국민공회는 모든 공화주의자가 모이는 중심이므로 코르들리에 협회는 국민공회가 권한을 행사하는 한 그들의 권위를 언제나 존중할 것이다.

7. 이 결정문을 인쇄해서 48개 구·자코뱅협회·민중협회에 발송하고 게시한다. 그리하여 적들의 배신행위를 경계하는 동시에 필요한 곳이면 어디건 코르들리에 협회의 원칙을 널리 알리는 지침으로 삼는다.

파브르 데글랑틴은 코르들리에 협회에서 제명당한 이튿날인 1월 12일과 13일 사이 밤에 동인도회사 사건으로 붙잡혔다. 자코뱅협회는 그 뒤에도 숙정작업을 계속했다. 18일(니보즈 29일)에 자코뱅협회의 의장단 선거를 실시했다. 국민공회 의원인 손에루아르의 르베르숑Jacques Reverchon이 19일부터 지롱드의 제이Jean Jay Saint-Foy의 뒤를 이어 의장직을 수행하게 되었고, 모모로가 부의장, 벨기에 출신의 건축가·조각가인 플뢰리오Jean-Baptiste Fleuriot-Lescot*, 일에빌렌의 뒤발Charles-François-Marie Duval, 그리고 해군장관 출신 몽주Gaspard Monge가 비서로 뽑혔다. 선서 직후, 회원들은 숙성작업을 시작했다. 재무부Trésorerie nationale의 관리들을 심사할 때, 마지막 대상자인 레르미나Lhermina는 자칭 '악당사냥꾼chasse-conquins'이라면서 자기 부서에서 부정

---

* 그는 국민공회 회의실에 놓은 르펠티에의 흉상을 제작했으며, 파슈Pache의 뒤를 이어 5월 10일(플로레알 21일)부터 두 달 반 남짓 파리 시장 노릇을 하다가 로베스피에르와 함께 단두대에 올랐다.

을 저지른 사람은 반드시 처벌했다고 말했고, 자코뱅협회에서 모든 구에 시민정신 증명서를 즉시 발급해달라고 요청했다. 21일(플뤼비오즈 2일)은 루이 카페를 처형한 기념일이었다. 자코뱅협회는 각지에서 보낸 편지를 읽은 뒤에 인권선언문을 낭독하고 나서 여러 조항을 반복해서 읽었다. 에베르는 폭군의 사형을 언도한 법령을 의장석에 새기자고 제안해서 통과시켰다. 어떤 시민이 프랑스·프로이센의 폭군들 초상화를 가져와 회의실 중앙에 놓고 불을 지르자, 회원들은 불타는 초상화를 밟으면서 카르마뇰 춤을 췄다. 전날에 이어 회원들은 영국의 헌법과 정치적 악행에 대해 성토했다. 뒤푸르니가 연단에 올라 제안했다.

우리는 모든 공식 문서의 첫머리에서 자유, 평등을 읽습니다. 이 말 때문에 대개 자유로워야 평등하다고 생각하기 쉽지만, 사실상 평등해야 자유롭습니다. 따라서 나는 자코뱅 회원들이 모든 프랑스인에게 한목소리로 이렇게 외치자고 제안합니다. "평등 만세! 하나이며 나눌 수 없는 공화국!" 또한 모든 공문서의 첫머리에 '자유, 평등' 대신 '평등, 자유'라고 씁시다.

'자유가 아니면 죽음'이라는 구호에서 평등이 뒤로 밀렸지만 우애로 인민의 마음을 달랠 때가 있었다. 이제는 평등이 자유의 앞으로 나왔다. 어차피 자유를 억압받는 공포정 시기에 '평등이 아니면 죽음'이라는 구호가 생길 판이었다. 연대감을 강화하는 우애와 더 어울리는 짝은 자유보다 평등이 아닐까? 퓌드돔의 쿠통은 위원들을 임명해서 폭군들의 죄상을 조사·수집한 뒤 "모든 왕에 대한 고소장"을 작성하자고 제안했고, 회원들은 이 제안을 열렬히 환영하고 나서 부의장 모모로의 제안을 받아들여 로베스피에르·비요바렌·쿠통·콜로 데르부아·라비콩트리를 위원으로 임명했다. 그날 회원들은 국민공회 앞에 심은 자유의 나무 앞에서 춤을 추고 폭군의 처형 1주년을 기념했다.

4
6주간의 절식

　　　　　　　　　1794년(공화력 2년)에는 실제로 모든 산업이 어려웠다. 내란과 대외전쟁 때문에 국토가 황폐해졌기 때문이다. 그나마 조금 괜찮은 것은 군수품 생산 분야였다. 그리고 역설적으로 감옥에 갇힌 사람들 가운데 바깥의 대중보다 경제 수준이 높은 사람이 많았다. 반혁명혐의자는 먹고살 만한 사람들이었기 때문이다. 감옥에 갇힌 부자들은 금붙이나 은붙이 또는 아시냐 지폐를 가지고 들어가 필요한 것을 사서 썼다. 감옥에서 돈이 더 잘 돌았다. 외상이 없고 최고가격제도 통하지 않는 곳이 감옥이었다. 당시 사회의 불평등을 가장 집약적으로 보여주는 곳이었다. 1793년 9월 17일에 반혁명혐의자법을 제정한 뒤부터 10월 초 사이 파리의 10개 감옥에 간힌 사람은 9월 18일의 2,122명에서 시작해서 최고 2,600명에 가까웠는데, 1794년 1월 5일(니보즈 16일)에는 22개 감옥에 4,850명, 2월 22일(방토즈 4일)에는 27개 감옥에 5,823명이 갇혀 있었다. 감옥의 수가 9월부터 네 달 동안 10개에서 27개로 늘었고, 갇힌 사람도 거의 세 배 가까이 늘었다. 감옥과 수감자의 수가 늘어난다는 것은 사회가 그만큼 깨끗해졌다는 뜻일까? 무죄추정이 아니라 유죄추정의 원칙을 인정하는 반혁명혐의자법과 사회를 더

욱 일사불란하게 압박하는 혁명정부가 존속하는 동안 감옥 안팎이 무슨 차이가 있었을까? 그럼에도 감옥에 갇힌 사람들 가운데는 정말 나쁜 사람들도 많았다. 어느 시절에나 공동체의 이익보다 사익을 우선시하는 사람이 있기 마련이지만, 특히 국가 위기 상황에서 돈과 지위를 이용해서 사익을 추구하는 자들을 위한 변명거리를 찾아주기는 어렵다.

1794년 초부터 혹독한 추위가 모든 경제 분야를 얼려버렸다. 지난해 11월 1일(공화력 2년 브뤼메르 11일)에 최고가격제를 전국으로 확대해서 실시하기 위해 제정한 법령은 지자체에서 모든 생필품(식료품, 의류, 금속과 연료, 향신료와 의약품)에 대한 "1. 1790년의 생산가 또는 제조가에 30퍼센트 인상액, 2. 1리외(4킬로미터)당 운송비, 3. 도매상에겐 5퍼센트 이윤, 4. 소매상에겐 10퍼센트의 이윤을 반영해서 보고하라"는 내용이었다. 그 법령을 통과시킨 지 거의 4개월이 지나서 2월 21일(방토즈 3일)에야 비로소 '공화국 생필품수급위원회'*는 모든 식료품의 최고가격에 관한 표를 제시할 수 있었다.

위원회는 "어제는 빵이 부족했다면, 오늘은 육류가 부족했다"고 하면서, 외세와 결탁했건 아니건 반혁명분자인 투기꾼들이 농간을 부리기 때문에 실제로는 모두가 쓸 수 있을 만큼 자원이 있지만 시중에서 구하기 어려워졌다고 설명했다. 방데 지방에서 공급하던 소·양의 공급량이 거의 바닥을 쳤다. 방데의 난이 서부와 서북부를 휩쓸면서 그 공급체계가 무너졌다. 부활절부터 하지까지 일주일에 황소를 600마리씩 공급하던 산업이 망했다. 또 하지부터 부활절 전까지는 노르망디·부르보네·리무쟁에서 소를 공급했다. 구체

---

* Commission des subsistances et approvisionnements de la République.

제 말기에는 국내에서 부족한 소를 멀리 스위스부터 파리까지 정기적으로 몰아다 공급했다. 그런데 혁명전쟁과 내란이 일어나고 육류의 공급선이 막히거나 바뀌었다. 당시 감옥에 갇혔던 메르시에는 『새로운 파리』에서 병사들이 목장을 망쳤다고 썼다.

> 롱생이 용기를 북돋아준 혁명군의 일부는 그들이 수호하던 명분을 아주 쉽게 훼손하면서 파괴의 무리가 되었다. 당시 어떤 저자가 비유했듯이 굶주린 늑대와 비슷한 혁명군의 군수품 공급자와 선발대는 농촌을 휘젓고 다니면서 목초지와 농장을 탐욕스럽게 훑어보았다. 그들은 갈퀴를 들거나 총검을 앞세우고 달려들어 양을 찔러죽이고, 가금을 가져가고, 곳간에 불을 지르고 외양간의 소를 끌고 갔다. 지주와 농민은 아무 말도 하지 못한 채 넋을 잃고 바라보았다. 도둑들은 전리품을 가난한 사람들에게 팔러 다녔다.

이처럼 농촌이 황폐해진 뒤 파리처럼 대도시에서는 당장 그 효과가 나타났다. 고기는커녕 버터와 달걀도 구하기 어려워졌다. 가정부·요리사·하인들이 고기를 사려고 푸줏간 앞으로 한꺼번에 몰려들어 북적거렸다. 쇠고기 1리브르(약 500그램)가 18수에서 갑자기 25수까지 치솟았다. 중앙시장의 한가운데 길에는 넝마상과 주석제품 상인의 가게가 북북서로 길게 늘어섰고, 그 길이 북쪽에서 갈라지는 오른편에 푸줏간이 있었다. 북서쪽으로 생퇴스타슈 교회를 향해서 가면 버터와 달걀 가게와 청어와 생선 가게가 나란히 있었다. 지난해에도 이미 빵집 앞에서 밤을 새우지 못하게 법으로 금지했지만, 이번에는 중앙시장의 푸줏간 앞에서 밤을 새우는 사람들이 생겼다. 그들은 밤이 새기 전에 미리 줄을 서야 달걀, 버터, 고기를 겨우 구했다.

혁명위원회가 명령을 내려 기마대를 출동시키면, 수천 명이 서로 밀치면서 중앙시장의 좁은 길을 빠져나가느라 한바탕 소동이 일었다. 임산부들이 넘어지고 깔리는 경우도 있었다. 그들 사이로 짐꾼들이 소 반 마리씩 등에 지고 힘겹게 지나가고, 얼굴이 창백한 사람들이 날고기를 뚫어지게 보면서 따라갔다. 파리 코뮌의 관리들이 질서를 잡으면서 아낙네를 푸줏간 앞에 한 줄로 서게 만들었지만, 그들이 오돌오돌 떨면서 차례를 기다리는 동안, 억센 짐꾼들이 가게로 거침없이 들어가 쇠고기를 마구 가져갔다. 마치 약육강식의 세상처럼 한바탕 사자들이 휩쓸고 간 뒤에 줄지어 섰던 아낙네는 한 발자국도 가게 쪽으로 옮기지 못한 채 빈손으로 돌아가야 했다.

공화국 생필품수급위원회의 바레르는 부자들만 쇠고기를 먹을 수 있게 되었으며, 은행가들이 그러한 결과를 가져왔다고 고발했다. 그들은 인간과 신, 행정가와 일반 시민, 국가채권자와 채무공화국 사이에서 농간을 부렸다. 구매자 인민과 판매자인 생산자 사이에 수많은 중간단계를 펼쳐놓고 빈곤한 대중을 100배나 늘려놓았다. 바레르는 이미 그들을 많이 몰아냈지만, 앞으로도 그 수를 대폭 줄여야 한다고 주장했다.

바레르는 최고가격제를 실시하면서 전국 규모의 생필품 현황을 표로 만들 수 있게 되어 경제적인 면에서 위대한 첫걸음을 내디뎠다고 자찬하고, 표를 인쇄해서 전국에 보급하자고 제안했다. 그리하여 방방곡곡에서 최고가격제를 조직적으로 실시하고 더욱 완성시켜나가도록 만들어야 한다. 생산자와 소비자 모두 이기심을 버려야 한다. 생산자는 지금까지 생산지에서 가장 많은 이익을 취하려고 욕심을 부렸다. 그 결과 생산지에서 멀리 떨어진 곳의 소비자들이 고통을 받았다. 바레르는 최고가격제를 조직적이고 완벽하게 실시하기 위한 법안을 발의하겠다고 예고했다.

그때 파리의 푸주한 출신 의원 르장드르Louis Legendre가 말을 끊고 '정치적 절식carême politique'을 제안했다. 원래 종교적으로 부활절 이전의 40일간의 금식carême을 뜻하는 말을 정치적으로 썼지만, 대강 기간이 일치했다. 르장드르는 '절식'만으로는 부족하다면서 다음과 같은 의견을 덧붙였다. 훌륭한 애국자들은 고기를 먹지 않고 견딜 수 있을 것이며, 인민은 자유를 사랑하는 마음으로 '정치적 절식'에 동참하고, 조국의 수호자들과 환자들에게 양보할 것이다. 그러나 부자와 게으르고 향락을 추구하는 자들만이 푸주한이 제시하는 값을 치를 여유가 있기 때문에, 애국자들이 양보한 음식으로 자기 배를 기름지게 만들 것이다. 그래서 국민공회는 시민의 절식을 법제화해 육류의 부족을 공화국 전체에 알려야 한다. 위원회나 르장드르는 조국을 지키는 12만 병사들에게는 고기를 먹여야 한다는 데 공감했다. 르장드르는 국내외의 공급선이 막힌 시점에 푸주한을 욕하기 전에 함께 생각해보자고 외쳤다.

"여러분, 우리는 아비·어미·자식들을 먹어치우면서 소의 씨를 말리고 있습니다. 내가 청산유수처럼 말하는 재주는 없지만, 그래도 내가 수년간 종사한 업종에 대해 알고 있는 내용을 말씀드리고 있습니다."

르장드르는 고기가 부족한 이유를 푸주한보다 점원들에게 물어야 한다고 밀했다. 대개 푸주힌은 기정을 지켜야 하기 때문에 정직하고 성실한데, 점원들은 대부분 미혼이며 개중에는 손버릇이 나빠서 쫓겨나는 사람이 많다. 이처럼 도둑질을 하다 쫓겨난 점원들은 온갖 반칙을 일삼는 '장사치mercandier'가 되어 서로 힘을 합쳐서 모든 고기를 독점할 음모를 꾸미고, 공동출자한 뒤 시장과 농가를 돌아다니면서 황소·암소·송아지를 닥치는 대로 사들인다. 정직한 푸주한들은 할 수 없이 이 장사치들과 거래해야 한다. 르장드르는 자신이 제안한 내용을 위원회가 법안에 반영해달라고 말했다. 그는 환자들에게 고기를 먹이려고 황소 100마리를 들여와야 한다면, 자기가 아는 정직한 푸주한들이 고기를 환자들에게만 공급할 수 있다고 말했다.

"노르망디 지방에서는 하지부터 요즘까지 황소를 공급했습니다. 그러나 목장이 황폐하게 변했습니다. 부르보네와 리무쟁만이 소를 공급할 수 있는 지방이지만, 충분히 공급하지 못합니다. 그러므로 단순히 절식을 권고하는 선에서 그치지 말고, 공화국 전역에 시민들의 절식을 명령해야 합니다."

시민의 자발적인 '정치적 절식'은 새로운 일이 아니었다. 이미 1793년 6월에 시민들은 비록 자신들이 고기를 소비할 수 없는 한이 있더라도 자유를 지키려고 싸우는 병사들, 병원에서 병마와 싸우는 환자들에게는 반드시 고기를 먹여야 한다고 생각했다. 그래서 훌륭한 시민은 자발적으로 절식에 참여하자는 제안에 공감하는 사람이 늘어났다. 실제로 파리의 몽마르트르 구와 옴아르메Homme-Armé 구는 6월 26일에 6주간의 절식기간을 둔다고 명령했다. 이번에 르장드르가 제안한 대로 1794년 2월 하순에, 거의 모든 애국자가 고기를 먹지 않고 절식에 참여했다. 파리 코뮌은 거리마다 벽보를 붙여 개인의 고기 소비량을 10일에 1리브르로 줄인다고 명령했다. 하루 45~50그램꼴이다. 혁명위원회 위원들은 육식을 금지하는 의무를 졌다. 파리의 사례를 전국이 본받았다. 국민공회에서 르장드르의 제안을 법령으로 의결하지 않았음에도 공화국은 '정치적 절식' 운동을 스스로 벌였다. 혁명 초부터 성금이나 금붙이, 은붙이를 모아서 국회에 바치는 운동이 자발적으로 벌어졌듯이, 식량이 부족한 시기에 '정치적 절식' 운동이 벌어져 전방의 군인, 병상의 환자, 가난한 사람들에게 혜택을 주었다.

육류 품귀는 다른 생필품의 품귀현상을 낳았다. 곡식을 자루에 넣어 마구

간에 감추었다. 밀이 짚더미 속에서 썩거나 쥐들의 먹이가 되었다. 심지어 일부 농가에서는 타작꾼이 임금을 최소 1에퀴(6리브르)를 요구하기 때문에 곡식을 털 수 없다고 버티면서 곡식을 풀지 않았다. 혁명의 적들이 사회혼란을 일으키는 방식이었다. 이런 식으로 곡식이 자취를 감추고, 더욱이 징발로 곡식이 부족해지자 닭도 기르기 어려워졌다. 가금류는 고기와 알을 주기도 하지만 채소밭에 거름도 제공했기 때문에 채소를 생산하는 일도 연쇄적으로 어려워졌다. 새벽 2시부터 아낙네들이 빵집 앞에 두 줄로 늘어서서 해가 뜨기 전에 어떻게든 빵을 구하려고 발을 동동 굴렀다. 이런 광경을 '꼬리queue'라 불렀다. 아가씨들도 꼬리에 붙었다.

메르시에는 남성들이 그들에게 달려들어 욕심을 채우는 일이 벌어졌다고 썼다. 60대 늙은이·수행하인·가게 점원들이 마음에 드는 여성을 골라 희롱하고, 어떤 사람은 황소처럼 달려들어 여성을 차례로 안아보고 달아나기도 했다. 어둠을 틈타서* "이런 식의 위험한 접근이 윤리를 타락시키고 조신함을 질식시켰다." 메르시에는 물질적 빈곤이 도덕성에 어떤 영향을 끼쳤는지 설명했다.

우애의 감정이 모든 이의 마음에서 사라졌다. 각자가 타인보다 자신을 더 사랑한다는 원칙을 공공연히 표현했다. 속임수가 모든 사람에게서 볼 수 있는 자질이 되었다. 꼬리의 끝에 붙어야 할 사람들이 첫 줄에 교묘히 끼어들었다. 곧 아낙네가 남성들을 상대로 욕을 하다가 마침내 힘으로

---

* 방토즈 1일(2월 19일)부터 방토즈 30일(3월 20일)까지 해 뜨는 시각은 점점 빨라져서 6시 49분에서 5시 57분이 되었다.

219

싸웠다. 좀더 강한 저항에 부딪칠수록 모든 사람의 감정이 격해졌다. 모든 여성이 걸핏하면 화를 내고 목이 쉬도록 욕을 했기 때문에, 멀리서 들으면 쟁기꾼의 목소리인지 구별을 할 수 없을 지경이었다.

욕을 섞은 설전을 벌이다가 잠시 조용해지면 아이들의 울음소리, 늙은이들이 빵을 달라는 소리가 들렸다. 이렇게 처절한 소리를 듣고서도 마음이 움직이지 않는 무신경한 존재들을 동정할 뿐이다.

모든 것이 부족할 때는 추위조차 혹독했다. 더욱이 원체 추운 데다 체감온도도 낮기 마련이다. 지난 2년 동안 파리 코뮌은 땔감을 쌓아놓고 땐 적이 없었다. 석탄은 거의 구경할 수 없을 지경이었다. 모든 나루가 순번대로 3일에 한 번 석탄을 실은 배 한 척씩만 받아들일 수 있었다. 구체제 시절부터 땔감나무를 뗏목에 실어 센 강으로 몰아다 파리의 나루에서 해체한 뒤 인부들이 도끼로 패서 팔았다. 전통적으로 장작 패는 인부는 프랑스의 중앙에 있는 산 높고 골 깊은 오베르뉴에서 도끼 한 자루를 차고 파리에 와서, 한 방에서 많게는 40~50명씩 돌아가면서 잠을 자며 생계를 유지하는 사람들이었다. 1788년과 1789년 사이의 겨울에 센 강이 얼어붙어 땔감을 구하기 어려웠는데, 이번 겨울도 그랬다. 강물이 얼기 전에 도착한 땔감나무는 하역인부들이 강물에서 건지는 대로 팔렸다.

그러나 이제 수송로가 얼어붙자 파리 주위의 숲을 땔감으로 써야 했다. 동쪽의 뱅센 숲, 서쪽의 불로뉴 숲, 좀더 떨어진 베리에르Verrières·생클루·뫼동의 숲도 난방용으로 썼다. 가난한 사람들은 근처의 나무를 자르고, 늙은이들은 숲에서 나뭇가지를 주워 겨우 몸을 덥힐 수 있었다. 가장 가난한 계층인 물장수는 강물도 얼고 급수전도 얼어붙을 때 더욱 힘들었다. 그는 물을 길러 사방으로 뛰어다녔고, 어렵게 길어온 물을 한 번에 15수부터 20수까지 받았다. 시민들은 돈을 아끼려고 직접 물을 길어다 먹었다. 급수전이 녹아서 물을 공급하기 시작하면 거기서도 꼬리가 생기고, 자리를 다투고 싸우기도 했다. 아시냐 지폐의 실제 가치는 액면가의 35퍼센트가 되었고[*] 물가가 오를 대로 올랐기 때문에 모든 생필품이 터무니없이 비싼데도 부족하고 더욱 혹독하게 추운 겨울이었다. 이 시기의 경제 상황을 '방토즈의 위기'라 부른다.

5
에베르파와
당통파의 몰락

1794년 1월 22일(공화력 2년 플뤼비오즈 3일)에 자코뱅협회에서 파리의 콜로 데르부아는 공화국 군대가 방데와 라인 강에서 모두 승리하고 있다고 보고한 뒤 영국 정부가 스코틀랜드의 독립을 위해 싸우는 투사들을 탄압한다고 규탄했다. 자코뱅협회는 유럽의 형제들이 탄압받는 현실에 대해 연일 날카롭게 반응했다. 또한 회원들은 타지에서 복귀한 파견의원들에 대한 숙정작업도 이어나갔다. 그리고 로베스피에르는 며칠 동안 자코뱅협회에 출석하지 않았기 때문에 회원들은 걱정했지만, 25일에 그가 여전히 건강하다는 소식을 듣고 안심했다. 이틀 뒤(27일, 플뤼비오즈 8일)에 회원들은 각지에서 새로 결성한 민중협회들이 자매관계를 맺고 싶다

---

[*] 프랑스는 1795년에 10진법의 프랑화 제도를 채택했다. 루이 금화, 에퀴 은화는 라틴어를 표기했지만, 프랑화는 프랑스어를 표기했다. 땔감나무의 값이 1코르드(4제곱미터)에 400프랑까지 치솟았다.

는 취지로 보낸 공문을 놓고 토론을 벌였다. 바랭의 시몽Philibert Simond은 새로운 협회들이 우후죽순처럼 생기는 이면에 피트의 손길이 작용하지 않았는지 신중하게 살펴야 한다고 경고했다. 이틀 전에 숙정심사를 통과한 이욘의 모르Nicolas Maure l'aîné가 시몽을 지지했다.

"구체제의 하수인인 법률가와 금융인들이 파리에서 대거 농촌으로 이동한 뒤, 그곳 사람들을 그릇된 길로 인도하고 부패시키려고 민중협회에 뛰어들었습니다. 그들은 민중협회의 의장과 비서로 뽑힌 뒤, 애국자 행세를 하면서 가장 중요한 공직을 노리고 있습니다. 아마 차기 입법의회에 진출할 수도 있을 테지요. 우리는 그들을 경계해야 합니다. 그들은 자기가 속한 공동체 구성원들을 극단적인 행동으로 몰아갈 수 있습니다. 따라서 나는 평화를 회복할 때까지 새로운 단체들과 자매결연을 하지 말자고 제안합니다."

엥의 데디에Etienne Deydier는 한술 더 떠서 작년 "5월 31일 이후에 자매협회로 받아들인 모든 민중협회와 관계를 끊자고 제안"했다. 어떤 회원은 이성과 애국심과 학문이 발달한 시대에 전에 보지 못한 현상으로 수많은 민중협회가 생겼으며, 국민공회도 그들에게 관보를 발송하는데 어째서 자코뱅협회가 그들을 내치자는 것이냐고 반박했다. 당통의 보호를 받았고, 에베르파에게 동조한 의사 상텍스Louis Sentex는 민중협회에서 모든 음모가, 상황에 따라 애국자인 척하는 자들을 배척해야 한다고 믿지만, 자코뱅협회가 단지 최근에 설립했다는 이유만으로 자매결연을 하지 않는다면 자유의 원칙에 어긋난다고 주장했다. "애국심의 발전을 가로막지 맙시다!" 이욘의 모르는 갓 태어난 협회들이 대부분 그 고장의 찌꺼기가 모인 곳이라는 사실을 잘 알기 때문에 상텍스의 의견에 공감하지 않는다고 주장했다.

퓌드돔의 쿠통은 미묘하고 중요한 문제를 철저히 검증해야 하며, 최근의 협회만 아니라 옛날에 설립했지만 아직 자매협회로 받아들이지 않은 협회 가운데에도 의심스러운 단체가 많기 때문에, 혁명의 시련기에 그들이 어떤 행동을 했는지 검토하자고 제안했다. "따라서 5월 31일 이후에 설립한 민중협회와 결연을 거부하는 동시에, 그전에 설립한 단체들이 5월 31일 이후 어떻게 행동했는지 검토한 뒤에 받아들일지 말지 결정합시다." 시몽은 지금도 사회 전반에 연방주의·왕정주의, 그보다 더 불순한 사상을 받아들이는 사람들이 많다고 경고했다. 로의 장봉 생탕드레는 자코뱅협회의 통신위원회가 혁명 초부터 공문을 주고받은 지방협회들 중에서 혁명 원리에 충실한 협회들에 연락해서 5월 31일 이후에 수립한 민중협회들에 대한 정보를 얻은 뒤에 자매협회로 받아들일지 말지 결정하자고 제안했고, 회원들의 전폭적인 지지를 받았다. 우후죽순처럼 생기는 민중협회들 속에서 옥석을 가리는 문제는 중요했다.

그날 회원인 데샹Deschamps은 의미심장한 이야기를 들려주었다. 그는 1792년 8월 10일 이전에 자기가 사는 뮈제옴Muséum 구에서 애국자를 겨우 40명 정도 꼽을 수 있었지만 제2의 혁명을 성공한 뒤에는 500~600명으로 늘었다고 말했다. 과연 새로 태어난 애국자는 누구인가? 데샹은 1792년 8월 10일에 자기 집을 찾아온 마르세유 손님 두 명을 강도 취급하면서 파리를 약탈하러 왔다고 욕하던 상인들이 지금은 민중협회에서 애국자 노릇을 하고 있다고 말했다. 그들은 애국자로 살았기 때문이 아니라 살아남았기 때문에 애국자가 된 사람들이었다.

이처럼 혼란스러운 시기에 '진짜' 애국자, '진짜' 뉴스를 구별하기란 어렵다. 혁명기는 정보를 대량으로 전달하는 매체가 오직 인쇄물인 시대였지만, 그 나름대로 다중매체의 시대였다. 상업화에 성공한 인쇄물에 입말·글말·그림을 담아 대량으로 공급하는 체계는 르네상스 시대부터 발전을 거듭했다. 권력기관은 사상과 인쇄물을 통제하기 위해 검열제도를 발달시켰지만, 법에 저항하고 어기는 방법도 다양하게 발달했다. 교황청이 금서목록을 만들고, 세속국가도 금서를 단속하기 시작한 이래, 그 목록은 역설적으로 반드시 읽고 싶은 책의 목록이 되었다. 구체제 말, 파리 치안총감과 베르사유의 궁부대신은 고관대작의 부탁을 받고 바스티유 감옥에 '가둔' 금서를 반출해서 빌려준 뒤다시 '제자리'에 돌려놓았다.* 혁명 전에는 2~3년마다 금서를 찢고 '빻아서' 종이상자 제조업자에게 팔았는데, 혁명이 일어나고 바스티유 요새를 정복한사람들이 감옥에 있던 정신병자·좀도둑과 함께 모두 390여 종의 금서를 구해주었다. 그것들은 대부분 1788년 이전에 갇힌 '구체제의 마지막' 금서였다. 1788년에 루이 16세가 175년 만에 처음으로 전국신분회를 소집할 때 그 회의체에 대한 모든 정보나 의견을 제출하라고 명령했기 때문에 사실상 검열제도가 사라졌다. 한 번 봇물이 터진 뒤라서 국민의 대표들이 가짜 뉴스와 싸우는 일은 쉽지 않았다. 더욱이 내전 상황을 완전히 끝내지 못했고, 국내외 반혁명세력이 연계해서 벌이는 심리전을 막아내기란 여간 힘겹지 않았다.

혁명정부는 에베르파를 과격파라는 뜻의 '울트라', 당통파를 '관용파'라부르면서 둘 다 혁명을 반대하는 세력이라고 공격하기 시작했다. 그리하여당통파의 힘을 빌려 에베르파부터 제거하려고 노력했다. 예를 들어 당통은로베스피에르와 협력해서 탈기독교 운동을 막아냈다. 석 달 뒤에 에베르파가 권력투쟁에서 먼저 패배했지만, 그들은 단결했기 때문에 두려운 존재였

---

* 오늘날 프랑스국립도서관에 '지옥Enfer'이라고 분류한 책들은 사회적으로 물의를 빚은 금서다.

고, 그 때문에 더욱 심한 견제를 받았다. 롱생과 뱅상이 갇혔을 때, 코르들리에 협회는 그들을 풀어주라고 아우성쳤고, 에베르는 감옥으로 자주 찾아가 위로했다. 그들에 비하면 당통파는 '당통의 친구들'이라고 부르기도 어려웠다. 당통과 교류했고 서로 지지했다손 치더라도, 당통의 태도가 에베르만큼 단호하지 않았기 때문에 적들에게 각개격파당하기 십상이었다. 더욱이 당통과 카미유 데물랭이 혁명정부에 '관용'을 베풀라고 촉구하면서 로베스피에르와 사이가 벌어졌다.

두 파는 자코뱅협회에서 맞붙었듯이 기관지를 동원해서도 싸웠다. 에베르의 『뒤센 영감』에 맞서 싸우던 데물랭은 『비외 코르들리에』에서 에베르파를 공격하면서도 로베스피에르를 불편하게 만드는 기사를 쓰기 시작했다. 특히 5호가 나온 뒤 1월 7일에 로베스피에르는 자코뱅협회에서 데물랭의 신문에 대해 불편한 심기를 드러냈다. 그는 데물랭이 필리포를 우상처럼 숭배한다고 빈정댔다. 그러나 그는 데물랭을 포기하지 않았다. 1월 10일에 자코뱅 회원들이 데물랭을 제명하자고 논의할 때, 로베스피에르가 적극적으로 설득해서 제명을 막아주었다. 그러나 에베르파는 '관용파'를 용서하지 않았다. 11일에 그들을 고발하는 안을 통과시켰다. 12일에서 13일 사이의 밤에 당통과 친한 파브르 데글랑틴이 동인도사건으로 갇혔다. 그는 롱생과 뱅상을 고발한 사람이었다.

에베르파는 1월 28일에 자코뱅협회에서 롱생과 뱅상을 석방해달라고 호소했지만 로베스피에르의 반대로 실패했다. 그들은 국민공회에 호소하기로 했다. 2월 2일에 가르의 불랑Jean-Henri Voulland은 파브르 데글랑틴이 안보위원회에 증거도 제출하지 않고 두 사람을 고발했기 때문에 석방해야 한다고 주장했다. 우아즈의 부르동·르장드르·르쿠앵트르·필리포가 반대했지만, 당통은 자신이 파브르 데글랑틴을 옹호하는 마음으로 롱생과 뱅상도 옹호하기에 석방을 지지한다고 말했다. 의원들은 논의를 끝내고 두 사람의 석방에 동의했다.

롱생과 뱅상은 수많은 사람의 환영을 받으면서 당당하게 옥문을 나섰다. 극작가였다가 파리혁명군 사령관이 된 롱생과 배우로 만나 참모부에서 근무하던 그라몽Grammont(본명 Guillaume-Antoine Nourry)은 다른 에베르파와 함께 뤽상부르 감옥에 갇혀 있었다. 그라몽은 오를레앙 감옥에서 수형자들을 학살하고, 해골에 술을 따라 마셨다고 자랑한 과격파였다. 롱생이 석방되자 기세등등해진 파리혁명군은 악대를 앞세워 그의 집까지 호위했다. 파리는 그들의 세상처럼 바뀌었다. 롱생과 뱅상은 '외국인 음모사건'에 얽혀 라자르 감옥에 갇힌 페레라와 데피외를 찾아갔다. 당통은 공평한 마음을 표현하면서 친구들의 마음을 상하게 했다. '관용파'가 제아무리 여느 혐의자들에게 너그러워야 한다고 주장했다 할지라도 자신들을 겨냥하는 에베르파에게도 관대하지는 않았다. 예를 들어 르장드르는 1월 27일 자코뱅협회에서 에베르를 절대 용서하지 않는다는 취지로 말했다.

"여러분, 내 적이 내 팔을 자른다면, 그러나 그가 조국의 친구라면, 나는 한 팔로 그를 안아주겠습니다. 내 적이 인민과 자유의 적이라면, 나는 결단코 죽을 때까지 그를 추격하겠습니다. 만일 누군가 정교한 음모를 꾸며 나를 단두대에 세운다면, 나는 진정한 공화주의자로 당당히 단두대로 올라가겠습니다. 나는 끝까지 자존심을 잃지 않겠습니다. 언제나 악랄하게 나를 모함하는 자에게는 자존심이 없다는 점이 내게 위안일 뿐입니다."

모모로가 르장드르에게 에베르와 화해하라고 권유하자, 르장드르는 "어찌 브루투스에게 케사르와 화해하라고 하는지요"라면서 거절했다.*

롱생과 뱅상의 석방을 막지 못한 로베스피에르는 2월 5일(플뤼비오즈 17일)에 구국위원회의 이름으로 프랑스 정부의 국내 정치에 대한 중대한 원칙을 제시했다. 그는 가장 먼저 혁명의 목표를 분명히 했다.

> 우리의 목표는 자유와 평등을 평화롭게 향유하며, 정의가 영원히 지배하도록 만드는 일입니다. 우리는 정의의 법을 대리석이나 석판이 아니라 모든 이의 가슴속에 새겨야 하며, 더 나아가서 그 법을 잊은 노예와 그것을 부정하는 폭군의 가슴속에도 새겨야 합니다.

그는 이러한 '기적'을 실현할 수 있는 정부란 오직 민주정 또는 공화정뿐이며, 여기서 민주와 공화는 동의어라고 말했다.

> 민주주의는 주권자 인민이 법을 만들고, 법의 지도를 받으면서 할 수 있는 한 모든 것을 스스로 할 수 있는 나라, 또는 스스로 할 수 없는 것을 대표들을 통해서 할 수 있는 나라입니다.

로베스피에르는 다음과 같이 연설을 이어나갔다. 민주주의를 확립하고 헌법의 통치를 평화롭게 정착시키려면, 자유와 폭정의 싸움을 끝내고 혁명의 폭풍우를 안전하게 헤쳐 나가야 한다. 이것이 우리가 적법하게 만든 혁명

---

* 여기서 브루투스는 케사르를 직접 찌른 사람(Marcus Junius Brutus)을 가리키겠지만, 공화국을 독재체제로 바꾼 케사르를 겨냥했다는 맥락에서 공화국을 세우고 자식들도 조국에 바친 사람(Lucius Junius Brutus)일 수도 있다.

체제의 목표다. 따라서 우리는 공화국이 처한 폭풍우 같은 환경에서도 적법하게 처신해야 한다. 행정의 계획은 혁명정부의 정신과 민주주의의 일반 원칙을 결합해서 세워야 한다. 그렇다면 민주정부 또는 인민의 정부의 기본 원칙은 무엇인가? 그러한 정부를 유지하고 움직이게 만드는 원동력은 무엇인가? 덕vertu이다. 그것은 고대 그리스와 로마에서 수많은 기적을 낳은 공공의 덕을 뜻하지만, 프랑스공화국에서는 더욱 놀라운 기적을 낳을 것이 틀림없다. 덕은 조국과 법을 사랑하는 것이다. 공화국이나 민주정의 근본이 평등이므로, 조국 사랑은 반드시 평등 사랑을 포함해야 한다. 덕은 민주주의의 혼 l'âme de la démocratie이다. 따라서 민주정은 모든 구성원의 진정한 조국이다. 이 때문에 자유민들은 그렇지 못한 인민보다 우월하다. 프랑스인은 역사상 최초로 시민의 평등하고 완전한 권리를 인류에게 촉구하는 진정한 민주정을 수립했다. 바로 이러한 점에서 공화국을 적대시한 폭군 연합을 이겨야 하는 진정한 이유를 찾아야 한다. 공화적 덕성은 정부와 인민에게 모두 필요하다. 만일 정부가 덕을 갖추지 못했다 해도, 아직 인민의 덕에 기댈 수 있다. 그러나 인민이 부패할 때, 자유는 이미 죽었다. 다행히 덕은 자연이 인민에게 준 선물이다. 국가라는 정치적 몸도 노쇠하고 죽는다. 국가가 원래의 성격과 자유를 잃고 타락하면, 민주정에서 귀족정이나 군주정으로 떨어진다.

　로베스피에르는 인민이 정의와 평등을 사랑하기 위해 큰 덕성을 갖출 필요는 없다고 말했다. 자신을 사랑하면 충분하기 때문이다. 그러나 행정관(또는 법관)은 인민의 이익을 위해 사익을 버리고, 자칫 오만해질 가능성이 있는 권력을 평등에 바쳐야 한다. 특히 법은 권력의 중추 역할을 하는 사람을 엄격히 관리해야 한다. 정부가 그에게 영향을 끼쳐 그의 모든 부분을 법과 조화시켜야 한다. 또한 대의기관은 인민이 부여한 최초의 권위를 가지고 모든 공무원을 끊임없이 감독하고, 잘못을 저지른 공무원을 처벌할 책임을 져야 한다. 인민의 정부는 평화 시와 혁명기에 다르게 작동한다. 전자의 경우, 단지 덕만 가지고 작동할 수 있지만, 혁명기의 정부는 덕과 공포terreur를 원동력으로 삼아야 한다. 공포가 없으면 덕은 무력하기 때문이다. 공포는 즉각적이고 엄격하고 불굴의 정의일 뿐이다. 따라서 그것은 덕을 발산하는 일émanation de la vertu이다. 그것은 특별한 원칙이라기보다는 조국의 강력한 요구에 적용하는 민주주의의 일반 원칙이다.

누군가 전제정부의 원동력이 공포라 말했습니다. 그렇다면 우리의 정부가 전제주의와 닮았단 말입니까? 자유의 영웅들이 들고 있는 번쩍거리는 칼처럼 폭정의 하수인들이 휘두르는 칼도 비슷하게 보입니다. 그러나 혁명정부는 폭정을 공격하기 위한 자유의 전제정입니다. 물리력은 오직 전제정의 범죄만 보호하는 것입니까? 벼락의 목표는 오만한 자들의 머리를 때리는 것이 아닙니까?

심판을 늦게 하는 것은 벌하지 않는다는 뜻과 같습니다. 처벌을 망설이면 모든 죄인에게 용기를 줍니다. 그럼에도 사람들은 너무나 엄격하게 정의를 실천한다고 불평합니다. 공화국의 적들을 가두었다고 불만이며, 그 근거를 폭군의 역사에서 찾습니다. 오히려 인민들의 역사에서, 그리고 위협받는 자유의 상징에서 모범을 찾아야 합니다. 그러나 그들은 그렇게 하지 않습니다.

인류의 압제자를 벌하는 것이 너그러움Clémence이며, 용서하는 것은 야만입니다.

폭군의 가혹함rigueur은 오직 가혹한 원칙만 가집니다. 그러나 공화국 정부의 가혹함은 자비bienfaisance에서 출발합니다.

로베스피에르는 정의를 실현하는 데 걸림돌이 있으며, 그것은 제각기 다른 깃발을 들고 다른 길을 행진하지만 결국 하나의 목적지로 향하는 파벌들이라고 강조했다. 그들의 목적은 오직 인민의 정부를 와해시키고 국민공회를 해체해서 결국 폭정을 승리하게 만드는 일이다. 이 두 파벌의 하나는 우리를 유약한 방향으로 밀어붙이고, 다른 하나는 과도한 방향으로 밀어붙인다. 하나는 자유를 바쿠스 신전의 무녀로 바꾸고, 다른 하나는 거리의 창녀로 바꾼다. 그는 온건파가 자유를 마구 농락하고 무녀巫女라는 고상한 창녀로 만들고, '울트라'가 자유를 거리의 창녀로 만든다고 꼬집으면서 결국 두 파의 차이가 없다고 강조했다. 그는 '혁명의 낫'을 마구 휘두르는 에베르파와 온건한 당통파를 싸잡아 제거해야 할 대상으로 규정했다. 우리는 그가 앞으로 몇 달 동안의 사건을 예고했다고 말할 수는 없지만, 7월까지의 급물살 속에서 그의 연설과 사건이 하나씩 연결되면서 큰 그림으로 나타나고 있음을 본다.

1794년 2월 초부터 파리에서는 행상인들이 '최고가격제 생필품 현황'의 인쇄물을 팔러 다녔다. '공화국 생필품수급위원회'는 최고가격제를 강력하게 실시하려고 전국의 모든 지자체에서 자료를 수집했고, 21일(방토즈 3일)에는 다음 날까지 전국의 현황을 표로 만들어 보고하는 동시에 즉시 인쇄해서 전국에 배포하기로 했다. 그럼에도 가짜 뉴스를 막을 수 없었다. 음모자들은 생필품의 자취를 감추게 하고 값을 치솟게 해서 민중의 삶을 고달프게 했으며, 국민공회가 전국적으로 수집해서 작성한 수급 현황에 관한 자료와 최고가격제의 실행방안에 관한 명령을 무력화시키고 있었다. 그들은 가짜 소식을 퍼뜨리는 데 그치지 않고 가짜 법령을 인쇄해서 퍼뜨렸다. 파리 시정부는 입법가들의 업적을 무력화시키는 위험에 적절히 대처하려고 노력했고, 민중에게 음모자들의 흑색선전에 속지 말도록 촉구하는 벽보를 붙였다. 그러나 벽보만으로는 음모를 막지 못했다. '공화국 생필품수급위원회'는 음모자들이 인쇄기를 동원해서 가짜 뉴스를 홍수처럼 쏟아내기 때문에 이제 근본적으로 수문을 막아야 한다고 생각했다. 수급위원회는 구국위원회에 도움을 요청했다. 26일(방토즈 8일)에 바레르는 구국위원회가 마련해준 안을 국민공회에서 보고하고 통과시켰다.

국민공회는 지난 '방토즈 4일에 인쇄한 최고가격제의 식료품과 생필품 가격표'를 당장 혁명법원의 검사에게 발송하고, 그것을 제작한 사람들과 함께 이 반혁명 음모에 가담한 사람들을 적발하도록 명령한다. 이 법령을 『법률 공보』에 실어 배포한다.

일주일 전부터 국민공회 의장이었던 엔의 생쥐스트가 감옥에 갇힌 사람들, 애국자들, 범죄자들을 올바로 대접하는 방법에 대해 긴 연설을 시작했다. 3주 전인 2월 5일에 로베스피에르가 했던 연설을 다시 듣는 느낌이다. 그는 모든 사람이 시종일관 공익을 추구하는 가운데 정의로워져야 한다고 강조했다. 프랑스인이 혁명으로 군주정에서 벗어나 공화정을 수립했지만, 아직도 시민사회에 걸맞은 법률을 가지고 있지 못하다. 따라서 부유하고 풍요로운 귀족주의자들이 사회를 지배하고 있다. 모든 법 중에서 가장 으뜸은 공화국을 보전하는 것임을 절대 잊지 말아야 한다. 정의를 실현해야 한다. 그렇다면 정의란 무엇인가? 그것은 너그러움이 아니라 엄격함이다.

생쥐스트는 특정 당파가 모든 당파 노릇을 하면서 혁명의 발걸음을 늦추고 있다고 꼬집었다. 남들이 공포정을 얘기할 때 그들은 너그러움을 얘기하며, 남들이 너그러워지면 그들은 공포정의 장점을 과장한다. 생쥐스트는 정의를 엄격하게 실천하면 될 텐데, 굳이 공포정과 너그러움 사이를 오가면서 여론을 호도하는 당파가 있으며, 그 당파가 어떤 옷을 입어도 반혁명세력이라는 뜻을 강조했다. 그는 모든 파벌을 한꺼번에 단두대에 세우고, 국민정신을 정의를 향해 씩씩하게 나아가게 하며, 국내의 혼란을 평정해서 인민을 행복하게 만들고, 더는 민중협회들이 소란을 피우지 않도록 하며, 군대가 평온해지고 인민이 생업에 종사하게 만들어야 한다고 강조했다. 그는 모든 파벌이라고 말하면서 정면으로 에베르파를, 간접적으로 당통파를 공격했다. 그들을 단두대에 세우고, 정부를 공정하게 만들어야 한다고 말했다.

생쥐스트는 모든 혁명이 유약함에서 대담함으로, 범죄에서 덕성으로 나아간다고 강조했다. 그러나 그 일을 이루기란 쉽지 않다. 부당한 요구와 끈질기게 싸워야 한다. 인간은 억제할 수 없을 만큼 이익을 추구하기 때문에, 인민의 자유를 확립하려면 칼의 힘을 빌려야 한다. 민주주의와 대의제를 굳건히 세우는 방법에 주의를 기울여야 한다. 법을 제정해서 전 국민이 무기를 들고 여론을 타락시키는 귀족주의와 싸우게 만들어야 한다. 정부의 폐단을 막아야 한다. 임무를 수행하지 않는 공무원을 처벌해야 한다. 민중협회에서 공무원을 심판하지 않고 방관하기 때문에 정부가 부패한다. 공무원들이 인민의 자리에 앉을수록 민주주의가 후퇴한다.

생쥐스트는 얼마 전에 자신이 스트라스부르에서 질서를 되찾은 경험을 설명했다. 알자스 지방이 적에게 넘어갔을 때 스트라스부르에는 의무를 저버린 공무원들이 민중협회를 장악하고 있었다. 그들은 애국자의 기치를 들고 혁명에 전쟁을 벌인 사람들이었다. 스트라스부르와 인근의 대도시들까지 온건주의·푀이양주의·귀족주의가 공공정신을 타락시켰고, 이기주의·탐욕이 판을 치면서 낯 뜨겁고 불쾌할 정도로 투기가 성행했다. 생쥐스트는 파드칼레의 르바Philippe-François-Joseph Lebas와 함께 스트라스부르로 파견되어 그곳의 기강을 바로잡았다. 10월 31일에 그들은 190여 명의 부자들에게 최고 30만 리브르까지 강제로 할당하고 24시간 안에 납부하라고 명령했다.[*]

파견의원들은 이렇게 해서 900만 리브르를 강제로 모금하여, 그 도시의 빈민층을 위해 200만 리브르, 요새를 보강하는 데 100만 리브르, 바랭Bas-Rhin군에 600만 리브르를 할당했다.[**] 11월 6일(브뤼메르 16일)에 다시 한번 '반혁명 부자들'을 체포하고 재산을 봉인한 뒤 활용방안에 대해 논의했다. 생쥐스트는 부자들의 재산을 모두 1,500만 리브르 이상으로 평가했으니, 이미 900만 리브르를 강제로 걷은 상태에서 최소한 600만 리브르를 공화국의 이름으로 쓸 수 있었다. 생쥐스트는 스트라스부르의 반역자를 벌하고 질서를 회복했던 경험을 살려 다음과 같이 주장했다.

나는 감히 말합니다. 공화국을 번영시키려면 인민과 국회의원들이 영향

---

[*] 은행가·도매상·중개업에 종사하는 사람들이 많고, 교수도 포함된 193명 가운데 1만 리브르 미만을 할당받은 사람은 겨우 11명(4,000리브르 1명, 6,000리브르 9명, 8,000리브르 1명)이었다.

[**] 생쥐스트가 구국위원회에 보고할 때는 "부자들이 프랑스의 적을 정복하는 데 이바지하려고 협조"했다고 강조했지만, 그럴 리가 없었다. 그것은 '강제모금emprunt forcé'이었다. 1795년 1월 10일(공화력 3년 니보즈 21일)에 바랭의 덴첼Georges-Frédéric Dentzel은 당시 스트라스부르의 부자들이 말을 듣지 않으면 처형당할 것이 빤한데 어찌 '협조'하지 않을 수 있었겠느냐고 울분을 토로했다. 덴첼은 1793년 12월 26일에 '외국인'이라는 이유로 의원직에서 쫓겨났다가 로베스피에르가 몰락한 뒤에 의원직을 되찾았다.

력을 행사하는 주류가 되어야 합니다. 또한 지금까지 주류처럼 행세하던 귀족주의자들과 세무관들을 철저히 응징해서 인민주권을 순수하게 확립해야 합니다.

그러나 지금까지 모든 면에서 타락을 소장한 자들은 관용파다. 그들은 남에게 책임을 물으면 결국 자신들도 책임을 떠안게 되기 때문에 아무도 고발하지 않았다. 이처럼 모든 악덕이 침묵의 협정을 맺는 동안, 자기 이익을 조국에 바치는 대신 조국을 착취해서 욕심을 채웠다. 혁명이 일어나 겨우 정부를 바꾸었지만, 민간사회까지 바꾸지는 못했다. 정부는 자유에 바탕을 두었지만, 민간사회는 귀족주의에 바탕을 두었다. 귀족주의자들이 인민과 국민공회 사이에서 자유의 적들을 대변한다. 그들을 내버려둔다면 앞으로 50년 동안 혼란을 겪을 것이다. 1792년에 국가위기를 극복할 때 당통이 "과감하게, 더욱 과감하게, 언제나 더 과감하게"라고 외쳤듯이 생쥐스트도 혁명을 위해 모든 정책을 과감히 수행해야 한다고 주장했다. 반란을 조장하는 당파를 분쇄하고, 자유의 상에 청동을 입혀 녹슬지 않게 지켜야 한다. 상식과 검소함을 일상의 표준으로 삼는다면 불행과 가난을 몰아낼 수 있다. 그것이 진정한 혁명이며, 공화국을 굳건히 세우는 길이다. 선량한 사람의 불행과 악인의 행복에 감사할 자가 누구인가? 생쥐스트는 이렇게 연설을 끝내면서 법안을 상정했다. 의원들은 그 안을 조금 고쳐서 '적산敵産 접수법'* 을 통과시켰다.

---

* séquestre des biens des ennemis de la révolution.

안보위원회는 감옥에 있는 애국자들을 석방할 권한을 가진다. 석방을 요구하는 사람은 1789년 5월 1일 이후의 행적을 증명해야 한다.

애국자의 재산권을 존중해야 하며, 절대로 침해해서는 안 된다. 혁명의 적으로 인정받은 사람을 평화를 되찾을 때까지 가두었다가 영원히 추방하며, 재산을 압류해서 공화국에 기탁한다.

감옥에는 혁명의 적들만 남겨놓고, 이들의 재산을 가지고 가난한 애국자를 돕자는 취지의 법이었다. 3월 3일(방토즈 13일)에도 의장 생쥐스트는 지난 2월 26일에 제정한 '적산접수법'의 후속법안을 상정하면서, 혁명의 지지자를 위하고 반대자를 멸망시켜야 혁명을 공고히 할 수 있다고 제안 이유를 설명했다. 의원들과 방청객이 격한 지지를 표명하는 가운데 그는 연설을 여러 번 중단하고서야 겨우 끝냈다.

"프랑스 인민의 운명을 자랑스럽게 천명해서 남들도 존중하게 만듭시다. 1,200년 동안 조상 대대로 온갖 악행의 제물이 된 인민의 원수를 갚읍시다.

우리나라에서 일어난 일에 대해 유럽의 인민들을 속이는 자들이 있습니다. 그들은 여러분의 토론을 왜곡합니다. 그러나 여러분이 만든 강력한 법률을 왜곡하지 못합니다. 여러분의 법률은 전광석화처럼 한순간에 외국에 침투했습니다.

여러분이 프랑스 영토에서 불행과 압제를 용납하지 않는다는 사실을 유럽에 두루 알려야 합니다. 지상의 모든 나라가 우리를 본받게 합시다. 그리하여 덕을 사랑하고 행복한 세상을 만듭시다. 행복은 유럽에서 새로운 관념입니다."

"덕을 사랑하고 행복한 세상"을 만들자, "행복은 유럽에서 새로운 관념"

이며 가장 암울하던 시기에 행복을 실현하자고 제안한 생쥐스트는 이른바 방토즈 법안을 상정해서 통과시켰다. 모든 코뮌은 빈곤한 애국자의 이름·나이·직업·자녀의 현황을 디스트릭트에 보고하고, 모든 디스트릭트는 현황을 모아서 구국위원회로 보고한다(1조). 구국위원회는 전국의 현황을 모으고, 안보위원회가 만든 혁명의 적들의 재산 현황에 근거해서 가난한 애국자들을 돕는 방안을 마련한다(2조). 안보위원회는 전국의 모든 감시위원회에 정확히 명령을 내려 모든 수용자의 명단, 1789년 5월 1일 이후 행적을 보고하게 한다. 감시위원회의 보고일은 파리와 지역 간의 거리를 고려해서 정한다. 차후의 수용자에 대해서도 마찬가지다(3조).

생쥐스트는 '행복이 프랑스 혁명과 함께 나타난 개념'이라고 정의했다. 그런데 그 행복이란 누구의, 누구를 위한, 누구에 의한 행복인가? 1793년에 새로운 정치세력이 된 상퀼로트와 민중의 행복, 그들을 위한 행복은 될 수 있을지언정 그들에 의한 행복은 아닐 것이다. 1794년 초의 현실은 1789년부터 정치무대의 주역인 부르주아 계층이 퇴역할 의지가 없는 상태에서 1793년에 등장한 배우가 주역의 자리를 차지하려고 노력하는 상태였다. 자코뱅협회와 몽타뉴파의 주역들은 아직 코르들리에 협회의 주역들에게 밀리지 않았고, 이들을 제거할 틈을 엿보았다. 그래서 생쥐스트는 공포정을 양날의 칼에 비유했다. 인민의 원한을 풀어줄 수 있지만, 폭정의 도구로도 쓸 수 있다는 뜻이다. 그는 과격파와 온건파가 공포정을 잘못된 방향으로 이끌고 있다고 경고하고, 공포정이라는 말을 '정의'로 대체했다. 공포정을 끝내려는 의도였을까? 그렇게 보기란 어렵다. 그는 에둘러서 에베르파와 당통파를 겨냥했다. 그리고 집권자로서 '정의'를 구현하려는 준비를 했다.

그즈음 파리의 민심도 흉흉했다. 예를 들어 3월 1일(공화력 2년 방토즈

'무신론'의 상징. 로베스피에르는 종교의 자유와 영혼불멸성을 지지했다.
그는 무신론이 반혁명 음모를 조장하는 사상이라고 생각했다(BNF 소장).

최고존재의 축제 장면. "최고존재의 진정한 사제는 자연이며, 전당은 우주다.
진리로 숭배한다. 그를 기리는 축제는 위대한 국민의 기쁨이다."(BNF 소장)

"프랑스 인민은 최고존재와 영혼불멸을 인정한다."(BNF 소장)

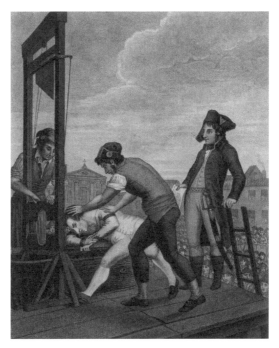

1794년 7월 28일 오후, 단두대 앞의 로베스피에르(BNF 소장).

로베스피에르의 처형(BNF 소장).

테르미도르 정변 이후,
그동안 숨죽이던 세력이 정치적 이유보다 개인적 원한 때문에 복수극을 벌이기 시작했다.
이것이 '백색테러^{la Terreur blanche}'다(BNF 소장).

테르미도르 반동 이후,
고대인의 복장을 흉내 낸 메르베예즈^{les merveilleuses}(멋쟁이 여성)가 파리에 등장했다(BNF 소장).

10일)에 앵디비지빌리테Indivisibilité* 구민회의에서 구두장이 보Bot는 가난한 인민이 굶어죽게 생겼는데 감옥에서는 반혁명혐의자들이 호식한다는 말을 들었다고 하면서 당장 감옥으로 쳐들어가 그들을 깡그리 죽이자고 외쳤다. 이틀 뒤 방토즈 12일에 중앙시장les Halles에는 "시장의 아낙네에게" 보내는 편지 형식의 손글씨 글이 나돌았다. 당장 국민공회로 가서 해산하라고 요구하자는 내용이었다.

에베르파는 생쥐스트의 경고를 무시하기 어려웠고 몹시 초조했으므로 모든 일을 앞당기기로 했다. 3월 4일(방토즈 14일)에 코르들리에 협회는 침울한 분위기에서 회의를 진행했다. 회원들은 헌법이 죽었다는 뜻으로 '인권선언문'에 검은 천을 씌우고, 인민이 권리를 되찾을 때까지 덮어두기로 결정했다. 롱생과 함께 한 달 동안 감옥에 갇혔다가 2월 2일에 풀려난 뱅상은 파리 도의 검찰총장 륄리에Louis-Marie Lulier, 파리 도의회 의장 뒤푸르니를 에베르파의 적으로 고발하고, 만일 인민의 적들을 단두대에 보내지 않는다면 자유가 사라질 것이라고 주장하면서 공포정을 철저히 밀고 나가자고 주장했다.

낭트에서 방데의 반군과 가족을 강물에 수장시키고 돌아온 카리에는 자기를 소환한 로베스피에르에 대한 원한을 담아서 "봉기합시다. 봉기는 신성한 행위입니다. 흉악한 자들에게 저항합시다"라고 외쳤다. 국민공회와 구국

---

* 마레Marais의 북쪽에 있는 보즈 광장place des Voges은 파리에서 최초의 왕립광장place royale이었다. 그래서 혁명기에 60개 선거구에서 출발해서 48개 구로 재편할 때 구 이름을 플라스 루아얄 구Section de la Place-Royale로 붙였다. 이 구는 1792년 8월에 연맹군을 뜻하는 페데레Section des Fédérés로, 1793년 7월에 '나눌 수 없는 공화국'이라는 뜻을 담은 앵디비지빌리테 구로 이름을 바꾸었다.

위원회에 저항해서 반란을 일으키자는 제안에 회원들이 열렬히 호응했다. 에베르가 연단에 서서 카리에보다 한술 더 떴다. 그는 브리소 일파를 구하려는 청원서에 서명한 의원 74명에 대해 맹렬히 비난하면서 결국 그들을 살려준 로베스피에르를 에둘러 공격했다. 지난 5년 동안 혁명에 헌신한 로베스피에르를 직접 반혁명분자로 공격하기란 어려웠기 때문이다.

그는 출세주의자들ambitieux이 지난 두 달 동안 모든 민중협회에서 애국자들의 입에 재갈을 물렸다고 비난했다. 모모로·뱅상 같은 동지들의 부추김에 더욱 대담해진 에베르는 마침내 막시밀리엥 로베스피에르를 분명히 지목하면서 복수하고야 말겠다고 으름장을 놓았다. 그는 로베스피에르가 외국인의 하수인 노릇을 하는 데물랭을 보호해준다고 비난한 뒤, 카리에가 외친 구호를 크게 외치면서 긴 연설을 끝냈다. "봉기합시다!"

그즈음 로베스피에르는 침대에 누워 있었다. 2월 4일부터 14일까지 구국위원회에 나가지 않았고, 자코뱅협회와 국민공회에 한두 번 참석하다가 15일부터 18일까지 구국위원회에 참석하더니 19일부터 3월 13일까지 무기력증으로 몸져누워 날마다 베개에 피를 묻히면서 크게 앓았다.*

로베스피에르가 앓는 사이에도 공포정은 멈추지 않았고, 그에 대한 반발도 수그러들지 않았다. 3월 5일(방토즈 15일)에 코르들리에 협회가 있는 마라 구의 구민회의에서 독점방지위원회의 뒤크로케Ducroquet는 생필품의 위기를 겪지 않는 날까지 인권선언문을 검은 천으로 덮어놓자고 발의해서 통과시켰다. 그날 밤 앵디비지빌리테 구의 혁명위원회는 순찰하는 도중 구국위원회의 벽보에서 로베스피에르의 이름에 식인종, 프리외르·랭데·바레르의 이름 아래 언제나 바보 얼간이 같은 인민을 속이는 자들, 도둑놈들, 살인자들이라고 덧쓴 것을 보았다. 3월 6일(방토즈 16일)에 에베르파는 파리 코뮌평의회로 몰려가 인민의 적들을 완전히 몰아낼 때까지 싸우겠다고 선언했다. 파리 시 정부 관리들은 시큰둥했고, 파리 주민들도 별로 호응하지 않았다. 나중에 재판을 받을 때 진술을 믿는다면, 뱅상과 롱생이 2월 2일에 풀려나기 전에 감방에서 그 계획을 세웠다고 한다. 롱생은 로베스피에르를 반역자로 지목했다. 그는 로베스피에르가 여러 가지 음모에 머리를 숙였다고 비난하면서, 그의 반역을 증명할 수 있는 서면증거를 많이 제시할 수 있다고 말했다. 그의 공모자 가운데 화약·초석 창고지기 앙카르Ancar는 로베스피에르의 애국심이 약해졌다고 공공연히 말하고 다녔다. 그날 시테 섬의 혁명법원 앞 쿠르 데 퐁텐cour des Fontaines의 기둥에는 누군가 손글씨로 선동적인 벽보를 붙였다.

상퀼로트여, 때가 왔다. 그들이 그대를 마지막 지점으로 밀어 넣고 있음을 보지 않느냐. 북을 치고 경종을 울려라. 무기를 들라. 이 상황을 빨리 끝내자.

---

* 2013년에 법의학자 샤를리에Philippe Charlier는 로베스피에르의 데스 마스크와 질병기록을 연구한 뒤, 로베스피에르가 마마와 확산성 피부 임파선종la sarcoïdose diffuse을 앓았다고 진단했다. 샤를리에는 36세의 그가 7월 28일에 단두대에 서지 않았더라도 늙어 죽기는 어려웠을 것이라고 말했다(https://www.20minutes.fr/societe/1266265-20131221-20131221-marque-variole-robespierre-doute-aussi-sarcoidose; http://www.amis-robespierre.org/A-propos-de-la-pretendue 참조).
로베스피에르가 억지로 몸을 추슬러서 국민공회에 등원했던 2월 15일에 의원들은 로의 장봉 생탕드레가 발의한 대로 그동안 통일하지 못한 국기문제를 확정했다. "공화력 2년 프레리알 1일(1794년 5월 20일)부터 해군의 모든 선박은 삼색 국기를 달아야 한다"고 의결했다. 국기는 기폭을 세로로 똑같은 너비로 나눠 청·백·적의 삼색을 왼쪽부터 차례로 배치한 것을 뜻했다.

3월 6일(방토즈 16일)에 바레르는 혁명의 적들이 파리의 중앙시장이나 주요 건물에 붙인 벽보에 대해 구국위원회가 마련한 법안을 발의했다. 그의 의견은 대체로 다음과 같았다. 유럽 열강이 프랑스를 다방면에서 공격하고, 국내의 반혁명세력과 손잡고 혁명을 방해하기 때문에 구국위원회는 역사에서 교훈을 찾고, 적들의 동향을 파악하기 위해 귀를 기울이고, 모든 주동자의 행동을 염탐하고, 모든 관리를 감시했으며, 파견의원들도 예외 없이 감시했다. 또 유럽과 아메리카에 나간 첩자들의 보고도 받았다. 이처럼 적들의 동향을 파악하고 있음에도 파리에서는 날마다, 아니 시시각각 생필품에 대해 인민을 속이고 선동하는 무리가 있다. 그들은 모든 집단을 자극하고 기만하며, 끊임없이 국민공회를 폄훼하는 벽보를 붙여 기근의 책임을 전가한다. 그들은 유럽의 폭정을 프랑스에 다시 도입하기를 바란다. 생필품의 수송로를 차단해서 시장을 망치고, 모든 짐승의 암컷을 사들여 번식을 막는다. 귀족주의자들은 기근과 전염병이 생길 것이라고 냉정하게 말하면서 민심을 흉흉하게 만든다.

구국위원회는 정부를 뒤흔들고, 공공정신을 타락시키고, 혁명에 대한 국민의 의견을 교란하는 방법을 밝히고, 국가 경영의 모든 부문을 혁명 법전에 결합하려고 노력했다. 그렇게 하려면 반혁명세력의 거칠고 야심찬 성향을 처벌하고, 반란자는 물론 평화론자와 관용파를 가리지 않고 감시해야 하지만, 이미 그들의 술책을 알아냈음에도 실효를 거두지 못했다. 따라서 국민공회가 권위와 영향력을 집중해서 앞으로 일어날 사건과 폭풍우에 강력 대응해야 한다. 해군함대와 육군을 격려하고 모든 장군을 면밀히 감시해서 모든 반역자를 처벌해야 한다. 바레르는 전반적인 상황과 대처방안을 설명한 뒤에 결국 4개조 법안을 상정했다.

1조. 혁명법원의 검사는 프랑스 인민의 자유와 국민공회를 폄훼하기 위해 손글씨 비방문을 쓴 자, 그리고 중앙시장과 어느 시장에 배포한 자를 체포한다.

2조. 또한 인민의 안보를 해치는 음모를 꾸민 자와 실행한 자, 파리에 식료품과 생필품을 반입하는 사람들을 불신하게 만드는 자를 추적한다.

3조. 3일 안에 국민공회에서 그 결과와 함께 대응조치에 대해 보고한다.

4조. 구국위원회는 정부와 인민의 행복을 확고히 지킬 방안, 음모자들의 계획을 예방할 방법을 계속 강구해서 보고한다.

그럼에도 국민공회와 구국위원회에 대한 불만은 좀처럼 수그러들지 않았다. 3월 7일(방토즈 17일)에는 뇌브 생퇴스타슈 길의 한 모퉁이에 인쇄한 벽보가 붙었다.

형제들이어, 때가 왔도다. 들고일어나 적들을 박살내고, 식량을 확보하고, 감옥에 갇힌 애국자들을 구하라.

몇 시간 뒤에 같은 내용의 벽보가 다른 곳에 붙었는데, 파브르 데글랑틴·카미유 데물랭·우아즈의 부르동·필리포가 신뢰를 잃었다는 내용을 추가한 것이었다. 이튿날인 3월 8일(방토즈 18일)에 재무부 앞을 오가는 사람들은 건물 벽에서 "공화국을 파멸시켜라! 루이 17세 만세!"라는 격문을 보았다.

3월 13일(방토즈 23일)에 생쥐스트가 구국위원회의 이름으로 법안을 발의하면서, 자유로운 정부와 자유민 사이에 자연스러운 협약이 있다고 운을 뗐다. 그 협약으로 정부는 조국에 헌신하며, 인민은 오직 정의로운 존재가 된다는 것이다. 다시 한번 그는 공포정보다 정의를 강조했다. 인민에게는 자유를 지켜주는 봉기라는 수단이 있다. 정부에게도 마찬가지 수단이 있는데, 그것은 인민의 정의와 덕성이다. 그러므로 정부에 대한 가장 치명적인 음모는 공공정신을 타락시켜 정의와 덕성을 포기하게 만드는 동시에 정부를 지켜주는 장치를 망가뜨림으로써 결국 정부를 파괴하는 일을 서슴지 않고 저지를 수 있는 상태로 몰아가는 것이다.

"따라서 오늘 나는 구국위원회 이름으로 애국심의 준엄한 의무를 수행하기 위해 프랑스 인민에게 정부를 지키는 장치를 파괴하는 계획, 프랑스 인민과 파리에 대한 음모를 폭로하려고 이 자리에 섰습니다. 나는 오늘날까지 장막에 덮여 있던 가혹한 진실을 낱낱이 여러분 앞에 고하겠습니다."

생쥐스트는 외국인의 음모, 샤보 같은 국민공회 의원들의 부정부패, 지방 관리들의 반혁명 행위를 하나로 엮었다. 특히 '과도한 사람들exagérés'인 에베르파도 빼먹지 않고 섬뜩하게 경고했다.

"범인들을 확인하기 위해 이미 수많은 조치를 취했습니다. 범인들은 포위망에 갇혔습니다. 이제는 음모에 가담한 자들의 광기보다 더 위험한 부패 계획을 멈추게 할 조치만 남았습니다. 우리는 이러한 조치를 준엄하지만 정의로운 법에 담아 제시합니다."

생쥐스트는 에베르파를 잡을 준비를 마쳤으며, '부패계획'을 멈추게 만들 조치를 준비하고 있다고 경고하면서 피바람을 예고했다. 그리고 관용파에 대한 경고도 잊지 않았다. 그는 장황한 연설의 막바지에서 다시 한번 정의를 강조했다.

"인민이여, 누구든 정의를 저버린다면 벌하십시오. 정의는 자유로운 정부를 보장해줍니다. 정의는 사람들을 평등하게 만들어줍니다. 부패한 인간은 서로의 노예가 됩니다. 강자의 권리가 악한들의 법이 됩니다. 정의와 성실을 공화국의 일상적 표어로 삼읍시다. 이제부터 정부는 어떠한 범죄도 용서하지 맙시다. 인민이여, 관용을 외치는 사람이나 몰상식한 사람의 말을 듣지 마십시오. 윤리를 소중히 여기고 현명해지며, 여러분을 지켜주는 사람들을 지지해주십시오. 자식을 염치와 애국심을 가슴에 새기는 사람으로 기르십시오."

모든 의원과 방청객은 자리에서 일어나 생쥐스트의 맹세를 열렬히 환영했다. 생쥐스트는 다음과 같이 법안을 발의해서 통과시켰다.

혁명법원은 프랑스 인민과 자유를 훼손할 음모를 꾸미거나 공모하는 자를 계속 조사하며, 신원을 파악하는 대로 즉각 체포해 재판을 받게 한다. 시민을 부패시키고, 권력과 공공정신을 전복하고, 파리의 식료품 수송을 방해해서 불안감을 조성하고, 망명자들에게 은신처를 제공하고, 탈옥을 돕고, 인민과 자유를 말살하려고 파리에 무기를 반입하고, 공화국 정부를 뒤흔들거나 다른 형태로 바꾸려는 자들을 모두 반역자로 소추한다.

프랑스 인민은 국민공회에 국가적 권위를 부여했기 때문에, 국민공회의 권한을 빼앗거나 그 안전 또는 위신을 직간접적으로 해치는 자를 무조건 인민의 적으로 보고 사형에 처한다.

국민공회가 중심에 있는 공화국의 혁명정부에 저항하는 행위는 공공의 자유를 공격하는 행위다. 누구든 정부를 타락시키거나 파괴하거나 속박하는 자는 사형에 처한다.

구국위원회는 국민공회의 법령이나 구국위원회의 명령을 집행하지 않는 공무원의 자격을 박탈한다. 공무원으로서 자기 업무를 유기하거나 소홀히 하는 자는 법을 엄격히 적용해서 소추하며, 임시직을 임명해 그 업무를 수행하게 한다.

헌법기관들은 권한을 위임할 수 없으므로, 구국위원회의 분명한 허락을 받지 않고서 공화국의 안팎에 어떠한 위원도 파견할 수 없다. 그들이 이미 주거나 위임한 권한은 이 시간부터 무효다. 이 법령을 반포한 뒤에도 그 권한을 계속 행사할 경우 20년의 노역형에 처한다. 생필품·무기·화약 위원회는 당분간 그들의 활동을 계속할 수 있다.

민간위원 여섯 명을 임명해 감옥에 있는 혁명의 적들을 즉시 재판하게 한다. 안보·구국의 두 위원회는 협력해서 민간위원회를 구성하고 조직한다. 공화국에 대한 음모의 피의자로서 사법적 검토를 피하는 자는 무법자로 선포한다.

감시위원회가 그들의 구역에서 공민정신이 없는 개인들을 석방하는 경우 위원들의 자격을 빼앗고 다른 위원으로 교체한다.

음모자와 무법자를 체포할 때 그들이 있는 장소를 아는 시민을 대동할 수 있다.

그들을 자기 집이나 다른 곳에 숨겨주는 자는 그들의 공모자로 간주해서 처벌한다.

공화국에 대한 음모 때문에 붙잡힌 개인들은 말이나 글로 타인과 소통해서는 안 된다. 만일 소통 사실이 발생한다면, 그들을 감시하는 임무를 맡은 사람과 감옥의 책임이다. 이러한 소통에 참여하거나 도운 자는 무조건 음모자로 처벌한다.

구국위원회는 이 법령의 집행을 엄격히 감시하고, 법이 정한 대로 그 결과를 국민공회에 보고한다. 이 법을 『법률 공보』에 실어 반포한다.

혁명법원의 검사인 푸키에 탱빌은 법적 권한을 받자마자 영장을 발부해서 코르들리에 협회 의장이었던 모모로, 『뒤셴 영감』 발행인 에베르, 파리 혁명군 사령관 롱생, 전쟁부 소속 뱅상, 마라 구의 독점방지위원회 위원인 뒤크로케, 며칠 전에 웨스테르만François-Joseph Westerman 장군이 위험인물로 고발한 늙은 장군 로뮈르Laumur를 3월 13일과 14일 사이의 밤에 잡다 곧바로 콩시에르주리 감옥에 넣었다. 14일에 은행가 코크Kock, 16일에 코르들리에 회원인 앙카르·부르주아·마쥐엘Mazuel·라부로Laboureau, 17일에 르클레르Leclerc를 차례로 잡아들였다. 푸키에 탱빌은 다른 감옥에 갇혀 있던 클로츠·프롤리·페레라·뒤뷔송·데피외·데콩브를 데려다 콩시에르주리에 넣었다. 또한 방데에서 실패했기 때문에 갇혔다가 엿새 전에 처형당한 장군 케티노Pierre Quétineau의 과부인 마담 케티노와 아르망까지 잡아넣어 음모의 조직도를 완성했다. 그는 에베르와 공모자들이 외국의 돈을 받아 음모를 꾸몄다고 생각했고, 외국인들을 간첩혐의와 함께 국민공회 의원들을 타락시킨 혐의로 함께 기소하려고 별렀다. 그는 3월 20일(방토즈 30일)에 공소장을 완성하고, 이튿날(제르미날 1일)부터 재판을 시작했다.

24일(제르미날 4일)에 재판장 뒤마가 배심원단의 선고문을 읽었다. 검사는 사형으로 결론을 냈다. 마쥐엘과 마담 케티노는 몇 마디 했고, 뒤크로케는 무죄를 주장했다. 클로츠는 인류에게 자기의 신념과 명분을 호소한 뒤 독당근즙을 기분 좋게 마시겠다고 말했다. 판사들이 각자 의견을 말하고 나서 재판장이 사형을 언도했다. 피고인들은 잠긴 목소리로 "공화국 만세!"라고 외쳤다. 1시에 군사경찰들이 피고인들을 데리고 법정을 떠났다. 마담 케티노는 의사들의 정밀검사를 거쳐 임신 4개월의 진단을 받고 콩시에르주리에서 나갔다.* 나머지 피고인들은 세 시간 뒤 혁명광장으로 끌려가 단두대에 올랐다. 3일 뒤인 3월 27일(제르미날 7일)에 국민공회는 롱생과 함께 파리를 휘젓던 혁명군을 에베르파에 동조했다는 이유로 폐지하기로 했다. 혁명정부의 공포정은 질서를 지키기 위한 것이었고, 에베르파의 공포정은 무정부주의로 나아가는 것이라는 이유로 패배했다.

로베스피에르는 거의 한 달 전부터 기진맥진하고 자주 몸져누웠다가 3월 14일(방토즈 24일)에 겨우 국민공회와 구국위원회에 나왔다.[**] 그날 본누벨 구의 대표단은 국민공회에서 이미 신분제 귀족제를 타파했지만 이제라도 돈벌이만 일삼는 '귀족들'을 엄벌하고, 공직에서 모든 상인을 배제하는 법을 제정해달라고 요구했다. 부자와 상인들이 새로운 귀족이 되어 모든 생필품을 구하기 어렵게 만들기 때문이다. 그들은 자신들의 요구를 들어주면 소매상에서 물건을 쉽게 구할 수 있으리라고 말했다. 마침 로베스피에르·비요바렌·바레르·생쥐스트가 회의실로 들어섰다. 로베스피에르는 본누벨 구의 청원자들을 단호하게 막았다. 그는 최근에 반혁명 음모를 적발했지만 적들이 계속 공화국을 망치려고 노력하고 있으므로, 선량한 시민들은 자신의 구에서 질서를 교란시키는 자들과 싸워달라고 강력히 촉구했다. 그는 "모든

---

[*] 그러나 푸키에 탱빌은 행복한 결말을 안겨주지 않았다. 아기를 낳을 때까지 마담 케티노를 법원 소속 시료원hospice에서 지내도록 했다. 감시를 받으면서 고통스럽게 나날을 보내던 임산부는 5개월째 유산했다. 5월 11일(플로레알 22일)에 혁명법원은 마담 케티노에게 사형을 선고했다.

[**] Ernest Hamel, *Histoire de Robespierre, III La Montagne*(Paris, 1867)를 참고했다. 또한 로베스피에르의 건강에 관한 정보는 Peter McPhee, "'Mes forces et ma santé ne peuvent suffire'. crises politiques, crises médicales dans la vie de Maximilien Robespierre, 1790-1794", *Annales historiques de la Révolution française*, 371(2013), pp. 137~152 참조. "지난 5년 동안 그는 국회나 자코뱅 회원들 앞에서 630번 이상 '훈계'를 했고, 1793년에만 101번 했지만, 1794년 초부터 일곱 달 동안에는 국민공회에서 겨우 16회만 연설했다."

파벌은 한꺼번에 사라져야 합니다"라고 주장했다. 그러나 모든 파벌을 적으로 여기는 사람들은 슬기롭게 충고하고, 정당한 조치를 제안하며, 확고한 의지로 권리를 행사해야 인정을 받을 수 있다고 덧붙였다.

그날 저녁 자코뱅협회에서 비요바렌은 에베르파의 음모를 응징하게 되었으며, 이번 데카드(방토즈 21~30일의 1주)는 자유의 위기에서 시작했지만 결국은 자유가 승리하게 될 것이라고 말했다. 그는 에베르파의 처형이 자유의 승리를 증명하겠지만, 그 음모는 나라와 군대 전반에 가지를 쳤다고 경고했다. 몇몇 회원은 불랑제Boulanger가 전날 코르들리에 협회에서 에베르를 격려하면서 "뒤셴 영감이 후려치면, 우리도 모두 뒤셴 영감이 되어 후려치겠다"고 말한 의도를 밝히라고 다그쳤다. 로베스피에르는 말에서 의도를 추론하지 말자고 제안하고, 불랑제가 반역자라면 자기가 앞장서서 고발할 테지만 자기가 보기에 "완벽한 애국자"라고 옹호해주었다. 불랑제는 겨우 목숨을 구했다. 로베스피에르의 한마디가 남의 생명과 맞먹는 시절이었다.

3월 17일(방토즈 27일)에 생쥐스트는 구국위원회·안보위원회의 이름으로 센에우아즈의 에로 드 세셸과 바랭의 시몽을 15일에 체포했다고 보고했다. 구국위원회는 이들의 수상한 행동을 이미 네 달 전부터 파악하고 주시하다가 마침내 체포했다고 말했다. 에베르파를 붙잡을 때 당통의 친구들도 붙잡기 시작했다는 뜻이다. 18일(방토즈 28일)에 우아즈의 부르동은 최근에 국민공회가 대음모를 적발한 뒤 파리 인근의 시민들이 대표를 보내 축하하지만 파리 코뮌이 아직도 가타부타하지 않는다고 비판했다. 의원들은 구국·안보 합동위원회가 파리 코뮌의 모든 헌법기관의 행위를 검토하고 숙정의 필요성을 즉시 조사해서 보고하라고 의결했다. 이즈음에 모든 민중협회에서도 숙정작업을 계속했다. 거의 50명에서 100명까지 쫓아낸 협회가 있었고, 피크

Piques 구의 민중협회 회원은 자기네 협회에서는 단 열 명이 모든 회원을 압도한다고 자랑했다. 모든 사람이 풍향계처럼 바람의 방향을 주시해야 무사한 시절이었다. 19일(방토즈 29일)에 바레르는 지난 닷새 동안 체포한 음모자들을 이틀 뒤인 제르미날 1일에 혁명법원에 넘기겠다고 보고한 뒤, 외국인들과 온건파가 힘을 합치기 시작했다고 경고했다. 이미 그들을 겁먹게 하고 위축시켰지만, 폭풍우가 지나갔다고 믿었는지 그들이 뱀처럼 다시 고개를 쳐들기 시작했다고 보고했다.

파리 시장 파슈가 파리 코뮌 대표단을 이끌고 와서 48개 구의 새 대표 명단을 제출했다. 모두 144명 가운데 오직 18개 구에서 한 명씩만 교체했다. 파슈는 이로써 파리 코뮌평의회를 새로 구성했다고 보고했고, 늦게 와서 미안하다고 말했다. 파슈에게는 그럴 만한 이유가 있었다. 파리 코뮌 검찰관 쇼메트도 검찰관보 에베르와 함께 잡혔다. 에베르는 곧바로 콩시에르주리 감옥에 갇혔지만, 쇼메트는 뤽상부르 감옥에 갇혔다. 17일에 구국위원회는 검찰관과 검찰관보의 빈자리에 국가의 이름으로 셀리에Vincent Cellier와 르그랑Pierre-Jacques Legrand을 '임시로' 임명했다. 이처럼 파리 코뮌의 간부들과 평의회 의원들이 바뀌는데, 파슈가 대표단을 꾸려 국민공회에 축하인사를 하러 가기란 어려웠다. 의장인 바렝의 륄Philippe Rühl은 파리 코뮌 대표단에게 덕담을 하면서도 이웃의 코뮌들보다 늦게 왔다고 질책했다. 당통은 파리 코뮌평의회가 애국자들로 구성되었음을 의심하지 않는다고 운을 뗀 뒤, 의장의 말이 오해를 불러일으키기에 충분하다고 지적했다. 륄은 자기 말을 증언대에서 해명하겠다고 하면서 당통에게 "이리 와서 의장석에 앉아 계시오"라고 말했다. 당통은 "나더러 당신에게 어울리는 의장석에 오르라고 하지 마십시오"라고 사양한 뒤, 자기 말을 해명했다.

"내가 본의 아니게 마음을 상하게 한 점을 용서해주십시오. 나는 그대가 나처럼 실수를 할 때 용서할 용의가 있습니다. 단지 나를 자유롭게 의견을 표현한 형제로 봐주시기 바랍니다."

이 말을 듣고 뢸은 증언대에서 내려오는 즉시 당통과 포옹했다. 회의장의 모든 사람이 이 장면을 보고 뜨겁게 환영했다. 당통이 이렇게 유화적인 몸짓으로 타인의 칭송을 받는 동안, 당통파는 권력투쟁에 나섰다.

3월 20일(방토즈 30일)에 국민공회에 구국위원회 위원들이 출석하지 않은 틈을 타서 우아즈의 부르동은 안보위원회를 위해 헌신적으로 일하는 비서 에롱Héron을 체포하라는 안을 기습적으로 제안했다. 에롱은 뱅상을 구금한 동안 하루도 빼지 않고 생트펠라지 감옥으로 면회하러 다녔다는 이유였다. 사실 에롱에 대한 평은 나빴다. 투르의 안보위원회에서 일하다가 파리에서 에롱과 함께 특임집행관으로 일한 세나르Gabriel-Jérôme Sénar는 그가 잔인한 약탈자이며 외출 시에는 권총과 나팔총espingole을 차고 다녔다고 회고록에 썼다. 파리의 부르소Jean-François Boursault*는 우아즈의 부르동의 말을 거들어 에롱이 오당제Odanger를 체포할 때 권총을 쏴서 다치게 했다고 증언했다. 의원들은 에롱 체포안을 가결하고 안보위원회에 집행하라고 명령했다. 오후에 루아르앵페리외르의 쿠통과 로베스피에르가 구국·안보 합동위원회 회의를 마치고 회의장에 들어섰다. 몸이 불편해서 '휠체어'로 이동하는 쿠통은 오전에 결의한 에롱의 체포명령에 대해 한마디 했다. 그는 에롱을 만난 적도 없고 아는 사이도 아니지만 안보위원회의 보고를 받고 합동위원회에서 논의한

---

* 부르소는 1793년 3월 19일에 마뉘엘Pierre Manuel의 자리를 물려받았다.

결과 에롱이 수많은 음모를 밝혀내 공화국에 큰 공헌을 했기 때문에 애국자가 틀림없다고 말한 뒤, 안보위원회가 이 문제에 대해 따로 보고할 것이라고 예고했다. 그는 한 팔을 잘리면 다음은 머리를 잘릴 차례가 될 것이 분명하다고 두려워하는 안보위원회를 대변했던 것이다.

로베스피에르는 두 파벌 가운데 하나를 없앴지만, 나머지 파벌이 그 기회를 자기네 승리로 연결시키려 한다고 경고했다. 그는 국민공회가 지난 세월처럼 앞으로도 건재하고, 인민·정의·이성의 승리를 확고히 보장해야 한다고 강조했다. 그는 이미 한 파벌을 진압한 국민공회가 다른 파벌마저 쓰러뜨려 조국을 구해야 한다고 말한 뒤, "지금까지 말한 내용의 결론 삼아 에롱의 체포명령을 철회해주십시오."라고 부탁했다. 의원들은 오전에 결의한 체포명령을 철회했다. 구국위원회와 안보위원회가 서로 견제하는 상황에서도, 두 위원회는 서로의 보호자였고, 아무리 안보위원회의 하수인이라도 아직은 보호해줄 가치가 있었다. 순망치한脣亡齒寒의 이치였다.

3월 31일(제르미날 11일) 새벽에 당통·들라크루아·데물랭·필리포가 긴급 체포되었다. 국민공회에서 파리의 르장드르는 네 명을 증언대에 세워 변명을 들어본 뒤에 의원들이 고소하든지 무죄를 선언하든지 하자고 제안했다. 데물랭은 지난 2월 3일(플뤼비오즈 15일)의 『비외 코르들리에』 7호에서 에베르는 물론 콜로 데르부아·바레르와 구국위원회, 모든 혁명위원회를 싸잡아 비판했다. 자유는 정의·인류애와 같은 뜻임에도 터무니없는 권력을 휘두르는 자들은 자신들이 잡아 가둔 사람들을 가족조차 만나지 못하게 한다고 비난했다. 고대 로마의 네로나 칼리굴라 같은 폭군들도 그렇게 하지 않았을 것이라고 지적했다.

"찬성과 반대. 두 명의 비외 코르들리에 사이의 대화"라는 제목의 7호에서 데물랭은 언론의 자유에 대한 확고한 신념을 쏟아부었다. 로베스피에르는 지난 1월 10일에 자코뱅협회에서 제명된 데물랭을 구해주었지만, 결국 그를 포기했다. 데물랭은 그동안 당통에게 희망을 걸었다. 그는 "당통이 자고 있다. 그러나 사자가 깨어나면 우리를 지켜줄 것이다"라고 편지에서 말했다. 그러나 잠자는 사자처럼 조용히 있던 당통은 새벽에 잡혔다. 르장드르는 당통을 증언대로 불러 변명을 들어보자고 다시 한번 제안했고, 의원들이 표결에 부치라고 거들었다. 방데의 파요Joseph-Pierre-Marie Fayau는 의원들이 신임하는 구국위원회와 안보위원회가 체포한 혐의자들을 증언대에 세우는 법이 있느냐고 물으면서 르장드르의 안에 반대했다. 곧바로 여러 의원이 르장드르의 안을 표결하자고 외쳤다.

로베스피에르가 르장드르의 주장을 손쉽게 격파했다. 그는 구국위원회에서 비요바렌이 당통을 체포하자고 했을 때 애국자들을 모두 잡아들여서는 안 된다면서 보호해주었지만, 이제는 태도를 바꾸었다. 그는 당통이 바지르·샤보·파브르 데글랑틴을 위해 똑같은 제안을 했을 때 의원들이 반대했던 일을 거론했다. 그는 어째서 오늘은 이미 거부했던 안을 르장드르가 다시 꺼내고 의원들의 지지를 받는지 모르겠다고 말했다. 그는 르장드르가 당통과 함께 누가 잡혔는지 모르겠다고 말하지만, 사실상 자기 친구인 외르에루아르의 들라크루아를 구하려 한다고 말했다. 로베스피에르는 당통의 이름에는 특권이 따라다니지만, "우리는 특권을 원치 않으며, 우상도 원치 않습니다"라고 말했다. 그는 한걸음 더 나아갔다.

우리는 오늘 국민공회가 오래전부터 부패한 우상을 파괴할 수 있는지, 아니면 우상이 몰락하면 국민공회와 프랑스 인민이 함께 몰락하는지 보게 될 것입니다. 당통에 대해서 하는 말을 브리소·페티옹·샤보·에베르에게, 또한 가짜 애국심으로 화려한 소문만 무성하게 피우던 수많은 사람들에게도 적용할 수 없습니까? 그에게 무슨 특권이 있단 말입니까? 어떤 점에서 당통이 그의 동료 의원들, 샤보, 그리고 그가 속내를 털어놓는 친구이며 열렬히 지켜주려고 노력했던 파브르 데글랑틴보다 우월하단 말입니까? 그가 동료 시민들보다 어떻게 우월하다 하겠습니까?

로베스피에르는 당통을 '부패한 우상'이라고 비난하고, 그를 버린다 해도 국민공회와 프랑스 인민에게 조금도 손해 볼 일은 일어나지 않는다고 말했다. 당통이 혁명법원에서 웅변으로 방청객을 감동시킬 수 있다 할지라도 그가 살아날 길은 없었다.

4월 2일(공화력 2년 제르미날 13일) 오전 10시에 혁명법원 재판장 에르망과 네 명의 배석판사, 검사 두 명, 서기 한 명, 배심원 일곱 명, 피고 측 변호사들이 자리를 잡았다. 피고인들이 사슬에 묶이지 않은 채 차례로 들어와 피고인석으로 갔다. 판사들과 방청객들은 모두 파브르 데글랑틴·샤보·바지르·들로네 당제르·당통·카미유 데물랭·필리포·에로 드 세셸·데스파냐크·프라이 형제·구스만·데이데리셴*의 모습을 잘 볼 수 있었고, 그들의 말도 잘 들을 수 있었다. 피고인 열네 명은 이름·나이·직업·주소를 말한 뒤, 기피신청을 할 수 있었다. 카미유 데물랭은 배심원 르노댕Renaudin이 자코뱅협회에서 정치적 의견 차이를 이유로 자기 멱살을 잡고 때리려고 한 적이 있으므로 배척

---

* 51세의 데이데리셴Jean-François Deidérischen은 덴마크의 홀슈타인 지방 태생이며 덴마크 왕실의 변호사였다. 1793년 5월 10일에 파리에 정착했다.

한다고 말했다. 그러나 판사들은 법적 근거가 없다는 이유로 기각했다.

이튿날(4월 3일, 제르미날 14일)에는 검사가 뒤무리에의 부관 출신인 웨스테르만을 추가로 피고인석에 세웠다. 서기인 뒤크레Anne Ducray는 샤보·바지르·들로네·파브르 데글랑틴에 대해 검사가 작성한 공소장을 읽었다. 그리고 나서 서기는 당통과 에로 드 세셸 등에 대해 생쥐스트가 작성한 공소장을 낭독했다. 재판장은 증인들에게 맹세를 하게 한 뒤 증언을 들었다. 이날 당통은 감동적으로 자신을 변호하면서 판사들을 톡톡히 욕보였다.

의장 당통, 국민공회는 당신이 뒤무리에에게 우호적이었고, 그가 군대를 끌고 파리로 진격해서 공화국 정부를 파괴하고 왕정을 복귀시키려는 계획을 세웠음을 알면서도 그의 정체를 올바로 밝히지 않았다는 혐의로 고발했습니다.

당통 여태까지 나는 인민을 위해, 인민의 이익을 지지하고 지켜주기 위해 수없이 떠들었습니다. 이제는 나에 대한 중상모략을 물리치기 위해 목청을 높이겠습니다. 비겁하게 뒤에서 험담하는 자들은 감히 내 앞에 나서서 당당히 공격할 수 있습니까? 그들이 내 앞에 나타나는 순간, 나는 그들이 얼마나 비열하고 타락한 사람인지 알려주겠습니다. 나는 분명히 말했고, 다시 한번 상소할 수 있습니다. 내 집은 금세 사라질지라도 내 이름은 팡테옹에 걸릴 것이라고! 내 머리는 그곳에서 모든 사실에 대답할 것입니다. 구차하게 사느니 빨리 벗어나고 싶습니다!

의장 당통, 대담성l'audace은 범죄의 특성이며, 평온함은 결백의 특성입니다. 방어는 합법적 권리가 분명합니다만, 예의와 절제의 틀을 벗어나서는 안 됩니다. 방어하되 모든 것을 존중해야 합니다. 심지어 고발자들까지도. 그리고 당신이 여기 있는 이유는 가장 상위 권력이 당신을 넘겼기 때문입니다. 따라서 당신은 국민공회의 법령에 무조건 복종해야 하고, 여러 가지 혐의에 최선을 다해 결백을 주장하면 됩니다. 당신은 사실만 정확하게 진술해서 재판에 협조할 의무를 다하기 바랍니다.

당통 개인적인 대담성은 분명히 비난받을 만하며, 나도 그 점에서 비난받을 수 있겠습니다. 그러나 내가 여러 번 예를 보여주었던 국가의 대담성은 필요합니다. 나 자신도 그것을 위해 여러 차례 공적으로 헌신했습니다. 혁명에는 더욱 필요합니다. 바로 이러한 대담성을 나는 영광으로 여깁니다. 내가 아주 엄중하게 또 부당하게 피의자가 되었을 때, 나를 모략한 자들을 향한 분노의 감정을 어찌 통제할 수 있겠습니까? 나처럼 아주 분명한 혁명가가 과연 냉정하게 방어만 하기를 기대하셨습니까? 나 같은 기질의 사람은 매수할 수 없습니다. 우리는 이마에 자유의 도장과 공화주의의 상징을 아주 선명하게 박고 다닙니다. 내가 사악한 폭군들의 발 앞에서 기어 다니고, 언제나 자유와 반대편에 섰으며, 미라보와 뒤무리에와 공모했다고 비난하는데, 가당키나 한 일인가요? 회피할 수 없고 단호한 재판에 세워 답변하라고 촉구하는 일이 가당키나 합니까? 생쥐스트, 후세 사람들은 그대에게 도대체 무슨 마음으로 인민의 가장 좋은 친구이며 인민의 가장 열렬한 수호자를 중상비방했는지 물을 것입니다. 내 혐의를 나열한 끔찍한 목록을 훑어보니 온몸이 오싹합니다.

재판장은 당통에게 고소인들을 무례하게 공격하지 말라고 주의를 주었다. 그러나 붙잡히고 나서야 잠에서 깬 사자는 아랑곳하지 않고 웅변으로 방청객에게 영향을 끼쳤다. 4월 4일(제르미날 15일)에 법정을 열었을 때, 당통은 자기의 결백을 주장하기 위해 발언하게 해달라고 요청했다. 재판장은 신문해야 할 피고가 많다는 이유로 발언권을 주지 않았다. 당통·데물랭·필리포는 자신들을 고발한 의원들을 출두시키라고 요구했다. 재판장은 국민공회 의장에게 편지를 썼다. 그는 그들의 고발을 접수할 위원들을 임명해달라고 부탁하는 동시에 그들이 자기네 요구를 거부하자 인민에게 그 사실을 고했다고 썼다. 한편 검사 푸키에 탱빌은 구국위원회에 편지를 썼다. 그는 피고들이 반란을 일으키는 중이니 긴급명령을 내려달라고 부탁했다. 그렇게 해서 국민공회에서는 생쥐스트의 발의로 법정을 모독하는 사람은 누구나 토론에서 제외한다는 법령을 통과시켰고, 이렇게 해서 당통의 입을 막는 근거를 마련했다. 이튿날 5일(제르미날 16일)에 재판장이 통상 10시인 개정시간을 앞당겨 8시 반에 개정하고 피고인들이 들어서자 전날의 법령을 읽어주었다. 당통이 즉시 반발했다.

"토론을 못하게 하다니! 재판장, 판사, 배심원 여러분, 어제 당신들은 인민이 보는 앞에서, 당신들과 인민들은 모두, 국민공회에서 지금의 법령을 기습 통과시키기 위해 우리의 비겁한 적들이 핑계 삼은 사실이 거짓이며 모략이라고 인정하지 않았습니까! 여러분은 우리의 결백에 경의를 표했습니다. 그런데 오늘은⋯⋯."

재판장은 당통의 말을 끊으면서, "상관없습니다. 법령이 있으니 집행해야겠지요"라고 차갑게 쏘아붙였다. 갑자기 정리들이 피고들을 콩시에르주리 감옥으로 데려가고, 배심원들이 회의실로 갔다가 두 시간가량 지난 뒤 다시 법정에 들어섰다. 그러고 나서 당통과 그의 친구들에게 사형을 언도했다.

"나는 로베스피에르를 끌고 간다. 로베스피에르는 내 뒤를 따른다!" 당통이 단두대에서 이렇게 말했다고 한다. 그는 동료들이 모두 처형된 뒤 피가 홍건한 바닥을 보면서 칼날 아래 엎드렸다. 조금 전 그는 층계 아래서 한 사람씩 올라가기 전에 동료들과 영원한 이별의 정을 나누었다. 군사경찰이 그들을 떼어놓자, 당통은 "우리의 머리가 바구니 속에서 서로 입 맞추는 일을 막지는 못하겠지"라고 말했다고 한다.

6

프레리알법과 대공포정

당통과 그 일파를 처형한 4월 5일(공화력 2년 제르미날 16일)에 국민공회에는 반역자들을 처단한 일을 축하하는 편지와 성금이 각지에서 몰려들었다. 그들 중에 니에브르의 푸르Fours는 축하인사를 마친 뒤, 지난해 파견의원 푸셰의 주도로 탈기독교 운동에 적극 참여하던 니에브르 도의 코뮌답게 이성의 전당을 세우고, 모든 교회에서 빼앗은 물건과 422리브르를 상급기관인 디스트릭트에 맡겼다고 보고했다. 또한 드롬 도, 니에브르 도의 동지, 랭스 코뮌의 르펠티에 구, 파리 2구의 평화와 화해 구성원들, 캉탈 도, 쉴리 민중협회, 알레 민중협회, 디종 디스트릭트 평의회 등등의 민관군 기관들도 역적의 처단을 축하했다. 이처럼 프랑스의 오지에서도 혁명에 협조하는 분위기를 읽을 수 있다.

혁명법원에서 당통파의 재판을 끝낸 시점에 도착한 축하편지였으니, 축하의 내용은 에베르파의 처형에 관한 것이 분명하다. 물론 당통을 처형한 소식이 널리 퍼진 뒤에도 각지에서 반역자를 처단하고 외국인의 음모를 차단한 국민공회의 업적을 치하하는 편지가 계속 들어왔다. 루이 블랑이 인용한 오지 마을의 편지는 제우스가 거인족을 제압하는 신화에 빗대어 신성한 산

올림포스의 승리를 축하했다. 아베롱 도의 작은 마을인 로데즈Rodez는 "타이탄의 자식들이 머리를 쳐들었으나, 벼락이 한 번 쳐서 쓰러뜨렸다"고 썼다. 이 편지 한 통이 혁명의 정의를 실현하는 일을 전국적으로 수긍하는 모습을 보여주었다. 그러나 우리는 편지를 보내지 않은 사람들의 불만을 직접 만날 길이 없음을 잊지 말아야 한다. 몇 명을 죽인다고 그의 지지세력을 뿌리 뽑았다고 생각하면 잘못이다. 용기가 없어서 곁눈질이나 하며 기다리는 사람들이 많고, 그들도 역사 형성에 한몫하는 세력이라는 사실을 잊지 말자.

뤽상부르 감옥의 음모와 그 영향

구국위원회와 안보위원회는 경쟁하듯이 반혁명혐의자들을 잡아들여 혁명법원에 세웠다. 콩시에르주리 감옥에 집어넣으면 곧 혁명법원의 재판을 받고 단두대로 간다는 뜻이었다. 물론 모든 경우가 그렇지는 않았다. 그럼에도 콩시에르주리에 갇히는 순간의 공포감은 이러한 결말을 예단하는 데서 나오는 것임을 부인할 수 없다. 혁명법원에서 신문을 하는 동안 새로운 음모를 캐는 경우도 있었다.

4월 7일(제르미날 18일)에 국민공회 의장인 이제르의 아마르는 검사 푸키에 탱빌이 편지를 보냈다고 알렸다. 뤽상부르 감옥에서 딜롱 장군과 의원인 시몽이 다른 사람들과 함께 감방 열쇠를 탈취하고 간수를 넘친 뒤 탈옥해서 곧바로 구국위원회로 달려가 위원들을 죽이는 끔찍한 계획을 세웠다는 사실을 라플로트라는 밀고자, 수형자 뫼니에, 간수 랑베르의 진술을 토대로 적발했다는 것이다. 딜롱은 병력을 동원하고, 시몽은 탈옥할 때 출구와 구국위원회까지 가는 길을 안내하기로 했다. 푸키에 탱빌은 딜롱과 공모자들을 곧바로 재판에 넘기려 하지만, 시몽이 국회의원이기 때문에 의원들의 승인을 받을 때까지 이 사실을 발설하지 않았다고 강조했다. 푸키에 탱빌은 딜롱의 계획에 대한 밀고자·수용자·간수의 진술서를 첨부해서 사실을 입증했다.

이에 몹시 분노한 의원들은 모든 증거물을 안보위원회로 보내 다음 날까지 시몽에 대한 결정을 내려서 보고하라고 명령했다. 바레르는 구국위원회가 이 음모에 대해 이미 관련자 진술을 확보했다고 말했고, 르장드르는 뤽상부르 감옥에서 음모자들이 구국위원회 위원들을 죽이려는 계획을 어째서 이렇게 늦게 발표하는지 모르겠다고 말했다. 우아즈의 부르동은 르장드르에게 사실을 안다면 말해달라고 요구했다.

르장드르는 익명의 편지들이 나돌았음을 지적하고, 자신도 한 통을 받았다고 실토했다. 르장드르가 자유를 회복해줄 사람이며, 그만이 폭정을 뒤엎을 수 있으므로 국민공회에서 폭군들을 타도할 사람이라는 내용이었다. 그에게 몇 가지 방법을 알려주면서, 어떻게 해도 폭군을 제거하지 못할 경우 마지막 방법을 쓰라고 했다. 권총을 두 자루 차고 다니다가 기회가 오면 두 사람의 머리에 총알을 박아 넣으라는 것이었다. 편지에 꼭 집어서 누구라고 말하지는 않았지만, 대상이 생쥐스트와 로베스피에르라고 짐작할 수 있는 방식으로 묘사했다. 르장드르는 이 편지를 안보위원회에 제출하고 나서, 주모자인 시몽을 즉시 혁명법원에 고소해달라고 요청했다.

우아즈의 부르동도 아침에 등원하기 전에 똑같은 내용의 편지를 받았다고 털어놓았다. 그는 편지가 예정보다 늦게 도착했다고 말했다. 그에게 혁명법원으로 가서 인민들에게 호소해 모든 판사를 죽이도록 하라는 내용이었기 때문이다. 부르동은 그 편지를 부슈뒤론의 그라네François-Omer Granet에게 보여준 뒤 구국위원회에 제출했다고 보고했다. 의원들은 푸키에 탱빌의 보고서와 증거물, 르장드르와 부르동의 증언을 토대로 뤽상부르 감옥에 갇힌 바랭의 시몽을 혁명법원에 세우기로 의결했다.

'뤽상부르의 음모'를 밀고한 라플로트Alexandre de Laflotte는 피렌체에 파견되어 일하다가 1793년 10월에 소환되어 곧바로 반혁명혐의를 받고 투옥되었다. 그가 자발적으로 안보위원회의 끄나풀이 되었는지, 아니면 회유를 받았는지는 알 수 없다. 구체제 시절에도 이러한 역할을 맡은 사람이 있었다. 그는 공권력의 눈 밖에 났다가 어떤 계기로 상리공생 관계가 되어 경제적 도움과 안전을 보장받았다. 경찰의 끄나풀을 파리mouche〔蠅〕라고 하며, 감옥에서 밀고자 노릇을 하는 사람을 양mouton이라고 불렀다. 양은 비밀을 간직한 피의자 곁에서 순진한 양처럼 행세하고 속내를 털어놓게 만드는 일을 하면서 피의자를 위험하게 만드는 대가로 자기 안전을 도모했다. 라플로트는 카미유 데물랭과 친한 딜롱 장군의 계획을 듣고 밀고했다. 그래서 나중에 테르미도르의 정변으로 로베스피에르를 몰락시킨 사람들, 이른바 테르미도리엥Thermidoriens은 이 사건이 구국위원회와 안보위원회의 합작품이었다고 말했다.

라플로트가 4월 2일(제르미날 13일)에 밀고한 줄도 모르고 딜롱은 3일에 라플로트에게 제헌의원 출신 투레Jacques-Guillaume Thouret와 바랭의 시몽도 가담했다고 알려주었다. 더욱이 딜롱은 밀고자 앞에서 간수 랑베르에게 편지 심부름을 시켰다. 딜롱은 카미유 데물랭의 아내인 뤼실에게 보내는 편지에서 자기가 3,000리브르를 풀어서 혁명법원 근처로 사람들을 동원하기로 했다고 썼다. 4일 아침에 라플로트는 구국위원회가 임명한 치안관에게 음모를 자백했다. 곧 구국·안보 합동위원회는 군사경찰 두 명을 뤽상부르 감옥에 보내 간수를 잡아들였다. 합동위원회는 간수의 진술을 듣고 나서 뤼실을 당장 붙잡아 생트펠라지 감옥에 가두라고 명령했다. 뤼실은 실제로 음모에 가담하지도 않고 딜롱의 편지 때문에 화를 입었다. 그러고 나서 합동위원회는 뤽상부르 감옥에서 시몽·딜롱·투레와 음모의 가담자들을 각각 독방에 넣어 격리했다.

뤼실은 남편의 목숨이 하루가 남았음을 알았다 해도 무슨 대가를 치르더라도 남편을 구하고 싶었다. 하물며 이튿날 사형선고가 떨어지고, 남편이 영원한 길을 떠날 줄 모르는 상태에서 로베스피에르에게 구명의 편지를 썼다. 데물랭의 결혼식에도 참석했던 로베스피에르도 어쩔 수 없는 일이었다. 3월 30일(제르미날 10일)에 당통·들라크루아·카미유 데물랭·필리포를 체포하라는 명령에 구국·안보 합동위원회 위원들이 열여덟 명이나 서명을 하지 않았던가! 또 혁명법원과 국민공회가 긴밀히 협력해서 공판절차를 최소화함으로써 피고인들의 입에 재갈까지 물리는 형편이었으니, 제아무리 로베스피에르의 세상이 왔다 해도 목숨을 살려주려고 손을 내밀기란 불가능했다. 게다가 뤼실은 중대한 음모사건에 휘말리기까지 했으니, 자기 목숨을 지키기도 어렵게 되었다. 남편이 세상을 뜬 지 닷새 뒤인 4월 10일(제르미날 21일)부터 그는 뤽상부르 음모 가담자들, 에베르 지지자들, 당통 지지자들과 함께 재판을 받았다. 13일(제르미날 24일)에 평결이 나오고, 그에 따라 일곱 명이 무죄, 열아홉 명이 사형을 언도받았다. 그중에 뤼실 데물랭, 에베르의 과부, 주교직을 버렸던 고벨, 딜롱 장군, 파리 코뮌 검찰관으로 상퀼로트 지도자인 쇼메트가 있었다. 과연 뤼실과 에베르의 아내까지 죽일 필요가 있었을까?

4월 11일(제르미날 22일)에 퓌드돔의 쿠통은 구국위원회가 마련한 공안국 Bureau de la police générale 설치에 관한 계획을 보고했다. 국민공회는 중대한 음모를 계속 차단하고 범죄자들을 단죄했지만 아직도 의무를 다하지 못하고 있다. 여태까지 모든 범죄는 덕을 공격하는 행위였다. 모든 범죄를 추적하고 단죄하는 동시에 윤리를 타락시키고 공공의 번영으로 나아가는 모든 통로를 막은 원인까지 거슬러 올라가야 한다. 정부를 중심으로 모든 헌법기관이 협력하는 평화적 수단을 강구하고 적용해야 한다. 적들이 고갈시키려고 노력하는 번영의 원천을 풍부하게 개발하고 지켜야 한다. 모든 역량을 모으고 미풍양속을 회복하는 방법을 총동원해서 국민공회가 정직과 미풍양속을 늘 의제에 올리고 있음을 전 세계에 알릴 필요가 있다.

쿠통은 이러한 원칙을 담아 앞으로 더 자세한 내용을 보고하겠다고 예고했다. 15일(제르미날 26일)에 생쥐스트가 2차 보고자로 나서고, 브레아르·쿠통·들라크루아*가 차례로 발의했다. 생쥐스트의 보고는 지난 5년 동안 혁명의 주역들이 혁명을 배반한 역사를 다음과 같이 되짚었다.

1789년 7월 12일에 팔레 루아얄에서 네케르와 오를레앙 공은 영웅이었다. 시위대는 두 사람의 흉상을 들고 행진했다. 그러나 곧 네케르는 미라보와 사이가 벌어졌다. 네케르는 오를레앙 공을 지지했고, 미라보는 왕을 위해 일했다. 이처럼 한때는 대중의 신망을 집중해서 받던 인물들이 시간이 흐르면서 자기 이익을 먼저 생각하고, 결국 자유의 적이 되었다. 자유의 적들은 외국과 연계해서 혁명의 새 제도를 무너뜨리려고 노력했다. 식민지에서도 방화와 분규를 일으켰고, 아시냐의 가치를 떨어뜨려 프랑스의 경제를 더욱 망치려고 했다. 투기꾼들은 막강한 자금력을 가지고 매점매석을 통해 국기에 겨우 5퍼센트의 세금을 내는 대가로 100퍼센트 이상 이익을 냈고, 인민은 100퍼센트를 잃었다.

---

* 여기서 들라크루아Charles Delacroix는 4월 5일에 당통과 함께 처형된 사람이 아니라 마른의 의원이다.

거물급 도매상들은 국가의 번영을 막는 핵심세력이었다. 그들은 매점매
석으로 막대한 이익을 거두었다. 무역에 대한 감시가 소홀한 기회를 이용해
서 식료품을 외국으로 빼돌렸다. 지주들은 토지를 팔아서 돈이 될 만한 상품
을 산 뒤 그것을 가지고 외국으로 망명했다. 프랑스에 남기고 간 것은 쓸모
없는 문서조각일 뿐. 그들은 생필품을 더는 구입하지 않는다. 그들은 이제
상인 소리를 듣기를 두려워한다. 자기네 재산을 불리려고 시장질서를 흔들
어놓고 떠났다. 지롱드의 상인인 부아예 퐁프레드Jean-Baptiste Boyer-Fondrède
와 뒤코Jean-François Ducos fils는 의원이 되어 프랑스 상업을 가장 망친 자들
이다. 그들은 남부 전역에 파리와 교역하면 위험하다고 헛소문을 퍼뜨렸다.
파리는 현금을 지불하지 않는 한 물건을 살 수 없게 되고, 특히 무역도시에
서 신용을 잃었다. 아직도 이러한 참상이 지속되고 있다. 파리의 상인이 르
아브르 항구에 상품을 보내기 전에 자본금을 먼저 보내야 한다는 사실을 믿
을 수 있는가? 에베르가 개입해서 파리의 상업에 대해 더 나쁜 소문을 퍼뜨
렸다. 아무도 이 대도시에 물건을 대려고 하지 않는다는. 그 결과 파리는 외
국 투기꾼들의 먹이가 되었다. 국내외의 적들은 파리와 항구도시나 생산지
사이의 불화를 조장했다. 더 나아가 모든 파벌의 하수인들은 운송업자와 마
차를 징발했다.

이러한 기근의 원인에 더해 연방주의도 문제였다. 지난해에 프랑스를
갈기갈기 찢고, 마지막에는 한 사람 밑으로 권력을 모으려는 연방주의는 교
환·상업·신뢰·인간관계를 무너뜨린 범죄다. 프랑스의 각 부분이 자기 이
익에 빠져 공공의 관계를 끊고 공화국을 와해시킬 지경이 되었다. 공화국의
중심인 파리는 원거리 산물에 의존해서 생활할 수밖에 없으므로 항구도시
들과 타협해야 살길이 열린다. 그들은 이러한 결과를 기대하면서 음모를 꾸

멶고 아직도 포기하지 않았다. 그러므로 음모를 무산시키려면 연방주의를 뿌리 뽑아 물자를 풍부하게 유통시켜야 한다. 모든 권력기관과 행정관·사법관들이 질서를 잡고 치안을 엄격하게 유지할 때 연방주의를 뿌리 뽑을 수 있다. 국내에서 모든 파벌의 도구와 음모를 찾아내야 한다.

"모든 시민이 친구가 되고 우호적인 형제가 되는 나라, 일종의 도시국가를 만들어야 합니다. 그것은 신뢰를 회복할 때 가능한 일입니다. 혁명정부는 전쟁이나 정복을 뜻하는 말이 아니며, 악에서 선으로, 부패에서 정직으로, 나쁜 신조에서 선량한 신조로 이행하는 통로를 뜻한다는 사실을 받아들여야 합니다. 외국에 매수된 어릿광대들이 인민에게 악의의 충고를 하고 공공의 이성을 마비시키는 일을 창피한 조롱거리로 만들어야 합니다."

생쥐스트는 또한 온건파가 혁명이라는 낱말을 남용했다고 지적하며 보고를 이어나갔다. 그들은 혁명을 제한하려는 의도를 가지고 인민에게는 특이하게 냉혹했지만 귀족주의자에게는 너그러웠다. 에베르는 무서운 모습을 보여주면서 실은 관용파를 이끌었으며, 결국 관용파를 고발하는 날 실체를 드러냈다. 롱생은 대로변에 지은 궁전에서 살았다. 말을 마흔 마리나 기르고, 파시Passy에서 귀족주의자들과 밤참을 먹으면서 혁명가인 척했다. 당통은 뒤무리에의 공모자였고, 모든 악인에게 호의를 베풀었다. 그는 온갖 향락을 누렸고, 건전한 충고에는 귀를 막으면서도 역시 혁명가인 척했다. 생쥐스트는 이상적인 혁명가에 대해 설명했다.

"혁명가는 불굴의 인간이지만 사리분별을 하며, 검약하고 소박하며 거짓 겸손의 허세를 부리지 않습니다. 모든 거짓·관용·가식을 결코 용납하지 않습니다. 혁명의 승리가 목표이기 때문에 혁명을 끊임없이 검열하면서 혁명의 적들을 곧이곧대로 고발합니다. 혁명을 조금도 거스르지 않고 앞길을 밝혀줍니다. 청렴한 생활을 유지하려고 부단히 노력하면서 언행을 조심합니다. 법을 집행하는 기관에 복종하지만, 특히 불행한 사람들과 평등하게 처신합니다. 혁명가는 언행에서 늘 명예와 정직을 추구합니다. 솔직하되 무미건조하지 않도록 노력하는 문명인police입니다. 몸과 마음이 평화로운 상태이기 때문입니다. 그는 속임수와 원한이 상스러운 모습으로 나타나며, 상스러움이 결국 표리부동의 가식임을 압니다."

생쥐스트는 아직 연방주의가 완전히 사라지지 않고 내란의 불씨가 언제라도 되살아날 수 있다고 강조하며 연설을 계속했다. 아직도 도시와 마을들이 사회적 관계를 복원하지 못했다. 정부와 군대가 올바른 관계를 복원하지 못하고, 공화국은 온갖 파벌의 압박으로 와해될 지경이다. 교역·상업·교류가 끊겼고, 거기에 더해 공무원들이 비리를 단죄하지 않기 때문에, 곧 공화국이 와해되고 각 지방이 예전처럼 방언을 사용하게 될 위기의 날이 오고 있다. 게다가 치안은 악덕 경찰관의 몫이라는 그릇된 원리에 기대고 있었다. 진정한 치안의 원칙은 인민의 적을 가려내어 두려워하지 않고 반드시 벌하는 일이다. 최고의 치안은 공공의 양심을 형성하는 일이다. 공공정신은 모든 사람의 머릿속에 있다. 게다가 각자 이해력과 지식수준이 다르기 때문에 공공정신은 공권력이 주는 충동이었다. 이제는 공공정신보다는 공공양심을 가져야한다. 공공양심은 선악의 감정에 의해 모든 이의 가슴속에 있다. 그것은 보편적 선을 향한 성향으로 구성된다.

이는 장자크 루소가 『에밀』에서 "양심이란 숭고한 안내자guide sublime"라고 했음을 떠올리게 만드는 말이다. 로베스피에르를 닮고 싶어하는 생쥐스트도 만만찮게 오랫동안 할 말을 늘어놓는 연설가였다. 비슷한 내용을 계속 다른 식으로 나열하면서 듣는 이를 애타게 만들었다. 그는 그 뒤에도 결론을 내도 좋을 때를 여러 번 지나서 마침내 법안을 발의했다. 18개조의 법안을 놓고 몇몇 의원이 보완할 점을 지적하고 토론했다. 의원들은 구국위원회에서 다음 날까지 새로운 안을 만들어 표결에 부치기로 의결했다. 이튿날인 4월 16일(제르미날 27일)에 쿠통이 '공화국 공안법Police générale de la République'을 발의했고, 로베스피에르·브리발·라플랑슈가 토론에 참여했다. 의원들은 몇몇 자구를 고쳐서 26개조의 공안법을 통과시켰다.

1조. 공화국의 모든 곳에서 붙잡힌 음모의 피의자들에 관한 재판을 모두 파리의 혁명법원에서 진행한다.
2조. 구국·안보의 두 위원회는 즉시 음모 가담자들의 음모를 조사하고, 혁명법원에 세운다.
3조. 인민위원회들을 플로레알 15일(5월 4일)까지 설립한다.

이 법은 경향 각지의 반혁명혐의자들에게 철퇴를 내리고, 재판절차를 간소화해서 단기간에 국론을 통일시키고, 사회불안 요인인 옛 귀족이나 외국인들의 동향을 파악하고, 공무원들의 기강을 확립하며, 국내 생산과 유통을 원활히 하며, 풍속을 해치지 않으려는 다양한 조항을 모두 담았다. 단기간에 국가 위기를 효과적으로 관리하려는 의지를 담은 법에서 구국위원회와 안보위원회의 초조한 마음을 읽을 수 있다. 공화국의 적들을 억압하고 산업을 발달시켜 한시라도 빨리 혁명을 끝내고 공화국 체제를 안정시키고 싶은 마음. 공안법을 통과한 결과, 구국위원회에 공안국을 설치하고 로베스피에르가 감독권을 행사했다. 안보위원회가 은근히 반발할 만했다.

국내의 적들을 억압하는 법을 제정했으니 이제는 대외전쟁을 잘 수행할 차례다. 4월 20일(플로레알 1일)에 파리의 비요바렌이 이제는 공화국을 공격하는 왕정주의자들과 투쟁을 끝내야 할 때라고 강조했다. 그는 전쟁을 일찍이 끝내지 못한 이유를 분석했다. 무엇보다도 오랫동안 되는 대로 대응했다. 어떠한 체계나 계획도 없이 사건들에 휘말리고 정념이 시키는 대로 행동하다가 결국 전쟁의 목적지와 멀리 떨어진 곳까지 떠밀려왔다. 전쟁이 프랑스를 황폐하게 만들었지만 구하기도 했다. 모든 애국자를 각성시켜 조국을 구하려는 열정에 휩싸이게 만들었다. 방데전쟁은 가장 부패한 사람들을 하나로 뭉치게 했지만 자유의 땅에서 그들을 한꺼번에 몰아낼 수 있는 기회를 주었다. 로베스피에르가 공화국의 기본 이념에 대해 얘기한 뒤로 생쥐스트가 정의와 덕을 강조하면서 공포정의 정당성을 옹호했듯이, 비요바렌도 거듭해서 정의와 덕을 하나로 연결시켰다. "정의는 덕의 중추이며, 협잡을 분쇄하는 벼락이다." 이처럼 덕을 실현하는 정의가 공포정으로 자연스럽게 넘어가고, 공화국의 적들을 분쇄하는 정당성을 확보해준다. 이제는 정의로운 군대를 만들어야 한다. 철저히 조사해서 적국에 매수당한 자들을 가려서 가면을 벗기고 가차 없이 처단해야 한다. 이처럼 대학살을 거쳐야 승리할 수 있다.

역사적으로 모든 공화국은 멸망했다. 그들은 같은 막사에 열두 개 군을 넣어둔 결과 그렇게 되었다. 군주정에서 군사력은 가장 좋은 도구이자 첫 번째 희생자다. 자유국가에서 군의 지휘관들은 언제나 불안의 요인이다. 그래서 가끔 그들의 공적도 의심해봐야 한다. 뒤무리에가 전쟁에서 승리한 배경에는 공화국을 무너뜨리려는 속셈이 있었다. 비요바렌은 비슷한 사례를 역사에서 많이 추렸다. 고대 아테네의 전성기를 이끌던 페리클레스는 대중의 깃발을 이용하더니 결국 몰래 사슬을 만들어 아테네 시민들을 묶을 준비를 했다. 고대 그리스와 로마의 참주들이 모두 장군으로 출발해서 인기를 얻은 뒤에 정권을 찬탈했다. 그들이 수립한 군사정부는 대중을 압제자와 피압제자로 나누고 폭력과 죽음으로 다스렸다. 비요바렌은 역사의 교훈을 끊임없이 나열한 뒤에 프랑스공화국을 구하는 방안을 제시해 의원들의 지지를 받았다. 의원들은 이 법령을 모든 언어로 번역 출판해서 모든 도와 군에 보급하는 동시에 모든 의원에게 여섯 부씩 나눠주기로 의결했다.

국민공회는 구국위원회의 보고를 들은 뒤 프랑스 인민의 덕성에 의존하여 민주공화국을 승리하게 만들고 모든 적을 무자비하게 벌할 것임을 천명한다.

피바람을 예고하고 정당화하는 법이 이렇게 또 하나 생겼다. 대외전쟁에서 승리하려면 국내외의 적들을 사정없이 처단하는 일부터 시작해야 한다. 국민의 면도칼(단두대)이 쉴 새 없이 목을 잘랐다. 4월 22일(플로레알 3일)에 뒤발 데프레메닐·르샤플리에·투레·말제르브가 함께 단두대에 섰다. 뒤발 데프레메닐은 귀족 출신의 제헌의원으로서 제2의 혁명이 일어날 때 튈르리에서 반혁명혐의로 붙잡혔으나 운 좋게 9월 학살이 일어나기 전에 풀려났다. 그리고 1년 뒤인 1793년 8월에 영지에 있다가 영국군에 르아브르 항구를 넘겨주려고 음모를 꾸몄다는 혐의로 다시 붙잡혔다. 제헌의원으로서 1791년에 노동자들의 단체활동을 금지하는 법을 만든 르샤플리에는 임기가 끝난 뒤 변호사로 활동하다가 고객을 위해 영국에 잠깐 다녀왔는데 망명혐의를 받아 1794년 2월에 로베스피에르의 고발로 붙잡혔다. 뒤발 데프레메닐은 귀족제도를 없애는 법안을 제출한 르샤플리에와 사이가 나빴지만, 같은 수레를 타고 갔다. 제헌의원 출신인 투레도 지롱드파 성향이라는 반혁명혐의를 썼고 1793년 11월 16일에 쿠통의 고발로 붙잡혔다. 그는 뤽상부르 감옥의 음모에도 연루되었지만 고비를 넘겼다가 아흐레 뒤에 처형되었다. 투레는 뚜렷한 혐의가 없었고, 굳이 따지자면 제1차 성문헌법을 제대로 만들지 못했다는 죄이며, 순전히 유죄추정의 원칙 때문에 죽었다.*

혁명에서 희생당한 사람 가운데 3월 28일에 감옥에서 숨진 콩도르세의 사연은 안타깝다. 그는 여성의 교육에 힘쓴 계몽사상가였음에도 지롱드파와 가까이 지냈기 때문에 쫓겨 다니다가 은신처를 찾았으나, 그 은신처를 제공한 여성을 위험하게 하지 않으려고 스스로 길을 나섰다가 굶주린 채 병약해진 상태로 파리 근처에서 붙잡혔다. 그가 결국 굶주림 때문에 쇠약해진 나머지 숨졌는지 지니고 다니던 독약으로 자살했는지는 정확하지 않지만, 그의 죽음은 안타깝다. 거물급 법조 가문 출신으로 루이 16세를 변호했던 말제르브 같은 인격자의 죽음도 안타깝다. 절대군주정 시대부터 약자 편을 들어주던 그가 혁명의 약자가 된 루이 카페를 변호한 것은 죽을죄라고 보기 어렵다. 오히려 그는 양심의 자유와 언론의 자유를 옹호하고 루이 16세에게 준절한 상소를 올려 전제주의에 저항했다는 점에서 칭송받을 만하다. 그러나 혁명의 논리는 오늘날 우리의 논리와 다르다. 저명한 화학자 라부아지에Antoine Laurent de Lavoisier의 사형도 마찬가지로 안타까운 일이다. 국민공회는 1793년 9월 27일의 법령으로 구체제의 총괄징세청부업자들의 부정부패

---

* 그는 감옥에서 아들에게 유고를 남겼는데 1800년에 『프랑스 옛 정부의 혁명 개설Abrégé des Révolutions de l'ancien gouvernement français』로 발간되었다. 5세기부터 루이 14세 시대까지의 프랑스 정치사로 절대군주정이 발달하는 과정에서 일어난 대변화révolutions를 다룬다. 투레가 살아났다면 프랑스 혁명기를 다루었을 것이다.

를 파헤쳤다. 5월 5일(플로레알 16일)에 엔의 뒤팽André Dupin le jeune은 옛 총괄징세청부업자를 조사하기 위해 모인 안보·재무 합동위원회의 이름으로 결과를 보고했다. 일부 업자들은 불법분배, 과도한 보상, 국고에 입금 지연, 과도하고 근거 없는 수당 지급 등의 부정을 저질렀다. 라부아지에는 뒤팽의 명단에서 범죄자가 아니라 결백한 자에 속했다. 그러나 겁에 질린 그는 옛날 과학아카데미의 관리인이 마련해준 은신처로 피신했다가 과거의 동료 스물여덟 명이 붙잡혀 혁명법원 감옥에 갇혔다는 소식을 듣고 자수했다. 며칠 내로 재판을 받는다는 사실을 알고 잠시 말미를 주면 실험을 마저 끝내겠다고 간청했다. 검사 푸키에 탱빌은 "공화국에는 화학자가 필요 없소"라고 냉혹하게 거절했다. 그는 5월 8일(플로레알 18일)에 단두대에 섰다. 루이 16세의 동생인 엘리자베트 공주는 오빠와 함께 몽메디로 도주하다가 잡히고 망명객들의 편지를 받은 죄로 3일 후(플로레알 21일)에 단두대로 끌려갔으며, 그때 비로소 반년 전에 처형된 올케 마리 앙투아네트의 소식을 들었다.

정부조직 개편

4월 1일(제르미날 12일)에 파드칼레의 카르노는 최고행정회의le conseil exécutif provisoire(6부 장관)가 공화국 체제와 어울리지 않기 때문에 플로레알 1일(4월 20일)에 폐지하고 민간·치안·법원행정위원회, 공교육위원회, 농업과 기예위원회, 상업과 생필품위원회, 공공사업위원회, 공공지원위원회, 교통·통신·운송위원회, 재무위원회, 육군조직과 운영위원회, 해군과 식민지위원회, 무기·화약·자원개발위원회, 외교위원회의 12개 행정위원회douze commissions를 설치하는 정부조직 개편안을 발의해서 통과시켰다. 위원회는 위원 두 명과 총무비서 한 명으로 구성하지만, 첫째와 둘째 위원회는 각각 위원 한 명에 총무비서 두 명씩 두고, 외교위원회는 단지 위원 한 명만 두며, 육군과 해군의 위원회는 각각 위원과 총무비서 한 명씩 두며, 재무위원회는 위원 다섯 명에 총무비서 한 명을 두어 위원회마다 업무의 분량에 맞추려고 노력했다. 그리고 재무위원회의 과중한 업무를 덜어주는 동시에 가장 중요한 업무를 따로 설치하는 기관에 맡기기로 했다.

12개 위원회는 구국위원회의 감독을 받으며 날마다 업무 현황, 활동 중에 만나는 폐단과 장애를 보고하고 필요한 개혁과 신속한 조치를 건의해야 한다. 위원과 총무비서의 봉급은 각각 1만 2,000리브르와 8,000리브르이며 위원회 활동을 위해 특별히 고용한 사람에게는 6,000리브르 이상 지급할 수 없다. 재무국·회계국·국채청산국*을 독립기관으로 만들고, 국민공회·구국위원회와 직접 연락하게 했다. 그리고 이 법에 따라 4월 18일(제르미날 29일)에 12개 위원회의 구성을 끝마쳤다. 특히 재무위원회의 이름을 국세위원회 commission des revenus nationaux로 바꾸고, 위원 두 명에 총무비서 한 명만 두기로 하고, 예전에 외무부에서 하던 세관업무를 포함해서 모든 간접세 징수와 운영을 맡겼다.

파리 코뮌도 구국·안보 합동위원회의 간섭을 받게 되었다. 3월 13일과 14일 사이 밤에는 파리 코뮌 검찰관보 에베르를 체포하고 며칠 뒤에는 검찰관 쇼메트도 체포했다. 17일에 구국위원회는 검찰관과 검찰관보의 빈자리에 국가의 이름으로 셀리에Vincent Cellier와 르그랑Pierre-Jacques Legrand을 '임시로' 임명했다. 그리고 3월 28일(제르미날 8일)에 파이양Claude Payan을 파리 코

---

* la trésorerie nationale, le bureau de comptabilité, le bureau de la liquidation générale.

뮈 검찰관으로, 브뤼튀스 구의 몬Moëne을 제1검찰관보, 코뮌평의회의 뤼뱅 Lubin을 제2검찰관보로 정식 임명했다. 동생 클로드 파이양은 형 파이양 드 물랭Joseph-François de Payan du Moulin과 함께 로베스피에르가 에르망과 뒤마 René-François Dumas처럼 청렴하고 가장 중요한 직책을 맡겨도 좋을 만한 능력 자로 손꼽은 애국자였다. 드롬 도의 행정관으로 일하던 형은 지난 4월 18일 에 공교육위원회 위원으로, 혁명법원 판사로 일하던 동생은 3월 28일에 파 리 코뮌의 검찰관으로 각각 발탁되었던 것이다. 동생 파이양은 파리에서 활 동했기 때문에 구국위원회의 바레르와 로베스피에르를 만날 기회가 많았다. 특히 그는 로베스피에르와 가까이 지내면서 활력과 청렴성을 인정받았다. 선거로 뽑는 시장직도 국가임명직이 되었다. 파슈는 전쟁장관직을 거쳐 파 리의 민선시장이 되어 1년 이상 신임을 잃지 않았지만 파리 코뮌이 에베르파 의 투쟁에 휩쓸리면서 위태롭게 되었다. 로베스피에르는 그를 잃지 않으려 고 애썼지만 지켜주지 못했다.

5월 10일(플로레알 21일)에 구국·안보 합동위원회 위원들은 파리 시장 파슈, 파리 도 행정관 라슈바르디에르La Chevardière, 종교인 출신이며 파슈 가 전쟁장관 시절에 전쟁부에서 일하며 사위가 되었던 오두앵François-Xavier Audouin을 체포해서 앙글레·카름·펠라지의 3개 구치소에 격리 수용하기로 했다. 두 위원회 위원 얼두 명이 서명했을 때, 로베스피에르는 생쥐스트와 함 께 빠졌다. 그러나 두 위원회가 파슈와 오두앵의 서류를 한데 모아 봉인하는 명령을 내릴 때는 로베스피에르도 서명했다. 그날 구국위원회는 파슈의 후 임으로 벨기에 출신의 건축가로서 혁명법원 검사 푸키에 탱빌을 도와 검찰 보로 활약한 플뢰리오 레스코Jean-Baptiste Fleuriot-Lescot를 임명하고 공관에 살 도록 명령했다. 이처럼 파리 코뮌은 완전히 개편되어 일종의 독립정부의 지위를 잃고 국가의 통제를 받게 되었다.

최고 존재의 축제

5월 7일(공화력 2년 플로레알 17일)에 구국위원회의 이름으로 로베스피에르는 공화국의 안정과 행복의 근거를 이루는 원리를 확고히 뿌리내리기 위해 정신적인 요소인 종교에 대해 가져야 할 태도를 역설했다. 그는 물리적 세계를 바꾸었지만 충분하지 않으며, 아직도 더 바꿀 수 있다고 강조했다. 이제 정신세계와 정치세계도 바꿔야 한다. 오래전부터 이성은 왕좌를 정면으로 마주하고 천천히 발걸음을 옮겼다. 비록 우회로를 택했지만 확실하게 왕정에 대립했다. 그리고 마침내 프랑스는 혁명을 일으켜 왕정을 폐지했다. "프랑스 인민은 다른 민족보다 2,000년을 앞선 것 같다. 유럽은 우리가 벌한 폭군들의 그림자 앞에서 무릎을 꿇었다." 로베스피에르는 선과 악의 투쟁이 자유의 수호자와 폭군의 투쟁으로 나타났으며, 문명사회의 유일한 기초는 윤리라고 강조했다. 프랑스와 싸우는 모든 연합체는 범죄에 뿌리를 두었다고 말했다. 한마디로 프랑스는 윤리에 뿌리를 둔 나라임을 뜻했다. 그는 오직 조국의 행복과 인류에게 유익한 일만 생각하고, 인간을 위로하고 고상하게 만드는 제도와 의견을 환영하며, 인간을 타락시키고 부패하게 만드는 것은 모두 거부해야 한다면서 다음과 같이 역설했다. 넉넉한 감성과 위대한 도덕적 관념들을 고양하고, 인간의 분열을 막고 우정과 덕으로 이어주도록 노력해야 한다. 이렇게 볼 때, 범죄와 덕이 아무렇게나 인간에게 다가선다고 말할 수 없다. 그 누구도 신이 존재하지 않는다고 말할 수 없으며, 인간이 맹목적인 힘에 운명을 맡겨야 한다고 말할 수 없다.

"인간이 감수성과 천재성을 더 많이 가질수록, 자기 존재를 위대하게 만들고 마음을 고양하는 사상에 더욱 애착하게 마련입니다. 이러한 기질의 인간에 대한 학설은 우주론이 됩니다. 이러한 사상을 어찌 진리라 하지 않을 수 있겠습니까? 나는 어떻게 자연이 모든 현실적 사물보다 더 유익한 가상세계를 인간에게 제시할 수 있었을지 이해하지 못합니다. 신의 존재, 영혼의 불멸성이 한낱 꿈에 지나지 않는다 할지라도, 그것들은 인간 정신이 생각할 수 있는 가장 아름다운 개념이라고 생각합니다.”

로베스피에르는 자연현상을 설명하려고 철학자들과 신학자들이 다양한 가설을 제시하면서 토론하지만, 입법가에게는 이 세상에 유익하고 선하게 행동하는 것이 모두 진리라고 강조했다. 따라서 최고 존재l'Etre suprême와 영혼의 불멸성이라는 관념은 항상 정의를 환기시키며, 그러한 이유에서 그것은 사회적이며 공화적이라고 말했다. 논리의 비약이지만, 국민공회 안에 있던 모든 사람이 우레와 같은 박수로 지지했다.

“자연은 인간에게 쾌락과 고통의 감정을 주었습니다. 고통의 감정은 해로운 물건을 피하고 적합한 물건을 찾도록 만듭니다. 윤리적인 면에서 사회가 만든 최고의 작품은 개인이 생각할 틈도 없이 선을 행하고 악을 피하는 본능을 심어주는 것입니다. 개인이 정념에 흔들릴 때 그의 이성은 정념을 옹호하는 궤변론자로 변하는 경우가 많습니다. 그때 인간의 권위는 항상 이기심의 공격을 받게 마련입니다. 그런데 이 값진 본능을 만들거나 채우는 것, 인간 권위의 불충분한 부분을 보충해주는 것, 그것은 바로 인간보다 우월한 힘을 가진 존재가 도덕적 가르침을 허가해주었다는 생각을 모든 사람의 마음속에 각인시켜주는 종교적 감정입니다.”

로베스피에르는 신 또는 최고 존재를 부정하는 사람이 반혁명세력이며 반역자였다는 사례를 나열했다. 지롱드의 가데는 특정인이 섭리에 대해 말했다는 이유로 민중협회에 고발했고, 그 후 에베르는 무신론을 공격한 사람을 고발했으며, 베르니오와 장소네는 국민공회에서 헌법을 제정할 때 전문前文에서 최고 존재를 빼자고 거만하게 말했으며, 당통은 덕·영광·후손이라는 말을 들을 때면 가엾다는 듯이 미소를 지었다.

"인민의 적들이여, 당신이 누구든 국민공회는 당신들의 사악한 행위에 호감을 갖지 않습니다. 광신자들이여, 우리에게 아무것도 기대하지 마시오. 인간으로 하여금 최고 존재의 순수한 숭배로 되돌아가게 만드는 일만이 광신에 치명타를 먹이는 일입니다. 야심 많은 사제들이여, 우리가 당신들의 제국을 복원시켜줄 것이라고 기대하지 마시오. 그러한 일은 우리의 능력을 벗어난 일입니다.

더욱이 사제들과 신은 어떤 관계입니까? 돌팔이 의사가 엉터리 약을 팔듯이, 사제들은 윤리를 팝니다. 자연의 신은 사제들의 신과 전혀 다릅니다! 사제들은 자기네 마음대로 신을 창조했습니다. 그들은 시기하고 변덕스럽고 욕심 많고 잔인하고 냉혹한 신을 창조했습니다. 최고 존재의 진정한 사제는 자연이고, 신전은 우주이며, 숭배는 덕입니다. 최고 존재의 축제란 그 존재 앞에 모인 위대한 인민이 보편적 우애의 다정한 매듭을 조이고, 감수성이 넘치는 순수한 마음으로 경의를 표하면서 기뻐하는 순간입니다.

사제들이여, 과연 누가 당신들의 사명을 증명했습니까? 단지 왕홀과 향로가 하늘을 욕보이고 땅을 찬탈하기 위해 공모했습니다."

로베스피에르는 진정한 종교로 돌아가야 한다고 역설했다. 도덕을 영원하고 신성한 기초에 단단히 얽어매고, 인간이 서로 종교적인 존경심을 가지도록 만들어야 한다. 인간이 의무감을 깊이 느껴야 사회적 행복을 보장할 수 있다. 이것이 공교육의 목적이다. 혁명정부의 덕과 공화국의 위대함을 성취하는 목적. 그 목적에 부합하는 축제를 조직해야 한다. 사람들을 모이게 만들고 더 향상시켜야 한다. 그들의 모임에 윤리적이고 정치적인 동기를 부여하고, 거기서 즐거움을 느끼게 만들어야 한다.

"공화국을 위해 모두 한마음으로 엄숙하게 축제를 벌입시다. 그리고 방방곡곡에서 각자 입은 피해를 치유하고 휴식할 수 있는 지역 단위의 축제를 벌입시다."

혁명을 수행하는 과정에서 생긴 불신·증오·분열을 잊고 새로운 공동체 정신으로 거듭나자는 호소였다. 로베스피에르의 긴 연설을 듣고 의원들은 그가 제안한 대로 '10일제fêtes décadaires' 법을 통과시켰다.

1조. 프랑스 인민은 최고 존재가 실존하고 영혼이 불멸하다고 인정한다.

2조. 프랑스 인민은 최고 존재에게 합당한 숭배가 인간 의무의 실천임을 인정한다.

3조. 그릇된 신앙과 폭정을 미워하고, 폭군과 역적을 벌하며, 불행한 사람을 구조하고, 약자를 존중하고, 피압제자를 보호하고, 타인에게 선행하며, 불의를 행하지 않는 일을 인간의 의무로 실천한다.

4조. 신에 대한 생각과 인류의 존엄성을 상기시키기 위해 축제를 조직한다.

5조. 축제의 이름은 우리 혁명의 영광스러운 사건, 인간에게 가장 소중하고 유익한 덕목, 자연의 가장 큰 혜택에서 따온다.

6조. 프랑스공화국은 1789년 7월 14일, 1792년 8월 10일, 1793년 1월 21일, 1793년 5월 31일을 기념하는 축제를 매년 조직한다.

7조. 10일마다 한 번씩 다음과 같은 주제에 바치는 축제를 벌인다. 최고 존재와 자연, 인류, 프랑스 인민, 인류의 은인들, 자유를 위해 목숨 바친 사람들, 자유와 평등, 공화국, 인류의 자유, 조국에 대한 사랑, 폭군과 역적에 대한 증오, 진리, 정의, 염치, 영광과 불멸성, 우정, 검소, 용기, 선의善意, 영웅정신, 무사무욕, 금욕정신, 사랑, 부부애, 부성애, 모성애, 효심, 어린이, 젊은이, 늙은이, 노년, 불행한 사람, 농업, 산업, 조상, 후손, 행복.*

8조. 구국위원회·공교육위원회는 축제의 조직에 관한 계획을 마련한다.

9조. 국민공회는 인류를 위해 헌신할 재능을 갖춘 사람들이 찬가와 시민정신이 충만한 노래를 통해서 축제를 명예롭게 만드는 동시에, 모든 방법을 동원하여 축제를 아름답고 유익하게 만드는 데 이바지해달라고 촉구한다.

10조. 구국위원회는 이 목적에 적합한 작품을 가려내고 제작자들에게 보상한다.

11조. 프리메르 18일(1793년 12월 8일)의 법에 따라 모든 종교 예식의 자유를 인정한다.

12조. 공공질서에 반하는 귀족주의적 집회를 폐지한다.

13조. 종교적 이유로 소요가 발생하는 경우, 광신의 전도나 반혁명의 암시로써 소요를 부추긴 자, 부당하고 근거 없는 폭력으로 소란을 피운 자도 법적 절차를 지켜 엄격히 처벌한다.

14조. 이 법과 관련한 세부사항은 따로 정한다.

---

* 한 달은 3주씩이므로 매 10일마다 휴일에 맞는 덕목이 1년에 모두 36개다.

15조. 프레리알 20일(6월 8일)에 최고 존재를 기리는 축제를 봉헌한다.
다비드는 세부계획을 세워 국민공회에 보고한다.

곧이어 다비드가 세부계획을 보고했다. 의원들은 로베스피에르의 연설과 다비드의 계획을 여러 언어로 번역해서 전국 각지와 군대에 보내고 벽에 붙여 널리 알리기로 했다. 그날 저녁에 자코뱅협회에서도 국민공회에서 있었던 일이 화제가 되었다. 모르비앙의 르키니오Joseph-Marie Lequinio의 말대로 로베스피에르는 낮에 발의한 내용을 회원들에게 다시 한번 읽어주었다. 회원들은 최고 존재 축제에 대한 연설을 듣고 열렬히 환영했다.

로베스피에르가 구국위원회와 안보위원회에서 절대적인 지지를 받지 못했음에도 그의 상징성은 컸다. 혁명정부가 정의와 덕을 명분으로 혁명의 적을 가차 없이 처단하는 일에 불안한 사람들은 로베스피에르를 원흉으로 지목하고 제거하려고 틈을 노렸다. 5월 23일(프레리알 4일) 밤 9시, 로베스피에르가 사는 뒤플레Duplaix의 집에 에메 세실 르노Aimée-Cécile Renault라는 스무 살짜리 여성이 찾아갔다. 뒤플레의 장녀가 로베스피에르가 집에 없다고 하자, 에메 세실은 기다리겠다고 말했다. 장녀가 약속을 하고 왔는지 물었더니, 에메 세실은 나라의 녹을 먹는 사람을 찾아오는데 무슨 약속이 필요하냐고 대답했다. 장녀는 손님의 태도에 위협을 느끼고 안보위원회에 신고했다. 안보위원회에서 랑테른 길의 종이 장수의 딸인 에메 세실은 로베스피에르를 알지 못하지만 단지 만나서 얘기를 하고 싶었다고 말했다. 마침내 그는 자기 마음을 내비쳤다. "나는 왕을 원합니다. 폭군 5만 명보다 한 명이 더 낫다고 생각하기 때문입니다. 내가 로베스피에르 집에 간 이유는 폭군이 어떻게 생겼는지 보고 싶었기 때문입니다." 그는 칼을 두 자루나 품고 갔으며, 자기가 갈 곳은 감옥에서 단두대라는 사실을 각오하고 있었다.

5월 26일(프레리알 7일)에 바레르는 의원들에게 이 사건을 보고하면서, 두 위원회가 살해음모에 대해 얻은 정보가 이것 말고도 많다고 말했다. 각계각층에서 흉악범들이 암살을 실행하려고 다양한 방법을 찾고 있다. 바레르는 에메 세실의 사건이 터지기 전날(5월 22일)에 일어난 사건도 같은 맥락이었다고 말했다. 망명객 베르탱Henri Léonard Jean Baptiste Bertin*의 하인이었던 라미랄Lamiral(또는 아드미랄)은 3개월 전부터 콜로 데르부아가 사는 집에 세 들었다. 그는 상퀼로트 복장을 하고 의심받지 않으려고 노력하면서 기회를 엿보았다. 22일에 그는 로베스피에르를 죽이려고 아침 8시 반쯤 집을 나서서 먼저 생토노레 길의 뒤플레의 집으로 갔다가 만나지 못하자 국민공회와 구국위원회에서 마주치기를 기다렸다. 그는 하루 종일 그를 만나지 못하자 밤에 집으로 돌아가서 때를 기다렸다. 밤 11시쯤 콜로 데르부아가 집으로 돌아와 문을 두드리는 소리를 듣고 권총을 들고 내려가다 층계를 오르는 콜로 데르부아에게 두 발을 쐈다. 그러나 총알이 늦게 발사되는 바람에 암살에 실패했다. 같은 집에 살던 건축가 오르크Horque와 가발공 리옹Riom이 라미랄을 붙잡아 혁명법원에 넘겼다. 바레르는 라미랄과 에메 세실 사건을 뒤에서 조종한 것은 영국이라는 사실을 수많은 사례를 가지고 증명하고 성토한 뒤에 "국민공회가 공화국 군대에 드리는 말씀La Convention nationale aux armées de

---

* 루이 16세 밑에서 파리 치안총감과 재무총감을 지낸 거물급 귀족으로서 혁명이 일어나자 다섯 살 위 누나(Marguerite-Anne de Bertin)와 세 살 위 형(Louis-Auguste de Bertin)과 함께 벨기에 지방으로 망명한 뒤 오스트리아 대법관 모지 후작Marquis de Mauzy의 보호를 받다가 1792년 9월 16일에 죽었다.

la République"을 읽었다.

자유의 병사들이여. 영국은 인류와 프랑스공화국에 대해 온갖 범죄를 자행했다. 영국은 모든 인민의 권리를 공격하고 자유를 말살하겠다고 위협한다. 조지 왕의 노예들, 전제군주들과 가장 악랄한 폭군의 가장 멍청한 병사들을 우리의 땅에 언제까지 머무르게 하려는가? 영국 왕은 필니츠 회의를 주재하고 툴롱을 치욕적으로 거래했다. 그는 제노아에서 우리의 형제들을 학살하고, 해안도시에서 우리의 전함과 창고를 불태웠다. 그는 모든 도시를 타락시키고 국민공회를 파괴하기를 원했다. 우리의 농촌을 굶주리게 만들고 모든 국경에서 배반자들을 매수했다.

전투 중에 영국인이나 하노버인을 만나면, 영국인들이 황폐하게 만든 광활한 지역을 추억하라. 방데·툴롱·랑드르시Landrecies·마르티니크·생도맹그를 잊지 말라. 아직도 영국인들의 잔인한 정책 때문에 피가 마르지 않았음을.

영국인이나 하노버인에게 승리하면 박살을 낼지니. 자유를 말살한 그랑드 브르타뉴의 땅이나 프랑스의 자유로운 영토에 그들이 다시는 돌아가지 못하게 하라. 영국의 노예를 박멸하여 유럽을 해방하라.

그들이 내뱉는 교언영색에 속지 말라. 더욱이 그들의 기식과 마키아벨리식 정부의 범죄에 속지 말라. 조지의 정부를 혐오한다는 자들이 어찌 그를 위해 싸울 수 있겠는가?

바레르가 낭독을 끝내자 사방에서 외쳤다. "피트와 멍청한 폭군의 병사들을 무찔러 죽이자!" "공화국 만세! 자유 만세!" 끝으로 바레르는 법안을 발의해서 통과시켰다. "앞으로 영국인과 하노버인에게 전쟁포로의 대우를 하지 않는다." 이처럼 혁명정부 요인 암살사건을 겪으면서 의원들은 영국과의 전쟁에서 한 명도 살려두지 않는다는 법을 제정했다.

로베스피에르가 연단에 올라 공화국의 적들의 끊임없는 반역 음모, 부패의 수단과 공격에 대처하는 방안에 대해 준비한 연설문을 읽었다. 그는 공화국을 구성하는 것은 덧없는 승리·부富·명성·열광이 아니라 슬기로운 법률과 공공의 덕이며, 또한 순수하고 안정적인 정부의 좌우명이라고 말했다. 이것을 지켜내야 윤리를 되살릴 수 있다. 한 가지 요소만 모자라도 오류·오만·정념·파벌·야망·어리석음이 판치게 될 것이다. 그러면 악덕을 뿌리 뽑는 대신 마음대로 날뛰게 만들게 되며, 그 결과 폭정으로 되돌아갈 것이 분명하다. 누구든 자신의 주인이 되지 못하는 자는 타인의 노예가 될 것이다. 이것이 바로 모든 민족과 개인에게 적용할 수 있는 진리다. 그는 프랑스가 최고 존재와 영혼의 불멸성을 믿는다고 선언했음을 상기시키고 나서 또다시 인민의 덕을 강조했다. 그 이유는 프랑스에 두 종류의 인간이 있기 때문이다. 한 부류는 자유를 사랑하고, 정의를 갈망하는 순수하고 단순한 시민이다. 이들은 자유를 확고히 뿌리내리게 만들기 위해 피를 흘려가면서 안으로는 적을 제압하고 밖으로는 폭군들을 벌벌 떨게 만든다. 또 한 부류는 파벌을 조장하고 음모를 꾸미는 자들이다. 그들은 입만 살아 있는 사기꾼이자 간사한 자들이며, 어느 곳에나 존재하면서 모든 것을 남용하고, 연단을 장악하고 공직도 차지하고 있다. 그들은 여론을 속이기 위해 구체제의 장점을 호도한다. 그들은 사기꾼·외국인·반혁명세력이며 위선자들이다. 이들이 존재하는 한 공화국은 위태롭다. 그는 이렇게 말하기 때문에 목숨이 위태롭지만, 그럴수록 할 말을 한다고 단호히 말했다. 그리고 의원들과 방청객에게 "원칙을 지키면서 승리의 길을 계속 간다면 모든 범죄를 억누르고 조국을 구할 것"이라고 충고했다.

"나는 살만큼 살았습니다. 나는 프랑스 인민이 품위 없는 예속상태에서 공화국의 영광과 덕의 꼭대기로 단숨에 뛰어 올라가는 모습을 보았습니다. 나는 그들이 족쇄를 끊고, 이 땅을 짓누르며 온갖 범죄를 자행한 옥좌를 그들의 손으로 뒤집어엎고 승리하는 광경도 보았습니다. 더욱 놀라운 광경도 보았습니다. 부패한 군주정을 무너뜨리고 혁명을 겨우 시작한 우리가 경험하지 못한 일이었습니다. 프랑스 국민은 국회에 힘을 실어주어, 공공의 행복을 향해 재빠르고 단호하게 달려나가게 만들었습니다. 그리하여 국회는 인민과 평등의 승리에 전념하여, 전 세계에 자유의 신호와 덕의 모범을 보여주었습니다."

로베스피에르는 18일 전에 만 36세가 되었는데, "살 만큼 살았다"고 비장하게 말했다. 두 달 반쯤 전에 생사를 넘나드는 병을 앓고 난 뒤라서 그렇게 느꼈을까? 더욱이 경제적 고통을 겪는 민중은 시간의 흐름을 지겨워했을 법하지만, 할 일이 많은 지도자에게 여느 때보다도 혁명의 시간은 더욱 빠르게 흘렀다. 그는 "시민들이여, 고상한 운명을 완수하십시오."라고 말한 뒤 연단을 내려갔다. 6월 4일(프레리알 16일) 저녁회의가 끝날 즈음 의장인 코트도르의 프리외르Claude-Antoine Prieur-Duvernois는 국민공회를 이끌어갈 의장 선거를 하겠다고 선언했다. 호명투표가 끝난 뒤 집계해보니, 로베스피에르가 거의 만장일치로 의장이 되었다. 뒤의 미쇼Jean-Baptiste, 노르의 브리에즈 Philippe-Constant-Joseph, 에로의 캉바세레스Jean-Jacques-Régis Cambacérès가 비서로 뽑혔다. 임원진 선거가 끝난 뒤 프리외르가 로베스피에르를 찬양하는 연설로 임기를 마쳤다. 그는 무신론을 반사회적 범죄라고 최초로 고발했고 불행한 사람들의 짐을 덜어주려고 노력했다. 의원들은 영원한 존재 앞에서 프랑스 인민과 함께 서서 그에게 존경심을 표하며 의장직을 맡겼다.

"현대의 타이탄족이 불경한 태도로 소란을 피울 때 로베스피에르는 자기 목소리로 그들에게 맞섰습니다. 국민공회는 하나 된 마음으로 그에게 감사하면서 의장직을 넘겼습니다. 220명이 투표에 참여했고, 216명이 그를 선택했습니다."

'살 만큼 산' 로베스피에르가 정치가로서 절정에 올랐다. 한 번 의장직을 수행한 적이 있지만, 이번에는 사정이 달라졌다. 4일 뒤인 6월 8일(프레리알 20일)에 그는 최고 존재 축제에서 국민공회 의장 자격으로 자연스럽게 '제사장'이 되었다. 그날 다비드가 계획한 대로 축제를 조직했다. 새벽 5시부터* 전국의 모든 코뮌 단위에서 군악소리에 맞춰 행사에 참가하는 사람들이 모였다. 집집마다 창문에 삼색 천을 늘어뜨리고, 거의 모든 거리의 문 앞에 심은 나무에 꽃 장식을 걸어놓았다. 파리의 행사에 집중하자. 축포소리가 울리면 사람들은 거리로 쏟아져 나왔다. 그들은 장미향을 맡으면서 파리가 그 자체로 넓은 정원으로 바뀌었다고 생각했다. 소총을 든 청년들은 자기 구의 깃발을 중심으로 북소리에 맞춰 정렬했다. 대포소리를 신호로 그들은 국립공원jardin national을 향해 출발했다. 국민공회 앞의 튈르리 정원을 국립공원으로 불렀으니 그곳이 목적지였다. 아낙네는 장미다발을 들고 남편과 아들 곁에서, 아가씨들은 꽃바구니를 끼고 연인들 곁에서 함께 움직였다. 아비와 아들은 칼과 참나무 가지를 들고 출발했다. 센 강에는 삼색의 작은 깃발을 단 배들이 가득 떠 있었다. 국민공회 의원들은 일종의 제복을 입었다. 그들은

---

* 3시 57분에 해가 뜨는 하지까지 2주도 남지 않은 시점이라서 해는 4시 1분에 떴다.

넓은 깃의 옷을 입고 깃털 장식과 삼색 허리띠를 둘렀다. 칼을 차지 않았다는 점을 빼고 파견의원과 같은 복장이었다. 국립공원에는 국민공회 의원들을 위해 계단식 좌석을 설치하고, 양쪽에 시민들이 서도록 했다. 입구마다 꽃줄과 삼색 리본으로 장식했다.

모든 구민이 도착하고 헌법기관들이 모인 뒤, 인민은 최고 존재를 위한 축제준비가 끝났다고 국민공회 의장에게 보고했다. 정오를 알리면, 음악소리에 맞춰 의장 로베스피에르가 의원들과 함께 식장에 들어섰다. 로베스피에르는 계단식 좌석 중앙에 마련한 연단에 서서 자연의 창조주를 기리자고 인민에게 제안했다. 그는 환희의 함성으로 하늘을 진동시키자고 말했다.

"시민 여러분, 프랑스 인민이 최고 존재를 기리는 행복한 날이 왔습니다. 그가 창조한 세상이 이처럼 품위 있는 광경을 연출한 적은 없습니다. 그는 이 땅에 폭정·범죄·사기가 판치는 모습을 보았습니다. 그러나 지금은 전 국민이 인류의 모든 압제자와 싸우는 모습을 보고 있습니다. (······)

조물주는 모든 인간을 사랑과 행복의 긴 줄로 연결시켰습니다. 감히 그 줄을 끊어버린 폭군들은 멸망했습니다.

공화국의 시민들이여, 여러분이야말로 폭군들이 더럽힌 땅을 정화하고, 그들이 오랫동안 금지했던 정의를 회복할 적임자입니다. 자유와 덕은 신의 품에서 쌍둥이로 태어났습니다. 둘 중 하나라도 없으면 생명을 잃습니다. 너그러운 인민이여, 모든 적을 무찌르기를 바라십니까? 정의를 실천하고, 신에게 맞는 유일한 형식의 종교로 신을 섬기십시오. 인민이여, 오늘은 신의 가호에 몸을 맡기고 순수한 기쁨을 누리십시오. 내일부터 다시 악덕과 폭군을 상대로 싸웁시다. 그렇게 해서 이 세상에 공화국의 덕목을 보여주고 신을 영광스럽게 기리도록 합시다."

로베스피에르는 공공의 행복을 해치는 것을 형상화한 기념물로 다가섰다. 그 조형물은 무신론의 괴물을 이기주의가 떠받치고, 불화·거짓이 가난의 누더기 너머로 왕정의 노예들을 꾸미던 장신구를 보여주었다. 이렇게 악을 상징하는 조형물의 이마에는 "외국인의 유일한 희망"이라고 써 붙였다. 로베스피에르가 횃불을 들고 기념물에 다가서면 거기에 모인 사람들이 서로 얼싸안고 기뻐했다. 로베스피에르는 기념물에 불을 질러 삽시간에 태워버렸다. 모든 악을 법의 칼로 심판하는 형국이었다. 잿더미에서 평안하고 온화한 지혜의 상이 솟아올랐다. 그러나 축제를 조직한 다비드가 예상치 못한 일이 벌어졌다. 지혜의 상은 연기에 그을린 상태로 나타났다. 계획대로라면 그곳에 모인 사람들은 모두 기쁨과 감사의 눈물을 흘려야 마땅했으나, 그렇지 못했다. 무엇인가 불길한 조짐을 보았을까? 아무튼 로베스피에르는 다시 연단으로 돌아가 예정대로 두 번째 연설을 했다.

"왕들의 귀신이 프랑스에 토해놓은 이 괴물은 사라졌습니다. 또한 이 세상의 모든 범죄와 불행도 함께 사라졌습니다."

그러나 왕들이 아직도 자신들의 세상을 유지하고 범죄를 저지르려고 이 땅에서 신을 금지하려고 노력하고 있으니 무신론을 경계하라고 주의를 준 다음, 로베스피에르는 언제나 지혜의 말을 듣고서 판단하고 행동하라고 당부했다. 축가가 울려 퍼졌다.

인민이여, 자연의 창조자를 경배하라. 그가 내린 불변의 명령을 준수하라. 감히 그것을 훼손하는 자를 멸망시켜라.
너그럽고 용감한 인민이여, 적이 그대를 망치려고 쓰는 모든 방법을 가지고 그대가 얼마나 위대한지 생각하라.

위선자인 적들은 그대가 이성의 법을 얼마나 진지하게 존중하는지 인정하리라. 그럴수록 그들은 그대가 멸망하기를 바랄 터. 그러나 그대는 더는 속지 않으리. 그대는 새로운 신관神官들이 폭력으로 세우려는 우상을 스스로 부숴버릴지니.

축가와 북소리가 울리는 가운데 축제의 1부가 이렇게 끝나고, 모두 다음의 목적지인 샹드마르스를 향해 움직였다. 그곳은 연맹의 장이 되었다가 이제 통합의 장champ de Réunion으로 거듭났다. 남녀가 두 줄로 나란히 행진했다. 48개 구의 알파벳순으로 행진했다. 인민의 한가운데 의원들이 어린이와 손잡고 섰다. 어린이·청년·장년·노년의 집단이 의원들을 위해 삼색 리본을 울타리처럼 들고 걸어갔다. 그들은 연령에 맞는 장신구를 착용하거나 제비꽃·도금양·참나무·포도나무를 지녔다. 맨 앞에 선 로베스피에르는 담황색 반바지에 연푸른색 윗도리를 입고, 허리에 삼색 띠를 두르고, 삼색 깃털장식을 꽂은 모자를 쓰고, 손에는 동료 의원들처럼 보리 싹·꽃가지·과일나무 가지의 다발을 들고 앞장서서 걸었다. 이 다발은 모든 역경을 극복하고 임무를 완수하라는 뜻이었다. 의원들이 함께 통합의 장으로 발걸음을 옮길 때 로베스피에르의 적들도 겉으로는 아무렇지도 않은 척 속내를 감추고 걸었다. 푸셰·탈리엥·부르동·쿠르투아*와 그 일파들은 신이나 이성에 별로 관심이 없는 무신론자였지만 불만을 감춘 채 최고 존재를 향해 걸어갔다. 의원들의 한가운데 뿔을 꽃으로 장식한 황소 여덟 마리가 고대 양식의 수레를 끌었다. 수레에는 모든 기예와 직업의 도구와 프랑스 영토에서 생산한 물건으로 구성한 기념물을 실었다. 온갖 공물과 꽃으로 장식한 자유의 상을 든 행렬이 선교旋橋를 지나 혁명광장으로 들어서더니 혁명의 다리로 센 강을 건너 앵발리드

광장을 거쳐 군사학교 쪽에서 통합의 장으로 접근했다.

통합의 장의 한가운데에 거대한 산을 조성해놓고, 그 꼭대기에 자유의 나무를 심고 붉은 프리기아 모자를 씌웠다. 그 산은 '신성한 몽타뉴파'를 뜻했다. 산 옆에는 큰 기둥을 세우고, 그 위에 자유와 평등의 상을 든 헤르쿨레스가 서서 산꼭대기의 나무를 바라보게 했다. 남자 행렬은 산의 오른쪽, 여자 행렬은 왼쪽으로 가서 섰다. 모든 의원이 산 중턱까지 올라가 나무 아래에 자리 잡는다. 48개 구는 산기슭의 한 구역을 맡아 노인·어머니·아가씨·청년·사내아이 각 열 명씩 지정한다. 청년과 아가씨는 열다섯에서 스무 살, 사내아이는 여덟 살 미만이다. 이렇게 뽑힌 아버지가 아들을 데리고 오른쪽 산기슭에, 어미와 딸이 반대편에 모인다. 이는 가정의 번영과 덕목을 상징한다. 두 집단의 북치기들이 산의 남쪽과 북쪽의 먼 곳에 자리 잡는다. 악단은 의원들 앞에 정렬한다. 정적이 흐르다가 음악이 퍼지면, 아비와 아들들이 노래를 시작한다. "공화국의 적을 섬멸할 때까지 절대 무기를 놓지 않으리라!" 어미와 딸들이 산꼭대기를 보며 노래한다. 딸들은 반드시 조국을 지키는 남자와 결혼하겠다고 맹세하고, 어미들은 자식을 많이 낳았다고 뽐냈다. "우리 아이들아, 우리를 공격하는 폭군들을 몰아내는 소중한 의무를 이행하고 돌아와 부

---

* 루아르앵페리외르의 푸셰, 센에우아즈의 탈리엥, 우아즈의 부르동, 오브의 쿠르투아Edme-Bonaventure Courtois. 탈리엥의 연인인 테레자 카바뤼스Thérésa Cabarrus는 에스파냐 은행가의 딸이며, 옛 파리 고등법원 판사 퐁트네Jean Jacques Devin de Fontenay와 결혼했다가 남편의 외도로 이혼한 뒤 가족과 함께 보르도에서 지내다가 감옥에 갇혔다. 보르도의 파견의원인 탈리엥은 감옥에서 그를 발견하고 꺼내주었다. 탈리엥의 연인이 된 테레자는 5월 22일에 구국위원회의 명령으로 체포되었다. 탈리엥은 테르미도르엥의 우두머리로 로베스피에르를 몰락시키고, 연인과 프랑스를 구했다는 평을 들었다.

모가 안심하고 눈감게 하라!" 마지막에는 남녀가 합창했다. 아비의 손을 잡고 걸을 수 없는 사내 아기를 어미 품에서 넘겨받아 하늘로 높이 쳐들고, 아가씨들이 가지고 온 꽃을 허공으로 던졌다. 아들들은 칼을 뽑아 들고 전의를 불태웠다. 아비들이 자식들을 안아주고 축복했다.

곧이어 대포가 굉음을 쏟아냈다. 국가가 복수를 완수하고 영광의 날이 왔다는 뜻이었다. 대포소리에 화답하듯 굵은 목소리로 남성이 승리를 알리는 전승가를 불렀다. 모든 사람이 "공화국 만세!"를 외치면서 신神을 향해 다가갔다. 신성한 산 주위에서 최고 존재에게 바치는 찬가가 울려 퍼졌다. 동생 셰니에가 가사를 쓰고 고섹이 편곡한 찬가였다. 통합의 장에서 모든 행사를 치르고, 다비드가 정한 대로 24개 구씩 나누어 행사장을 빠져나가면서 그날의 축제를 끝마쳤다. 전국 방방곡곡에서 한마음으로 축제를 치르는 것이 원칙이었지만, 푸셰와 쇼메트의 영향을 받은 느베르에서는 반감이 팽배했다. 언제나 주도권의 문제이지 완전한 통일이나 통합은 없게 마련이다. 로베스피에르를 싫어하는 사람들은 그가 루이 16세의 딸을 아내로 맞아 왕이 되려고 한다느니 쑤군대다가 이제는 신 노릇을 한다고 쑤군대기도 했다. 그도 그럴 것이 안보위원회는 거의 한 달 전부터 정보원들을 사교단체에 보내 증거를 수집하고 관련자를 잡아 로베스피에르와 엮으려 했다.

카트린 테오의 음모

최고 존재의 축제를 치르고 이레 뒤인 6월 15일(프레리알 27일)에 아리에 주의 바디에Marc-Guillaume-Alexis Vadier는 구국·안보 합동위원회 이름으로 새로운 음모를 적발했다고 보고했다. 센 강 왼쪽의 옵세르바투아르 구 콩트르에스카르프 길에서 사교집단이 왕정복고를 시도한다는 내용이었다. 주인공은 69세의 카트린 테오Catherine Théos였다. 이름의 '테오'는 신을 뜻하는 그리스말이며, 그 추종자들은 최고 존재와 동일시했기 때문에 그를 '신의 어머니'라 불렀다. 그는 구체제 말에도 종교적 이유로 바스티유에 갇혔다가 풀려난 적이 있었다. 그를 따르는 사람들은 편협하거나 명청한 남녀뿐 아니라 사이비 과학자·의사·법률가는 물론 한가한 자본가였으며 혁명을 혐오했다. 구체제 말에 오스트리아 의사 메스머의 치료법을 사회에 적용해서 부조리한 체제를 바꾸려는 '우주조화협회' 같은 사회운동이 벌어졌듯이, 혁명에 대한 혐오감으로 메스머 추종자·신비주의자들이 모여 반혁명을 꿈꿨다.

제헌의원이며 샤르트뢰 교단 수도사 출신인 동 제를Christophe Gerle, Dom Gerle도 그의 집을 드나드는 신도였다. 동 제를은 다비드가 그린 〈죄드폼의 맹세〉의 정면 한가운데서 화합하는 세 명의 종교인 중에서 왼쪽의 인물이다 (제2권 17쪽 그림 참조). 동 제를은 혁명의 기본 원칙에 기꺼이 동조하고 종교에 대한 규제에 가장 먼저 동참한 애국자였다. 로베스피에르도 자코뱅협회에서 그의 애국심과 시민정신을 보장해주었다. 그가 다음과 같은 규칙을 지켰다니 믿을 수 없는 일이다.

성모에게 다가가려면 세속의 쾌락을 끊고 은총의 상태로 들어가야 한다. 그를 믿는 선민選民은 성모의 얼굴에 일곱 번 입을 맞추면 영생한다. 신비한 입맞춤은 양쪽 이마·양쪽 관자놀이·양쪽 뺨·턱에 하며, 성령의 일곱 가지 선물을 상징한다. 신자들은 입 맞출 때 관능적으로 뺀다.

그리고 마지막 입맞춤은 계시록의 제7의 봉인과 같은 뜻을 가진다. 바디에가 규칙을 읽을 때 의원들은 여러 번 웃었다. 최고 존재와 그 신봉자에 대한 조롱이자 로베스피에르를 겨냥한 공격이었다. 로베스피에르가 5월 7일에 최고 존재의 축제에 대한 구상을 발표할 때부터 구국·안보의 두 위원회 구성원들은 바디에·바레르·콜로 데르부아를 중심으로 종교적 감정을 비웃는 데 그치지 않고 그 감정이 반혁명적 감정임을 보여주려고 결심했으며, 위원회에서 고용한 사람들을 성모의 집에 드나들게 하면서 조용히 덫을 놓았다. 이들은 신도들을 부추겨 로베스피에르를 "최고 존재의 아들, 영원한 성자聖子, 인류의 구원자, 예언자들이 지목한 메시아"로 부르게 만들었고, 마침내 그러한 내용의 편지를 성모의 침대 밑에서 찾아냈다. 글을 배우지 못한 카트린 테오가 쓸 수 없는 편지였다. 바레르가 작성하고 바디에가 읽은 보고서에는 로베스피에르의 이름을 한 번도 말하지 않았지만, 여러 증거를 살피면 자연스럽게 음모의 중심에 로베스피에르를 놓게 될 터. 반대파는 로베스피에르가 최고 존재를 핑계로 종교를 부활시키려 한다고 의심하고 경계했다. 로베스피에르는 여성들의 지지를 받았고, 그가 국민공회에서 연설할 때 여성들이 열광했으니, 그의 존재를 두려워할 만했다. '신의 어머니'인 성모가 성자를 사랑하는 일을 자연스럽게 연상하게 만들었다. 더욱이 바디에가 성모와 관련한 음모를 폭로하는 날은 의장석에 로베스피에르가 앉아 있었다.

"카트린은 신이 자기를 선택해서 성자를 낳게 했다고 말합니다. 성자는 이 세상에 신의 왕국을 놓는 초석입니다. 그는 선민들을 뽑고, 신의 병사들을 지휘해야 합니다. 그의 옥좌는 팡테옹 근처, 법학을 공부할 학교를 세울 예정인 곳에 기적적으로 세워야 합니다."

성자는 인류 가운데 1만 4,000명만 선별한다. 선민만이 그를 찬양하고 지상의 낙원에서 행복하게 산다. 그런데 동 제를은 성모 카트린의 왼편에 앉았다. 성모는 "오 제를, 신이 아끼고 사랑하는 제를"이라 칭송했고, 제를은

"이제 종교·사제·왕은 없도다. 그대, 새로운 이브 덕택에"라고 찬양했다. 카트린은 파리에 왕국을 세우려고 하지만, 전국 각지에 광신자들의 집회소를 두려고 음모를 꾸몄다. 바디에는 베르사유와 마를리에서 집회소를 적발했다고 말했다. 또한 바디에는 동 제를 못지않은 광신도가 오를레앙 공의 주치의였던 케브르몽Quesvremont이라고 말하면서, 메스머의 추종자인 그의 집에서 카트린 테오를 찬양하는 잡동사니 문서를 찾았다고 덧붙였다. 이 사건에서 비의를 담은 그림이나 작품 다수를 증거로 확보했다. 대천사 미카엘이 악마 루시퍼를 쓰러뜨리는 장면, 마리 앙투아네트의 초상화까지 들어 있었다. 바디에는 그 사건을 과거의 모든 왕당파 인물과 결부시켜 확대했다. 심지어 영국과 특히 프로이센의 프리드리히 빌헬름 2세까지 연결시켰다. 바디에는 카트린 테오 일당의 음모를 밝히기 위해 안보위원회가 고용한 정보원들을 한 명씩 신입회원으로 침투시켜 모든 절차를 겪게 하면서 증거를 수집했다고 말했다. 그의 보고를 들은 의원들은 다음과 같이 의결했다.

> 샤르트뢰 수도사 출신, 제헌의원 출신인 동 제를, 성모를 자칭하는 카트린 테오, 오를레앙 공작의 주치의며 별명이 라모트인 루이 케브르몽, 고드프루아의 과부 마리 마들렌 앙블라르, 옛 샤트누아 후작부인을 혁명법원에 세운다. 보고서를 인쇄해서 각급 부대와 행정기관에 배포하고 의원에게 여섯 부씩 준다.

푸키에 탱빌은 피고인들을 법정에 세울 준비를 하다가 로베스피에르가 구국위원회 이름으로 재판을 연기하라고 내린 명령을 받았다. 검사는 국민공회의 명령이 우선이라고 저항하고 안보위원회로 달려갔다. 결과는 로베스피에르가 원한 대로 나타나 피고인들은 처형을 면했다. 그러나 이 사건 때문에 로베스피에르는 웃음거리가 되었고, 두 위원회와 멀어지게 되었다. 적들은 틈만 나면 그에 대한 악성 소문을 퍼뜨려 평판을 깎았다. 그럼에도 그를 무너뜨리려면 아직 힘을 더 모아야 했다. 로베스피에르를 몰락시킨 테르미도르 9일 이후, 비요바렌은 센에우아즈의 르쿠앵트르에게 무심코 속내를 털어놓았다.

"솔직히 말해서 로베스피에르를 좀더 일찍 공격했다면, 그에게 정신이 팔린 사람들은 조국을 공격한다고 보았겠지요."

이틀 뒤인 6월 17일(프레리알 29일)에 콜로 데르부아를 암살하려던 라미랄, 로베스피에르를 암살하려던 에메 세실 르노와 함께 '외국인의 음모Conjuration de l'étranger'에 가담한 사람들이 줄줄이 수레에 실려 트론 광장으로 갔다. 여름에 단두대 근처는 피비린내 때문에 국민공회와 부자 동네에 가까운 혁명광장에서 동쪽의 트론 광장으로 단두대를 옮겼던 것이다.* 푸키에 탱빌은 사형집행인에게 명령해서 붉은 천으로 사형수의 옷을 만들어 입혔다. 1793년 7월에 마라의 살해범 샤를로트 코르데 이후 54명이나 붉은 옷Chemises rouges을 입고 형장으로 향하는 모습을 보는 사람들은 묘한 기분이 들었다. 붉은 옷은 군주나 부모 살해자의 옷이었기 때문이다. 로베스피에르를 아버지·왕·교황의 상징으로 만들어 더욱 혐오감을 부추기려는 꿍수가 작

---

* 단두대는 혁명광장에서 6월 12일(프레리알 24일)에 트론 광장(오늘날 나시옹 광장)으로 옮겼다. 파리 코뮌은 혁명광장에 가까운 마들렌 공동묘지를 폐쇄하고 좀더 북쪽에 있는 프티트 폴로뉴 문밖에 새로 공동묘지를 조성했다. 그러다가 트론 광장 근처에 새로 공동묘지를 만들어 처형자의 시신을 묻었다.

동했다. 그러나 이것은 일주일 전에 로베스피에르의 의지로 통과시킨 프레리알법을 적용한 결과였음을 잊지 말아야 한다.

프레리알법

공포정La Terreur이 극에 달하면 대공포정La Grande Terreur이라고 해야 할까? 단두대를 광장에 설치하고 날마다 목을 치는 모습을 보는 사람들은 공포를 학습했다. 공포 체험을 반복하다 보면 효과가 줄어들기 때문에, 공포정에서 한걸음 더 나간 대공포정을 말해야 하는지. 아무튼 공포정을 실시하는 사람도 공포를 느꼈다. 콜로 데르부아와 로베스피에르는 각각 프레리알 1일(5월 20일)과 4일에 목숨을 잃을 뻔했다. 그들이 정적의 제거 대상이 되었다는 사실이 밝혀지면서 입지를 더욱 강화할 수 있는 기회를 얻었겠지만, 정신적 상처를 입은 것도 부인하기 어렵다. 프레롱Stanislas-Louis-Marie Fréron이 콕 집어서 밝히지 않아서 언제부터인지 모르겠지만, 로베스피에르는 밖에 나갈 때 항상 권총 두 자루를 품고 호위대를 거느렸다. 호위대는 그가 공격을 받을 때 즉시 구해주기 위해 사다리 모양으로 그를 에워쌌다. 모든 사람이 날마다 어떤 형식이든 공포에 시달렸는데, 엎친 데 덮친 격으로 대공포정을 시작하는 법을 제정했다. 최고 존재의 축제를 치르고 이틀 뒤의 일이다. 사실 그 법이 필요하다는 점을 처음 부각시킨 시점은 1793년 12월 25일(니보즈 5일)이었다. 그날 로베스피에르가 혁명법원을 개혁하자고 제안했다. 의원들은 구국위원회가 그 문제를 깊이 연구해서 보고하라고 의결했다. 4월에 다시 한번 구국위원회에 개혁안을 제출하라고 촉구했다. 그리고 앞에서 살폈듯이 4월 16일(제르미날 27일)에 공안법을 가결하고, 그 결과 구국위원회에 공안국을 설치했으며, 로베스피에르가 감독권을 가지게 되었다.

로베스피에르가 구상한 '프레리알법'을 놓고 구국위원회와 안보위원회에서는 말이 많았다. 특히 혁명법원의 검사 푸키에 탱빌은 배심원의 수를 줄이는 문제에 대해 법원의 신뢰를 떨어뜨린다고 걱정하면서 두 위원회를 찾아가서 호소했지만, 6월 10일(프레리알 22일)에 퓌드돔의 쿠통은 법안을 상정했다.

"조국의 적들을 인지하는 때가 곧 그들을 벌할 때입니다. 그들을 벌하는 것으로 부족하니까 끝장내야 합니다. 본보기로 몇 명 처단하는 것이 아니라 폭군의 무자비한 하수인들을 섬멸해야 합니다. 그렇지 않으면 공화국과 함께 죽어야 합니다."

쿠통이 혁명법원 조직법안을 발의하자, 샤랑트앵페리외르의 뤼앙Pierre-Charles Ruamps이 법안을 인쇄하되 토론을 뒤로 미루자고 하면서, 만일 연기하지 않는다면 머리에 총을 쏘겠다고 엄포를 놓았다. 그러나 쿠통은 예정대로 법안을 상정했고 반대에 부딪쳤다. 센에우아즈의 르쿠앵트르는 무제한 연기를 지지한다고 거들었다. 바레르는 뤼앙이 무제한 연기하자는 뜻으로 말하지 않았다고 반론을 제기했다. 르쿠앵트르는 단 이틀만 연기하자고 타협안을 제시하면서 한발 물러섰다.

로베스피에르는 당장 표결해서 통과시키자는 의지를 보여주면서 의원들을 설득했다. 지금 공화국에는 두 가지 의견이 분명히 대립한다. 하나는 자유에 대한 범죄를 준엄하게, 반드시 벌해야 한다는 의견이다. 또 하나는 혁명 초부터 직접 또는 간접으로 조국의 적들을 사면해야 한다는 의견이다. 두 달 전부터 의원들은 구국위원회에 혁명법원을 새로 조직해달라고 요구했다. 국민공회가 암살자들의 위협을 받았기 때문이다. 자유가 승리한 순간은 조국의 적들이 더욱 대담하게 음모를 꾸미던 순간이 되었다. 두 달 전부터 혁명법원은 국가 정의 실현을 방해하는 자들과 장애물을 고발했다. 공화국 전체가 새로운 음모와 외국의 하수인들을 수없이 고발했다. 이러한 상황에서 구국위원회는 새로운 조직법안을 준비했다. 이 법안을 검토해보면, 모든 조치가 자유의 친구들이 채택한 것이고, 정의와 이성에 바탕을 두지 않은 조항이란 하나도 없으며, 모든 조항이 애국자들의 안녕을 위하고, 자유의 적인 귀족주의자들을 두렵게 만든다는 사실을 첫눈에 알아볼 수 있을 것이다. 로베스피에르는 법안의 심의를 연기하는 것은 부당하다고 강조했다.

"더욱이 혁명법원의 판사들이 부족하기 때문에 법원을 개정해놓고서도 제 기능을 완수하지 못하는 일이 일어난다는 사실을 모르는 사람이 없을 정도입니다. 우리는 판사를 보충해서 법적 정족수를 맞추어달라고 제안합니다. 또 혁명법원이 안고 있는 두세 가지 문제점을 개선하게 해달라고 요구합니다. 그러한 문제점에 대해 사방에서 개선하라고 요구하면서도 막상 법안을 발의하니 심의를 연기하자고 하십니다."

로베스피에르는 심의 연기를 바라는 의원들의 마음을 잘 알지만, 단지 진리를 존중하고 진리가 처한 위험을 알리려는 마음으로 연단에 올랐다고 주장했다. 구별의 표시와 분열이 있는 곳에는 반드시 조국의 안녕과 관계있는 일이 있게 마련이다. 그러나 공공의 행복을 사랑하는 사람들이 분열하는 것은 자연스럽지 않다. 더욱이 조국을 구하는 데 전념하는 정부에 저항하는 세력이 있다면 자연스럽다고 할 수 없다. 그런데 분명히 분열을 조장하는 세력이 있다. 이 말에 의원들이 "아니요, 아무도 우리를 갈라놓지 못할 것이오!"라고 사방에서 외쳤다. 이제 로베스피에르가 제안하는 내용에 반대 목소리를 내려 해도 낼 수 없는 분위기가 무르익었다.

"여러분을 불안하게 만들려는 자들이 있습니다. 우리가 국민공회에서 악랄한 행위와 거짓 애국심으로 여러분의 가슴을 향해 단도를 겨누던 자들을 물리쳤음을 잊지 마십시오. 우리는 사사로운 암살자들이 공공의 암살자임을 밝히려고 그들 앞에 당당히 나섭니다. 우리는 기꺼이 목숨을 바쳐서 국민공회와 조국을 구하겠습니다."

이 같은 과정을 통해 혁명법원개혁법이 국민공회를 통과했지만, 그렇게 되기까지 또 통과된 후에도 구국위원회에서 모든 위원의 지지를 받지는 못했다. 법을 통과시킨 이튿날인 6월 11일(프레리알 23일)에 구국위원회에서 비요바렌은 로베스피에르가 회의에 참석하자마자 그와 쿠통이 둘이서만 혁명법원개혁법을 제출했다고 불만을 쏟아냈다. 로베스피에르는 구국위원회를 존중하는 마음은 변함없다고 변명했다. 다른 위원들은 엄중한 문제에 대해 단독으로 행동한 위원이 어디 있었느냐, 이 법령은 위원회의 동의를 받지 않고 통과시킬 만큼 가벼운 것이냐고 따졌다. 비요바렌이 덧붙여 말했다.

"위원 한 명이 단독으로 국민공회에 법안을 제출하는 날이 오면, 더는 자유란 존재하지 않을 것이오. 다수의 의견을 존중하는 풍조는 사라지고, 한 사람의 의지만 존재하게 될 테지요."

로베스피에르는 자신이 혼자이며, 아무도 지지해주지 않는다는 사실을 잘 알고 있다고 말하면서 흥분하기 시작했다. 그는 위원회 위원이 자신을 음해했다고 격렬히 비난했다. 하도 큰 소리로 떠들자 튈르리 궁의 테라스를 지나던 사람들이 모여들었다. 어떤 위원이 급히 창문을 닫아 소리가 밖으로 나가지 못하게 막았다. 로베스피에르는 목소리를 낮추지 않고 "국민공회에서 나를 음해하는 패거리가 있다는 사실을 잘 압니다. 그리고 그대는 여기서 뤼앙을 옹호하고 있소"라고 비요바렌을 공격했다. 비요바렌은 "그대는 국민공회를 단두대에 세우고 싶어하고 있소"라고 받아쳤다. 로베스피에르는 "여기

계신 위원 여러분은 내가 국민공회를 단두대에 세우려는 의도로 말한 적이 없다는 사실을 똑똑히 목격하셨습니다. 비요바렌, 이제야 그대를 잘 알게 되었소"라고 말했다. 비요바렌은 조금도 지지 않고 "나도 그대가 반혁명분자라는 사실을 알게 되었소"라고 대답했다. 이렇게 생생한 대화는 그 자리에서 녹취한 것이 아니기 때문에, 로베스피에르와 비요바렌이 법을 놓고 설전을 벌였다는 정도만 짐작하면서, 과연 이 법은 어떤 것이었는지 직접 알아보자. 먼저 법을 발의한 취지부터 살피면, 첫째 여러 가지 사정 때문에 줄였던 배심원과 판사의 수를 보충하고, 둘째 혁명법원이 애국자들의 자유를 확실히 보장하기 위해 음모자들에 대한 재판을 신속하게 진행하며, 셋째 수많은 법령에서 규정한 내용을 하나의 법률로 묶어서 깔끔하게 정리하자는 것이다.

1조. 혁명법원에는 재판장 한 명과 부장판사 세 명, 검사 한 명, 검사보 네 명, 판사 열두 명을 둔다.

2조. 배심원은 50명이다.

3조. 재판장부터 배심원까지 명단은 다음과 같다.

재판장 뒤마, 부장판사 코피날·셀리에·놀랭, 검사 푸키에 탱빌……

4~6조. 혁명법원은 인민의 적을 벌하기 위한 기관이다. 인민의 적이란 공공의 자유를 힘이나 간계로 훼손하려는 자를 뜻한다. (……) 왕정을 회복하거나, 국민공회와 함께 그것이 중추기관인 공화국의 혁명정부를 부패시키거나 와해시키려는 자, (……) 인민을 분열시키거나 혼란에 빠뜨리려고 가짜 소식을 퍼뜨린 자, 반혁명의 기만적인 글이나 수단을 이용해서 여론을 교란시키고 인민교육을 방해한 자, 미풍양속을 타락시킨 자, 혁명과 공화주의 원칙의 순수성과 활력을 훼손하고 발전을 방해하려

는 자. (……) 애국자를 학대하거나 인민을 탄압하면서 혁명의 적에게 봉사한 공직자.

끝으로 음모자와 반혁명혐의자 처벌에 관해 예전에 반포한 모든 법에서 적으로 규정한 자. 공화국의 자유·통일성·안보를 해치거나 공고히 하는 일을 방해한 자.

7조. 혁명법원에서 재판권을 행사하는 모든 범죄에 대한 벌은 사형이다.

8조. 인민의 적을 단죄하려면 공정하고 합리적인 사람의 공감을 얻을 수 있는 모든 종류의 증거를 제시해야 한다. (……)

9조. 시민에게는 음모자와 반혁명분자를 붙잡아 사법당국에 넘길 권리가 있다.

10조. 오직 국민공회·구국위원회·안보위원회·국민공회 의원이나 위원·검사에게만 피의자를 혁명법원에 넘길 권한이 있다. (……)

20조. 국민공회는 이 법과 일치하지 않는 선행법을 모두 무효화한다. 그러나 일반 법원의 조직에 관한 법률을 반혁명의 범죄와 혁명법원의 행위에 적용한다는 뜻은 아니다.

모두 22개조 가운데 10조와 특히 20조는 국민공회를 향한 위협을 담았다. 그때까지 국민공회 의원을 혁명법원에 넘기려면 사전에 국민공회의 명령을 받아야 했다. 그러나 프레리알 22일의 법은 구국위원회·안보위원회·파견의원·혁명법원 검사에게 국민공회의 명령과 상관없이 의원 소추권을 주었다. 로베스피에르는 자신이 공격하고자 하는 의원들이 동료들의 보호를 받지 못하게 하며, 그렇게 함으로써 국민공회를 무력화시키려는 목적을 갖고 있었다고 생각할 수 있다. 그러나 19세기 역사가 루이 블랑은 다른 각도에서 보았다. 로베스피에르가 국민공회의 정통성을 그 누구보다 확신하는데 그럴 리가 없다는 것이다. 더욱이 구국위원회와 안보위원회에는 로베스피에르를 싫어하는 위원들이 다수였고, 혁명법원의 검사 푸키에 탱빌도 그를 싫어한다는 사실을 그 자신도 잘 알았다. 그럼에도 그는 국민공회에서 의원을 혁명법원에 세우는 일로 정쟁을 일으키기보다는 좀더 빠르게 단죄하는 길을 택했다. 의원들은 쿠통이 법안을 한 조씩 읽어 내려갈 때 가끔 개입해서 토론했지만, 거의 원안대로 채택했다. 하지만 그것으로 끝나지 않았다.

6월 12일(프레리알 24일)에 마른의 들라크루아는 이틀 전의 법에서 "미풍양속을 타락시킨 자"에 대해 명확히 규정할 필요가 있다고 말했다. 의원들은 구국위원회에서 명확히 규정하라고 의결한 뒤, 여러 조항에서 모호한 표현에 대해 토론했다. 쿠통이 작심한 듯 나서서 우아즈의 부르동의 말을 반박했다. 그는 부르동이 나쁜 의도를 가지고 말하지 않았다 해도 결과적으로 동료 의원들을 모함했다고 공격했다. 부르동은 자기가 남을 비난할 의도가 없었다고 주장했다. 로베스피에르는 부르동이 국민공회·몽타뉴파·구국위원회가 하나임을 부정한다고 에둘러 비판하자, 부르동은 누구나 정확한 근거를 가지고 남을 비판해야 한다고 맞받아쳤다. 로베스피에르는 자기가 부르동이라는 이름을 올리지 않았음에도 발끈하는 것을 보니 이상하다면서, "스스로 자기라고 생각하는 사람은 불행한 사람"이라고 비꼬았다. 부르동은 증거를 갖고 말하라고 맞섰다. 로베스피에르는 자기가 일반론을 얘기했음에도 굳이 그것을 자신이라고 생각하는 사람을 방해할 권한이 없다고 비꼬았다. "맞습니다. 몽타뉴파는 순수하고 고결합니다. 음모자들은 몽타뉴파가 아닙니다." 누군가 음모자들의 이름을 말해보라고 다그치자, 로베스피에르는 필요할 때 말할 것이라고 대답했다.

노르의 메를랭 드 두애Philippe-Antoine Merlin de Douai는 국민공회에서 의결을 거쳐야 의원을 기소할 수 있다던 전날의 주장을 철회했다. 그러나 센에우아즈의 탈리엥은 로베스피에르와 설전을 벌였다. 비요바렌은 탈리엥이 파렴치하다고 노골적으로 비난했다. 그날 탈리엥은 로베스피에르에게 편지를 써서 자신의 애국심을 강조했다. 로베스피에르에게 반기를 들어 정변을 일으킬 테르미도리엥의 지도자가 될 때까지 탈리엥은 이렇게 해서라도 굴욕을 견뎌야 했다. 그날 국민공회 의원들은 로베스피에르의 의지에 굴복했지만, 다시 한번 그를 무너뜨려야 한다고 굳게 다짐하는 날이었다.

로베스피에르는 몽타뉴파·구국위원회·국민공회의 통일을 강조했다. 그래야 공포정을 이끄는 혁명정부 체제를 끝내고 정상 정부로 공화국을 안정시킬 수 있다고 생각했다. 그러나 그의 뜻과 달리 아직 자코뱅협회를 포함시키지 못했다. 6월 11일(프레리알 23일)에도 숙정작업을 계속하던 자코뱅협회는 에베르파로 분류할 수 있는 두 사람, 솜의 뒤몽André Dumont과 론에루아르의 자보그Claude Javogues fils의 회원자격을 인정했다. 자보그는 파견의원으로 몽브리종Montbrison에서 활동하면서 2월 1일에 쿠통이 반혁명적이며 부정축재자라고 선언했고, 그곳 사람들도 쿠통과 구국위원회의 권력남용에 불만이 크다는 내용의 편지를 2월 5일에 콜로 데르부아에게 썼다. 2월 8일에 쿠통은 자보그가 몽브리종에서 도둑떼와 악한들의 도움을 빌어 네로처럼 법을 무시하고 심지어 77세 노인을 단두대에 세우는 만행을 저질렀다고 고발했다. 퓌드돔의 메네Etienne-Christophe Maignet도 자보그가 총독 행세를 한다고 거들면서 소환하라고 촉구했다. 자보그는 부랴부랴 국민공회로 돌아가서 혁명정신에 너무 들떴기 때문에 악당들의 꾐에 빠져 물불을 가리지 못했다고 사과하고 쿠통의 용서를 받았다.

앙드레는 파견의원으로 잇따라 아미엥·우아즈·솜에서 열렬히 일하면서 가난한 사람들에게 이름과 거주지를 적은 패를 목에 걸고 다니라고 명령하고, 종교인들을 탄압했다. 구국위원회는 그가 반혁명의 불씨를 키우고 내란을 부추긴다고 질책했다. 그는 국민공회로 복귀해서 로베스피에르와 원수 사이가 되었다. 그것은 나중의 일이었다. 당장 그날에 자코뱅협회의 의장은 루아르앵페리외르의 푸셰였다. 느베르의 민중협회가 협회를 방문해서 자신들이 날마다 박해를 당한다고 하소연하자, 로베스피에르는 느베르에 쇼메트가 반종교적 풍조를 만연시켰고, 그 결과 최고 존재의 축제를 무시했다고 지적하고 나서, 지난해에 푸셰도 그러한 풍조를 조성하는 데 일조했다고 싸잡아 비난했다. 참고로 푸셰가 니에브르 도의 파견의원일 때, 파리 코뮌 검찰관 쇼메트는 고향인 느베르를 방문해 무신론을 퍼뜨렸다. 로베스피에르의 공격을 받고 푸셰는 쇼메트가 음흉한 속내를 감추고 있었다 할지라도 공식석상에만 나타났고, 반혁명혐의자의 말을 한마디도 하지 않았다고 해명했다. 로베스피에르는 푸셰와 느베르 민중협회는 쓸데없는 말만 하고 정작 본질적인 얘기는 모른 척한다고 비난했다. 그는 쇼메트가 죽은 뒤에 비난하면 뭐하느냐고 하면서, 반혁명혐의자들이 가증스럽게도 구국위원회를 위하는 척하면서 뒤로는 칼을 간다고 비난했다.

로베스피에르의 적들 가운데 순순히 굴복하지 않고 맞서 싸울 궁리를 한 사람들이 결국 더는 물러날 곳이 없을 때 역공을 했고 성공했다. 그날이 올 때까지 48일이 남았다. 6월 11일부터 단두대가 쉬지 않고 움직이는 대공포정이 시작되었다. 파리의 모든 감옥에는 8,000명 이상이 갇혔다. 감옥에 가지 않은 사람도 단두대의 존재를 두려워하지 않을 수 없을 정도로, 모든 사회관계가 더욱 긴장하고 경직했다. 더욱이 사형자의 수치만 봐도 일상생활이 얼마나 두려웠을지 짐작할 수 있다. 1793년 3월부터 공화력 2년 프레리알 22일(6월 10일)까지 14개월 동안 1,251명이 파리에서 처형되었는데, 프레리알 23일부터 테르미도르 9일(7월 27일)까지 48일 동안에 1,376명이 처형되었다.* 도방Dauban은 그즈음의 파리 풍경을 이렇게 전한다.

> 수레에 희생자를 태우고 지나가는 광경을 보는 사람들은 두려움에 몸서리를 쳤다. 또한 단두대를 설치한 인근의 가장 부유한 동네에서는 날마다 처참한 모습을 보면서 두려워했고, 상점에 발길을 끊었다. 수레가 지나가는 시간이 오면 모든 상점이 문을 닫았고, 주민들은 창문과 덧문까지 꽁꽁 닫아걸고 바깥세상을 완전히 외면했다. 그리하여 처형장소를 바꾸기로 했다. 이날부터 트론 광장으로 단두대를 옮겼다. 기요틴은 로베스피에르 일당을 처형할 때 혁명광장에 다시 나타났다.**

공포가 극대화하면서 로베스피에르에 대한 불만도 더욱 팽배했다. 그 때문에 그의 반대진영에 가담할 태세를 갖춘 사람도 늘어났다. 푸셰·탈리엥·로베르·우아즈의 부르동·루아레의 부르동·귀프루아·튀리오·르쿠앵트르·르장드르·프레롱 같은 사람들은 물론 구국위원회의 간섭에 불만을 품은 안

---

* 소불이 제시한 수치와 달리 센에우아즈의 르쿠앵트르는 1,285명으로, 19세기 역사가 루이 블랑은 1,351명으로 계산했다. 월터Gérard Walter는 1793년 4월 6일부터 1794년 7월 27일까지 혁명법원이 재판한 4,021명 가운데 모두 2,585명을 단두대로 보냈다고 계산했다.

** C. A. Dauban, *Paris en 1794 et en 1795. Histoire de la rue, du club, de la famine, composée d'après des documents inédits particulièrement les rapports de police et les registres du comité de Salut Public avec une introduction*, Paris, 1869, p. 404.

보위원회 위원들과 심지어 구국위원회의 카르노·비요바렌·콜로 데르부아도 로베스피에르에게 등을 돌렸다.* 에베르파와 당통파를 몇 명씩 처단하고, 상퀼로트 운동을 억압하면서 표면상 로베스피에르 중심의 정치가 우세했다고 하겠지만, 테르미도르의 거사를 주도하고 가담할 사람들은 두려움을 견디면서도 속으로는 부글부글 끓어오르는 적개심을 억눌러가면서 처벌의지를 다져나가고 있었다.

7
테르미도르 반동

모든 수단이 국내외의 적을 물리치는 투쟁을 정당화시켜주었다. 연합국과 대적하는 일도 벅찬 바람에 남부에서는 방데의 반란자에 비할 만큼 극렬하게 저항하는 세력이 남아 있었다. 반혁명 세력이 힘없는 농부와 일꾼들을 납치해서 죽이기도 했다. 정부의 경제정책은 최고가격제를 전국적으로 강화하고 있었기 때문에 불만세력이 더욱 늘었다. 곡식 생산자가 생산지에서 모든 이익을 거두려는 관행을 없애고, 어쩔 수 없이 발생하는 운송비를 단계별로 계산한 결과 도매상에게 5퍼센트, 소매상에게 10퍼센트의 이익을 허용해주면서 최고가격을 묶어놓았다. 총동원령을 감안해서 일종의 국유화를 실시하여 생산물을 징발하고 대외무역을 엄

---

* 루아르앵페리외르의 푸셰, 보클뤼즈의 로베르, 우아즈의 부르동, 루아레의 부르동, 야비한 신문발행인인 파드칼레의 귀프루아Armand-Benoît-Joseph Guffroy, 마른의 튀리오, 파드칼레의 카르노, 파리의 비요바렌, 파리의 콜로 데르부아.

격히 통제했다. 경제적 자유를 제한받는 부르주아 계층의 반발은 구국위원회가 감수할 몫이었다. 그러나 혁명에서 멀어진 부르주아 계층이 애국심의 탈을 쓰고 돌아오는 경우도 있었다. 그것이 처신에 유리했으며, 또한 그때도 정보가 돈이었기 때문이다. 그들은 국유재산에 투기하고, 지역사회에서 영향력을 행사하기 위해 욕심을 애국심으로 포장한 채 공권력을 탐냈다. 그렇게 해서 지역사회의 혁명위원회를 대소인·종교인·집달리·개업의사·전당업자·상인들이 장악하고 국유재산을 분할할 때 주머니를 불렸다. 심지어 구귀족은 사업대리인을 보내기도 했다.

이러한 폐해를 보다 못해 구국위원회의 쿠통은 작은 코뮌의 혁명위원회를 없애자고 제안했다. 더욱이 돈은 적대관계를 공생관계로 만들어주었다. 지방의 열렬한 혁명가가 반혁명분자를 박해하면서 재산을 빼앗고, 파견의원이 그것을 눈감아주면서 이익을 도모했기 때문에 주목받았다. 아비뇽에서 온갖 만행을 저지르고 보클뤼즈의 군사경찰 대장이 된 '살인마' 주르당 쿠프테트Jourdan Coupe-Tête*는 보클뤼즈의 로베르와 공모해서 500여 명의 공무원과 함께 국유재산을 헐값에 사들였다. 그들은 8만 리브르의 현금과 50만 리브르의 가치를 지닌 땅을 착복했다. 이 일을 조사하러 간 퓌드돔의 메녜가 4월 23일(플로레알 4일)에 쿠통에게 보낸 편지를 보면 남부의 보클뤼즈·부슈

---

* 주르당Mathieu Jouve Jourdan은 1789년 7월 22일에 학살당한 풀롱의 심장을 꺼낸 사람이며, 푸주한·대장장이·병사·포도주상의 다양한 직업에 종사하다가 파리를 떠나 아비뇽에 정착해서 붉은 염료를 취급하는 상인이 되었다. 붉은색은 상류 계층이 주로 소비하던 색이었다가 혁명기에 청색과 함께 국민의 색이 되었기 때문에 수요가 늘었다. 그는 아비뇽의 혼란기에 아비뇽 군대를 지휘하면서 잔인한 살육을 일삼았기 때문에 머리를 자르는 살인마라는 의미로 '쿠프테트'라는 별명을 얻었다.

뒤론에서 얼마나 큰 규모의 음모를 적발했는지 알 수 있다.

> 이들을 파리로 호송하려면 다수의 병력이 필요하며, 호송기간에 먹을 식량을 단계별로 조달해야 합니다. 우리가 체포한 사람만 1만 2,000명에서 1만 5,000명이나 됩니다.

로베르는 다행히 의원이었기 때문에 동료 의원들의 보호를 받았지만, 주르당 쿠프테트는 혁명법원에서 재판을 받고 5월 27일(프레리알 8일)에 처형되었다. 그때부터 두 달 뒤에 몰락할 로베스피에르와 그의 친구들은 분명히 그들이 처형한 사람들보다 청렴했으며, 그들을 처형할 사람들 못지않게 청렴했다. 그것이 현실정치의 한계이며, 더욱이 냉혹한 혁명기에 아무리 공포정을 밀어붙인다 해도 완전히 깨끗한 세상을 만들지 못한다는 교훈이다. 모든 구성원이 자기 운명을 결정짓는 일을 외면하지 않고 적극 참여하면서 세상을 좋게 만들려고 꾸준히 노력하는 수밖에 달리 방법이 없다. 그러나 정치적 경험이 얕고 자유와 평등을 일상적으로 체화하지 못한 사람들에게 그것을 기대하기란 어렵다.

"세상을 다스리고 인민을 구한다"는 말이 경제의 본뜻이니, 굳이 마르크스의 말을 빌리지 않더라도 우리가 흔히 말하는 경제는 정치·철학·문화의 바탕이다. 혁명이 일어나면서 부르주아 계층이 자유주의를 경제에 적용하지만 경쟁력이 약한 사람들이 절대다수인 사회와 문화를 바꾸지는 못했다. 1,000년 이상의 뿌리를 하루아침에 자를 수 없으며, 강제로 정책을 밀어붙인다고 해서 갑자기 유통구조를 바꾸기도 불가능했다. 더욱이 전쟁으로 인력과 물자를 총동원하는 상황이 지속하는 한 피폐한 경제를 현상유지하기도 벅찼다. 혁명 직전에 도시의 임금생활자들 가운데 방직공장·대장간·탄광의 비숙련 노동자가 하루 20수 미만, 이들보다 기술이 앞선 숙련공인 중급 일꾼이 20~30수, 염직공장의 도안사나 시계공 같은 정교한 기술자가 30~40수를 벌었으며, 농촌의 임금노동자는 농한기에 10수 정도, 농번기에 20~30수를 벌었다.

18세기에 임금은 평균 26퍼센트 정도 상승했지만, 물가는 62퍼센트나 올랐다. 혁명 초에 선거인단 명부에 오른 사람들의 임금은 평균 12~24수였다. 그 뒤에 생필품 가격은 화폐가치 하락과 투기 때문에 임금보다 가파르게 올랐다. 그러나 1793년 방데와 여러 지방의 연방주의자 반란과 함께 총력전 체제가 지속하자 농촌에서도 일손을 구하기 어려워지면서 노동자의 임금이 예전보다 두세 배나 올랐고, 무기제조의 숙련 기술자는 하루 16리브르(320수), 중급의 기술자는 그 절반까지 받았다. 아시냐 지폐의 가치가 반토막이 났음을 알면 구매력이 향상됐다고 말하기도 어렵다.

1792년 5월 이후 외적의 침략을 받을 때부터 물가와 임금은 통제경제정책의 영향을 받았다. 그러나 1794년 초까지 혁명정부는 최고가격제와 최고임금제를 적용하면서 경제를 이끌었다. 2월 말에 생쥐스트는 프랑스 혁명 덕에 행복이라는 새로운 개념이 유럽에 등장했다고 말하고, 적산접수법을 통과시켜 소지주들을 늘려주었지만, 정작 농민들보다 부르주아들이 혜택을 더 많이 받았기 때문에 결국 사회의 어느 계층도 만족시키지 못했다. 방토즈에 적산접수법에 이어 인민위원회 창설법을 제정해서 국가의 적을 즉결심판하고 재산을 빼앗아 애국자들을 위해 쓰기로 했기 때문에 감옥의 식구와 국유재산이 늘어나는 한편, 가난한 사람들이 화를 입는 경우도 많았다. 인민위원회가 성과를 자랑하기 위해 힘없고 가난한 사람을 강제로 투옥하거나 해외로 유배한다는 소문이 파다했다. 혁명정부가 앙라제파와 에베르파를 제거한 뒤에 과연 그들이 대변했던 빈민층과 상퀼로트를 위해 무슨 일을 성취했던가? 생필품을 매점매석하는 투기꾼을 근절하지 못했기 때문에 암시장이 성했고, 최고가격제는 겨우 빵값에만 적용하는 지경이 되었다. 상퀼로트 계층은 구국위원회가 야무지게 경제를 통제하지 못한다고 불만이 많았지만, 현실은 그것을 통제하려고 만드는 법보다 언제나 더 역동성과 다양성을 가지는 법이다.

혁명정부는 프레리알법을 시행하면서 단두대를 부지런히 가동했다. 메시도르(6월 19일~7월 18일)에 1,000명 이상의 피의자 가운데 796명 사형과 200명 무죄, 9명 징역을 언도했으며, 테르미도르 1일부터 9일(7월 19~27일) 사이에 426명의 피의자 가운데 342명 사형, 81명 무죄, 3명 징역을 언도했다. 그 뒤 테르미도르 10~12일 사이에 103명을 처형하고, 테르미도르 24일(8월 11일)부터 공화력 3년 프리메르 28일(1794년 12월 15일)까지 46명 사형에 837명 무죄를 언도했으며, 공화력 3년 플뤼비오즈 8일부터 플로레알 28일(1795년 1월 27일~5월 17일) 사이에 17명 사형에 54명 무죄를 언도했다. 이처럼 수치를 비교해보면 프레리알법과 공포정의 관계를 분명히 알 수 있다. 민주화한 세계에 사는 우리는 사형제의 문제점을 생각해야 한다. 당시에 과부 마이에la veuve Maillet는 다른 과부 마이에la veuve Maillé 대신 억울하게 재판을 받고 처형당했다. 늦게 잘못을 깨달은 푸키에 탱빌은 후자를 잡아다 처형했다. 전자의 억울한 죽음은 드문 사례라서 사형제의 정당성을 흔들 수 없는 것인가? 더욱이 반혁명혐의자 명단에 올라 처형된 사람은 마땅히 죽어야 할 사람이었던가? 수많은 사람을 희생시키고 권력을 잡은 수괴라면 문제가 다르겠지만, 사형제가 돌이킬 수 없는 결과를 낳는 제도이므로 폐지하자는 주장에 설득력이 있다.

　다행히 전장에서 승전보가 들어왔다. 오스트리아령 페이바(벨기에 지방)에 구축한 전선을 보면, 뫼즈 강에서 북쪽 바다까지 오스트리아·영국·하노버·네덜란드의 15만 명이 지키고, 2만 5,000명이 프랑스의 요새도시 세 곳과 플랑드르 서부를 점령했다. 뫼즈 강부터 모젤 강까지 2만 명이 리에주·나뮈르·룩셈부르크를 지키고, 프로이센 병사 6만 5,000명이 마인츠 주위의 라인 강 좌안에 있었으며, 독일인과 망명객의 군대 5만 5,000명이 라인 강 우안의 만하임과 바젤을 지켰다. 프랑스의 군대는 북부군 15만여 명이 모뵈주에서 됭케르크 사이, 아르덴군 3만 명이 지베Givet에서 스당 사이, 모젤군 4만 4,000명이 롱위와 블리스카스텔 사이, 랭군 6만여 명이 카이저슐라우테른·슈피르바흐·위냉그를 각각 지켰다. 31만 5,000명을 28만 4,000명이 대적해야 했으며, 더욱이 대부분 신병이었고 기병대가 절대적으로 적에 비해 약했으니, 프랑스가 힘겹게 싸웠음을 알 수 있다.

　그러나 4월부터 연합국의 관계가 틀어지면서 불협화음이 나왔다. 영국 왕자인 요크 공은 오스트리아의 클레르페Clairfayt 백작의 지휘를 받으려 들지 않고, 심한 언쟁을 벌였다. 이처럼 연합군이 자존심 때문에 화합하지 못했고, 다행히 신생 공화국의 군대는 미숙하지만 열심히 잘 싸웠다. 그 결과 6월 26일(메시도르 8일)에 주르당 장군의 부대가 플뢰뤼스Fleurus에서 영국·신성로마제국 연합군에 승리했고, 며칠 뒤에는 프랑스군이 벨기에의 브뤼헤Bruges와 몽스Mons를 점령했다. 특기할 만한 일은 플뢰뤼스 전투에서 처음 기구氣球를 띄워 공중에서 적진을 정찰할 수 있었다는 사실이다.* 북부의 국경뿐 아니라 남부의 국경, 알프스 지방과 남부 해안에서도 전세가 유리했다. 간단히 말해 전쟁은 애국심의 총력전이었고 공포정의 명분이었다. 그런데 해외에서 공화국 군대가 승전보를 들려주고 있으니 과연 공포정을 연장할 필요가 있을까?

로베스피에르가 구국위원회에서 모든 것을 좌우한다고 생각하는 사람이 많았지만, 실제로는 위원 가운데 거의 언제나 파견의원으로 전방에서 서리 같은 기강을 세우던 생쥐스트나 다리가 불편해서 자주 결석하던 쿠통을 제외하고 로베스피에르의 편이 없었다. 안보위원회에서도 다비드와 파드칼레의 르바Philippe-François-Joseph Le Bas를 빼고는 모두 적이었다. 혁명법원 검사 푸키에 탱빌도 로베스피에르를 몹시 싫어했다. 재판장 뒤마와 푸키에 탱빌은 대등한 영향력을 행사했고, 두 사람 모두 악착같이 혁명의 적을 단죄했다. 두 사람 모두 피고를 모욕하기를 즐겼다. 뒤마보다 일곱 살 많은 푸키에 탱빌은 어떤 노인을 다그치다가 풍을 맞아서 말을 못한다고 곁에서 일깨워주자 "우리에게 필요한 것은 그의 혀가 아니라 머리다"라고 말했다는 일화가 있다. 로베스피에르를 가장 충성스럽게 섬기는 살인청부업자라는 평을 들었던 뒤마도 비슷한 일화를 남겼다. 그는 여든이 넘어 거의 듣지 못하는 노아유 원수 부인에게 낮은 소리로 신문하다가 곁에서 보다 못한 다른 판사가 원수 부인이 청각장애를 겪는 사실을 모르는 것이냐고 묻자, "저런 사람들은 몰래 sourdement 음모를 꾸미지요"라면서 '청각장애가 있는 사람sourd'이라는 말

---

* 몽골피에 형제가 1783년 6월에 처음 열기구를 띄운 지 11년 만에 전쟁에서 공중정찰에 이용할 수 있었다. 역사가 루이 블랑은 화학자이며 코트도르의 의원인 기통 드 모르보Louis-Bernard Guyton de Morveau가 발명자라는 설을 소개했다. 블랑이 인용한 외과의사이며 사르트의 의원인 르바쇠르 René Levasseur는 군대 역사가들이 이 사실을 언급하지 않는다면서, 발명자가 국민공회 의원이기 때문인 것 같다고 넌지시 불만을 표현했다.

을 이용해서 상대를 모욕했다. 로베스피에르는 3월 28일(제르미날 8일)에 파리 코뮌 검찰관이 된 파이양에게 의존했고, 쇼메트와 에베르를 제거한 뒤 파리 코뮌을 정치적으로 큰 부담거리로 생각하지 않았다. 그럼에도 그는 정적들이 궂은일을 처리할 때마다 "로베스피에르가 원한다"고 둘러댄다는 사실에 부담을 느끼고 구국위원회·안보위원회와 거리를 두기 시작했다. 정적들은 그가 마음이 상했거나 말없이 위협한다고 해석하면서도, 그가 없는 동안 계속해서 로베스피에르 핑계를 댔다. 그리고 앞에서 보았듯이 카트린 테오와 동 제를 등을 붙잡아 그에게 치명타를 입히려고 했다.

6월 15일(프레리알 27일)부터 29일(메시도르 11일)까지 국민공회에서는 주로 대외전쟁과 군대에 대해 논의했다. 전쟁부의 기록*을 참고하면 1792년 12월부터 1797년 1월까지 공화국 육군은 모두 13개 군을 보유했다.** 1794년 1월의 정원은 76만 922명인데 실제 병력은 63만 2,101명이었으며, 7월의 정원은 97만 2,704명인데 실제 병력은 70만 6,371명이었다. 9~10월에는 정원 116만 9,144명에 거의 42만 명이 못 미치는 74만 9,545명이 될 것이다. 이들이 프랑스공화국의 희망이었다. 6월 29일(메시도르 11일)에 바레르는 3일 전에 플뢰뤼스에서 승리했다고 의원들에게 보고했다. 그동안 로베스피에르는 구국위원회에 출석하지 않았다. 비요바렌·카르노·콜로 데르부아가 대놓고 그를 독재자라 불렀기 때문이다. 그가 위원회에 나올 때와 그렇지 않을 때 위원회

---

* *Tableau de la force des armées de la République depuis le mois de décembre 1792 jusqu'au mois de pluviose an 5.*

** 노르, 아르덴, 상브르에뫼즈, 모젤, 랭, 알프, 피레네옥시당탈, 피레네오리앙탈, 이탈리, 우에스트, 코드드브레스트, 코트드 셰르부르, 앵테리외르.

의 태도가 확실히 달라졌다. 6월 19일(메시도르 1일)에 정보원 페리에는 로베스피에르가 곧 처형당할 것이라고 떠들고 다니는 자가 있다고 보고했다. 로베스피에르는 그를 체포하라고 명령했다. 그러나 로베스피에르가 위원회에 나타나지 않을 때, 프라테르니테 구 위원회가 롤루아Roloy라는 자를 구국위원회에 고발했다. 롤루아는 "늦어도 두 달 안에 로베스피에르가 단두대에 설 것"이라고 말했다는 것이다. 구국위원회는 그를 체포해서 신문하라고 명령했지만, 특임집행관들은 그 명령을 집행하지 않았다.

로베스피에르는 날로 극성하는 공포정의 책임을 다른 사람들에게 돌렸다. 사실 파견의원들 가운데 프레리알법을 제정하기 전에도 낭트에서 캉탈의 카리에나 빌아프랑시(리옹)에서 루아르앵페리외르의 푸셰·콜로 데르부아가 식민지 총독처럼 전권을 휘두르면서 반혁명세력과 혐의자들을 잔인하게 탄압한 사례가 있었다. 게다가 그가 구국·안보의 두 위원회를 멀리한 뒤에 공포정이 극에 달했음은 19세기 역사가 루이 블랑이 인용하는 왕당파 볼리외Claude-François Beaulieu도 인정했고, 로베스피에르의 철천지원수인 센에우아즈의 르쿠앵트르도 인정했다. 르쿠앵트르는 로베스피에르가 구국위원회에 나오지 않는 동안에 나온 처형자의 명단에 로베스피에르·쿠통·생쥐스트의 서명이 없다는 사실을 보여주었다. 그래서 로베스피에르와 대공포정에 대한 분노만 커지는 상황에서 로베스피에르의 처신은 더욱 어려워졌다. 그가 덕에 바탕을 둔 정의를 앞세우면서도 과연 가르의 불랑이나 아리에주의 바디에처럼 안보위원회의 지도자들과 함께 혁명을 피로 물들이면서 나갈 수 있었을까? 그는 정의의 폭력을 연장하는 일을 도저히 받아들일 수 없었다. 그렇다고 해서 섣불리 그들에게 반대하는 일은 반혁명세력에게 동조한다는 빌미를 제공할 테니 참으로 난감한 일이었다. 그래서 그는 7월 1일(메시도르

13일)에 자코뱅협회에서 혁명정부가 그릇된 방향으로 움직인다고 처음으로 말했다. 그는 애국자들이 박해를 받고 있으며 비방에 시달린다고 주장했다. 그는 국민공회의 주요 위원회 소속 의원들을 겨냥하는 중대한 내용을 발표해서 큰 반향을 불러일으켰다. 그는 진실을 용감하고 자유롭게 말할 때가 왔다고 강조했다. 그는 귀족주의자들을 벌하지 않고 애국자들을 멸망시키면서 조국을 망치는 고약한 체제가 작동한다고 고발했다.

"관용파란 식인종의 특징을 표현하는 말입니다. 그들은 적들을 공격하는 척하지만 사실은 그들에게 관용을 베풀어 그들로 하여금 애국자들을 쉽게 공격할 수 있도록 만들었습니다. 그래서 그들이 주장하는 체제를 반혁명체제 이외의 이름으로 불러서는 안 됩니다. 왜냐하면 조국의 수호자들을 죽이고 잔인한 낙인을 찍으려는 체제이기 때문입니다. 관용파는 다른 파벌과 구별하기 어렵습니다. 더욱이 그들은 다른 파벌의 지지를 받습니다. 훌륭한 시민이라면 그들을 공공연히 고발해야 합니다."

소수가 인민이 부과한 업무를 수행하느라 헌신할 때, 다수의 사기꾼과 외국의 하수인들이 은밀하게 선량한 사람들을 비방하고 박해하는 일이 벌어진다. 관용파는 옛날 브리소·당통·에베르·샤보 같은 자들이 했던 방법을 고스란히 물려받았다.

"예전에는 구국·안보의 두 위원회를 공격했지만, 이제는 거기에 속한 위원들을 개별적으로 공격해서 단결을 해체하는 일에 힘을 쏟고 있습니다. 예전에는 감히 국가의 정의를 공격하지 못했지만, 오늘은 혁명법원을 비방하고, 그것을 조직한 국민공회를 무시할 만큼 막강해졌습니다. 감히 국민공회의 법령마저 철회하게 만들려고 합니다."

로베스피에르는 그들이 날로 교묘한 방식을 찾아내고 자유를 말살하기 위해 고상한 형식을 개발하며 자기 입을 막으려고 하지만, 에베르나 당통의 시절보다 더 말을 많이 해야 할 의무를 갖고 있다고 강조했다. 그가 영국을 포함한 적국과 그 하수인들의 모함을 받고 있다고 말하자, 방청석에서 누군가 "로베스피에르, 당신에겐 모든 프랑스인이 있소"라고 외쳤다. 그는 모든 폭군과 하수인들의 비방 때문에 애국자들이 상처를 입고 의기소침하게 되었다고 설파한 뒤, 국민공회의 덕목을 지지해달라고 촉구했다. 그 덕목은 저항의 힘을 주어 이기심을 극복하게 만들고, 중상비방꾼들이 아무리 노력해도 조금도 흔들리지 않게 만들어줄 것이라고 강조했다. 그는 구국위원회와 안보위원회 구성원들은 물론 애국시민들이 애국심과 단호한 태도로 공화국의 덕목을 지키자고 촉구했다. 또한 애국시민이 압제행위, 외국인의 음모를 부단히 감시하고 정체를 밝히고 고발해달라고 부탁했다. 그는 앞으로도 상황이 더욱 지속하는 한 더 길게 해명할 기회가 있을 거라면서 말을 마쳤다.

"누군가 나를 계속 비방한다고 해도, 나는 언제나 변하지 않을 것이며, 열심히 자유와 평등을 지키겠습니다. 누군가 나의 의원직을 빼앗으려고 한다 해도, 나는 계속해서 인민의 대표로 남아 폭군과 음모자들에게 끝까지 저항하고 싸우겠습니다."

7월 9일(메시도르 21일)에 자코뱅협회에서 로베스피에르는 혁명정부에 대한 반역음모를 꾸미고 애국자들을 분열시키는 도당에 대해 연설했다. 그것은 그 뒤의 행동을 예고하는 성명이었고, 양쪽 진영이 각자 싸움에 대비하는 계기를 제공했다.

"내 목적은 모든 시민이 함정에 빠지지 않도록 대비하고, 또 국민공회 안에서 불화를 획책하는 불씨를 끄는 데 있습니다. 날마다 우리는 공포정치로 국민공회를 타락시키려고 노력하는 자들이 있음을 봅니다. 그들은 암울한 생각을 퍼뜨리려는 목적으로 모이고, 구국위원회가 금지한 것을 각 위원에게 설득하려고 노력합니다."

로베스피에르는 공화국에 혁명위원회가 존재하지만 귀족주의자들의 뿌리를 뽑지 못한다고 지적했다. 그는 혁명위원회가 법을 잘못 적용하는 바람에 선량한 시민이 축제에 참가하고 술을 마시는 족족 체포하기 때문에, 오히려 모든 반혁명분자가 숨을 죽이고 있는 한 안전하다고 말했다. 이처럼 로베스피에르는 반혁명분자들과 끈질기게 싸우는 한편, 결백한 사람들을 억압하는 공포정치가들과도 싸워야 한다고 선언했고, 그렇게 해서 그날의 의장인 바레르를 면전에서 공격했다. 7월 11일(메시도르 23일)에 그는 자코뱅협회에서 빌아프랑시(리옹)의 애국자 샬리에가 귀족주의자에게 희생된 사례를 언급한 뒤, 앞으로 범죄로 인해 더는 피를 흘리지 않도록 하겠다고 다짐하면서, 파견의원 푸셰와 콜로 데르부아, 그리고 그들이 설치한 5인위원회의 만행을 비판했다. 그가 발의한 대로 푸셰는 자코뱅 회원들 앞에서 결백을 입증해야 할 것이다. 동생 로베스피에르는 자코뱅협회가 애국자들이 박해를 받는 것을 보고서도 침묵한다고 질타했다. 쿠통이 한마디 거들었다.

"모든 애국자는 형제요 친구입니다. 나는 로베스피에르를 겨눈 단도를 기꺼이 몸으로 막아주고 싶습니다. 에베르의 후계자들이 애국자들을 탄압하려고 도처에 파고들었습니다. 순수한 사람이 사기꾼에게 맞설 때, 그를 온건파로 취급하는 사람들이 있습니다. 그가 역적에 맞설 때, 그를 흡혈귀로 취급하기도 합니다. 인민의 친구는 이렇게 두 가지 암초 사이를 걸어야 합니다. 그가 목표에 무사히 도착하려면 어떻게 해야 할까요? 죄인을 모두 벌하고 결백한 자가 오직 덕에 기대어 평온한 삶을 즐길 수 있을 때까지 용감하고 끈기 있게 두 파벌을 추적해야 합니다. 구국위원회가 끊임없이 추구하는 목표가 바로 이것입니다. 이 위원회가 군림하려 든다고 주장하는 자들은 위원회를 묵인하지 않는 인민의 존재, 또 인민이 그렇다는 사실을 아는 이 위원회의 존재를 모두 인정하지 않습니다. 나는 조국의 수호자의 심장을 찌르는 사람에게 내 가슴도 찌르라고 덤비거나 그의 복수를 하겠다고 선언합니다."

이처럼 로베스피에르와 그 지지자들은 왕당파에게 혁명을 다치게 할 명분을 주지 않으면서 대공포정을 빨리 끝내려고 날마다 더욱 활발히 발언했다. 국민공회의 적들이 계속해서 로베스피에르가 엄청나게 많은 사람을 박해하는 장본인이라고 선전하거나 혁명을 끝내려고 서두르는 온건파라고 선전하면서 사람들을 돈으로 매수했으니, 대응하지 않고 가만히 있기도 어려웠다. 7월 14일(메시도르 26일)에 푸셰는 자코뱅협회에서 자기 행동을 변명해야 했지만 나타나지 못하고 편지를 보냈다. 거기서 그는 구국·안보의 두 위원회가 자기 행위에 대한 명령을 내릴 때까지 모든 판단을 미뤄달라고 썼다. 로베스피에르는 푸셰를 애국자라고 믿으면서도 고발한 이유를 설명했다. 그가 과거에 범죄를 저질렀기 때문이 아니라 새로운 범죄를 숨기기 때문이며, 그가 바로 자신들이 적발한 음모를 꾸민 장본인이기 때문이라고 말했다. 로베스피에르가 푸셰를 고발한 뒤에 빌아프랑시에서 온 회원이 그의 만행을 증언했다. 회원들은 곧 푸셰를 제명했다. 의장 바레르는 회원들에게 바스티유 광장에서 벌어지는 기념식에 참석하자고 말하고 나서 회의를 끝냈다.

바레르는 7월 9일 로베스피에르의 공격을 받고 더욱 불편해졌다. 그 이튿날이던가, 빌라트가 그에게 로베스피에르의 공격을 받는 이유를 묻자, 그는 이렇게 속내를 털어놓았다.

"로베스피에르는 만족할 줄 몰라요. 우리는 그가 원하는 대로 해주지 않으니까, 그는 우리와 대화로 어색한 분위기를 깨야 합니다. 그가 우리에게 튀리오·귀프루아·로베르·르쿠앵트르·파니스·캉봉, 그리고 내 가족을 괴롭힌 모네스티에, 당통의 잔당에 대해 얘기한다면, 서로 이해할 수 있을 테지요. 그러나 그는 내친김에 탈리엥·우아즈의 부르동·르장드르·프레롱까지 내놓으라고 요구합니다. 그러고 나서 뒤발·오두앵·레오나르 부르동·바디에·불랑을 차례로 요구할 텐데, 어찌 동의할 수 있겠습니까?"*

빌라트의 말을 더 들어보면 로베스피에르가 바레르를 역겨워한 이유를 짐작할 수 있다. '청렴가l'incorruptible'라는 별명을 가진 그가 바레르의 일상생활을 낱낱이 알 길은 없었다고 해도, 그의 정치적 태도나 교류하는 사람들을 보면서 가치기준을 적용할 수는 있기 때문이다. 바레르는 파리 북쪽의 클리시Clichy에 별장을 갖고 있었다. 거기서 그는 바디에·불랑 같은 사람들을 불러 여성을 동반한 주연을 벌이고 정략적 음모도 꾸몄다. 그들은 열흘에 두 번씩 거기에 모였다. 유쾌한 여성 본푸아Bonnefoy는 초대받았을 때 엔의 뒤팽과 함께 갔다. 뒤팽은 과거 총괄징세청부 사무소에서 일할 때 요리솜씨로 이름을 날렸다. 바레르는 기교가 뛰어난 본푸아를 뒤팽에게 양보하고, 뒤팽은 바레르에게 호화생활을 하는 매춘부인 라드마이la Demahy를 소개했다. 빌라트는 자기는 혼자 잤다고 발뺌하면서 이야기를 이었다.

"나는 루이 16세와 오스트리아 대공녀의 수치스러운 궁정을 무너뜨리는 모습을 즐겁게 본 사람이다. 그런데 이처럼 물의를 빚은 궁정을 파괴한 사람들이 베르사유와 프티 트리아농의 정원에서 밤에 벌어지던 장면을 재현하는 모습을 보았다. 바레르는 클리시에서 돌아온 이튿날에 나를 만나자마자 '어

---

* Louis Blanc, *Histoire de la Révolution française*, t. XI(Paris, 1870), p. 167.

제 우리는 법원에 대한 작업을 다듬었습니다. 혁명법원은 쉬지 않고 돌아갈 것입니다'라고 말했다. 가끔 바레르와 함께 있던 불랑은 상냥한 체 거짓 미소를 지으면서 그 말을 시인했다.”

로베스피에르와 단짝인 생쥐스트는 카르노와 구국위원회에서 부딪쳤다. 화약과 초석의 관리를 제대로 하지 않는다고 생쥐스트가 준절히 비판하자, 군인 출신인 카르노는 생쥐스트와 로베스피에르가 독재를 꿈꾼다고 노골적으로 맞섰다. 카르노는 로베스피에르와 생쥐스트의 중간에 끼었다고 느꼈을 것이다. 로베스피에르는 카르노가 애국자 장성들을 너무 다그친다고 나무랐고, 생쥐스트는 파견의원들이 구국위원회에 보낸 보고서를 충실히 회의에 반영하지 않았다고 카르노를 비판했다. 생쥐스트가 제아무리 옳은 말을 해도 괘씸했을 것이다. 생쥐스트는 카르노와 플로레알에 다툰 뒤에 군대를 감독하러 떠났다가 메시도르 중순에 돌아와 다시 카르노와 부딪쳤다. 카르노가 현장 사정을 고려하지 않고 주르당 장군에게 상브르에뫼즈군 병력 1만 8,000명을 이동하라고 명령했는데, 다행히 파견의원들이 그 명령을 막아서 작전상 잘못을 차단할 수 있었다. 카르노는 자존심을 크게 다쳤다. 옳고 그른 것을 따지는 문제가 아니라 '너한테는 지기 싫다'는 심리가 작용하기 시작했다. 그렇게 해서 카르노는 구국위원회에서 로베스피에르와 반대편에 섰다.

국민공회와 자코뱅협회에서 로베스피에르가 처한 상황은 더욱 나빠졌다. 국민공회에서 그의 뒤를 이어 도르도뉴의 라코스트Elie Lacoste가 6월 20일에, 바랭의 루이Jean-Antoine Louis가 7월 6일에 차례로 의장이 되었다. 두 사람은 모두 안보위원회 소속으로 로베스피에르의 적이었다. 또한 루이는 6월 24일 ~7월 8일에 자코뱅협회의 의장이었고, 라코스트는 7월 19일에 자코뱅협회 의장이 되었다. 7월 19일은 공화력 2년 테르미도르 1일이며, 이날부터 콜로 데르부아가 국민공회 의장직을 수행했고, 라코스트는 바레르의 뒤를 이어 자코뱅협회 의장이 되었다. 로베스피에르 형제와 쿠통이 두 곳에서 혁명의 원칙에 충실한 연설로 회의장 분위기를 이끌어갔다 할지라도, 투표에서 여러 사람의 속내가 드러났다. '맑은 물에는 고기가 안 논다'는 세간의 비유가 맞는 것 같다. 예나 지금이나 청렴을 강조하는 세력을 정면으로 맞서기 어려운 사람들이 공조해서 비열할 정도로 상대방의 위선을 강조하려고 애쓰면서 반격할 기회를 기다리고 놓치지 않는다. 7월 21일(테르미도르 3일)에 자코뱅협회에서 동생 로베스피에르는 비장하게 말했다.

나는 애국자들이 처한 상황을 판단해봅니다. 나는 진실을 말할 용기가 필요하다고 깨달았습니다. 분명히 말하지만 애국자들이 박해를 받고 있습니다. 중상비방이 판치기 때문에 모든 것이 뒤죽박죽입니다. (……) 네, 나는 온건파가 맞습니다. 그들이 도덕과 정의의 원칙들을 선언하는 데 그치지 않는 시민을 온건파로 부른다면 말입니다. 그러나 나는 그런 원칙들을 적용하기 바라는 사람입니다. 나는 평판에 신경 쓰지 않으며, 단지 결백한 사람이 억압받지 않도록 구하려고 노력하는 사람입니다. 그래요, 이런 뜻에서 나는 온건파입니다. 예전에 혁명정부가 벼락 치듯이 모든 음모자를 한순간에 없애야 하지만, 이 무서운 기구가 반혁명의 도구로 전락하지 않도록 주의해야 한다고 말했을 때도 온건파였습니다. (……)
따라서 이 순간 모든 공화주의자는 용기를 발휘해서 조국을 위해 죽을 각오를 해야 합니다. 악의 뿌리를 끊고, 인민을 보호하기는커녕 권력을 남용해서 탄압하는 모든 권위를 타파해야 합니다.

이는 구국위원회와 안보위원회의 다수가 에베르파와 온건파를 똑같이 적으로 간주하는 데 대한 반발이었다. 쿠통이 결연한 의지를 담아 그를 거들었다. 그는 동료 의원들에게 국민공회에서 자신의 주장을 분명히 말해달라고 요청했다. 그는 국민공회가 아직도 순수성을 잃지 않았으며 단 네댓 명의 악당이 설치게 놔두지 말아야 한다고 말했다.

"나는 분명히 말하겠습니다. 그들은 나를 굴복시킬 수 없다고. 그들은 로베스피에르가 낡고 약해빠졌다고 하고, 내가 풍을 맞았다고 말했지만, 내 정신까지 마비되지는 않았음을 분명히 알고 있었습니다. 내 목에 칼이 들어올 때까지 비록 허약한 몸이지만 끝까지 악당과 역적에 맞서겠습니다."

7월 24일(테르미도르 6일)에도 쿠통은 발언했다. 그는 국민공회·구국위원회·안보위원회가 분열했다는 소문을 퍼뜨리는 세력이 있다. 그들의 목적은 애국심을 억누르는 데 있다. 그러나 인민은 거기에 쉽게 넘어가지 않는다고 말했다. 그는 국민공회와 두 위원회의 절대다수가 순수성을 유지하면서 조국을 위해 헌신하고 있다고 옹호했다.

"아마도 안보위원회는 비난에서 자유로울 수 없을 것입니다. 나는 위원들이 순수한 의도를 가지고 있으므로 그들을 비난하지 않습니다만, 그 위원회 주변에 악당이 많다는 사실을 지적해야겠습니다. 위원회의 이름으로 마구잡이로 집행하는 명령은 애국자에게 걱정을 안겨주었습니다. 나는 위원회에 그 사실을 알렸습니다. 위원회는 진실을 인식했고, 내 말을 들은 위원들은 수하의 특임집행관들을 조사하고 죄를 묻기로 했습니다."

구국위원회나 안보위원회를 위해 일하는 특임집행관은 1793년 11월 18일(브뤼메르 28일)의 법으로 혁명정부가 지방에 파견해서 정부 지침을 집행하는 임무를 띠었다. 그들은 한 달에 500리브르, 그들을 보좌하는 공무원은

150리브르씩 받으면서 열심히 일했다. 그런데 위기 상황에서 완장을 차는 사람의 열성이 지나치면 굳이 죄를 짓지 않은 사람도 주눅 들게 만든다. 단두 대가 쉴 새 없이 돌아가는 시대에 그 압박감을 견디기 쉬운 사람이 어디 있었 으랴. 혁명법원의 푸키에 탱빌도 자신이 단두대에 세운 사람들이 보여서 괴 로워했다. 피고인석을 꼭꼭 채웠다가 물결처럼 빠져나간 사형수들이 얼마 나 많았던가. 쿠통은 투르에서 안보위원회를 위해 일하던 특임집행관 세나 르Gabriel-Jérôme Sénar의 만행을 고발했다. 계속해서 쿠통은 영국 피트 수상의 공작원들이 끊임없이 분열을 조장하고 있으니 감시를 게을리 하지 말라고 권유하면서 국민공회에도 그들이 침투했다고 선언했다.

"나는 다른 사람이나 후대의 눈치를 보지 않고 할 말을 하는 사람이며, 지금이나 앞으로도 쭉 조국에 대해 비난받을 일을 하지 않을 사람이므로 다 시 한번 용기 있게 말합니다. 이곳과 국민공회에서 불순한 자들이 공공의 도 덕을 부패시키고, 풍속과 덕의 무덤 위에 범죄의 옥좌를 설치하려 합니다. 나 는 가장 비열한 적들이 아니라 공공의 자유에 가장 위험한 적들에게 특별조 치를 취하자고 제안합니다. 그 조치는 간단합니다. 선량한 사람들이 뭉치고, 순수한 의원들이 국민공회의 질서를 무너뜨리는 대여섯 명과 관계를 끊고, 지금부터 그들을 분리하는 선을 분명히 긋자는 것입니다."

쿠통은 상황이 급하게 돌아간다고 강조했다. 적들의 음모와 완전히 일 치하는 사건이 일어나는 중이며 오래전부터 파리에서 병력·무기·탄약을 외 부로 빼서 사블롱 평원에 집결시킨다면서, 6월 1일(프레리알 13일)에 신설한 '에콜 드 마르스Ecole de Mars' 군사학교에 관한 얘기를 꺼냈다. 공화국을 지 키려면 120만 명의 병사가 필요한데 3,000명의 생도를 교육하려는 것은 이 상하게 보인다. 경향 각지에서 모인 젊은이들이 조국을 위해 싸우다 죽은 영웅들을 본받으려고 노력할 만한 가치가 있다고 믿는다. 그럼에도 젊은이 3,000명에게 대구경 대포를 다수 안겨주는 이유는 무엇인가? 왜 일주일 전에 파리의 포병들이 출발했는가? 오직 조국을 지키는 일에 몰두하고 위험에 몸을 사리지 않던 사람들이 왜 파리를 떠났는가? 로베스피에르에게 충실한 시자Prosper Sijas가 쿠통의 말을 끊고 '내일'(테르미도르 7일) 4,000명이 또 출발할 예정이라고 말했다. 쿠통은 날마다 신참 병사들을 출발시키는 것을 납득하기 어렵다고 말했다. 또 파리는 인민의 적들이 정복하려고 노리는 요충지이며 보루인데, 애국자들은 파리를 수호할 수 있는 모든 힘을 빼버리는 모습을 보면서 억장이 무너진다고도 했다. 혁명기에 포병대의 역할은 국내외의 질서를 잡는 데 중요했다. 특히 파리의 포병들은 혁명의 주요 고비에 권력의 방향을 바꿔놓았다.

1793년 5월 31일에 앙리오의 역할을 기억하자. 앙리오가 누구 편인지가 중요한 변수였다. 혁명정부의 고삐를 쥐고 있는 '악당'은 포병을 파리에서 빼고 있었다. 에콜 드 마르스를 책임진 파드칼레의 르바Philippe-François-Joseph Lebas는 생쥐스트와 함께 파견의원으로 일한 경력자로서 침착한 성격이었는데, 생도들이 용기와 덕성으로 충만하다고 보증했다. 어떤 회원은 아침에 병력이동 위원인 필Pile의 집에 들렀을 때 파리에서 내보낼 포병의 명단을 들고 있는 것을 보았다고 말했다. 쿠통은 구국위원회와 국민공회에 대표단을 보내 필을 고발하자고 발의해서 통과시켰다. 이튿날인 7월 25일(테르미도르 7일)에 자코뱅협회의 대표단이 국민공회에 나가 필을 고발했다.

바레르는 구국·안보의 합동위원회 이름으로 "1793년 5월 31일의 상황과 공화력 2년 테르미도르 7일의 현실 비교"라는 이름으로 공화국이 처한 상황에 대한 보고서를 읽었다. 의원들은 보고서를 그대로 채택한 뒤 인쇄해서 모든 곳에 배포하기로 의결했다. 보고서의 주요 내용을 요약해본다.

에베르는 툭하면 "5월 31일의 혁명이 한 번 더 필요하다"고 말했다. 그는 죽었지만, 추종자들이 그의 정신을 계승하고 있다. 구국·안보의 합동위원회가 에베르·당통·쇼메트에게 대답하려면 혁명법원에 기대면 되겠지만, 자유는 반혁명분자와 역적들에게 죽음으로써 대답하고, 국민공회는 법으로 대답한다. 그런데 국민공회의 역사를 1792년 9월 21일부터 1793년 5월 31일까지, 그리고 6월 3일부터 현재까지 두 시기로 나눌 수 있는데, 지금이 첫 시기가 끝나는 시점과 비슷하다. 수많은 음모와 가짜 뉴스가 판을 치기 때문이다. 두 번째 시기에 공화국은 안팎으로 시련을 겪었지만 모두 극복했다. 지방에서 일어난 연방주의 운동을 극복하니까 영국의 상업주의의 기둥이 흔들렸다. 프랑스 인민은 공화국의 모든 지점에서 자유와 평등이라는 신성한 권리에 바친 민주헌법을 엄숙하게 받아들였고, 모든 곳에서 최초로 징발의 종소리를 울린 뒤, 자유민이 외국의 폭군들에게 질서 있게 저항하고, 모든 폭군의 군대를 물리쳤다. 파리를 중심으로 전국에서 무기·초석·화약을 부지런히 만들었다. 하루 한 곳에서 화약 2만 5,000리브르(12톤 이상)와 소총 1만 정까지 생산했다. 이렇게 해서 공화국의 땅에서 종교적 귀족과 전통귀족은 물론 법조계와 재정적 귀족주의를 쓸어버렸다. 프랑스는 15개월의 기근을 이겨냈다. 수확량이 줄었지만, 징발로 곡식을 유통시켜 군대에 보급하고, 무기력한 함대를 보호하고, 해군을 재건했다. 그렇게 해서 프랑스를 공격하는 유럽 국가들을 물리쳤다.

"혁명정부는 파리에 모든 종류의 물건을 국가의 비용으로 공급했습니다. 마치 포위당한 도시를 구원하듯이. 그런데 무엇 때문에 불평이란 말입니까? 누가 툴툴거릴 수 있단 말입니까?

탄압받는 애국자들의 불평입니까? 우리는 이미 그들의 불만을 들었고, 충분히 공감했습니다. 지금 두 위원회는 모사꾼이 득실대는 여러 지방에서 애국자들의 문제를 해결하려고 가열하게 노력합니다. 앞으로 애국자 한 사람이라도 탄압을 받는다는 소리가 나오지 않게 하겠으니 믿어주십시오.

탄압이라는 것은 애국자들 사이에 교활하게 퍼뜨린 중상비방, 은밀히 꾸몄다가 실패한 음모와 관련이 있었습니다. 바람이 잦으면 폭풍우를 몰아오고, 모든 반혁명분자와 수상한 자들은 우리의 발밑을 사방에서 파고 있습니다. 그러나 그 사실을 알게 된 이상 애국자들을 탄압하면 반드시 벌하겠습니다. 자유는 이러한 속박의 상태에서만 더욱 아름답게 피어오를 것입니다.

두 위원회는 국민공회가 이 보고서를 채택한다면 국민공회의 목소리를 공화국 방방곡곡에서 들을 수 있게 하겠으며, 프랑스 인민에게는 한 줄기 빛만으로도 충분하리라고 생각했습니다."

7월 26일(테르미도르 8일)에 로베스피에르는 오랫동안 연단을 차지했다. 먼저 자기가 독재자가 되려고 한다는 비난에 대해 변명하고 나서 안보위원회와 구국위원회를 비방했다. 그렇게 해서 그는 소심하게 눈치를 보던 의원들이 그의 적들의 편으로 돌아서게 만드는 빌미를 제공했다.

"내가 하는 일마다 사방에서 가시 돋친 비난을 퍼붓고 있습니다. 추방자 명단을 작성했다는 소문이 사실입니까? 인민의 대표들의 마음속에 공포심을 유발시켜 다수가 안심하고 밤잠을 자지 못할 정도라는데 사실입니까? 내가 국민의 대의기관을 피로 물들인 뒤에 독재정을 실시하려는 계획을 세웠다고 비난하는데 그 말도 사실입니까? 그렇습니다. 이러한 소문이 입에서 입으로 널리 퍼지고 있습니다. 국민공회가 스스로 자기 목을 조르게 만들고 나서 폭정으로 나아가는 길을 닦으려는 계획을 세운 사람이 있다니, 이 얼마나 이상한 계획입니까?"

　로베스피에르는 자신을 헐뜯는 자와 적들의 행동에 공통점이 있다고 선언한 뒤 다음과 같이 말을 이었다. 이 세상의 모든 폭군이 국민공회 의원들을 독재자로 부르면서 국민과 이간질했음을 기억해야 한다. 비겁한 자들이다. 그들이 자신을 폭군이라 부르는데, 만일 실제로 그랬다면 그들은 자기 발밑에서 굽실거렸을 터. 세상에는 이성과 폭정이라는 두 세력이 있는데, 이성의 도덕적 힘을 고발하는 것을 폭정이라 부른다. 에베르와 파브르 데글랑틴의 체제를 따르는 사람이 많은 데 비해 애국심과 청렴은 박해를 받는다. 혁명정부를 무너뜨리려고 근거 없는 비방을 늘어놓거나 혁명정부를 위한 명령을 과도하게 집행해서 혐오감을 유발한다. 폭정의 하수인들이 안보위원회까지 침투했다. 국민의 세금으로 그들에게 프랑스의 공안을 유지하는 일을 맡기다니 이상하지 않은가? 그들은 애국심으로 위장하고 악행을 저지른다. 로베스피에르는 안보위원회의 위원들을 직접 거론하기보다 그들의 하수인인 특임집행관들이 시민들의 탄원에 불성실하게 대답하는 사례를 들었다.

　"'원하는 게 무엇입니까? 우리가 할 수 있는 일은 없습니다. 호소하려면 로베스피에르에게 하셔야겠죠.' 이렇게 해서 나를 비방하는 소리가 날마다 새록새록 터져 나오고 무성해집니다."

　로베스피에르는 구국위원회가 재정위원회를 설립하고 자신이 의장직을 맡았다는 헛소문까지 돈다고 불평했다. 그는 이처럼 교활한 선동 때문에 나라가 자유롭지 못하다고 한탄했다. 나아가 요크 공과 그의 밀사들이 정점에서 이러한 중상비방을 만들면 그들에게 매수된 자들이 널리 퍼뜨린다고 주장하면서, 결국 안보위원회와 구국위원회의 특임집행관들을 매국노로 지목했다. 로베스피에르는 지난 40일 동안 두 위원회를 멀리하면서 수집한 진실을 밝혀 나라를 구하겠다고 선포했다. 그는 구국위원회 위원의 임무를 제대로 수행할 수 없었지만 언제나 국가의 운명에서 눈을 뗀 적이 없다고 변명했다. 그는 의원들이 국민공회에서 영국인을 남겨놓지 말자고 의결했음에도 정작 국경지대에서는 그 명령을 제대로 집행하지 않는다고 선언했다. 그리고 의원들이 조국을 수호하다 숨진 이들의 희생을 조금도 생각하지 않고 그들 덕에 얻은 승리만 축하하는 경박한 모습에 놀랐다고 말했다. 벨기에에 자유의 나무를 심었다고 자축하지만, 자유라는 열매가 열리지도 않았다고 꼬집었다.

"두 위원회에는 자유의 가장 강력한 기둥들이 버티고 있습니다. 그러나 다수가 마비상태입니다. 따라서 누군가 숨고 감추고 음모를 꾸밉니다. 육군 병력 이동을 담당하는 위원은 누구인지도 모르겠습니다. 그리고 파리에서 포병들을 멀리 보내고 있습니다. 모든 것을 탈취하려는 세력이 있습니다. 따라서 그들은 음모를 꾸밉니다."

로베스피에르는 이러한 진실을 인쇄해서 널리 알리자고 제안했다. 베르사유의 르쿠앵트르는 찬성했고, 우아즈의 부르동은 내용이 너무 심각하기 때문에 인쇄하기 전에 두 위원회에서 사실을 검증해야 한다고 주장했다. 바레르는 구국위원회의 위원이 아니라 개인 자격으로 말하겠다고 전제하고, 자유국가에서 어떠한 진실도 감출 이유가 없으므로 이 내용을 인쇄하자고 말했다. 쿠통은 그 인쇄물을 전국의 모든 코뮌과 군대에 보내서 혁명의 투사들을 헐뜯는 체제를 무너뜨려야 한다고 주장했다. 의원들은 쿠통의 안을 의결했다.

그러나 로베스피에르가 폭로한 진실의 알맹이를 찾으려는 토론이 시작되었다. 아리에주의 바디에는 로베스피에르가 새로운 음모를 발견했다고 폭로했으므로 즉시 그 내용을 보고해야 한다고 말했다. 안보위원회에서 카트린 테오의 음모사건을 조작한 그는 로베스피에르의 연설에서 논리의 비약을 문제 삼아 그를 무너뜨릴 기회를 놓치지 않았다.

"안보위원회는 언제나 귀족주의를 타파하는 데 필요한 정의와 엄정함으로 활동했습니다. 그 특징은 위원회의 명령에 담겼습니다. 우리는 독직행위로 애국자들을 겁박한 특임집행관을 적발하는 대로 처벌하고, 몇 명을 법의 칼날로 처단했습니다. 우리의 행동에 대한 증거가 있습니다. 두 위원회와 협력해서 설립한 인민위원회들은 이미 700~800여 사건을 심판했습니다. 그 사건에서 애국자가 과연 몇 명이나 희생되었던가요? 80명 가운데 한 명의 비율입니다. 이것은 애국심 때문에 박해를 받았다는 것이 아니라 귀족주의 때문에 정당하게 심판을 받았음을 뜻합니다."

이번에는 에로의 캉봉이 재무위원회 이름으로 로베스피에르의 연설에 불만을 쏟아냈다. 그는 재무위원회의 활동을 방해한 인물이 바로 로베스피에르였다고 선언했다. 로베스피에르가 자신의 권한 밖에 있는 일이 있다면 국민공회를 마비시키고 특히 재정문제를 방해하는 일이라고 항변했다. 그는 캉봉이 재정문제를 생각하는 방식이 혁명을 성공으로 이끌지 못한다는 점도 깨달았다고 비꼬았다.

비요바렌이 토론에 불을 붙일 차례였다. 그는 두 위원회가 자신들의 행적을 보고해서 애국심의 허울을 쓴 음모자들이 누구인지 밝혀야 할 때가 왔다고 포문을 열었다. 로베스피에르는 구국위원회를 싸잡아서 공격한 적이 없으며, 의원들에게 자기 의견을 명백히 밝힐 기회를 달라고 요구했고, 다수 의원이 한꺼번에 그렇게 하기를 고대하고 있었다고 외쳤다. 그러나 비요바렌은 발언권을 놓지 않았다. 그는 파리의 포병 8개 부대에 관한 명령에 따르면 파리에 언제나 4개 부대를 남기도록 했는데, 지금 33개 부대가 남아 있다고 말했다. 그리고 북부군이 몹시 갈구하던 화약이 며칠 전에 도착했는데 그 통로를 막았다는 소문에 인민이 속고 있다고 강조했다. 그는 죽음을 사양하지 않겠다는 결연한 의지를 담아 최후통첩을 했다.

"로베스피에르의 말이 옳습니다. 우리는 가면을 보는 대로 벗겨야 합니다. 정말로 우리에게 양심과 의견의 자유가 없다면, 나는 입을 다물고서 야심가가 꾸미는 사기의 공모자가 되기보다는, 내 주검 위에 야심가가 옥좌를 세우도록 돕는 편을 택하겠습니다."

파리의 파니스Jean-Etienne Panis는 로베스피에르가 자코뱅협회에서 마음에 들지 않는 회원들을 멋대로 숙청했다고 고발했다. 그는 안보위원회에서 일하다가 처남인 상테르가 1794년 1월에 체포된 뒤에 위원직을 사임했다. 그는 당통에게 위험을 알려주었고, 생쥐스트와 비요바렌을 공격하는 글을 카미유 데물랭에게 보내기도 했다. 그러니 그가 그동안 얼마나 조마조마했을지 쉽게 상상할 수 있다.

비통한 심정을 쏟아낼 때가 왔습니다. 나는 온갖 비방을 받았습니다. 나는 혁명에서 얻은 것이라고는 하나도 없습니다. 아들에게 전방에서 싸우라고 칼을 사주거나 딸들에게 치마 한 벌 사줄 만큼도 안 됩니다. 그러나 나를 악한, 약탈자, 감옥의 피에 굶주린 역겨운 인간이라고 낙인을 찍었습니다. 나는 감수성이 풍부하고 여린 사람입니다.

로베스피에르에게 해명을 요구할 일이 있습니다. 어떤 사람이 자코뱅협회에서 내게 다가와 말했습니다.

"당신은 선량한 사람입니다. 당신은 나라를 구했습니다."

"누구신지요?"

"난 당신을 잘 압니다. 당신은 첫 번째 무리에 포함되었습니다."

"뭐라고요?"

"당신의 머리를 요구합니다."

"내 머리를요? 가장 훌륭한 애국자로 자처하는 나를 말씀이죠?"

그는 이 이상 설명하지 않았습니다. 그 뒤로 내 머리를 요구하는 일은 사실이라고 사방에서 알려주더군요. 그리고 머리를 자를 명단을 작성한 자가 로베스피에르였습니다. 나는 그가 이 문제와 함께 푸세에 대한 보고에 대해서도 해명해달라고 요구합니다.

파리의 프레롱은 두 위원회가 국민공회 의원을 체포할 수 있다는 법령을 철회해서 아무나 자유롭게 의견을 말하게 하자고 제안했다. 비요바렌은 만일 방금 발의한 안을 채택한다면 국민공회가 난장판이 될지 모른다고 우려했다. 명색이 국회의원인데 어찌 자기 의견을 떳떳이 말하지 못한단 말인가! 파니스는 프레롱의 안을 채택하지 않으면 자유가 존재할 수 없다고 생각하기 때문에 그 안을 지지한다고 말했다. 로베스피에르가 다시 한번 해명할 기회를 달라고 나섰다. 그는 모든 악성 소문이 자신이 폭로한 음모를 보여주는 증거일 뿐이며, 자기를 살해하려고 벼르는 자들의 의견에 동조하는 척하기 싫다고 말했다. 의장인 콜로 데르부아가 로베스피에르에게 질서를 지키라고 경고하자, 그는 자신을 죽이려는 살인자들의 회의를 주재하는 사람이 하는 경고를 받아들일 수 없다고 외쳤다. 그는 사람들이 자기 연설을 귀담아 듣지도 않고 빤한 결론을 낼 것이라고 예측했지만, 서슴지 않고 연설을 했노라고 덧붙였다. 그것이 신성한 의무이며 조국을 구하는 유일한 수단이라고 믿기 때문이다. 여기저기서 의원들이 웅성거렸지만, 로베스피에르는 오직 의무와 정의에만 의존해서 독자적으로 생각한 점을 얘기하고 있다고 주장했다.

또다시 그의 연설을 인쇄해서 배포하는 문제를 놓고 토론을 시작했다. 마른의 샤를리에는 위험한 내용이 들어 있으니 사실 검증을 끝내고 나서 배포해도 늦지 않다고 발언해서 여러 의원의 공감을 샀다. 모젤의 티리옹Didier Thirion은 단 한 사람이 국민공회에 대한 모든 시민의 신뢰를 떨어뜨리고 정부의 행동을 공격하며, 모든 애국자가 두루 존중하는 구국위원회와 안보위원회를 아무런 근거도 없이 고발하고 있다고 거들었다. 로베스피에르가 오랫동안 자신에게 단도를 꽂으려고 기회를 노리는 적들의 승리를 바라는 사람의 말이라고 항변하자, 솜의 뒤몽은 "아무도 당신을 죽이려 들지 않았소. 오히려 당신이 여론을 죽이고 있소"라고 외쳤다. 뒤몽은 1793년에 연속 세 번의 파견임무를 수행하면서 종교인을 박해해 로베스피에르를 위시한 구국위원회 위원들의 강력한 경고를 받았고, 그의 동생이 로베스피에르의 명령으로 체포당했기 때문에 그 나름의 원한이 있는 사람이었다. 뒤몽의 말에 로베스피에르가 발끈했다.

"무엇이라고? 나는 조국을 구하는 데 필요한 진실을 용기 있게 국민공회에서 밝혔는데, 여러분은 내가 고발하는 의원들에게 내 연설의 진위를 검증하게 맡기겠다니!"

로베스피에르는 결국 마지막 패를 깠다. 그는 연막을 피우면서 불특정 다수를 공격했기 때문에 너도나도 자신과 관계가 있다고 생각하면서 들고일어났지만, 이제는 그 범위를 좁혀 "내가 고발하는 의원들"이라고 말해버렸다. 마른의 샤를리에가 로베스피에르를 벼랑 끝에 세웠다. 화를 잘 내는 그는 지롱드파 지도자들의 체포동의안을 빨리 발의하자고 다그쳤고, 1793년 10월

4일부터 23일까지 의장직을 수행한 뒤 12월에는 의무교육에 관한 의견을 관철시킨 사람이었다.

"소신껏 덕을 실천한다고 자부하는 사람이라면 소신껏 진실을 말해야 합니다. 당신이 고발하는 사람들의 이름을 밝히시오."

여러 의원이 통쾌하다는 듯이 박수를 치면서 "어서 이름을 말하라"고 다그쳤다. 로베스피에르는 자신이 말한 내용 그대로이며, 자신의 연설문을 발송하는 일을 방해하는 데 찬성하지 않는다고 말했다. 그의 약점이 고스란히 드러났다. 마음만 먹으면 일곱 시간도 연단을 장악하던 사람이 궁지에 몰릴 대로 몰렸다. 이제르의 아마르가 나섰다.

"로베스피에르는 두 위원회를 비난했습니다. 몇몇 위원에 대한 그의 의견은 국가의 운명과 관련이 있거나 아니면 개인의 의견일 뿐입니다. 전자의 경우라면 그는 이름을 대야 합니다. 공공의 이익은 어떠한 배려도 용납하지 않습니다. 그러나 후자의 경우라면 한 사람을 모든 사람의 위치에 놓아서는 안 됩니다. 상처받은 자존심의 이해관계에 따라 국민공회를 휘둘리게 놔둬서는 안 됩니다. 그가 비난거리를 가졌다면 분명히 말해야 합니다. 우리의 정치생활을 검토해보면 비난거리가 없습니다. 우리는 호명투표를 할 때 언제나 자유를 위해 투표했음을 누구나 알고 있습니다. 우리의 의견을 묻는 사람에게 우리는 언제나 인민의 권리를 지지하면서 답변했다는 사실을 확인할 것입니다. 이러한 근거 위에서 우리는 심판을 받겠다고 요구하는 것입니다."

어둡고 냉정한 아마르는 로베르 랭데와 함께 혁명법원을 설치하는 데 한몫했고, 파리를 떠나 30만 동원령을 집행하다가 지롱드파를 숙청한 직후에 돌아와 안보위원회 위원이 되었다. 그는 코르들리에 협회에서 에베르에게 귀족주의자로 공격을 받았지만 흔들리지 않고 맡은 일을 수행했다. 1794년

1월 12일 파브르 데글랑틴을 체포하고 이튿날 국민공회에 보고했으며, 4월 5일부터 20일까지 국민공회 의장직을 수행했다. 그는 점점 로베스피에르를 적대시하는 편에 섰다. 아마르는 뒤몽이 툭 던진 말을 더욱 확실하게 만들면서 로베스피에르를 옭았다.

오트피레네의 바레르Bertrand Barère가 언제나 그렇듯이 마침표를 찍었다. 1755년 9월 10일에 타르브에서 태어나 1841년 1월 13일에 죽었다는 사실은 그의 처세술을 증명한다. 그는 제헌의원 출신이었기 때문에 입법의원으로 활동하지 못했지만 국민공회에 진출했다. 그는 자코뱅 클럽에 가입했지만 회의에는 가끔만 참석했고, 왕의 도주사건 이후 청원문제 때문에 자코뱅 클럽이 분열할 때 퓌이양파에 가담했다가 나중에 자코뱅으로 되돌아갔다. 그는 거의 언제나 이기는 편에 섰다. 난세에는 강자가 이기는 것이 아니라, 살아남는 자가 강자이기 때문이다. 국민공회에서 공화국을 선포한 뒤 위원회를 정할 때 헌법위원회를 택해서 당통·콩도르세와 함께 일했다. 그는 몽타뉴파와 지롱드파의 중간쯤인 평원파 의원들 틈에 끼었다. 그러나 몽타뉴파 의원들은 그를 동료로 생각할 만큼 편먹기를 잘해나갔다. 그를 비난할 이유란 없다. 그렇게 어려운 시기에도 잘 살아남은 사람이 어디 한둘인가? 많은 사람이 죽은 시기에 살아남는 것을 비겁하다, 부도덕하다고 평가하기란 어렵다. 바레르가 어떻게 살아남았는지 추적하는 일보다는 그의 발언을 알아보는 일이 시급하다.

"이 토론을 계속해봤자 피트 수상과 요크 공작만 돕기 때문에 이쯤에서 그만둡시다. 나는 자유국가에서는 출판의 자유가 있다고 믿기 때문에 로베스피에르의 연설을 인쇄하자고 제안했습니다. 우리가 프랑스 인민에 대해 알기 때문에 인쇄를 한다고 해서 자유를 조금도 침해하지 않을 것입니다. 만일 로베스피에르가 40일 동안 빠지지 않고 위원회 활동에 참여했다면, 그는 그런 식의 연설을 하지 않았을 것입니다. 로베스피에르 당신은 고소·고발이라는 말을 생각에서 지워야 합니다. 우리는 검투사처럼 싸움판에 나설 이유가 없습니다. 당신의 과장된 웅변에 대해 우리는 군대가 거둔 승리, 우리가 음모자들에 대해 내리는 모든 조치, 애국자들을 위한 조치, 또 필요하다면 논쟁적인 글로써 답변하겠습니다."

의원들은 샤랑트앵페리외르의 브레아르Jean-Jacques Bréard l'aîné가 발의한 대로 로베스피에르의 연설문을 인쇄해서 모든 코뮌에 보내라는 명령을 철회하는 대신 단지 국민공회 의원들에게만 인쇄해서 나눠주기로 의결했다. 의장 비서가 로베스피에르에게 연설문을 제출하라고 요구하자, 로베스피에르는 다음 날 다시 내겠다고 예고했다. 그리고 그는 자코뱅협회로 가서 국민공회에서 읽은 글을 적당히 줄여서 다시 읽었다. 그는 자신을 폭군으로 부르는 적들을 자코뱅협회가 막아줄 것으로 믿었다.

"사기꾼들의 도움을 받아야 폭군이 될 수 있습니다. 그렇다면 사기꾼들과 싸운 사람들은 어디 있습니까? 무덤으로, 영원불멸의 세계로 가셨습니다. 그렇다면 나를 보호해주는 폭군은 누구입니까? 내가 속한 파벌은 어디 있습니까? 그것은 여러분입니다. 혁명 초부터 모든 파벌을 무너뜨리고 저명한 역적을 수없이 사라지게 만든 파벌은 누구입니까? 바로 여러분, 인민, 혁명의 원칙입니다. 사기꾼들이 이 파벌을 온갖 범죄로 공격할 때, 나는 헌신해서 지켰습니다."

지난 4개월 동안 자코뱅협회에 나오지 않던 비요바렌이나 콜로 데르부아가 구국위원회 위원들의 부탁을 받고 협회의 반응을 살피려고 회의에 참석했다. 콜로 데르부아는 생쥐스트를 매섭게 몰아붙였다. 비요바렌과 콜로 데르부아는 로베스피에르에게 제발 두 위원회와 화해하라고 빌었지만, 회원들에게 등을 떠밀려 쫓겨났다. 혁명법원 재판장 뒤마와 쿠통이 로베스피에르가 고발한 음모가 실제로 일어났다고 말했다. 협회 회원들은 음모자들을 불러오라, 처형하라고 외쳤다. 국민공회에서 몽타뉴파에 더는 기댈 수 없다고 판단한 로베스피에르는 자코뱅협회에서 위안을 받았다. 그는 비장하게 말했다. "소크라테스처럼 기꺼이 독배를 마실 준비가 되었습니다." 화가 다비드가 "나도 함께 마시겠소"라고 응원했다. 자코뱅협회는 대책을 마련하느라 부심했다. 로베스피에르와 측근들은 국민공회에서 몰아낼 적의 명단을 채우고, 당통의 친구들은 브리소·에베르의 친구들 집을 찾아다니면서 폭군의 횡포를 막을 대책을 세우고, 파리 코뮌은 비상사태에 대비하려고 애쓰는 밤이었다. 짧은 여름밤의 열기와 걱정거리 때문에 모든 이가 쉽게 잠을 이루지 못했다.

전통적 달력으로 7월 27일(일요일), 공화력 2년 테르미도르 9일, 프랑스 혁명에서 또 한 고비를 넘기는 날이 왔다. 국민공회의 분위기가 험악했다. 로베스피에르가 집을 나설 때 집주인 뒤플레의 가족이 험악한 하루가 기다리니 몸조심하라고 말하자, "국민공회의 대다수는 순수합니다. 걱정 마세요. 내가 두려워할 일이 무엇이랍니까?"라고 말했다. 그는 순수한 다수가 적이 되었거나 적에게 가담할 준비를 했음을 전혀 예상하지 못했다. 생쥐스트는 전날 로베스피에르의 연설을 쏙 빼닮은 연설을 시작했다. 센에우아즈의 탈리엥이 말을 막더니 국민공회를 분열시키고 자유를 말살하는 음모에 전념하자고 제안했다. 의원들은 산회하지 않고 회의를 진행하기로 의결했다.

비요바렌은 음모자들이 앙리오 휘하에 파리의 국민방위군을 동원하기 시작했다고 말했다. 그는 국민방위군 참모부 요원들을 체포하자고 발의했다. 비요바렌은 혁명법원 재판장 뒤마, 전쟁장관 보좌관 출신 도비니Jean-Louis-Marie Villain d'Aubigny, 육군 조직과 병력 이동 위원회의 프로스페르 시자도 음모에 가담했으므로 체포하자고 제안했다. 파드칼레의 르바가 항의하자 의원들이 그를 저지하면서 말을 듣지 않으면 아베 감옥에 넣으라고 위협했다. 비요바렌이 연설하는 동안 로베스피에르가 연단으로 튀어나갔지만 의원들은 "폭군은 내려가라"고 외쳤다. 비요바렌은 뒤마·불랑제·뒤프렌의 체포안을 발의해서 통과시켰다. 오트가론의 들마Jean-François-Bertrand Delmas는 국민방위군 총사령관 앙리오를 체포하자고 발의했다. 로베스피에르가 다시 항의했지만 폭군소리만 듣고 기가 꺾였다. 여러 의원이 잇따라 로베스피에르를 음모의 수괴로 고발했다.

노골적으로 전제정을 갈망한 죄, 국민공회의 다수 의원을 추방자 명단에 올린 죄, 프레리알 22일(6월 22일)에 혁명법원의 신조직법안을 기획한 죄, 애국자들을 체포하도록 명령하고 안보위원회에 추악한 누명을 씌운 죄, 개인적인 권한을 이용해서 구국위원회 안에 공안국을 설치해놓고 안보위원회의 모든 조치를 무력화시킨 죄, 인민의 대표들 주위에 자신이 고용한 끄나풀을 배치해서 일거수일투족을 감시하게 하고, 심지어 하지도 않은 말까지 날조하게 만든 죄, 동 제를·카트린 테오·캐브로몽을 재판에 회부하는 국민공회의 엄중한 법령을 집행하지 못하게 막은 죄, 더욱 노골적으로 국민공회의 지배자로 군림하고 인민이 오직 국민공회에 부여한 권한을 찬탈한 뒤, 국민공회가 법정에 세우라고 명령한 라발레트를 석방하고, 곧바로 군대 지휘관으로 복귀시킨 죄, 국민공회를 무력화시킬 목적으로 구국위원회에 모든 권력을 집중시키려고 노력한 죄, 끝으로 40일 동안 구국위원회 위원직을 소홀히 한 죄.

  의원들은 이 모든 죄목을 열거한 뒤, 막시밀리엥 로베스피에르가 국민공
회를 모욕했으므로 체포하라고 사방에서 성화였다. 과연 로베스피에르와 그
측근은 하룻밤 사이에 적들이 이렇게까지 단합할 줄 상상이나 했을까? 로베
스피에르가 반혁명혐의자 명단을 발표하기도 전에, 그를 체포하라는 말이
나왔으니, 회의를 시작하면서 산회하지 않고 결론을 내기로 의결한 이상 결
판이 나게 마련이었다. 의원들은 당장 로베스피에르를 체포하기로 의결했
다. 또한 생쥐스트·쿠통·르바, 그리고 동생 로베스피에르를 차례로 체포하
는 명령을 통과시켰다. 이제 파리 코뮌의 동조자들을 처리할 차례였다. 파리
의 국민방위군 편제를 예전처럼 돌려 6개 군단장이 차례로 지휘권을 발휘하
도록 하고, 앙리오를 정점으로 한 참모부를 폐지했다. 파리 시장과 특임집행
관은 파리에서 일어나는 일을 긴밀히 감시해 필요한 조치를 취하도록 했다.
바레르는 "국민공회가 프랑스 인민에게"라는 제목으로 파리 48개 구와 전
국의 모든 코뮌에 보내는 포고문을 읽었다. 해외에서 승전보가 들어오는 가
운데 공화국에 새로운 위험이 닥쳤다. 소수 의원들이 그릇된 여론을 조작하
고 그 영향을 받아 일부 시민들이 위험한 벼랑 끝으로 몰려가고 있으니, 부디
경거망동하지 말라는 부탁이었다. "시민들이여, 6년 동안 혁명에 바친 용기
와 희생을 하루 만에 잃고 싶은가?" 의장인 콜로 데르부아는 체포영장을 가
지고 피의자에게 갔지만, 피의자들이 복종하지 않았다고 의원들에게 보고했
다. 의원들은 그들을 당장 체포해서 증언대에 세우자고 의결했다. 의장은 체
포명령을 완전히 집행할 때까지 한 명도 회의장을 떠나지 못하게 하라고 명
령했다. 그럭저럭 5시가 되어 7시까지 정회하기로 했다.

7시부터 튀리오·콜로 데르부아·탈리엥·카리에가 차례로 의장석에 앉아 저녁회의를 주재했다. 앙리오가 참모 두 명, 군사경찰 마흔 명을 이끌고 국민 공회로 오고 있다는 보고가 들어왔다. 그날 앙리오는 사형대까지 마흔다섯 명을 호송하고 돌아오다가 국민공회의 소식을 들었다. 데샹이라는 사람이 앙리오의 가슴에 권총을 겨눴는데, 군사경찰들이 칼을 뽑아들고 위협하면서 에갈리테 정원(옛 팔레 루아얄)의 수비대로 끌고 갔다. 데샹은 다시 몽타뉴 구까지 끌려갔다가 밤늦게 풀려났다. 그사이 센에우아즈의 탈리엥은 파리 코뮌이 반란을 일으켰다고 보고했다.

로베스피에르는 계속해서 연단에 오르려고 노력했지만 저지당했다. 전날에 이어 더욱 드센 저항을 받으면서 그는 무슨 생각을 했을까? 열 달 전만 해도 앙리오가 대포를 동원하고 국민공회를 포위해서 몽타뉴파의 주도권을 확보해주었다. 그러나 이제 몽타뉴파가 갈가리 찢어졌고, 그 속에서 로베스피에르의 적들이 생겼다. 로베스피에르가 적을 만들었다. 임지에서 무자비하게 권력을 휘두르고 남용한 의원들을 소환한 뒤, 이들은 위험에서 벗어나려고 애를 썼으니, 결국은 로베스피에르가 만들어낸 적이었다. 로베스피에르는 언로가 막히자 의장석으로 뛰어가면서 외쳤다. 튀리오가 방울을 울려 로베스피에르의 목소리를 묻어버렸다. 그때부터 울부짖듯이 발언권을 요구하는 소리가 날 때마다 방울소리가 웅변가의 입을 막았다. 의원들이 마지막으로 들은 말은 처절할 정도로 비장했다. "마지막 한 번만 발언권을 주시오, 살인자들의 의장이여." 욕설을 듣고서도 튀리오는 담담히 방울을 흔들었다.

로베스피에르가 숨을 헐떡거리며 기진맥진한 모습을 보면서 오브의 가르니에Antoine-Marie-Charles Garnier가 외쳤다. "불쌍한 사람, 당통의 피가 그대를 질식시켰다." 로베스피에르가 혼신의 힘을 다해 격렬히 받아쳤다. "결국 당통의 복수를 하겠다는 말인가? 비겁한 사람들! 그때 그를 보호해주지 않고서!"로베스피에르는 지롱드파에서 살아남은 의원들에게도 호소했다. 그는 항의서 서명자 74명의 목숨을 자신이 구했다는 사실을 상기시키려고 애썼다. 그러나 허사였다. 가장 강력히 공포정치를 지지하던 아베롱의 루셰 Louis Louchet는 그를 체포하자는 말을 내뱉었고, 정작 고대했던 말이 나오자 의원들은 일순간 마비상태에 빠졌다가 체포동의안을 의결하라고 촉구했다. 의장이 표결에 부쳤고, 로베스피에르 형제·르바·쿠통·생쥐스트의 체포명령을 통과시킨 뒤, 구국위원회와 안보위원회에 그들을 가두는 임무를 주었다.*

자코뱅협회는 로베스피에르를 해치려는 음모자들을 잡아야 한다고 의결하고, 국민공회에서 파견한 위원들의 말을 듣지 않고 돌려보냈다. 국민공회는 이 소식을 듣고 파리 코뮌이 반란을 일으켰다고 판단했다. 두 위원회는 군사경찰들에게 로베스피에르를 뤽상부르 감옥으로 데려가라고 명령했다. 감옥의 관리인은 파리 코뮌이 보내는 사람만 가두라는 명령을 받았다는 이유를 대면서 문을 열어주지 않았다. 곧 사람들이 모여들어 로베스피에르를 구출한 뒤, 파리 코뮌평의회 위원들이 동생 로베스피에르·쿠통·르바·생쥐스트를 구하러 갔다. 사람들이 로베스피에르를 구하러 파리 코뮌으로 가자고 했을 때, 그는 마라처럼 혁명법원으로 직접 가겠다고 했다. 그는 국민공회의 명령에 복종하지 않음으로써 무법자라고 낙인을 찍히는 일을 피하고, 혁명법원에서 구원을 받을 수 있다고 생각했던 것이다. 그러나 결국 그는 파리 코뮌으로 가서 환영을 받았다. 그가 시장으로 만든 레스코 플뢰리오를 위시해

---

* 로베스피에르가 독배를 마실 때 기꺼이 같이 마시겠다던 다비드는 바레르의 권고를 듣고 그날 회의에 참석하지 않았다. 그러나 며칠 뒤 다비드는 신문을 받고 무사히 위기를 넘겼다.

서 파이양과 코피날Jean-Baptiste Coffinhal 같은 우군이 로베스피에르와 함께 붙잡혔던 의원들을 환영하면서 목숨을 바쳐서라도 그들을 보호해주겠다고 맹세했다. 공식적으로 반란을 선언했다.

그때 앙리오와 부관들이 생토노레 길에서 군사경찰에게 붙잡혔다는 소식이 들어왔다. 평소 술을 잘 마시지 않던 앙리오는 그날 맨정신으로, 또는 독주를 한잔 마시고, 또는 거나하게 취해서 국민공회로 향하다가 붙잡혀 안보위원회로 끌려갔다. 앙리오는 안보위원회가 먼저 체포한 로베스피에르를 뤽상부르 감옥으로, 동생을 라포르스로, 르바를 파리 도의 감옥으로, 쿠통을 라부르브로, 생쥐스트를 에코세로 분산시킨 뒤에 도착했다. 파리 코뮌의 집에서 코피날이 선동했다. "용감한 자, 100명만 나를 따르시오." 당장 300명이 모여 앙리오를 구하러 떠났다. 그들이 안보위원회에 들이닥쳤을 때 위원들은 모두 피신한 상태였다. 코피날과 용자들은 앙리오를 구출해서 국민공회를 향했다. 로베스피에르 형제보다 더 로베스피에르의 원칙을 따르는 파리 코뮌 지도자들은 파이양과 코피날 등 아홉 명의 위원으로 가장 중요한 기구인 '집행위원회Comité d'exécution'를 구성했다. 이 위원회는 "혁명코뮌은 인민의 안녕을 위해 모든 시민에게 코뮌의 권위만 인정"하는 동시에 충성맹세를 하라고 명령했다. 파리 문밖의 모든 주민이 동요했다. 자코뱅협회는 상시 회의체를 구성했다. 파리 코뮌의 집 광상은 요새로 비꼈었다.

앙리오가 포병들을 이끌고 국민공회를 향하고 있다는 소식이 국민공회에 들어왔다. 콜로 데르부아가 구국위원회에서 대책을 논의한 뒤 황급히 돌아와 의장석에 앉아 회의를 시작했다. 몇몇 의원이 여기저기서 웅얼거리듯이 말했다. "정부의 위원회들을 반도들이 장악했다. 우리는 의석을 지키면서 죽음을 기다리는 수밖에 없다. 비겁하지 않게 살다가 죽겠다고 맹세하자."

센에우아즈의 르쿠앵트르는 권총·나팔총·탄약을 잔뜩 가지고 와서 의원들에게 나눠주었다. 의원들은 "공화국 만세!"를 외치고 나서 로베스피에르 일당·앙리오·파리 코뮌을 무법자로 선포했다. 바르의 바라스Paul-François-Jean-Nicolas Barras를 국민공회군의 최고사령관에 임명하고, 르장드르·프레롱·우아즈의 부르동·로베르·페로에게 그를 도와 국민공회가 의결한 명령을 반도들에게 전하러 가게 했다. 국민공회군은 48개 구의 병력 6개 군단이 주축이었다. 앙리오는 국민공회가 정회상태인줄 알고 회의장을 폐쇄하러 가다가 회의 중임을 알게 되었고, 부관들에게 방향을 바꿔 파리 코뮌의 집으로 가자고 했다. 국민공회는 이렇게 위험에서 벗어났다.

48개 구 가운데 18개 구가 국민공회 편에 섰다. 이 중 6개 구는 파리 코뮌의 집과 가까운 구였으며, 특히 시테 구는 파리 코뮌이 노트르담 대성당의 종을 울리라는 말을 거역했다. 그 종을 울렸다면 여느 성당의 종보다 더 효과가 컸으리라. 더욱이 18개 구 말고도 6개 구는 파리 코뮌의 소집명령을 받고서 이렇다 할 행동을 취하지 않았다. 따라서 파리의 48개 구는 24개 구만 파리 코뮌의 '혁명'(국민공회는 반란이라 규정한)에 가담했다. 주도권을 쥔 쪽은 국민공회였고, 법원 소속 군사경찰이 국민공회가 반포한 명령을 집행하려고 파리 코뮌의 집으로 갔을 때, 이들이 명령서를 빼앗아 구겨버렸지만 수세에 몰린 것은 사실이었다. 국민공회 편에 선 18개 구 가운데 적극적으로 다른 구를 설득해서 반란에 가담하지 않도록 활동한 옴아르메 구, 몽타뉴파를 매점매석가와 결탁했다고 비난하던 자크 루의 앙라제파와 에베르를 따르던 그라빌리에 구가 돋보였다. 그러나 어느 편이건 모든 구가 같은 시간에 또는 일사불란하게 구민을 동원했다는 뜻은 아니다.

테르미도르 9일이 지나 10일로 접어들었다. 새벽 1시, 파리 코뮌은 자코뱅협회의 형제자매들에게 공문을 보내 당장 와서 힘을 합쳐달라고 호소했다. 긴급회의 중에 쿠통은 군대를 소집하자고 제안했고, 로베스피에르가 누구의 이름으로 소집하느냐고 물었다. "국민공회의 이름으로." 쿠통의 말에 로베스피에르는 차라리 "인민의 이름으로" 소집하자고 제안했다. 절박한 상황에서 로베스피에르가 이렇게 대답했다는 사실에 주목하자. 그는 마지막 순간에도 국민공회의 권위를 인정하는 한편, 그에 맞서려면 그 권위를 부여한 인민에게 호소해야 한다고 생각했다. 원칙주의자의 인품은 인정하지만, 그를 믿고 따르던 사람들, 그를 위해 손에 피를 묻힌 사람들에게는 그가 더는 해줄 일이 없었다는 냉엄한 현실이 무섭다.

아무튼 시간이 흐를수록 절박해진 쪽은 로베스피에르였다. 국민공회는 "파리 코뮌은 무법자"라고 선포하고 로베스피에르 일파에 대해서도 온갖 비방을 퍼뜨렸다. 파리 코뮌으로 진격하던 국민공회 군대는 벌써 거의 코뮌의 집에 다가섰다. 바라스는 직접 한 부대를 끌고 북쪽으로 돌아 코뮌의 집 뒤쪽으로 접근했고, 레오나르 부르동은 다른 부대를 끌고 강둑길을 따라 앞쪽으로 접근했다. 그들은 횃불을 들고 그레브 광장에 도착해서 그곳을 지키는 포병들에게 국민공회의 포고문을 읽어주었다. 포병들은 눈치를 보면서 슬금슬금 도주했다. 앙리오가 칼을 뽑아들고 부관 두 명, 파리 코뮌 관리 세 명과 함께 밖으로 나와 광장을 보면서 다섯 시간 전에 자신을 구한 자들이 맥없이 광장을 버렸다고 화를 냈다. 그는 포병들과 함께 코뮌의 집으로 물러났다. 국민공회의 진압군이 광장을 장악하고 코뮌의 집을 에워쌌다.

진압군의 메르다Charles-André Merda가 혼란을 틈타 활약했다. 제헌의회가 루이 16세의 호위를 맡긴 부대에서 복무했기 때문에 '베토Veto'(거부권)라는 별명을 얻은 그는 코뮌의 집에 잠입했다. 그는 우왕좌왕하는 사람들 틈을 헤

집고 평의회 회의실로 들어간 뒤, 비서실 문을 두드리면서 '비밀명령'을 전한
다는 거짓말로 안으로 들어갔다. 그는 의자에 파묻혀 무릎에 왼팔을 괴고 있
는 로베스피에르를 보고 권총을 뽑아 가슴을 향해 쐈지만, 턱을 맞혔다.[*] 회
의실에 있던 사람들이 놀라서 살길을 찾았다. 몇 명은 바퀴의자에 앉은 쿠통
을 데리고 비밀층계로 몰려갔다. 메르다는 횃불을 마련해서 그들의 뒤를 추
격했지만 횃불이 꺼지자 엉겁결에 총을 발사했고, 쿠통을 데려가던 사람의
다리에 총상을 입혔다. 동생 로베스피에르는 형이 피를 흘리고 쓰러진 모습
을 보고 자포자기한 심정으로 창밖으로 뛰어내렸다. 그는 아래 있던 병사의
총검으로 떨어져 숨만 붙은 상태로 붙잡혔다. 레오나르 부르동은 코뮌의 집
앞에서 메르다가 쏜 총소리를 들었다. 조금 뒤에 그의 부하들이 생쥐스트와
뒤마를 붙잡았다. 6주 전에 아들이 생긴 르바는 머리를 쏴서 자결했다.

  2시가 넘었을 때 레오나르 부르동은 코뮌의 집을 장악했다. 자코뱅협회
가 대표단을 코뮌의 집에 보냈지만 이미 진압이 끝난 뒤였다. 코뮌의 집 뒷마
당으로 떨어져 반죽음이 되었던 앙리오가 혼란을 틈타 겨우 피신했다. 앙리
오의 결단을 믿었던 코피날이 화가 난 나머지 그를 창밖의 하수구로 던졌다
고 한다. 몇 시간 전에 그를 구해주었던 코피날이 아무 역할도 하지 못한 앙
리오에게 화풀이를 할 만했다. 진압군은 숨이 붙은 상태로 앙리오를 붙잡았
다. 진압군은 로베스피에르를 들것에 실어 안보위원회로 데려갔다. 복도에
내려놓은 들것 위에서 그는 온갖 모욕을 당하면서도 항변하지 못했고, 그저

---

[*] 루이 블랑이 전한 얘기다. 그러나 메르다 또는 메다Méda가 쏜 총탄이 아니라 로베스피에르 자신
    이 자결에 실패했다는 이야기도 있다. 그를 제대로 신문할 수 없었기 때문에 정확한 사실을 파악
    하기는 어렵다.

체념한 듯 냉정한 태도를 유지했다. 그때 국민공회에서 의장석에 앉은 마른의 샤를리에는 로베스피에르를 안보위원회에 데려왔는데 회의장으로 들일까 물었다. 마른의 튀리오는 이렇게 말했다.

"독재자의 주검은 흑사병이나 옮길 수 있습니다. 그와 공모자들을 위해 특별한 자리를 마련해준다면, 그곳은 바로 혁명광장입니다."

테르미도르 10일(7월 28일) 오전 10시에 혁명법원 대표단이 국민공회를 방문해서 프랑스 전체가 축하할 일에 동참하겠다고 말하고 나서, 음모자들의 재판에 대한 명령을 받으러 왔다고 설명했다. 푸키에 탱빌은 현행법으로 파리 코뮌 관리들에 대한 재판절차를 시행하기 어렵기 때문에 특별법을 제정해달라고 요청했다. 현행법은 파리 코뮌 관리 두 명 앞에서 피의자들의 신분을 확인하라고 규정했는데, 파리 코뮌 전체를 무법자로 선포했으니 그보다 상급기관인 파리 도의 관리들 앞에서 신분을 확인할 수 있게 해달라는 취지였다. 튀리오는 음모자들을 빨리 처단하는 데 필요한 조치를 취해야 한다고 말했다. 그는 조금이라도 지체하면 공화국에 해롭기 때문에 당장 단두대를 설치해서 "우리에게 최고 존재를 믿고, 오직 범죄의 힘만 믿는다고 말한 추악한" 로베스피에르와 공모자들의 머리를 잘라야 한다고 단호히 말했다. 바랭의 방타볼은 오늘 안으로 역적들을 처단해야 하고, 이미 튀리오가 제안했듯이 처형장소를 혁명광장으로 정하자고 제안했다. 프레리알법이 발효한 뒤 트론 광장으로 옮겼던 단두대를 그날 튈르리의 국립정원 앞 광장으로 다시 옮겼다. 솜의 뒤몽이 구국·안보 합동위원회가 역적들의 재판을 오늘 중으로 마무리하라고 혁명법원에 명령했다고 보고했다. 의원들은 이미 체포한 역적 외에도 주요 공모자·공범자를 로베스피에르의 '한 배fournée'*에 추가하자고 논의했다.

이미 역적들은 아침 6시에 콩시에르주리 감옥에 들어가 최후의 순간을 기다리고 있었다. 혁명광장에서는 특별조치로 단두대를 설치하느라 분주했다. 콩시에르주리 감옥에서 혁명광장까지 수레가 이동할 구간은 좋은 자리를 차지하려는 사람들로 붐볐다. 창가의 자릿값은 비쌌다. 상류층 아낙들은 날아갈 듯이 차려입고 기분 좋은 웃음에 재잘거리면서 광장 근처로 몰려갔다. 오후 늦게 스물두 명을 나눠 태운 수레가 생토노레 길에 나타났다. 첫 수레에는 쿠통·앙리오·로베스피에르 형제·생쥐스트가 탔다. 자살한 르바의 주검도 다른 수레에 실려 왔다. 칼끝을 하늘로 향하고 수레를 호송하는 군사경찰대 사이로 로베스피에르의 모습을 본 사람들이 웅성거릴 때, 가장 먼저 캉탈의 카리에가 "폭군을 죽여라"고 외쳤다.

로베스피에르는 전날 아침에 조심하라는 말을 들으며 생토노레 길에 있는 뒤플레의 집을 나섰다. 이제 그는 사형수가 되어 그 앞을 지나갔다. 1791년 7월 17일 샹드마르스 광장 학살사건이 일어난 뒤 신변의 위협을 느낀 그에게 손을 내밀어준 뒤플레는 그의 안전을 위해 배려를 아끼지 않았다. 로베스피에르는 1793년 1월 21일 오전에 루이 16세가 탄 마차가 형장으로 갈 때 덧문을 닫아 바깥을 보지 못하게 했고, 지난 4월 5일에 카미유 데물랭을 실은 수레가 지나갈 때 아낙네가 마차 주위를 돌며 춤추던 모습을 기억했을까? 턱을 거의 잃을 뻔한 고통을 이기느라고 어느 지점을 통과하는지 몰랐을 수도 있다. 마침내 사형수들은 단두대의 층계를 올라갔고 순순히 칼날을 받았다. 로베스피에르는 도움을 받지 않고 층계를 올라갔다. 칼날이 목을 칠

---

* 당시에 사형언도를 받고 같은 수레를 타고 간 사형수 무리를 "한 태胎에서 나거나 한때에 한 암컷이 낳거나 깐 새끼"에 비유했다.

때 그는 외마디 소리를 질렀다.*

혁명은 로베스피에르의 외마디와 함께 끝나지 않았다. 공포정을 끝내고 민주주의를 정착시켜야 끝날 것인데, 아직 공포정의 출구도 찾지 못한 상태였다. 국민공회의 주도권을 잡은 테르미도르엥이 자코뱅협회부터 문을 닫게 하고, 모든 구민에게 충성맹세를 시키고, 정부와 혁명법원을 재조직해나갔다. 상퀼로트 투사들은 1793년 6월 24일에 제정한 '공화력 1년 헌법'을 적용하라고 시위했지만, 테르미도르파 국민공회는 상퀼로트 운동을 탄압했다. 집권세력인 부르주아 계층과 그동안 혁명에 이바지한 몫을 요구하는 상퀼로트 계층의 계급갈등이 두드러졌다. 대외전쟁이 장기화하고, 국내에서 숨죽이고 있던 보수세력이 백색공포를 퍼뜨리는 가운데 국민공회는 새로운 헌법을 마련했다. 전국의 수백만 유권자 가운데 겨우 30만 명이 투표했고, 20만 명이 찬성한 헌법이었다. 정치적으로 상퀼로트 계층의 몫은 없었다. 그렇게 해서 1795년 8월 22일에 '공화력 3년 헌법'을 제정해 총재정부Directoire와 양원제 국회를 채택했다. 그럼에도 대외전쟁을 끝내지 못하는 한, 혁명을 끝내고 민주주의를 안정시킬 수 없었다. 그사이 젊은 포병장교 나폴레옹이 전쟁 수행 능력을 인정받으면서 그에 걸맞은 야망을 키웠다. 그는 1799년 11월 9일(공화력 8년 브뤼메르 18일)에 정변을 일으켜서 총재정부를 끝내고 집정관부Consulat를 세워 민주주의 혁명의 길을 막았다.

---

* 그 뒤 며칠 동안 모두 106명(J. Tulard) 또는 107명(F. Brunel)이 로베스피에르의 '한 배'가 되었다.

　　　　　　　　　　프랑스 혁명을 10부작으로 쓰는 것은 힘든 작업이다. 나는 능력의 한계를 감안해서 애당초 로베스피에르가 몰락하는 시점까지 쓰겠다고 정했으니, 비교적 여유롭게 시작했지만 끝으로 갈수록 담지 못할 내용이 많아서 힘들었다. 그럼에도 약속대로 프랑스의 구체제부터 1794년 로베스피에르의 몰락까지 다루었으니 프랑스 혁명사를 겨우 맛만 보여드린 셈이다. '맛보기'라면 가장 자신 있는 부분을 제시해야 할 텐데, 이 시리즈에서 맛보기로 제시할 것은 무엇일까? 누가, 언제 물어도 '민주주의 실험'이다. 이러한 관점에서 10부작을 되짚어본다. 잊기 전에 미리 말해둘 것은 사건도 중요하지만, 사람들, 특히 혁명 지도자들의 말을 중시했다는 점이다. 최초의 민주주의 실험에서 정치 지도자들이 어떻게 자기주장을 논리적으로 설파하고 관철시켜나갔는지 나 자신도 궁금했기 때문이다.

　1789년에 시작한 프랑스 혁명은 구체제를 탄생시켰다. 혁명 지도자들은 구체제의 정치·사회·문화를 타파하고, 새로운 체제를 만들려고 노력했다. 제1권에서 절대군주정의 의미와 제도를 다루면서, 구체제의 성격에 대해 짚어본 까닭이다. 그러나 혁명이 탄생시킨 구체제는 모순투성이일 뿐이므로, 우리는 혁명을 탄생시킨 구체제를 알아야 했다. 혁명을 단절의 관점으로만 본다면 구체제를 몽땅 끊어야 할 것이지만, 혁명 지도자들은 구체제의 토양에서 계몽주의의 영향을 받고 자란 사람들이었기 때문이다. 1788년에 전국신분회 소집 방법을 놓고 신분제 투표와 개인별 투표의 문제가 쟁점이 되었다는 사실만 가지고도 우리는 구체제의 성격을 올바로 이해해야 했다. 1,000년 이상의 뿌리를 가진 가톨릭교에 대한 '합리적 의심'이 계몽주의의 요체였다. 지식은 사제가 하느님의 말씀을 옮겨주는 것이 아니라 경험으로 만드는 것이기 때문에 인간이 탐구할 수 있다는 것. 칸트는 "감히 알려고 하라Sapere aude"가 계몽주의라고 정의했다.

전국신분회가 175년 만에 열렸을 때, 제3신분의 대표 수는 제1신분, 제2신분의 대표수와 맞먹었지만, 여전히 신분별 투표제였다. 그러나 제3신분 대표들은 일치단결하고, 종교인의 분열을 이용해서 민주적인 국민의회를 만들어 '1인 1표제'와 함께 법적 혁명을 시작했다. 1789년 6월 17일에 국민의회를 선포하고, 20일에 죄드폼에서 자신들의 결정을 바꿀 수 없다고 선언하면서, 홀로 통치하는 절대군주제Monarchie를 입헌군주제로 바꾸는 혁명을 시작했다. 파리의 시민들이 그들을 도와주었고, 절대군주에서 왕이 된 루이 16세는 혁명 앞에서 마지못해 대세를 인정하면서도 뒤로는 반혁명의 꿈을 키워나갔다. 전통사회에서 가장 큰 힘을 쓰던 파리 고등법원과 지방 고등법원은 각자 '한몸'의 부분이라고 생각하고, 공통의 이익을 지키려고 드세게 반발했다. 이 대목에서 독자는 우리나라의 적폐청산에 반발하는 기득권층에 대해 생각하고 유사성을 충분히 인식할 수 있을 것이다.

우리는 씨앗을 심고 싹이 터서 스스로 생장할 조건을 갖출 때까지 세심하게 배려한다. 제도도 마찬가지다. 그래서 우리는 안정기에 접어들어 뒤를 돌아보면서 아주 조그만 변화가 매우 큰 결과를 낳았다고 신기하게 여긴다. 물론 처음부터 어느 정도 안정시켜놓았다고 해서 안심해서도 안 된다. 1789년 6월부터 1791년 9월까지 제헌의원들이 쉬지 않고 작업해서 최초의 성문헌법을 만들 때까지 수구세력의 반발, 왕의 도주사건과 샹드마르스 학살사건을 겪었다. 게다가 헌법을 적용해서 뽑은 입법의원들이 임무를 완수하기도 전에 대외전쟁이 일어나고, 한때 국민의 영웅이었던 라파예트가 민주주의보다 왕정을 위해서 일하고 군무이탈을 일삼는다는 사실에 사람들이 분노해서 튈르리 궁을 공격하는 일이 벌어졌다. 그것이 1792년 8월 10일의 '제2의 혁명'이었다. 곧바로 폐위당한 루이 16세는 루이 카페라는 새 이름을 얻었다. 제1권에서 설명했듯이 카페 왕조의 자손이라는 뜻이다. 그는 가족과 함께 탕플 감옥에 갇혔다. 입법의원들은 서둘러서 새 헌법을 만들 국민공회 의원선거를 준비했다. 그사이에 외적이 프랑스 국경을 넘어왔기 때문에, 전방으로 떠나는 사람들의 심리적 불안과 고통이 집단학살을 동반했으니, 이른바 '9월 학살'이었다.

1792년 9월 21일에 모인 국민공회는 공화국을 선포하면서 자동으로 입헌군주제를 폐지했다. 그다음 수순은 루이 카페를 심판하는 일이었다. 그 과정에서 어떻게든 루이를 살리려는 지롱드파와 루이가 죽어야 나라가 산다고 주장하는 몽타뉴파가 더욱 심하게 대립했고, 결국 루이 카페는 1793년 1월 21일에 단두대에 올랐다. 국민공회에서 지롱드파의 반격이 드세게 일어났지만, 몽타뉴파가 파리 코뮌의 도움을 받아 입지를 강화했다. 상퀼로트는 그동안 혁명에 이바지한 공을 인정받고, 스스로 지위를 확립하여 수동시민에서 시민으로 정치적 권리를 얻었다. 여성은 시민권을 누리지 못했기 때문에 1793년부터 정치무대에 조직적으로 등장하게 된다. 이렇게 국민공회 안팎에서 지롱드파에 대한 공세가 드세지면서 1793년 5월 31일과 6월 2일의 정변이 일어나 지롱드파 지도자들은 가택연금을 당하거나 도주했지만 붙잡혀서 처형당했다. 몽타뉴파의 국민공회 시대는 이처럼 쉽게 국론을 통일할 수 있다는 희망을 보여주었다. 과연 지롱드파와 몽타뉴파가 대립할 때 지지부진하던 헌법 제정 작업을 6월 23일까지 일사천리로 진행했다. 그러나 혁명이 어디 쉬운 일인가? 외적을 물리치기도 어려운 상황에서, 지롱드파 숙청으로 불거진 연방주의자들의 반란이 전국을 갈가리 찢었기 때문에, '공화력 1년 헌법'을 적용하지 못한 채 '반혁명혐의자법', '혁명정부'와 임시헌법을 잇따라 제정했다. 그렇게 해서 혁명의 적들을 신속하게 재판하고 처형했다.

구국위원회와 안보위원회가 세력을 다투고, 국민공회에서 영향력 있는 의원들이 민중의 지지를 받는 조직인 자코뱅협회에서 숙청작업을 진행하는 동안, 권력투쟁이 심해졌다. 로베스피에르 일파는 극단파와 관용파를 숙청했다. 파리 코뮌의 주요직을 구국위원회가 마음대로 교체하거나 폐지하면서 혁명을 안정시키려고 노력하면 할수록 한때 힘을 합치던 사람들 사이에 틈이 더 크게 벌어졌다. 로베스피에르와 그 지지자들은 비교적 부패하지 않은 사람들이었음에도 결국 그들의 위협을 느낀 사람들이 힘을 합쳐 타도해야할 대상이 되었다. 그리고 그 일이 현실로 일어났다. 우리에게 아까운 정치인을 자살하게 만든 아픈 기억이 있는 한 로베스피에르와 그 지지자들이 그 정적들보다 더 부패하지 않았다는 사실에 안타까워할 것이다.

우리는 단기적으로 볼 때 프랑스 혁명이 나폴레옹의 쿠데타와 제정으로 끝나면서 실패한 사실을 알지만, 그보다 5년 전에 일어난 테르미도르 반동까지 살폈다. 마치 거문고 연주가가 한창 진지하게 연주하다가 갑자기 줄을 뚝 끊는 것과 비슷하다는 사실을 인정한다. 그럼에도 10부작을 통해서 혁명이 프랑스의 민주주의를 성취하는 첫걸음이었다는 사실을 충분히 설명했다고 생각한다. 또한 인류 역사에서 민주주의를 이상적인 수준까지 끌어올리려면 얼마나 힘든 일인지도 생각해볼 화두를 던졌다고 생각한다. 예를 들어 프랑스 혁명기의 실제 유권자와 투표자의 수를 보면, 과연 프랑스는 언제 민주적인 제도를 안정시킬 수 있을지 모를 지경이다. 정치적으로 민주주의를 흉내내기 시작했지만, 아직도 집단정신자세가 민주주의에 맞게 바뀌지 않았음을 알 수 있다. 오늘날 우리나라에서도 '투표하고 놀러가기' 운동을 한다. 유권자의 참여가 민주주의에서 가장 중요하기 때문이다.

230년 전의 프랑스보다 우리의 현실이 훨씬 낫다. 우리는 세계 역사상 유례없이 평화적으로 시위해서 과거보다 더욱 민주적인 정권을 탄생시켰다. 박근혜 전 대통령이 탄핵당한 뒤 관저를 당장 비우지 않은 것은 '친위쿠데타'에 기대했던 것은 아닌지 '합리적 의심'이 든다. 미국으로 도주한 당시 보안사령관이나 당시 대통령 권한대행을 조사하면 어느 정도 답을 얻을 수 있을 것이다. 앞으로 절대로 답을 얻을 수 없을지도 모르겠지만, 우리가 이 시점에서 분명히 말할 수 있는 사실도 있다. 프랑스 혁명은 구체제를 만들었으며, 구체제의 산물이기도 하다. 또한 우리도 '촛불혁명' 이전의 구체제의 산물이다. 현 정부의 개혁에 반대하는 사람들은 자신들을 모두 적폐로 몬다고 불평하면서, 과거를 모두 부정하지 말라고 주장한다. 스스로 적폐청산의 대상이라고 느끼는 사람은 과거를 송두리째 부정당한다고 생각하겠지만, 적폐청산과 과거 부정은 다르다. 우리의 헌법은 분명히 과거의 유산을 물려받는다는 사실을 명시했다.

'3·1운동과 대한민국 임시정부의 법통', 그리고 '4·19민주이념'을 계승하는 사람들이 전 대통령의 국정농단을 거부하지 않았던가? 그러므로 민주주의 정신의 뿌리는 1919년 3월 1일의 혁명으로 평가할 「독립선언서」에서 찾을 수 있다. 모든 문화는 휘문이 같은 성격을 갖는다. 일시적으로 사라진 것 같아도, 어느 때 어느 곳에서 불쑥 싹을 틔우고 생장할 수 있다는 말이다.

이 땅의 민주주의 정신도 일제강점기·군사독재정권 시기에 땅속으로 들어가 있었지만 말살되지 않았다. 모처럼 땅 위로 고개를 내민 민주주의는 3·1민주혁명의 100주년이 되는 뜻 깊은 해에 더욱 소중하다. 그럼에도 여전히 일제강점기를 찬미하고 그리워하는 세력 때문에 격랑에 휩쓸리고 있다. 그러나 우리는 민주주의가 흔들릴지라도 가라앉게 놔두지 말아야 한다. 이것이 10부작을 쓰면서 프랑스 혁명을 우리의 현실과 끊임없이 비교하려던 의도다. 오늘날 민주주의의 본질에 대해 생각하는 사람들이 피를 먹고 자란 민주주의 나무에 대해 생각할 기회를 이 책에서 찾는다면 내게는 더할 나위 없는 영광이다.

끝으로 꼭 해야 할 말이 있다. 내 이름의 책에서 글만 내 것이다. 책은 도서출판 여문책이 만들었다. 내용을 좀더 읽고 싶게 만든 분은 여문책의 소은주 대표와 이혜경, 이선희 두 디자이너다. 특히 소은주 대표는 첫 독자로서 마지막까지 나를 긴장하게 만들었다. 그 덕에 여기까지 왔다. 부족하지만 이 시리즈가 우리나라에서 처음 선보이는 프랑스 혁명 관련 장편 집필서라는 평을 듣는 영광을 나눠야 한다. 그리고 모든 책이 그렇듯이, 책에게 가장 소중한 존재는 바로 독자다. 나도 써놓고 잊어버릴 내용을 읽어주실 독자야말로 진정한 소유자이며, 그를 통해서 내가 쓴 글이 되살아나기 때문이다. 내가 이 책을 쓰면서 남이 쓴 글을 마음껏 소유하고 이용했듯이, 독자도 그렇게 해야 내 글이 새 생명을 얻는다.

〈끝〉

20일	앙라제 탄압
	방데 반군이 영국군과 접촉 시도
21일	비선서 사제의 유배형 법령 제정
	방데 반군의 반격으로 샤토 공티에 점령
22일	파견의원 카리에가 낭트에 도착
28일	종교인을 교육계에서 배제
30일	지롱드파 지도자들에게 사형 선고
	콜로 데르부아와 푸셰를 리옹에 파견
31일	지롱드파 지도자들 처형
	구국위원회의 공문에 친근한 호칭 사용
	생쥐스트는 스트라스부르 부자들에게 900만 리브르 강제모금
11월 7일	국민공회의 종교인 의원들이 종교직 포기
	필리프 에갈리테 처형
8일	마담 롤랑 처형
11일	파리 노트르담 대성당에서 '자유와 이성의 제전' 거행,
	대성당 이름을 이성의 전당으로 개명
14일	마라의 유해를 팡테옹에 안장
15일	복권(로토)을 부도덕하다고 폐지
20일	당통의 파리 귀환(10월 12일에 병가를 내고 아르시쉬르오브로 출발)
23일	파리 코뮌은 모든 예배장소를 폐쇄하라고 명령
25일	팡테옹에서 미라보 백작 유해 추방
29일	방데 지방 국민공회 진압군 사령관에 튀로 리니에르를 임명
12월 5일	데물랭의 『비외 코르들리에』 1호 발행
19일	뒤고미에의 국민공회 진압군이 툴롱을 점령
23일	방데 반란군 잔당 진압
24일	툴롱을 포를라몽타뉴Port-la-Montagne(몽타뉴 항)로 개명

	25일	로베스피에르가 국민공회에서 혁명정부의 원리에 대해 보고
	28일	외무장관 출신 르브륑, 스트라스부르 시장 출신 디에트리슈 처형
	31일	제헌의원 출신 공토 비롱 처형
1794년	1월 8일	로베스피에르가 자코뱅협회에서 파브르 데글랑틴을 공격
	9일	방데군의 수괴인 엘베를 누아르쿠티에서 잡아 처형
	10일	자코뱅협회에서 로베스피에르가 데물랭 제명에 반대
	11일	리옹에서 9월에 체포한 제헌의원 출신 라무레트 처형
	12일	안보위원회의 아마르가 파브르 데글랑틴 체포
	16일	마르세유를 빌상농Ville-sans-Nom(무명시無名市)으로 개명
	17일	튀로 리니에르가 방데를 파괴하고 도민 30만 명 학살 계획
	2월 1일	공화국의 무기·화약 위원회 창설
	2일	불랑이 국민공회에서 롱생·뱅상의 석방을 호소, 관용파의 반대를 무릅쓰고 석방
	4일	식민지에서 노예제도 폐지
	5일	로베스피에르가 프랑스 정부의 국내 정치에 대한 중대 원칙 제시, 덕을 바탕으로 공포정 옹호
	6일	낭트에서 카리에 소환
	10일	자크 루가 감옥에서 자살
	12일	모모로는 코르들리에 협회에서 자코뱅협회와 로베스피에르를 비난
	22일	에베르가 코르들리에 협회에서 '관용파'(당통파)는 물론 로베스피에르 파를 '수면유도자들Endormeurs'이라고 비난
	26일	생쥐스트가 '적산접수법' 발의
	3월 2일	롱생이 코르들리에 협회에서 반란 호소
	3일	생쥐스트가 발의한 방토즈법 통과
	4일	낭트에서 돌아온 카리에가 코르들리에 협회에서 반란 호소

6일	바레르가 국민공회에서 '관용파'와 코르들리에 협회의 '반란파' 비난
7일	콜로 데르부아가 자코뱅협회의 대표로 코르들리에 협회와 화해
9일	뱅상이 코르들리에 협회에서 콜로 데르부아를 비난, 로베스피에르를 영국 독재자 크롬웰이라 비난 파리 구민들의 소요 발생
11일	구국·안보의 두 위원회가 고발한 코르들리에 협회의 봉기 준비
13일	생쥐스트가 국민공회에서 프랑스 인민과 자유에 대한 음모 고발 에베르·모모로·롱생·뱅상 등 체포
15일	로베스피에르가 국민공회에서 모든 파벌을 타도하자고 연설
16일	아마르가 국민공회에서 파브르 데글랑틴을 고발
17일	생쥐스트가 국민공회에서 에로 드 세셸과 시몽을 고발
18일	파리 검찰관 쇼메트 체포
21일	에베르파 재판 시작
24일	에베르파 사형 폴란드에서 반러시아 봉기 발발
27일	에베르파의 영향을 받은 혁명군 폐지 리옹에서 푸셰 소환 부르라렌에서 콩도르세 체포
28일	콩도르세 자살
30일	당통·들라크루아·데물랭·펠리포 체포
4월 2일	혁명법원에서 당통파 재판 시작
3일	당통에 관한 신문 진행, 당통은 연설로 자신을 변호하고 판사들을 모욕
4일	생쥐스트 발의로 사법부를 모욕한 피고인의 발언 제한, 당통 발언 제한
5일	당통파에 사형 언도
8일	로베스피에르가 자코뱅협회에서 푸셰를 비난
12일	그레구아르가 국민공회에서 도서관 설립에 대해 보고

15일	생쥐스트가 국민공회에서 공화국 안보 대책 발의
16일	공안법 통과, 구국위원회에 공안국 설치
19일	권력남용과 독직 혐의를 받는 파견의원 21명 소환
22일	말제르브·르샤플리에·투레 사형
26일	구국위원회에서 생쥐스트와 카르노 갈등 카르노는 생쥐스트·로베스피에르를 독재자라 비난
28일	전쟁장관 출신 라투르뒤팽 처형
5월 1일	불루Boulou에서 에스파냐군 격파
7일	로베스피에르가 국민공회에서 최고 존재와 영혼의 불멸성에 대해 연설
8일	화학자 라부아지에를 포함한 27명의 총괄징세청부업자 처형
10일	전쟁장관 출신 파리 시장 파슈를 체포하고 레스코 플뢰리오를 임명 루이 16세의 동생 마담 엘리자베트 처형
11일	바레르가 국민공회에서 구걸행위 근절 방안 보고
20일	프랑스 삼색 국기의 통일
22일	탈리엥의 연인 테레자 카바뤼스 체포 영국인이 코르시카의 바스티아를 점령
26일	바레르의 발의로 영국인·하노버인은 무조건 섬멸하기로 의결
27일	아비뇽의 살인마 주르당 쿠프테트 처형
6월 1일	군사학교 대신 '에콜 드 마르스' 설립
2일	우쌍Ouessant 섬 해전에서 빌라레 주아외즈Louis Thomas Villaret-Joyeuse 제독이 군함 일곱 척을 잃었으나, 아메리카산 밀을 브레스트 항에 무사히 호송
4일	국민공회 의장으로 로베스피에르 선출
8일	최고 존재를 봉축하는 '이성의 제전' 개최
10일	쿠통이 혁명법원 재판 절차 신속화 발의, 로베스피에르가 반발을 무마해서 '프레리알법'을 통과시킴

	『법률 공보』 첫 호 발행
11일	대공포정의 시작(이날부터 7월 27일까지 47일 동안 1,376명 사형 언도)
19일	아시냐 12억 500만 리브르 발행
26일	주르당 장군의 군대가 플뢰뤼스에서 오스트리아군 격파
29일	구국위원회에서 비요바렌·카르노·콜로 데르부아가 로베스피에르를 독재자로 부르면서 격하게 언쟁
7월 1일	자코뱅협회에서 로베스피에르가 국민공회·구국위원회·안보위원회가 자신을 모함하는 음모 고발
4일	바레르가 국민공회에서 공포정 변명
8일	주르당과 피슈그뤼 장군의 군대가 브뤼셀 점령
9일	로베스피에르가 자코뱅협회에서 자신이 직접 작성한 음모자 명단이 있다고 발표, 그러나 공개 거부
11일	로베스피에르 요청으로 뒤부아 크랑세를 자코뱅협회에서 제명
14일	로베스피에르 요청으로 푸세를 자코뱅협회에서 제명 바스티유 정복일 기념식 조촐히 거행
22일	구국위원회와 안보위원회가 화해 노력
23일	로베스피에르가 참석하여 두 위원회가 화해 노력
24일	쿠통이 자코뱅협회에서 두 위원회의 '억지' 화해를 축하하면서도 반역자 처형의 필요성을 역설
26일	로베스피에르가 국민공회에서 반역자 치벌, 두 위원회 숙정 요구
27일	로베스피에르 일파 체포안 통과, 파리 코뮌의 저항과 실패
28일	로베스피에르와 그 일파 처형